HEYNE

Der Autor:

Udo Ulfkotte, Jahrgang 1960, studierte Rechtswissenschaften, Politik und Islamkunde. Er hat lange Jahre als Redakteur bei der *FAZ* gearbeitet; seine Spezialgebiete sind Sicherheitsmanagement, Spionage- und Terrorismusabwehr, Organisierte Kriminalität, der Nahe Osten sowie die Politik der Geheimdienste. Seit 2000 lehrt er an der Universität Lüneburg Security Management. Er bereiste mehr als sechzig vorwiegend nahöstliche und afrikanische Staaten, in denen er auf die Hintermänner der islamistischen Terrorgruppen traf. Mit engagierten Büchern wie *Krisenherd Nahost, Verschlusssache BND, Marktplatz der Diebe, So lügen Journalisten, Krieg in unseren Städten* sowie zuletzt *Der Krieg im Dunkeln* hat er sich als Bestsellerautor einen Namen gemacht. 2003 erhielt er den »Annette-Barthelt-Preis« für seine jahrelangen Recherchen über Terror und Islamisten.

UDO ULFKOTTE

HEILIGER KRIEG IN EUROPA

WIE DIE RADIKALE MUSLIMBRUDERSCHAFT
UNSERE GESELLSCHAFT BEDROHT

WILHELM HEYNE VERLAG
MÜNCHEN

»Europa ist nicht mehr Europa, es ist ›Eurabien‹, eine Kolonie des Islam, wo die islamische Invasion nicht nur physisch voranschreitet, sondern auch auf geistiger und kultureller Ebene.«

Oriana Fallaci (1929–2006)

Verlagsgruppe Random House FSC-DEU-0100
Das für dieses Buch verwendete
FSC-zertifizierte Papier *Super Snowbright*
liefert Hellefoss AS, Hokksund, Norwegen.

Aktualisierte Taschenbucherstausgabe 03/2009

Copyright © Eichborn AG, Frankfurt am Main, März 2007
Der Wilhelm Heyne Verlag, München,
ist ein Verlag der Verlagsgruppe Random House GmbH
Printed in Germany 2009
Umschlaggestaltung: Hauptmann und Kompanie Werbeagentur, München – Zürich
Satz: C. Schaber Datentechnik, Wels
Druck und Bindung: GGP Media GmbH, Pößneck
ISBN: 978-3-453-62032-2

www.heyne.de

Inhalt

Vorwort zur Taschenbuchausgabe 9

Einleitung 11

Teil I: Halbmond über Europa 19
»Eurabien« – die Zukunft Europas? 19
Sonderrechte für Muslime 55
Mordaufruf oder Verwünschungsformel? 65
»Kampf der Kulturen«? 69
Der Streit um die Mohammed-Karikaturen 72
Die Hetze gegen Papst Benedikt XVI. 79
Vorauseilender Gehorsam – die Absetzung einer
  Mozart-Oper in Berlin 90
»Islamophobie« – die Keule der Islamfeindlichkeit 92
Eingeschüchtert: das Versagen der Medien 96

Teil II: »Ihr seid das beste Volk ...« 101
Historische Wurzeln 101
Unser arabisches Erbe 108
Das Ende der glorreichen Zeit 111

Teil III: Geheimbund zum Wohle Allahs 117
Die Muslimbruderschaft 117
Hassan al-Banna 120
Die unheilige Allianz von Muslimbruderschaft und Nazis 122
Sayyid Qutb 126
Abdullah Azzam 129
Die Eroberung Europas 130
Die klug durchdachte Strategie 133

Tariq Ramadan – Wolf im Schafspelz   140
»Das Projekt« – Geheimplan für die Unterwanderung Europas   144

Teil IV: Das Innenleben des Spinnennetzes   149

Der Führer: Mohammed Mahdi Akef   149
Islamic Council of Europe   155
Föderation der islamischen Organisationen in Europa (FIOE)   157
Europäischer Fatwa-Rat   158
Islamische Weltliga   162
Islamische Gemeinschaft in Deutschland e.V. (IGD)   166
Die Muslimbruderschaft in Großbritannien   169
Frankreich: die Union islamischer Organisationen (UOIF)   175
Vereinigte Staaten   179
Gruppen im Umfeld der Muslimbruderschaft   185
Hamas   187
Palästinensischer Islamischer Dschihad   190
Gamaat al-Islamiya   192
Islamische Heilsfront   193
En Nahda – Wiedererwachen (Tunesien)   194
Hizb ut-Tahrir – die Stimme der Gewalt   203
Al Qaida und die Muslimbruderschaft   204
Abu Sayyaf   206
Tabligh-i Jamaat – Rekrutierungsbasis für Islamisten   208

Teil V: Der Kampf ums Geld   213

Der Wirtschaftskrieg und die »Güter der toten Hand«   213
Der Islam als Wirtschaftsmacht   217
Gottloses Geld – Angriff auf unser Wirtschaftssystem   219
Der Golddinar – Dschihad gegen den freien Markt   229
Terrorfinanzierung   233
Telefonieren für den Terror   240
Der Unterweltadel von Berlin   250

Teil VI: Die Zeitbombe tickt 255
 Der Westen muss endlich aufwachen 255
 Perspektiven 267

Anmerkungen 281

Literatur 291

Dank 295

Personen, Organisationen, Abkürzungen 297

Vorwort zur Taschenbuchausgabe

Wie haben die Rezensenten doch gelacht, als dieses Buch im Frühjahr 2007 erstmals erschien. »Ein Pudel heult den Halbmond an«, lautete etwa die Überschrift einer Rezension in der *Frankfurter Rundschau*. Islamisierung Europas? So ein Quatsch! Einzug der Scharia in Europa? So ein Unsinn! Unterwanderung Europas durch die Muslimbruderschaft? Wer glaubt denn so etwas! Das christliche Antlitz Europas verwandelt sich in ein muslimisches? Eine abstruse Verschwörungstheorie des Autors.

Doch in der Zwischenzeit sind sämtliche in meinem Buch aufgezeigten Entwicklungen weiter vorangeschritten. Und nach wie vor tun sich viele Menschen hierzulande und anderswo in Europa schwer damit, diese Realität anzuerkennen, und setzen Kritik am Islam beziehungsweise am Islamismus schnell mit Ausländerfeindlichkeit, Rassismus oder Islamophobie gleich.

Man kann gar nicht genug vor der Muslimbruderschaft und ihren zahlreichen Unter- und Tarnorganisationen warnen und hoffen, dass möglichst viele Menschen, denen unsere Demokratie und freiheitliche Grundordnung wichtig sind, deren Ideologie und Handeln zur Kenntnis nehmen. Die Muslimbruderschaft ist ein Grundpfeiler des islamischen Fundamentalismus und verfolgt das Ziel, Europa zu islamisieren.

Über lange Jahre wurde nicht nur dieses Ziel vonseiten der Politik negiert, sondern auch, dass Deutschland im Visier radikal-islamistischer Terrorgruppen steht. Hier hat in den letzten zwei Jahren immerhin ein Umdenken stattgefunden: Sowohl im Bundesinnenministerium als auch im Bundeskriminalamt hat man inzwischen erkannt, dass auch Deutschland zu den Staaten gehört, die von islamistischen Terroranschlägen bedroht werden. Doch vor allem die Politik umwirbt auch weiterhin Organisationen, die in das Umfeld der radikal-islamistischen Muslimbruderschaft gehören. Dahinter steckt nicht etwa eine verschwörerisch-böse Absicht, Europa islamisieren zu wollen – wie manche mutmaßen; nein –, es gibt vielmehr immer noch eine weit verbreitete Unwissenheit in Hinblick auf die Strukturen der Netzwerke radikaler Islamisten. Nur vor diesem Hintergrund kann man verstehen, dass Islamisten aus dem Umfeld der Muslimbruderschaft auch weiterhin im Bundeskanzleramt hofiert werden.

Alle Bereiche des Lebens sollen nach dem Willen der Muslimbruderschaft »islamisiert« werden. Und im Kanzleramt ist man offen für diese Bestrebungen, weil man glaubt, ansonsten den Islam zu »beleidigen« und als »rassistisch« zu gelten. Mein Freund Ralph Giordano, der als Holocaust-Überlebender und Publizist auch in der Politik Ansehen genießt und Gehör findet, ist einer der wenigen, die es wagen, die politische Korrektheit zu durchbrechen und Politikern ganz offen die Wahrheit zu sagen.

Es ist eine wichtige Voraussetzung im Kampf gegen den Vormarsch der Muslimbruderschaft in den westlichen Demokratien, das öffentliche Bewusstsein für die heraufziehende Gefahr zu schärfen. Nur dann können wir die Werte, die uns wichtig sind, die Freiheit und unsere demokratische Kultur, aktiv gegen ihre Feinde verteidigen. Die Chancen, dass dieses gelingen wird, stehen gut – wenn wir beizeiten aufwachen.

Udo Ulfkotte
Los Angeles, Februar 2009

Einleitung

Der Titel *Heiliger Krieg in Europa* wurde mit Bedacht gewählt. Denn ein Krieg beginnt nicht erst dann, wenn der erste Schuss gefallen ist. Vorbote des Krieges ist die psychologische Kriegführung, die Schlacht der Lügen. Seit Jahren schon befinden wir Europäer uns auf diesem Schlachtfeld. Unseren Gegnern aus den Reihen radikaler Islamisten geben wir beständig nach – weil wir den offenen Krieg fürchten. Die Folgen sind kaum noch abzusehen. Denn die Gegner werden täglich stärker.

Ein großer Teil dieses Buches befasst sich mit dem zentralen Geheimbund, der mit grenzenlosem Hass und einer langfristigen Strategie die europäische Kultur zu zerstören sucht: der Muslimbruderschaft. Die Muslimbruderschaft hat einen geheimen Plan zur Unterwanderung nichtmuslimischer Staaten. Das ist keine Verschwörungstheorie, denn sie bekennt sich freimütig zu diesem Ziel. Sowohl in der Schweiz als auch in Großbritannien sind durch Zufall Pläne der Muslimbruderschaft entdeckt worden, die eine umfassende Strategie zur Zerstörung der westlichen Gesellschaftssysteme beinhalten. In diesem Buch wird aus solchen in Deutschland bislang unbekannten Dokumenten zitiert.

Es wird aufgezeigt, welche Veränderungen sich in unseren Gesellschaften bereits vollzogen haben, die man, isoliert betrachtet, für marginal halten könnte, aber im Zusammenhang gesehen ergeben sie ein wahrlich düsteres Bild für die Zukunft der freiheitlichen Demokratien der europäischen Staatengemeinschaft. Viele von uns haben bislang geglaubt, dass durch immer neues Nachgeben und weitere Zugeständnisse ein friedliches Miteinander der verschiedenen Religionsgemeinschaften in Europa dauerhaft möglich sein würde. Dabei unterschätzen wir jene Strategie muslimischer Führer, die den Demokratien seit Jahrzehnten schon den Kampf angesagt haben.

Ganz wichtig ist, in diesem Zusammenhang zu begreifen, dass es im Islam keine Unterscheidung zwischen religiösem und öffentlichem Leben gibt. Ayaan Hirsi Ali, die bekannte, aus Somalia stammende niederländische Islamkritikerin, hebt dies in ihren Äußerungen zum Islam stets hervor.

Die schleichende Islamisierung Europas zeigt sich in vielen Facetten, und es ließen sich zahlreiche Beispiele dafür anführen, die belegen, dass immer mehr Bereiche davon betroffen sind. In den Niederlanden zum Beispiel gibt es an staatlichen Schulen Klassenfahrten nur für muslimische Schüler – nach Mekka. In Italien wurde 2006 der erste Badestrand nur für Muslime eröffnet, und in Deutschland etwa wird vorsorglich eine Oper abgesetzt, weil die Inszenierung möglicherweise Muslime beleidigen könnte.

Von einer Welle des Erfolges getragen, verändert die Muslimbruderschaft in Europa Stück für Stück unsere freiheitlich-demokratische Grundordnung und höhlt das Grundgesetz immer weiter aus. So schafft sie die Voraussetzung für die angestrebte Islamisierung Europas. Sie baut Moschee für Moschee – mit Fördergeldern der Europäischen Union. Sie baut Koranschulen – mit Fördergeldern der Europäischen Union. Sie fördert die Entstehung von Parallelgesellschaften, denn sie will nicht, dass sich Muslime in Europa integrieren.

Schon 1928, im Programm des Gründers der Muslimbruderschaft, Hassan al-Banna, finden sich die folgenden Sätze: »Dann wollen wir, dass die Fahne des Islam wieder über diesen Landschaften weht, die das Glück hatten, eine Zeit lang unter der Herrschaft des Islam zu sein und den Ruf des Muezzins Allah preisen zu hören. Dann starb das Licht des Islam aus, und sie kehrten zum Unglauben zurück. Andalusien, Sizilien, der Balkan, Süditalien und die griechischen Inseln sind alle islamische Kolonien, die in den Schoß des Islam zurückkehren müssen. Das Mittelmeer und das Rote Meer müssen wieder islamische Binnenmeere wie früher werden.«

Die Muslimbruderschaft ist die ideologische Mutterorganisation aller heutigen islamistischen Terrorgruppen, von Al Qaida bis Hamas. Wie mit einem Spinnennetz hat die 1928 in Ägypten gegründete Organisation mittels Tarnorganisationen längst auch Europa überzogen.

Für Europäer ist es schwer verständlich, dass das Ziel des Islam seit Mohammeds Zeiten unverändert geblieben ist: die Errichtung des »Königreiches Allahs auf Erden«. Der für die Geschichte der westlichen Welt so entscheidende Grundsatz der Trennung von Staat und Kirche, von weltlicher und geistlicher Herrschaft, hat im Islam bis heute keine Entsprechung. In seiner Weltsicht ist Allah der einzige Souverän. Mohammed war Allahs Gesandter und regierte stellvertretend für diesen, ebenso seine Nachfolger (»Kalifen«). Der Islam ist somit nicht nur Religion, sondern erhebt zugleich weiter reichende politische Herrschaftsansprüche.

Die Muslimbruderschaft baut darauf auf. Sie formuliert ein Programm, das Muslimen einschärft, etwas »Besonderes« zu sein. Aus ihrer Sicht dürfen sich Muslime nicht integrieren. Aus ihrer Sicht haben Muslime überall auf der Welt Anspruch auf »Sonderrechte«. Zu diesen »Sonderrechten« gehört die Forderung, an staatlichen Schulen oder Universitäten ein Kopftuch tragen zu dürfen. Das Kopftuch demonstriert aus Sicht der Muslimbruderschaft die Ablehnung des Laizismus. Der Streit um das Kopftuch ist somit alles andere als harmlos. Die Muslimbruderschaft hat in Europa längst schon die Deutungshoheit über den Islam übernommen. Sie bestimmt, wann Muslime protestieren müssen, etwa gegen Karikaturen über Mohammed.

Dabei ist die Auffassung, wonach der »politische Islam« eine Erfindung blutrünstiger Fanatiker der jüngeren Vergangenheit sei, unrichtig. Sie entspringt dem Wunschdenken westlicher Politiker und unserer westlichen Auffassung, wonach Religion Privatsache ist. Im Islam ist Religion eben *nicht* Privatsache. Die Gemeinschaft der Gläubigen (»Ummah«) und ihre Interessen gehen im Islam dem privaten Interesse vor. Die Ausbreitung des Glaubens ist daher Aufgabe *aller* friedfertigen Muslime. Das hat nichts mit Islamismus zu tun. Und schon gar nichts mit islamistischem Terror.

In den Händen der Muslimbruderschaft laufen jedoch beide Strömun-

Einleitung 13

gen zusammen: jener Islam, der in der ganzen Welt dem Koran mit friedlichen Mitteln Geltung verschaffen will, und jene islamistische Bewegung, die auf diesem Weg auch den Terror als Waffe nutzt. In beiden Fällen kann von Dschihad gesprochen werden, denn grundsätzlich kann »Dschihad« sowohl ein friedfertiges Handeln (zum Beispiel in Sure 25, Vers 52) als auch eine kriegerische Handlung umschreiben (Sure 9, Vers 24, und Sure 60, Vers 1). Vom arabischen Wortbegriff her bedeutet »Dschihad« nämlich nicht nur »kämpfen«, sondern auch »sich anstrengen«. Weil im Koran selbst der Begriff Dschihad für unterschiedliche Handlungsformen verwendet wird, haben die nach dem Tode Mohammeds gebildeten Rechtsschulen eine große Bedeutung.

Die Führer der Muslimbruderschaft spinnen im Hintergrund die Fäden und nutzen alle Mittel des Rechtsstaates, um diesen langfristig zu zerstören. Sie benutzen die unter uns lebenden friedlichen Muslime, um mithilfe des Islam mittelfristig eigene Machtstellungen politisch auszubauen. Und nicht nur das. Mit großem Erfolg greifen sie auch unser westliches Wirtschaftssystem an.

Wir werden in den folgenden Kapiteln sehen, dass der ökonomische Dschihad an den Finanzmärkten inzwischen weite Teile der westlichen Gesellschaften unterwandert hat. »Islamisches Banking« und »Schariakonforme« Geldanlagen sind ein offen erklärter Bestandteil des wirtschaftlichen Dschihad gegen das vielen Muslimen verhasste westliche kapitalistische Wirtschaftssystem. Die seit den Siebzigerjahren angestrebte Kontrolle über große Teile der westlichen Finanzmärkte ist ein weitaus schärferes Schwert, als es Bomben und Terror jemals sein werden.

Vor vielen Jahrzehnten schon hat die in Europa weithin unbekannte Muslimbruderschaft diese Strategie entwickelt. Sie tritt heute unter vielen harmlos klingenden Namen als Sprachrohr der Muslime auf. Über Jahrzehnte hat sie ihr weltweites Netzwerk gebildet. Dieses Netzwerk kennt nur ein Ziel: die Vernichtung der freiheitlichen westlichen Demokratien und die Wiedererrichtung des Kalifats – einer Religionsdiktatur. Dafür kämpfen die Muslimbruderschaft und ihre Tarnorganisationen mit allen Mitteln, mit friedfertigen wie auch mit gewaltsamen. Und sie haben Erfolg.

Auf sanften Druck der Muslimbruderschaft hinterfragen wir unser Handeln inzwischen ständig danach, ob es möglicherweise den Islam »beleidigen« könnte. Die umgekehrte Frage ist uns fremd. Es ist das Verdienst der Muslimbruderschaft, dass Muslimen überall in Europa inzwischen zahlreiche Sonderrechte zugestanden werden. Jeglicher Kritik an ihren Forderungen begegnen die Sprachrohre der Muslimbruderschaft mit dem Schlagwort der »Islamophobie«, das heißt, Kritiker werden des Rassismus bezichtigt – gerade so, als seien Muslime eine »Rasse«.

So erlebt denn in Europa das »Dhimmitum«, die Unterwerfung unter den Islam, eine Blütezeit. Klammheimlich – so scheint es – unterwerfen wir uns angeblichen Forderungen des Korans oder leisten gar vorauseilenden Gehorsam. Da ersucht der nordrhein-westfälische Staatsschutz die Eigentümerin eines Pferdes namens Mohammed, dem Hengst doch einen unverfänglicheren Namen zu geben. Die DRK-Klinik in Hannover richtet eine Abteilung nur für Muslime ein. Die Angst, man könne die Gefühle von Muslimen verletzen, führt zu seltsamen Auswüchsen. So wurden Beamte in der Sozialhilfeabteilung von Dudley in den britischen West Midlands dazu aufgefordert, alle Gegenstände, die Schweine darstellten, darunter Spielzeuge, Sparschweinchen, Porzellanfiguren, Kalender und eine mit den Kinderbuchfiguren »Winnie the Pooh« und »Piglet« illustrierte Papierschachtel, verschwinden zu lassen oder wenigstens zuzudecken, um bloß nicht muslimische Mitbürger vor den Kopf zu stoßen.

Wiener Kindergartenkinder mussten im Jahr 2005 auf den traditionellen Nikolaus verzichten. Am 28. November berichtete die österreichische Nachrichtenagentur, die christliche Tradition sei nicht mehr »zeitgemäß«. In dem Bericht hieß es, statt eines Besuches des Nikolauses werde den Kindern nur noch »die Legende vom Nikolaus« erzählt, eine Variante, mit der »auch die Eltern der zahlreichen muslimischen Kinder keine Probleme« mehr hätten.[1]

Um die Empfindlichkeit von Menschen zu schonen, die nichts dabei finden, wenn islamistische Internetseiten Videos von blutigen Geiselenthauptungen verbreiten, üben wir in Europa inzwischen ständig Selbstzensur. Die Stadt Venedig verhinderte bei der Biennale 2005 die Aufstellung eines schwarzen Kubus, der an die Kaaba in Mekka erinnern könnte. Und nachdem auf der Kölner Karnevalsveranstaltung »Stunksitzung« ein Sketch über Selbstmordattentäter aufgeführt wurde, kritisierte der stellvertretende Bürgermeister, das rücke den Dschihad und die Hamas in ein schlechtes Licht. Die Düsseldorfer Kunstakademie entfernte die islamkritische Skulptur »Aggression« aus ihrer Jahreswerkschau. Und während der inszenierten Massenproteste in islamischen Ländern gegen die dänischen Mohammed-Karikaturen veröffentlichte der Schweizer Lebensmittelkonzern Nestlé in Saudi-Arabien Anzeigen, in denen es hieß: »Wir sind Schweizer, keine Dänen.«

In diesem Buch werden die radikal-islamistischen Gruppierungen, hinter denen die Muslimbruderschaft steht, beim Namen genannt. Es wird aufgedeckt, wie unser demokratischer Rechtsstaat mit den Mitteln des Rechtsstaates allmählich zerstört werden soll. Diese Gruppen predigen den »Dialog« und säen hinter verschlossenen Türen den Hass. Wenn man die Augen öffnet und der Realität ins Auge blickt, dann gibt es wohl nichts mehr, was sie langfristig an ihren Erfolgen hier vor unserer Haustüre aufhalten könnte. In unserer schnelllebigen Zeit aber liegt uns langfristiges Denken fern.

Der Autor hat mit zahlreichen Mitarbeitern der Landesämter für Verfassungsschutz gesprochen. Sie alle kennen diese Entwicklung, ebenso die Staatsschutzabteilungen der Länderpolizeien, das Bundesamt für Verfassungsschutz, das Bundeskriminalamt und der Bundesnachrichtendienst. Viele ihrer Berichte lesen sich im Original erschreckend. Weil aber die Leiter der jeweiligen Behörden politische Beamte sind, ist das, was aus ihren Reihen veröffentlicht wird, weichgespült und der Political Correctness angepasst.

In vielen muslimischen Verbänden haben schon heute Islamisten die Macht. Darauf hat der Autor bereits in seinem Buch *Der Krieg in unseren Städten* im Jahre 2003 hingewiesen. Er hat daraufhin am eigenen Leib erfahren, wie Islamisten mit unliebsamer Kritik bzw. Kritikern umgehen. Männer aus dem Umfeld der Muslimbruderschaft haben mit ständigen Drohungen Verlag und Autor schließlich dazu bewogen, das erfolgreiche Buch nach mehr als drei Jahren nicht neu aufzulegen, sondern sich dem Thema in diesem neuen Buch zu widmen. Über zwei Dutzend Klagen haben Verlag und Autor erreicht, von denen viele von vornherein für die Kläger aussichtslos waren und vom Verlag gewonnen wurden. Doch es dauerte lange, bis Verlag und Autor die dahinterstehende Stoßrichtung erkannten: eine Zermürbungstaktik, gepaart mit dem Versuch der finanziellen Schädigung. Denn auch gewonnene Prozesse kosten Zeit und Nerven und Geld.

Etwa 30 Prozent der Muslime in Deutschland halten den islamischen Glauben und das Grundgesetz nicht für miteinander vereinbar.[2] Etwa 60 Prozent der türkischstämmigen Jugendlichen halten Gewalt gegen »Ungläubige« für legitim. Und 25 Prozent der britischen Muslime können die Motive der Attentäter vom 7. Juli 2005 verstehen, mehr als 50 Prozent würden Attentate gegen in Großbritannien lebende Juden befürworten.[3] Diese Zahlen sollten uns nachdenklich stimmen. Sie kommen nicht von ungefähr: Die Muslimbruderschaft indoktriniert friedfertige Muslime. Sie schürt in ihnen das Gefühl, Opfer des »bösen Westens« zu sein, eines Westens, der sie unterdrückt und ihnen »legitime Rechte« vorenthält.

Warum aber machen wir Menschen Vorwürfe, wenn sie die Zustände und Verhältnisse, in denen wir Mitteleuropäer leben, nicht für ideal halten und diese mithilfe der bestehenden Rechtsordnungen in ihrem Sinne langfristig zu verändern versuchen? Wenn die Muslimbruderschaft durch eine langfristig angelegte Unterwanderungsstrategie Europa Schritt für Schritt nach ihren Vorstellungen umformt, dann ist es falsch, unseren Zorn gegen *alle* Muslime zu richten. Die generelle Verunglimpfung des Islam ist eine wenig intelligente Reaktion auf diese Entwicklung. Denn sie verkennt, dass wir jene, die unsere freiheitlich demokratische Grundordnung unterwandern, über Jahrzehnte toleriert haben. Mehr noch: Wir haben inzwischen Teile unserer Kultur willentlich aufgegeben und uns einer anderen Kultur gegenüber geöffnet. Mit den Ergebnissen werden wir in Zukunft leben müssen. Ob wir das nun wollen oder nicht.

Es sind wenige, die sich öffentlich gegen diese Entwicklung aussprechen. Auf die Frage: »Meinen Sie, dass wir die Islamisierung unserer westlichen Gesellschaften – planvoll oder sorglos – mit betreiben?«, antwortete Alice Schwarzer: »Absolut! Wir waren 25 Jahre lang naiv und ignorant – oder sogar Sympathisant. Und die wenigen, die begriffen haben, haben sich einschüchtern lassen. Sie hatten Angst, als ›Rassisten‹ denunziert zu werden – wie es ja auch mir passiert ist. Und das in erster Linie auf Kosten der Menschen im islamischen Kulturkreis. Aber es ist eine weltweite Offensive.« Alice Schwarzer zieht eine Parallele zu Adolf Hitler und sagt: »Ganz wie Hitler 1933. Auch bei ihm konnte man ja schon alles in *Mein Kampf* lesen.«[4]

Hamburg, im November 2006

Teil I: Halbmond über Europa

»Eurabien« – die Zukunft Europas?

»Europa wird islamisch.«[1] Das sagt Bernard Lewis, ein international renommierter Islamwissenschaftler. Lewis, 1916 in London geboren, hat Dutzende Bücher geschrieben und Tausende Vorträge gehalten. An der Pariser Sorbonne unterrichtete er ebenso wie an der amerikanischen Princeton University. Bernard Lewis ist kein rechtsradikaler Hetzer. Er ist Historiker – und die unumstrittene Autorität auf dem Gebiet der Islamkunde. Lewis hebt mit Blick auf dieses 21. Jahrhundert hervor: »Die Christen werden zur Minderheit in Europa.«[2] Er warnt davor, die aufziehende Gefahr zu unterschätzen, und sah den »Kampf der Kulturen« bereits voraus, als Al Qaida in Europa noch ein Fremdwort war.

Im Jahre 732, so Lewis, wurden die Vorkämpfer des Islam vernichtend bei Poitiers geschlagen, im Jahre 1683 vor den Toren von Wien gedemütigt – und heute versuchten sie in einem weiteren Anlauf, Europa für den Islam einzunehmen. Wenn der prominente Mann auch nur ansatzweise Recht haben sollte, dann sind die Vorboten misslungener Integrationsbemühungen nur ein müder Vorgeschmack auf das, was unseren Kindern in Europa noch bevorstehen könnte.

Weiter prognostiziert Bernard Lewis: »Europa wird Teil des arabischen Westens sein, des Maghrebs. Dafür sprechen Migration und Demografie. Europäer heiraten spät und haben keine oder nur wenige Kinder. Aber es gibt die starke Immigration: Türken in Deutschland, Araber in Frankreich und Pakistaner in England. Diese heiraten früh und haben viele Kinder. Nach den aktuellen Trends wird Europa spätestens Ende des 21. Jahrhunderts muslimische Mehrheiten in der Bevölkerung haben.«[3]

Schon 1974 ließ der algerische Staatspräsident Houari Boumedienne am Hauptsitz der Vereinten Nationen in New York die Welt wissen, welche Entwicklung Europa dereinst nehmen wird: »Eines Tages werden Millionen Menschen die südliche Hemisphäre verlassen, um in der nördlichen Hemisphäre einzufallen. Und gewiss nicht als Freunde. Denn sie werden als Eroberer kommen. Und sie werden sie erobern, indem sie sie mit ihren Kindern bevölkern. Der Bauch unserer Frauen wird uns den Sieg schenken.« Niemand hat Boumedienne damals ernst genommen.

DEMOGRAFIE

Während die alteingesessene europäische Bevölkerung vergreist und Europa Jahr für Jahr 900 000 Menschen verliert, wächst einzig die Zahl der nichteuropäischen Bevölkerung – allen voran die der Muslime. Deutschland hat rund 82 Millionen Einwohner. Im Jahre 2050 werden es sieben Millionen weniger sein. Das prognostiziert jedenfalls die Deutsche Stiftung Weltbevölkerung (DSW).[4]

Was die DSW in ihren Berichten nicht schreibt: Während die alteingesessene deutsche Bevölkerung seit Jahren schrumpft, hat die muslimische Bevölkerung in der Bundesrepublik eine jährliche Wachstumsrate von etwa 6,6 Prozent. Lebten im Jahre 1995 etwa 1,7 Millionen Muslime in Deutschland, so waren es zehn Jahre später schon 3,5 Millionen. Bis zum Jahre 2020 wird sich diese Zahl voraussichtlich mehr als verdoppeln. Dabei muss man sich immer vor Augen halten, dass die Zahl der alteingesessenen Deutschen Jahr für Jahr rückläufig ist, mithin der Anteil der Muslime extrem stark wachsen wird. Bei einem linearen Bevölkerungswachstum bedeutet dies für das Jahr 2065 vorsichtig geschätzt etwa 28 Millionen Muslime (wahrscheinlich etwa die Hälfte der dann in Deutschland lebenden Menschen).

Entgegen der weit verbreiteten Auffassung kann man heute weitgehend verlässliche demografische Prognosen für künftige Jahrzehnte abgeben. So erschien in der *Frankfurter Allgemeinen Zeitung* am 28. Juli 2006 auf Seite 43 ein Artikel über »Dreizehn Legenden zur Demografie«. Der Artikel belegt eindeutig, dass langfristige Prognosen über die Bevölkerungsentwicklung möglich sind und dass es sich dabei keinesfalls um »Kaffeesatzleserei« handle. In dem Artikel heißt es weiter, anders als Wirtschaftsprognosen seien langfristige Bevölkerungsprognosen »ziemlich treffsicher, wenn sie von Fachdemografen durchgeführt« werden. So zeigten etwa die Weltbevölkerungsprognosen der Bevölkerungsabteilung der Vereinten Nationen aus den Fünfzigerjahren für das Jahr 2000 »eine Abweichung von nur 1,5 Prozent«. Für Deutschland betrage der »Prognosefehler für zehn Jahre etwa ein Promille«. Tatsächlich ist kaum eine Wissenschaft so präzise wie die Demografie. Wir sollten also die zuvor skizzierte Entwicklung ernst nehmen.

So hebt auch der Islamwissenschaftler Bernard Lewis immer wieder hervor, dass bei einem Anhalten des demografischen Trends aus muslimischen Minderheiten Mehrheiten werden. Bei einer Podiumsdiskussion der CSU-nahen Hanns-Seidel-Stiftung in Berlin am 23. Mai 2006 lautete eines der Ergebnisse: »Zurzeit leben circa 3,5 Millionen Muslime in Deutschland. Und der Anteil wird weiterhin steigen. Durch die vorhergesagte Bevölkerungsentwicklung könnte sich innerhalb der kommenden Jahre der Anteil jugendlicher Muslime beispielsweise in Ballungsräumen wie Berlin oder Frankfurt auf bis zu 50 Prozent in ihrer Altersgruppe erhöhen.«[5]

Steffen Kröhnert vom Berlin-Institut für Bevölkerung und Entwicklung gibt ein weiteres Beispiel: »Schauen Sie sich eine Region wie das Ruhrgebiet an. Dort werden schon 2010 etwa 50 Prozent der unter Dreißigjährigen einen Immigrationshintergrund haben, weil die Deutschen kaum Kinder kriegen und aus den Städten weggezogen sind und die, die zurückbleiben, viele Kinder kriegen. Natürlich sind das Migranten. Wenn man davon ausgeht, dass jüngere Menschen unter 30, 35 viel aktiver in die Gesellschaft wirken als Ältere und Rentner, kann man sich vorstellen, dass dies die öffentliche Kultur verändert, weil diese 50 Prozent Ansprüche stellen, ihre Kultur in dem Land zu verankern.«[6]

Selbst das über eine relativ kleine muslimische Gemeinschaft verfügende Österreich kennt diese Entwicklung: In den letzten zehn Jahren hat sich die Zahl der österreichischen Muslime verdoppelt. 4,2 Prozent der österreichischen Bevölkerung bekennt sich heute zum Islam. In Salzburg leben mittlerweile mit 6,8 Prozent der Einwohner mehr Muslime als evangelische Christen (6,7 Prozent). Der Salzburger Weihbischof Andreas Laun hatte im Januar 2006 im österreichischen Nachrichtenmagazin *Profil* zur Bevölkerungsentwicklung in Österreich kundgetan, mittelfristig könne sogar der »Stephansdom eine Moschee werden«. Die Folge war nicht etwa eine öffentliche Debatte und ein Nachdenken über die angedeutete Entwicklung. Vielmehr prüfte die Sozialistische Jugend Österreichs rechtliche Schritte gegen den Weihbischof und dessen Äußerungen im *Profil*-Interview. Denn Laun hatte – um der Entwicklung entgegenzutreten – ein Verbot der Abtreibung gefordert.

Wer Bernard Lewis und Weihbischof Andreas Laun für konservative Verschwörungstheoretiker hält, dem kann vielleicht der Artikel »Finis Germaniae?« von Gunnar Heinsohn in der Wochenzeitung *Die Zeit* vom Januar 2006 auf die Sprünge helfen. Heinsohn fragt darin mit Blick auf das Jahr 2050: »Warum werden die Neudeutschen überwiegend zu Allah beten?«, und beschreibt die weltweite »demografische Explosion der Muslime von 140 Millionen Menschen 1900 (global zehn Prozent) auf 1,4 Milliarden 2005 (global 22 Prozent) und 2,8 Milliarden im Jahr 2050 (global 30 Prozent)«. Und er hebt hervor, der Weg der Islamisten in Europa laute nicht Frieden, sondern Eroberung: »Schon 1998 versichert der Koranlehrer Mohammed Fazazin in Hamburg-St. Georg den Twin-Tower-Angreifern um den späteren Terroristen Mohammed Atta: Wir können ihnen [den Deutschen und anderen westlichen Staaten] gar nicht so viel wegnehmen, wie sie uns schulden. (...) Wir sind hier in einem kriegerischen Land, das den Islam und die Muslime bekämpft. (...) So dürfen wir uns ihre Töchter, Mütter, Frauen und Seelen nehmen.«

Und auch Wissenschaftler, zu deren täglich Brot die Erstellung von Prognosen und Szenarien gehört, haben hierzu geforscht. Die religionswissenschaftliche Fakultät der Universität Tübingen hat im Sommersemester 2006 eine Studie veröffentlicht, die den Titel trägt: *Islam in Deutschland 2030*. Danach werden Muslime im Jahre 2030 rund ein

Zehntel der bereits schrumpfenden deutschen Gesamtbevölkerung ausmachen. Und die Zahl der Muslime wird in Deutschland durch Geburten weiter wachsen. Es wird einen »deutschen Islam« geben. Das etablierte deutsche Bürgertum wird sich in »weiße« Stadtviertel zurückziehen. Es wird somit in immer mehr Ballungszentren Stadtviertel mit rein muslimischer Bevölkerung und solche mit »alteingesessener« Bevölkerung geben. In den Milieus solcher Stadtviertel werden kriminelle, nationalistische und islamistische Gruppen junge, frustrierte Anhänger anwerben.

Zur Zukunft islamistischer Bewegungen heißt es in der Studie für das Jahr 2030: »Sie werden Anhänger aus den schwierigen Stadtvierteln der Großstädte rekrutieren: aus jungen Leuten, die nach oft gewaltförmigen und kriminellen ›Karrieren‹ eine neue Identität (und klare Feindbilder) suchen, sowie aus islamischen Bildungsaufsteigern, die wie schon ihre christlichen Vorgänger aus der religiösen Welt ihrer Familien entwurzelt werden und nun zwischen pluraler Unsicherheit und fundamentalistischer Sicherheit stehen.«[7]

Wer die vorausgesagten Entwicklungen immer noch anzweifelt, der lässt sich vielleicht vom amerikanischen *Wall Street Journal* überzeugen. In der einflussreichen, vorwiegend von Managern gelesenen internationalen Tageszeitung schrieb Mark Steyn am 4. Januar 2006 einen langen Bericht, der mit den Worten begann: »Vieles von dem, was wir die westliche Welt nennen, wird dieses Jahrhundert nicht überleben. Und vieles davon wird noch zu unseren Lebzeiten verschwinden – darunter viele, wenn nicht gar alle westeuropäischen Staaten.« Mark Steyn schreibt im *Wall Street Journal*, nicht die kampfbereiten Dschihadisten des Islam seien die Gefahr. Diese würden auf den Schlachtfeldern verlieren. Die wahre Gefahr seien die wesentlich intelligenter vorgehenden »smarten Islamisten«. Diese wüssten, dass sie auf einem offenen Schlachtfeld niemals gewinnen können, und bedienten sich daher verschiedener Verschleierungstaktiken.

Zu Hilfe komme ihnen dabei die Bevölkerungsentwicklung. Steyn schreibt weiter: »Europa wird am Ende des Jahrhunderts einem Kontinent nach dem Einschlag einer Neutronenbombe gleichen: Die großen Gebäude werden immer noch stehen, aber die Menschen, die sie ursprünglich errichtet haben, werden verschwunden sein.« Al Qaida werde nie genug Piloten finden, um in alle großen Gebäude der westlichen Zivilisation zu fliegen. »Aber warum denn auch«, fragt Steyn, »Islamisten denken langfristig.« Sie müssten nur einige Jahre einfach abwarten, »und die Wolkenkratzer werden ihnen gehören, warum diese also zuvor zerstören?«

Nach Steyns Angaben sagt die CIA den Kollaps Europas aus derzeitiger Sichtweise schon etwa für das Jahr 2020 voraus. Nun hat sich die CIA in ihren Vorhersagen schon häufig geirrt. Ihre Prognosen sind gewiss nicht der Weisheit letzter Schluss.

Mark Steyn selbst glaubt, dass es etwa vom Jahre 2010 an in Europa »brennende Gebäude und Unruhen auf den Straßen« geben wird, und fährt in seinem Bericht für das *Wall Street Journal* fort: »Irgendwann in diesem Jahrhundert könnte es 500 Millionen Amerikaner geben (durch Migration aus Lateinamerika und durch Flüchtlinge aus Europa; Anm. d. Autors), und was dann von Europa übrig geblieben ist, ist entweder sehr alt oder sehr muslimisch.«

Sein Szenario: Die Scharia (zur Erläuterung des Begriffs siehe Seite 105) wird in Europa etwa 2040 eingeführt, aber Teile der Scharia schon viele Jahre zuvor. »Wir sehen dafür schon deutliche Anhaltspunkte«, hebt Steyn hervor. Während Europäer sich heute gegen Klimaerwärmung und für den Erhalt von bedrohten Arten in der Tiefsee einsetzten, hätten sie ihre eigene Zukunft verdrängt. Ein Mädchen, das 2006 in Europa geboren wurde, könne mit großer Wahrscheinlichkeit im Alter von etwa 40 Jahren in Europa nicht mehr öffentlich für Frauenrechte demonstrieren. So Steyns Prognose, der darlegt, warum dem Bevölkerungszuwachs von Muslimen in Europa auch immer lautstärker vorgetragene proislamische Forderungen folgen werden.

Liest man die verschiedenen Bevölkerungsstudien zur Entwicklung Europas, dann ist der Trend klar: Europa wird immer stärker islamisch geprägt sein. Man mag darüber streiten, wie viele Muslime in welchem Jahr in Europa leben werden. Doch die kurzfristigen Prognosen sind eindeutig: Schon etwa um das Jahr 2025 herum wird jedes dritte in Europa geborene Kind muslimischen Glaubens sein.[8]

BOOMENDER MOSCHEEBAU

Zudem wird der Islam in den kommenden Jahren immer mehr ein sichtbarer Teil Europas, auch in Deutschland. Nicht zuletzt deshalb, weil die Europäische Union und die Einzelregierungen der Mitgliedsstaaten die Ausbreitung des Islam und den Bau von Moscheen mit finanziellen Hilfen fördern. Die Finanzhilfe aus den öffentlichen Kassen kommt auf Umwegen. Denn kein Politiker würde lange im Amt überleben, wenn er Millionen etwa aus dem EU-Entwicklungshilfefonds direkt in den Moscheebau stecken würde. Das System der Moscheebaufinanzierung mit Steuergeldern ist denkbar einfach: Jede größere Moschee beinhaltet neben dem Gebetsraum zumindest noch eine Bibliothek, ein Restaurant, eine Koranschule und einen Versammlungsraum. Viele verfügen auch über ein kleines Hotel und einen Einkaufsladen.

Statt den Gebetsraum der Moschee direkt mit Steuergeldern zu sponsern, werden einzelne Bestandteile des Moscheekomplexes öffentlich bezuschusst – aus einem angegliederten Hotel wird etwa ein »Tagungs- und Seminarzentrum«, aus einer Koranschule eine »interreligiöse Fortbildungsstätte«. Beim Bau der größten europäischen Moschee nahe London wussten die Verantwortlichen der EU bei einer Anfrage des Autors in Brüssel nicht einmal, dass mehrere Einzelbestandteile des Baukomplexes Finanzzusagen aus Brüssel erhalten hatten. Denn das Wort »Moschee« tauchte in den Vorgesprächen niemals auf. Gefördert wurden der »interreligiöse Dialog« und der »kulturelle Austausch«.

Deutsche Politiker reißen sich offenkundig darum, Begegnungsstätten mit dem Islam in Moscheen zu finanzieren. So berichtete Ralf Kalscheur in der *Zeit* im November 2005[9] über Deutschlands größte Moschee in Duisburg-Marxloh unter der Überschrift »Fremde im Revier«: »Der Gedanke kam von örtlichen Politikern. 3,2 Millionen Euro bewilligten das Land Nordrhein-Westfalen und die Europäische Union für den Bau des Zentrums für interkulturellen Austausch im Untergeschoss der Moschee. Dort wird ein Islamarchiv mit deutschen und türkischen Texten eingerichtet, zudem sollen Seminarräume, ein Infocenter und ein Restaurant entstehen. Es ist diese Begegnungsstätte, die die Moschee zu einem Vorzeigeprojekt macht.«

Die Zahl der klassischen Moscheen wird sich in Deutschland in wenigen Jahren schon verdoppeln. Während es im Dezember 2006 159 Moscheen mit Kuppelbau, Minarett, Bibliothek, Jugendräumen und Beträumen gibt, so sind für über 130 weitere Großbauten die Bauanträge eingereicht oder schon genehmigt. Von Achim (bei Bremen) bis Waldbröl reicht die Liste genehmigter repräsentativer Moscheeneubauten, von Augsburg bis Wolfsburg die alphabetische Liste der noch ausstehenden geplanten großen Neubauten. Im Internet findet sich ein Verzeichnis aller Moscheen in Deutschland unter www.moscheesuche.de. Hinzu kommen rund 2600 muslimische Gebetshäuser in Mietshäusern oder ehemaligen Fabriken.[10]

Immerhin 39 der oben genannten 159 deutschen Moscheen standen im Jahr 2006 unter Islamismusverdacht. Verfassungsschutzbehörden von Bund und Ländern hatten die Moscheen bundesweit auf islamistische Umtriebe hin untersucht, die »Zentren der Radikalisierung und Rekrutierung« sein sollen. Von den Verfassungsschutzbehörden sogenannte »Talentspotter« werben dort auch Kandidaten für hasserfüllte Indoktrination an. Und das Reservoir, aus dem sie neue Rekruten schöpfen können, wird ständig größer, nicht kleiner. »Die Zahl der Muslime mit deutschem Pass hat sich seit Anfang der Achtzigerjahre von 56 000 auf etwa eine Million erhöht«, sagte Salim Abdullah[11], Chef des Zentralinstituts Islam-Archiv.

Viele Politiker hoffen dabei darauf, dass sich ein »deutscher Islam« entwickeln wird. Allerdings: Die Fakten sprechen bislang dagegen. Im Oktober 2006 veröffentlichte der *Stern* das Ergebnis einer Forsa-Umfrage, wonach zwei Drittel der befragten Muslime nicht an eine deutsche oder europäische Sonderform des Islam glauben. Schlimmer noch: Fast die Hälfte der in Deutschland lebenden türkischstämmigen Muslime (48 Prozent) glaubt nicht, dass die Regeln des Islam mit den Regeln der deutschen Gesellschaft vereinbar sind. Und das von Bundesinnenminister Wolfgang Schäuble (CDU) befürwortete Integrationsziel eines »deutschen Islam« halten 68 Prozent der Befragten für nicht realistisch. Wenn der Islam nach dieser vorherrschenden Auffassung somit nicht mit den Regeln der deutschen Gesellschaft vereinbar ist, dann muss offenkundig die deutsche Gesellschaft an die Regeln des Islam angepasst werden.

Schweiz

Die vorgezeichnete Entwicklung betrifft alle europäischen Staaten, selbst die Idylle der Schweizer Bergwelt ist von der Entwicklung nicht ausgenommen. Auf der Internetseite www.islam.ch heißt es:»Wir Muslime sind in der Schweiz sehr stark gewachsen. Während sich vor zehn Jahren 152 200 Personen zum Islam bekannten, sind es heute mehr als 310 000. Jede 25. in der Volkszählung erfasste Person rechnet sich somit zu einer muslimischen Religionsgemeinschaft.« Viele Eidgenossen werden die in dem Bericht folgenden weiteren Sätze wohl eher mit wenig Begeisterung lesen:»So stellt der Islam heute die drittgrößte ›Konfession‹ der Bevölkerung schweizerischer Nationalität dar. Vor zehn Jahren gab es 7700 muslimische Personen schweizerischer Nationalität. Heute dürften sich rund 40 000 Personen mit einem Schweizer Pass zum Islam bekennen. Dies sind doch sehr ermutigende Daten. Ich hoffe, uns Muslimen gelingt es, diese Zahl in eine stärkere Präsenz des Islam in der Schweiz umzumünzen.«

Der vorauseilende Gehorsam der Schweizer gegenüber ihren muslimischen Mitbürgern trägt mitunter merkwürdige Züge. Am 19. Oktober 2006 berichtete das *Bieler Tagblatt* unter der Überschrift »Schule verbietet Schweizer Kreuz«, an der Oberstufenschule in Roggwil seien Kleidungsstücke mit der Schweizer Flagge oder einem Kreuz von jetzt an unerwünscht. Immerhin könnten sich ausländische Mitbürger beim Anblick solcher Kleidung »provoziert« fühlen.

Im Winter 2006/2007 entbrannte in der Schweiz eine Debatte darüber, wie weit man den Wünschen von Muslimen entgegenkommen soll. Anlass war die an den Stadtrat der Gemeinde Liestal herangetragene Forderung, einen Teil der Erde des örtlichen Friedhofs auszutauschen, damit Muslime nicht in der Erde von »Ungläubigen« bestattet werden müssten. 25 000 Schweizer Franken sollte das Vorhaben kosten. Der Stadtrat hatte beschlossen, Muslimen einen Teil des Friedhofs zur Verfügung zu stellen. Mit dem muslimischen Gräberfeld wollte die Stadt auch über den Tod hinaus »integrativ« wirken. Auf dem Muslimen zur Verfügung gestellten Friedhofsteil waren früher die sterblichen Überreste von Christen beigesetzt worden. Im geplanten Austausch der Erde des Gräberfeldes sahen viele Schweizer eine Verletzung der Würde der dort bestatteten Toten.

Die von Muslimen geäußerte Auffassung, dass verstorbene Christen den Boden »verunreinigt« hätten, teilten viele Schweizer nicht.

In Le Petit-Saconnex wurde 1978 der erste islamische Friedhof der Schweiz eröffnet. Später folgten weitere: im Jahre 2000 in Basel und Bern, 2002 in Lugano und St. Gallen, 2004 in Zürich-Witikon und 2006 in Luzern.

Während die Debatte um »verunreinigte« Friedhofserde in Liestal noch nicht ausgestanden war, eröffnete die erste ganz an der Scharia orientierte islamische Bank in der Schweiz ihre Pforten. Die in Genf ansässige Faisal Finanz S. A. will eine Brücke sein zwischen der Schweizer Bankentradition und den nach islamischer Auffassung ethisch höherwertigen Finanzlösungen (siehe hierzu Seite 217 ff.).

NORWEGEN

Norwegen, Finnland und Irland haben in Europa die kleinsten muslimischen Bevölkerungsgruppen – von unter einem Prozent. Das aber garantiert diesen Staaten keineswegs die Abwesenheit von islamistischem Terror, wie das Beispiel Norwegen zeigt.

Mit einer Einwohnerzahl von 4,6 Millionen Menschen hatte das Land 2006 etwa 80000 Muslime, von denen 76 Prozent im Großraum Oslo lebten. Zweimal hat der stellvertretende Al-Qaida-Führer Al-Zawahiri Norwegen bislang mit Terroranschlägen gedroht. Man hat ihn nicht ernst genommen. Mitte September 2006 wurden vier Muslime in der norwegischen Hauptstadt Oslo verhaftet, die zuvor mehrfach auf die größte Synagoge der Stadt geschossen hatten. Bei den folgenden Vernehmungen stellte sich heraus, dass die 26 bis 29 Jahre alten Männer auch einen Sprengstoffanschlag auf die amerikanische und die israelische Botschaft in Oslo vorbereitet hatten.

Rein zufällig kam just in jenen Tagen das Buch *Men størst av alt er friheten* (Das höchste Gut ist die Freiheit) in die norwegischen Buchhandlungen. Die Autorin Hege Storhaug, Sprecherin der islam-kritischen norwegischen Menschenrechtsgruppe »Human Rights Service«, bezeichnete darin den Islam als »größte Bedrohung für die säkularen europäischen Demokratien«. Zum ersten Mal hörten Norweger von einer als vertrauenswürdig und seriös geltenden Person, dass Europa bis zum Jahr 2100 muslimisch sein werde. »Wenn Politiker nicht strikte Regeln zur Beschränkung muslimischer Immigration in Europa anwenden, dann werden sich die Probleme häufen und am Ende unlösbar werden. Im Jahre 2100 könnten wir eine Situation haben, wo Europa ein verlängerter Arm der arabischen Welt ist, mit einer mehrheitlich muslimischen Bevölkerung«, berichtete Hege Storhaug.

Während Hege Storhaug in einem Gespräch mit der norwegischen Zeitung *Dagbladet* am 13. September 2006 vor dieser Entwicklung warnte, reiste der für Arbeit und Integration zuständige Minister des Landes, Bjarne Håkon Hansen, nach Islamabad, um Pakistaner zur Immigration nach Norwegen zu ermuntern. Zu einem Zeitpunkt, wo 30 000 Pakistaner in Norwegen lebten, forderte er den pakistanischen Außenminister Zafar Ibqal Warriach dazu auf, nach Wegen zu suchen, damit noch mehr pakistanische Arbeitskräfte nach Norwegen einwandern könnten. Während Hansen in Islamabad Pakistaner für ihre guten englischen Sprachkenntnisse und ihre Integrationsbereitschaft lobte, gab die norwegische Polizei daheim in Oslo bekannt, dass einer der Mitte September nach dem Anschlag auf die Osloer Synagoge festgenommenen Pakistaner geplant hatte, die israelische Botschafterin in Norwegen, Miryam Shomrat, zu enthaupten.

Wie die Islamisierung Norwegens und anderer europäischer Staaten verlaufen soll, hat kein anderer so deutlich ausgesprochen wie der dort als Asylant im Exil lebende irakische Mullah Krekar: »Schauen Sie die Entwicklung der Bevölkerung in Europa an, wo die Anzahl der Muslime wie bei den Moskitos steigt. Jede westliche Frau in der EU produziert im Durchschnitt 1,4 Kinder. Jede Muslimin in denselben Ländern produziert 3,5 Kinder. Um 2050 werden 30 Prozent der europäischen Bevölkerung Muslime sein.«

Mullah Krekar wurde 1956 im Irak geboren und gründete die Terrorgruppe Ansar al-Islam. Im norwegischen Exil eröffnete er eine Moschee und finanzierte seine Terrorgruppe mit Spendenaufrufen. Norwegen möchte den radikalen Muslim, der in ganz Europa über viele Sympathisanten verfügt, gern in den Irak abschieben, doch scheitert das bislang am Krieg in seiner Heimat.

Die Auffassung des Mullah Krekar über die demografische Entwicklung Europas ist keineswegs eine isolierte Einzelmeinung. In vielen Gesprächen mit (friedfertigen) gläubigen Muslimen hat der Autor in Deutschland gehört, dass nicht Muslime an dieser Entwicklung schuld seien. Dabei wurde oft die Meinung wiederholt, dass Europäer halt ihre Kinder »ins Klo spülen« (gemeint sind Abtreibungen) und man es den Muslimen nicht vorwerfen könne, wenn sie statt Pille und Abtreibungen dem Leben seinen natürlichen Lauf ließen.

SCHWEDEN

Im liberalen Schweden sieht es kaum anders aus als in Norwegen. In manchen Städten des Landes – etwa in Malmö – stellen Muslime inzwischen schon mehr als 25 Prozent der Bevölkerung. Im Jahre 2006 fand ein T-Shirt reißenden Absatz, dessen Aufdruck schlicht lautete »2030 – dann übernehmen wir die Macht«. Die Käufer waren junge Muslime. Verkauft wurde das T-Shirt von zahlreichen Tochterorganisationen der Muslimbruderschaft. Wie es aussieht, könnten die Träger des T-Shirts durchaus optimistisch in die Zukunft sehen. Denn Schweden ist im Begriff, Teile der Scharia einzuführen.

Mit rund 70 000 Mitgliedern ist »Sveriges Muslimska Förbund« der einflussreichste Interessenverband der Muslime in Schweden. Er forderte seit Sommer 2005, dass Scheidungen zwischen Muslimen nur dann rechtskräftig werden dürften, wenn sie gemäß der Scharia von einem Imam bestätigt worden seien. Mahmoud Aldebe, Vorsitzender der Organisation, wurde mit den Worten zitiert: »Es ist die Rolle des Imam, zu vermitteln, damit Familien weiterhin zusammenleben können. Das ist die größte Aufgabe, die wir haben. Scheidungskinder wollen wir nicht.«[12]

Die mehr als 300 000 schwedischen Muslime, hieß es in schwedischen Zeitungen, forderten zudem den Status einer »zu schützenden Minderheit«. Vorbild ist offenkundig die dänische Minderheit in Norddeutschland, die von der Fünf-Prozent-Hürde bei Wahlen ausgenommen ist. Muslimische Interessenvertretungen in Schweden forderten in offenen Briefen an Parteiführer, dass Muslime an islamischen Feiertagen arbeitsfrei bekommen. Der gemeinsame Sportunterricht von Jungen und

Mädchen solle abgeschafft werden. Zinslose Bankdarlehen für den Bau neuer Moscheen gehören ebenso in den Forderungskatalog wie reine »Frauentage« für Musliminnen in den Schwimmbädern.

In einer Broschüre eines muslimischen Verbandes, die mit staatlichen Fördergeldern finanziert worden war, hieß es zur Überraschung vieler Schweden, dass Männer die Oberhäupter der Familien und rationaler seien als Frauen. Wie schnell das Fass zum Überlaufen gebracht werden kann, zeigten im Frühjahr 2005 Mordaufrufe gegen den evangelischen schwedischen Pfarrer Runnar Sögaard. Er hatte es gewagt, wahrheitsgemäß in einer Sonntagspredigt in Stockholm zu äußern, dass Mohammed Geschlechtsverkehr mit einem neun Jahre alten Mädchen gehabt habe – aus heutiger Sicht somit ein Pädophiler sei. Der 37 Jahre alte Pfarrer musste unter Polizeischutz gestellt werden, nachdem man ihm gedroht hatte, ihn abzuschlachten wie ein Jahr zuvor Theo van Gogh in den Niederlanden.

Dabei war Sögaard keinesfalls der Erste, der öffentlich über die Tatsache berichtet hatte, dass Mohammeds Ehevertrag mit seiner späteren Lieblingsfrau Aischa geschlossen wurde, als diese sechs Jahre alt war. Auch der frühere amerikanische Justizminister John Ashcroft hatte auf diese historische Tatsache schon hingewiesen – ohne dass den Äußerungen ein Mordaufruf folgte.

Vielleicht wären die Reaktionen der Muslime verhaltener ausgefallen, wenn Sögaard seinen Äußerungen eine weitere Tatsache hinzugefügt hätte: Zu Lebzeiten Mohammeds waren Eheschließungen mit Minderjährigen in der arabischen Gesellschaft normal. Und auch nichtmuslimische Bevölkerungsgruppen praktizierten diese sehr frühen Eheschließungen.

NIEDERLANDE

Auch in den Niederlanden wird in weniger als zwei Jahrzehnten die Mehrheit der unter 18 Jahre alten Niederländer muslimischen Glaubens sein. Von 16 Millionen Niederländern waren 2006 rund eine Million muslimischen Glaubens, die meisten von ihnen marokkanischer Herkunft. Mit 450 Moscheen und 30 rein muslimischen Schulen haben sich die Niederlande in der Vergangenheit als besonders tolerant gegenüber Muslimen gezeigt. In Rotterdam sollte 2007 die Essalaam-Moschee fertiggestellt sein. Zwei 15 Meter hohe Minarette waren geplant, von denen aus jeden Freitag der Muezzin die Gläubigen zum Gebet rufen sollte. Doch im Sommer 2008 gerieten die Bauarbeiten ins Stocken. Für 70 weitere Moscheen wurden die Bauanträge schon eingereicht.

Seit mehreren Jahren schon machen muslimische niederländische Schüler eine Klassenfahrt, an der ihre protestantischen oder jüdischen Mitschüler nicht teilnehmen dürfen – nach Mekka in Saudi-Arabien. Am 20. Mai 2006 berichtete die niederländische Zeitung *De Telegraaf* unter der Überschrift »Schoolreisje naar Mekka« darüber, dass schon 30 Prozent aller niederländischen Hauptschüler muslimischen Glaubens die einwöchige Klassenfahrt nach Mekka unternommen haben. Es spricht für die Toleranz der Niederländer, dass die bewusste Trennung von Schulkindern bei Klassenfahrten hingenommen wird. Der häufigste männliche Vorname bei Neugeborenen in Amsterdam war 2006 Mohammed. Die Klassenfahrten nach Mekka dürften sich somit künftig hoher Zuwachsraten erfreuen.

Als sich Anfang September 2006 an der Utrechter Schule Vader Rijn College eine muslimische Lehrerin aus religiösen Gründen weigerte, künftig Männern an der Schule zum Gruß die Hand zu reichen, da war Schuldirektor Bar Engbers überrascht. Doch den niederländischen Zeitungen war das nur eine Randnotiz wert. Zu häufig gibt es inzwischen ähnliche Fälle. Der niederländische Justizminister Piet Hein Donner etwa findet es inzwischen »normal«, dass niederländische Muslime sich aus religiösen Gründen bei Gesprächen weigern, Nichtmuslimen die Hand zu geben. Im September 2006 machte Donner nüchtern auf die kommenden Gefahren aufmerksam. Der Christdemokrat analysierte in einem Buch *Het land van haat en nijd* (Das Land von Hass und Wut) die Entwicklung und sprach sich für die Einführung der Scharia in den Niederlanden aus, falls zwei Drittel der Niederländer dies wünschten. In dem Buch schrieb Donner: »Wie lässt sich dies (die Einführung der Scharia) legal verhindern? Einfach ›unmöglich‹ zu sagen, wäre ein Skandal. Die Mehrheit zählt. Das ist nun mal das Wesen der Demokratie.«

Die Äußerungen sorgten für Empörung, auch innerhalb seiner christdemokratischen Partei CDA (Christlich Demokratischer Appell). Denn just zum Zeitpunkt der Veröffentlichung wollte CDA-Fraktionschef Maxime Verhagen allen Befürwortern der Scharia in den Niederlanden die von der Verfassung garantierten Rechte entziehen. Justizminister Donner verteidigte seine Auffassung. Seine Kritiker täten »nun so, als sei ich für die Einführung der Scharia. Das ist nicht der Fall.« Er habe nur auf das demokratische Prinzip hinweisen wollen, dass die Verfassung der Niederlande mit Zweidrittelmehrheit vom Parlament geändert werden könnte. Der Wahrheit ins Auge zu schauen, das galt vielen anderen in den Niederlanden als unerhört.

Wie in allen anderen europäischen Staaten versucht die Muslimbruderschaft auch in den Niederlanden, Stück für Stück die »Rechte« von Muslimen durchzusetzen. Ganz oben auf der Liste der Forderungen steht die Einführung »islamischer Feiertage«. Unterstützung erhalten die muslimischen Befürworter der Einführung islamischer Feiertage etwa von der größten niederländischen Gewerkschaft CNV (Christelijk Nationaal Vakverbond). Deren stellvertretender Vorsitzender, Rienk van Splunder, wurde im Oktober 2006 mit den Worten zitiert, die christlichen Niederländer müssten dazu bereit sein, einen ihrer Feiertage – genannt wurde der Ostermontag – zugunsten der Muslime abzuschaffen.[13] Niederländische Gewerkschaften wie CNV und FNV (Federatie Nederlandse Vakbeweging) erwarten, dass sie durch die Unterstützung solcher Forderungen attraktiver für Muslime werden und diese in die Gewerkschaften eintreten. Diese Hoffnung könnte allerdings enttäuscht werden, denn niederländische Muslime erwägen, eine eigene Gewerkschaft zu gründen.

Der demografischen Bevölkerungsentwicklung des Landes trägt das niederländische Finanzministerium Rechnung. Im September 2006 berichtete die Zeitung *De Telegraaf*, Finanzminister Gerrit Zalm prüfe, wie man »Halal-Hypotheken« (halal = rein, nach islamischem Glauben erlaubt) einführen könne. Da strenggläubige Muslime keine Zinsen zahlen dürften, könnten sie für den Hausbau auch keine Kredite aufnehmen. In Den Haag erwog man daher, niederländische Gesetze so zu ändern, dass sie auch gläubigen Muslimen gestatten, Kredite aufzunehmen – nur wird man das dann anders nennen: »Halal-Hypothek« (siehe hierzu auch Seite 223). Die niederländische Regierung hofft, auf diese Weise mehr Muslime zum Hauskauf bewegen zu können. Wer Hauseigentümer ist, wird sich mehr darum sorgen, ob in der Nachbarschaft terroristische Aktivitäten geplant werden, und dieses zu verhindern suchen, so das Kalkül.

Wir werden im Europa der Zukunft viele friedliebende Muslime, aber auch junge Hitzköpfe haben. Jene, die wie der niederländische Informatikstudent Mohammed Bouyeri zu Mördern werden. Bouyeri, Sohn marokkanischer Einwanderer, ermordete den niederländischen Künstler Theo van Gogh – und ist bis heute stolz darauf. Vor Gericht sagte Bouyeri, die Scharia gebiete es, »jedem den Kopf abzuschneiden, der Allah und den Propheten beleidigt«. Bouyeri weigerte sich, die Zuständigkeit seiner niederländischen Richter anzuerkennen, weil sie nicht Muslime seien.

Das früher viel gerühmte niederländische Multi-Kultur-Modell hat sich zwischenzeitlich als Illusion erwiesen. Der niederländische Geheimdienst AIVD (Algemeene Inlichtingen- en Veiligheidsdienst), der eigentlich auch die Aktivitäten von Islamisten beobachten und unterbinden soll, gilt längst als »unterwandert«. So sind mindestens zwei Mal geheime Berichte an die observierten Islamisten weitergegeben worden. Der mutmaßliche Täter: ein 34 Jahre alter Marokkaner.

Unterdessen vollzieht sich ein erschreckender Bewusstseinswechsel in der niederländischen Öffentlichkeit. Wer seit dem Mord an Theo van Gogh öffentlich Marokkaner beschimpft, gilt nicht mehr als Rassist. Solcherlei wird vielmehr inzwischen akzeptiert.

Am 18. Oktober 2006 berichtete die niederländische Zeitung *De Telegraaf* unter der Überschrift »Marokkanen juichen bij WTC-film« (Marokkaner jubeln bei WTC-Film), bei der Vorführung eines Dokumentarfilmes über die Attentate des 11. September 2001 seien marokkanische Jugendliche im Kino in Begeisterung ausgebrochen. Sie hätten geklatscht, als auf der Leinwand zu sehen war, wie Mohammed Atta und seine Gesinnungsgenossen mit den entführten Flugzeugen in die Twin Towers des World Trade Center rasten. Die Marokkaner hätten Popkorn wie Konfetti in die Luft geworfen und gejubelt. Vor wenigen Jahren noch wäre solch ein Vorkommnis niederländischen Zeitungen nicht eine Zeile wert gewesen. Heute jedoch wird es aufmerksam registriert.

Vor dem Mord an Theo van Gogh wäre auch die Planung des ersten Krankenhauses nur für Muslime in den Niederlanden wohl nur eine Randnotiz gewesen. Im Oktober 2006 wurden Pläne bekannt, wonach in Rotterdam ein solches rein muslimisches Krankenhaus gebaut werden soll. Binnen weniger Stunden war das Thema in allen Nachrichten. Während rechtsgerichtete Parteien von der »Wiedereinführung der Apartheid« sprachen, behaupteten promuslimische niederländische Menschenrechtsgruppen, der Bau der ersten muslimischen Privatklinik, in der Juden und Christen nicht behandelt werden dürfen, fördere die Integration von Muslimen in den Niederlanden. Die multikulturelle Gesellschaft ist in den Niederlanden offenkundig an ihre Grenzen gestoßen.

Nicht länger akzeptieren wollen viele Niederländer zahlreiche Auswüchse des multikulturellen Zusammenlebens. Wenn junge muslimische Mädchen sich in den Niederlanden weigern, ein Kopftuch aufzusetzen, dann haben halbstarke muslimische Jugendliche ein probates Mittel, um sie dazu zu zwingen: Sie drohen ihnen mit einem »Smiley«. Der lächelnde »Smiley« gehört zum grausamen Unterdrückungsrepertoire muslimischer Jugendlicher. Denn ein »Smiley« bedeutet, dass einem Mädchen die Mundwinkel mit einem scharfen Messer von einem Ohr bis zum anderen aufgeschnitten werden. Um die Narben zu verdecken, wird ein solcherart gequältes Mädchen bis ans Ende seines Lebens »freiwillig« das Kopftuch aufsetzen, so das Kalkül der jungen Islamisten. Nach dem Mord an van Gogh kann man inzwischen in den Niederlanden offen darüber sprechen. Es ist nicht länger ein Geheimnis.

Niederländische Freunde berichteten dem Autor über mehrere Fälle, in denen schwangeren Frauen, die sich an der niederländischen Nordseeküste im Badeanzug ins Wasser wagten, von marokkanischen Jugendlichen in den Bauch getreten wurde, weil sie »unzüchtig« gekleidet seien. Die Frauen wurden übel beschimpft. Auch solche Vorkommnisse haben sich in den Niederlanden herumgesprochen.

Vielleicht wird es vor diesem Hintergrund manch eine niederländische Familie im nächsten Sommer eher an die italienische Mittelmeerküste ziehen? Um die Adriaküste des italienischen Städtchens Riccione sollten sie dann aber lieber einen Bogen machen. Denn Riccione, einer der beliebtesten italienischen Badeorte, hat 2007 als erste Gemeinde des Landes beschlossen, einen Teil des Strandes nur noch Musliminnen zugänglich zu machen: »Scharia-Beach«.

Um genau zu sein, waren es saudische Scheichs, die die Stadtoberen von Riccione davon überzeugt haben, dass es besser für die Zukunft der Stadt sei, die Strände nach den Bedürfnissen der Religionsgemeinschaften zu trennen. Man darf gespannt sein, ob und wann Saudi-Arabien nun an den herrlichen Stränden der saudischen Hafenstadt Dschiddah einen für Christen reservierten Strand oder gar einen FKK-Strand einrichten wird. Man kann das Vorgehen von Riccione getrost umgekehrten Rassismus nennen.

GROSSBRITANNIEN

In Großbritannien leben heute unter 60 Millionen Briten 1,6 Millionen Muslime. Immerhin 40 Prozent von ihnen wollten schon 2006 lieber unter dem religiösen Gesetz der Scharia (siehe hierzu Seite 105 f.) leben als unter dem englischen Rechtssystem (*common law*). Am 19. Februar 2006 veröffentlichte die Zeitung *Daily Telegraph* dieses Ergebnis einer Umfrage des Meinungsforschungsinstituts ICM Opinion Poll. Wer es nicht glauben mag, kann es im Internet nachlesen.[14] In anderen Umfragen sprachen sich sogar 61 Prozent der repräsentativ befragten britischen Muslime für die baldige Einführung der Scharia aus. Ein Drittel der britischen Muslime lebt laut Umfragen in der Hoffnung, dass Großbritannien ein komplett islamischer Staat werden möge. Sie wollen alle Lebensbereiche durch die Scharia und den Koran geregelt sehen und die Demokratie abschaffen.

Manch einem geht es bei der Islamisierung Großbritanniens nicht schnell genug. Wenige Wochen nachdem britische Sicherheitskräfte im Sommer 2006 einen Terroranschlag britischer Muslime auf den internationalen Flugverkehr verhindert hatten, kam aus den Reihen britischer Muslimführer ein interessanter Vorschlag, wie man weitere Terroranschläge zukünftig abwenden könne: Syed Aziz Pasha, Generalsekretär der »Union of Muslim Organisations of the UK and Ireland« (Union der

Muslimorganisationen im Vereinigten Königreich und Irland), forderte bei Gesprächen mit der britischen Regierung die baldige offizielle Einführung der Scharia. Nur so könne man aufgewühlte junge Muslime in Großbritannien davon überzeugen, dass sie »gleich behandelt« würden.

Auf Einladung der britischen Regierung durften die obersten Vertreter der muslimischen Gruppen und Verbände Mitte August 2006 in Whitehall ihre Wunschliste für ein künftiges friedfertiges Zusammenleben abgeben. Ganz oben standen nach Angaben britischer Zeitungen die Einführung islamischer Feiertage und die Scharia. Syed Aziz Pasha sagte der Zeitung *Daily Mail*, nicht das Strafrecht der Scharia mit Steinigungen und Enthauptungen, sondern die zivilrechtliche Einführung der Scharia stünden auf seiner Wunschliste ganz oben. Die Boulevardzeitung *Mirror*[15] überschrieb ihre Schlagzeile daraufhin mit »We must not give in to Muslim blackmail« (»Wir dürfen der Erpressung durch Muslime nicht nachgeben«). Sie nannte es »Erpressung«, dass muslimische Führer für die Einführung von Teilen der Scharia im Gegenzug zugesagt hätten, auf gewaltbereite muslimische Jugendliche einzuwirken.

Zwei Wochen nach dem Gespräch in Whitehall ließ die britische Regierung am 27. August 2006 offiziell mitteilen, sie lehne die Einführung von Teilen der Scharia ab – vorerst.

Auch bei der Einführung islamischer Feiertage ist die britische Regierung gesprächsbereit. Gegenwärtig gibt es in Großbritannien acht offizielle Feiertage, von denen drei christlich geprägt sind (Weihnachten, Karfreitag und Ostern). Shahik Malik, ein muslimischer britischer Labour-Abgeordneter, schrieb 2006 in der *Times*, das Land brauche keine Sonderfeiertage für Muslime: »Denn was ist dann mit Sonderfeiertagen für Sikhs, Hindus und Juden?« Er erinnerte britische Muslime daran, wie gut es ihnen in der freiheitlichen Demokratie Großbritannien gehe: »In Saudi-Arabien dürfen Frauen nicht Auto fahren, in der Türkei dürfen sie kein Kopftuch tragen, und in Tunesien dürfen Staatsbedienstete keinen Bart tragen.« Wer sich in die demokratische Struktur Großbritanniens nicht einfügen wolle, sei frei in seiner Entscheidung, das Land zu verlassen.

Zeitgleich wurde bekannt, dass erstmals in der Geschichte des Königreiches auch nichtmuslimische Schülerinnen einer neuen Schule dazu verpflichtet werden sollen, ein Kopftuch zu tragen. Die neue Madai High-School in Leicester ist gesetzlich dazu verpflichtet, zehn Prozent ihrer Schüler mit nichtmuslimischem Hintergrund aufzunehmen. Der stellvertretende Schulleiter Zainab Elgaziari sieht im generellen Zwang, ein Kopftuch zu tragen, kein Problem. Er behauptet, die Aufnahme nichtmuslimischer Schüler(innen) sei ein staatlicher Zwang. Und an einer muslimischen Schule müssten einheitliche Regeln gelten. Also müssten auch nichtmuslimische Schülerinnen dort das Kopftuch tragen. Die Stadtverwaltung von Leicester sieht das ähnlich. Wahrscheinlich werden nichtmuslimische Eltern nun ihre Kinder nicht an diese neue Schule schicken. Und das ist genau das, was deren Leiter sich offenkundig erhofft. Man will unter sich bleiben.

Führer radikaler Muslime rufen in Großbritannien dazu auf, sich um keinen Preis in die demokratische Gesellschaft zu integrieren. Scheich Omar Bakri, ein von 1985 bis August 2005 in London lebender radikaler Prediger der Muslimbruderschaft, wurde in der arabischen Zeitung *Al Hayat* im Sommer 2002 mit den Worten zitiert: »In meinem Lehrplan lehne ich die Idee der Integration ab. Wir glauben nicht, dass es erlaubt ist, sich in die Gesellschaften, in denen wir leben, zu integrieren. Ich befürworte es nicht, sich von der Gesellschaft abzusondern, aber ich befürworte auch keine Integration in die Gesellschaft. Ich befürworte die Interaktion mit der Gesellschaft auf der Grundlage meiner Religion und meines Glaubens, um die Umwelt zu ändern, und nicht, um durch sie verändert zu werden.«

Zwei Jahrzehnte lang hetzte Omar Bakri unter dem Schutz des britischen Asylrechts gegen die Werte der westlichen Gesellschaften, bevor er seiner Verhaftung durch Flucht zuvorkam. Bakri sagte etwa: »Wir machen keinen Unterschied zwischen Zivilisten und Nichtzivilisten, zwischen Schuldigen und Unschuldigen. Wir unterscheiden nur zwischen Muslimen und Ungläubigen. Und das Leben eines Ungläubigen hat keinen Wert.«[16] 10 000 britische Muslime lauschten regelmäßig den Kundgebungen von Omar Bakri. Es gibt viele Männer wie ihn in Großbritannien. Nur vor diesem Hintergrund ist das Scheitern der britischen Integrationsbemühungen zu verstehen.

Die Stadt Bradford galt lange Zeit als Vorbild für viele andere europäische Städte. Denn in Bradford, dem pakistanisch geprägten »Islamabad Englands«, gab es – wie es schien – ein friedliches Zusammenleben aller Religionsgemeinschaften. Dazu gehörte etwa gemischter Religionsunterricht, in dem alle Gemeinschaften gleich behandelt wurden. Seit 1984 gab es an den Schulen geschächtetes Fleisch für Muslime, 1985 wurde ein Pakistaner zum Bürgermeister gewählt.

Das alles änderte sich 1989. Denn in ebenjener Stadt, in der alle Religionsgruppen angeblich multikulturell und friedlich zusammenlebten, wurde Salman Rushdies Buch *Die satanischen Verse* erstmals unter dem Jubel vieler Muslime in Europa auf der Straße verbrannt. Die »Rushdie-Affäre« nahm 1989 in Europa ausgerechnet dort ihren Anfang, wo die Integration von Muslimen besonders gelungen schien.

1995 und dann wieder im Juli 2001 gab es in Bradford, der angeblich multikulturellsten Stadt Europas, schwere Unruhen: Brennende Autowracks, vermummte und mit Steinen werfende Muslime und um ihr Leben rennende Nichtmuslime zeigten das andere Gesicht der »multikulturellen« Gesellschaft. Seither ist man in Großbritannien vorsichtiger geworden, die Integrationsbemühungen zu loben. Auch die Medien schauen genauer hin. Am 24. Juli 2006 berichtete die *Times* etwa, in Bradford habe es allein im Jahre 2005 140 registrierte Fälle von Zwangsheiraten unter Muslimen gegeben. Das aber sei nur die »Spitze des Eisberges« (zum Vergleich: 2005 wurden in London 518 Zwangsheiraten strafrechtlich bearbeitet).

In Großbritannien bewegen sich seit Langem schon die Realität und der Wunsch nach einer »multikulturellen« Gesellschaft auseinander. Die Briten verfolgen diese Entwicklung aufmerksamer als manche europäischen Staaten auf dem Kontinent. Sie sehen mit Schrecken, was in ihrer »multikulturellen« Umgebung geschieht. Durchschnittlich 17 »Ehrenmorde« werden pro Jahr in Großbritannien von Muslimen verübt. Die Ideologie der Muslimbruderschaft rechtfertigt derartige Taten. In Deutschland nimmt man solche »Fälle« nicht zur Kenntnis oder nur dann, wenn sie hierzulande geschehen, wie etwa in Berlin.

»Schmuseland ist abgebrannt« überschrieb der für Großbritannien zuständige Korrespondent Jürgen Krönig der Wochenzeitung *Die Zeit* am 9. Oktober 2006 einen Bericht, in dem es hieß: »Kein Land in Europa hat sich mit solchem Schwung einem multikulturellen Schmusekurs verschrieben. Kopftücher sind allgegenwärtig, islamische Feiertage werden im Unterricht gefeiert, eine ›Commission for Racial Equality‹ achtet auf strikte Antidiskriminierung, muslimische ›Glaubensschulen‹ breiten sich aus.« Gesellschaftliche Vielfalt zu preisen sei unverzichtbarer Bestandteil britischer Staatsdoktrin; dagegen »untersagen lokale Behörden schon mal, Weihnachtsbäume auf öffentlichen Plätzen aufzustellen. Mit Rücksicht auf muslimische Gefühle.«

Immer mehr britischen Muslimen ist die britische Flagge ein Dorn im Auge. Die Muslime stört vor allem das rote Kreuz. Angeblich sei es das Symbol »blutdürstiger Kreuzfahrer«. Der Druck der Muslime zeigt Wirkung: Mehr und mehr britische Unternehmen ersuchen ihre Arbeiter und Angestellten, die britische Flagge nicht mehr zu schwenken. Aus Angst vor Reaktionen wütender Muslime haben etwa die Telefongesellschaft NTL, die »Drivers and Vehicles Licensing Agency« und auch einige am Flughafen Heathrow tätige Firmen die britische Flagge aus dem Arbeitsbereich verbannt. Sticker, T-Shirts und sonstige Utensilien mit der britischen Flagge sind verboten.

»England afraid to fly its own flag« berichtete www.ynetnews.com am 6. April 2006. Die britische *Sun* rüstete darauf zum (Zeitungs-)»Krieg«, um »Flagge zu zeigen«. »England expects flags« titelte die Boulevardzeitung[17] und dozierte, seit 800 Jahren sei das rote St.-Georgs-Kreuz ein Symbol, das die Bewohner des Landes vereine. Die *Sun* rief dazu auf, die »Political Correctness« zu »schlachten« und wieder Flagge zu zeigen. Sie zitierte einen Fahrer der Telefongesellschaft NTL: »Wenn wir mit einer britischen Flagge am Fahrzeug gesehen werden, dann gibt es eine schriftliche Abmahnung.« Das Unternehmen NTL bestätigte seine Angaben.

Ein Sprecher sagte: »Wir arbeiten eben in vielen multikulturellen Gegenden.« Die *Sun*[18] fand auch Arbeiter am Terminal 5 des Londoner Flughafens Heathrow, die die britische Flagge aus Angst vor aufgebrachten Muslimen nicht zeigen dürfen, Taxifahrer in Blackpool und Feuerwehrmänner in Barking im Osten Londons. Selbst der Supermarkt Tesco beugte sich dem Druck muslimischer Gruppen. Immerhin hieß es sogar aus den Reihen der »Islamic Human Rights Commission«, die britische Flagge sei »rassistisch«. Sowohl der »Union Jack« als auch das rote St.-

Georgs-Kreuz auf weißem Grund sind offenkundig bei Muslimen verhasst.

Vielleicht haben sich die britischen Unternehmen, die den Union Jack verbannten, ja auch nur an die im Januar 2006 in Australien gesammelten Erfahrungen erinnert. Immerhin ist der britische Union Jack mit dem roten Kreuz auch Bestandteil der australischen Flagge. Und eine australische Gemeinde wollte im Januar 2006 über dem Strand Bondi Beach hinter einem Flugzeug die australische Flagge durch die Luft ziehen. Doch dazu kam es nicht. Man fürchtete Unruhen und Demonstrationen australischer Muslime, die sich durch den Anblick des blutroten Kreuzes provoziert fühlen könnten. »Council bans Australian Flag« (Gemeinderat verbietet australische Flagge), hieß es damals in den australischen Nachrichten.

Das Kreuz wurde zwischenzeitlich selbst bei der britischen Fluggesellschaft British Airways (BA) nicht mehr geduldet. Nadia Eweida, eine am Check-in-Schalter arbeitende Angestellte der British Airways, verlor ihren Job, weil sie an einer Kette ein kleines Kreuz um den Hals trug. British Airways gestattet es Muslimen, ein Kopftuch zu tragen, und Sikhs dürfen während der Arbeit den Turban tragen. Nur Christen ist es verboten, ihren Glauben zum Ausdruck zu bringen. Seit Ende 2006 verklagt die 55 Jahre alte Nadia Eweida die Fluggesellschaft wegen Verletzung der »Employment Equality (Religion or Belief) Regulations 2003«. Unterstützt wird sie von ihrer Gewerkschaft und mehr als 200 BA-Angestellten. Nadia Eweida wurde vom Dienst freigestellt und erhält keinen Lohn mehr. Ende November 2006 teilte British Airways mit, man werde Nadia Eweida nicht wieder an ihren Arbeitsplatz lassen, solange sie sichtbar ein kleines Kreuz an einer Kette um den Hals trage. Damit wies die Fluggesellschaft die Bitte der Frau, die Angelegenheit noch einmal zu überdenken, zurück. Der Erzbischof von York, John Sentamu, nannte das Vorgehen von British Airways »unsinnig« und bot Nadia Eweida Beistand an.[19] Juristische Unterstützung erhält sie von Paul Diamond, einem auf religiöse Streitfragen spezialisierten Anwalt. British Airways war eine der ersten Fluggesellschaften, die ihren Angestellten das Tragen von Kreuzen verboten hatte. Nach heftigen Protesten nahm sie das Verbot im Januar 2007 wieder zurück.

An dieser Stelle sei darauf hingewiesen, dass Kreuze nicht nur in Großbritannien zum unliebsamen Kulturgut erklärt werden. So verfasste Tourismusdirektor Manuel Bitschnau, zuständig für das österreichische Alpental Montafon, im Spätherbst 2006 ein Schreiben an die Vermieter von Ferienwohnungen, in dem es vor dem Auftakt der Wintersaison hieß: »Vermeiden Sie in den Wohnungen möglichst religiöse Symbole (ausgenommen wertvolle Gemälde oder Kunstwerke). Nicht einmal die Hälfte unserer Gäste ist katholisch. Es gibt eine Vielzahl von Religionen. Religion ist etwas sehr Persönliches. Ein Kreuz oder ein Heiligenbild befremdet womöglich einen Gast, obwohl es für uns selbstverständlich ist.« Nachdem ein Sturm der Entrüstung losbrach, entschuldigte sich der Tourismusdirektor. Nun dürfen die Kreuze in den Ferienwohnungen wohl hängen bleiben. In Großbritannien ist der Kampf um das Kreuz also nicht einzigartig, sondern nur augenfälliger als in anderen europäischen Staaten.

Am 20. Mai 2005, einem Freitag, verbrannten britische Islamisten unter dem Jubel von mehr als 300 Muslimen vor der amerikanischen Botschaft in London ein hölzernes Kreuz. Der Protest galt Gerüchten, wonach amerikanische Soldaten in Guantánamo einen Koran zerrissen und in die Toilette geworfen hätten. Erstaunlich war nicht das Verbrennen des Kreuzes, erstaunlich war vielmehr die Reaktion britischer Medien: Fast niemand berichtete darüber. Hervorgehoben wurden die Demonstranten – das Verbrennen eines christlichen Symbols wurde offenkundig als »normal« empfunden.

In Großbritannien war es in den letzten Jahren »normal« und wurde juristisch nicht verfolgt, wenn man öffentlich dazu aufrief, jene zu töten, die den Islam »beleidigen«: »Kill those who insult Islam« – solche Plakate sah man oft auf Demonstrationen von Muslimen in Großbritannien. Die Polizei verhaftete jene Demonstranten nicht, die derartige Mordaufrufe öffentlich verbreiteten. Als der Autor 2006 bei einer solchen Demonstration im Stadtzentrum Londons mit einem Fahrzeug am Straßenrand hielt, um die Transparente zu fotografieren, forderte ihn die britische Polizei auf, sofort weiterzufahren, weil das stehende Fahrzeug den Verkehr behindere. Das Recht war eindeutig auf Seiten der demonstrierenden Islamisten. Jene, die öffentlich unter Polizeischutz zum Mord aufriefen, wurden wahrscheinlich nicht einmal nach ihren Ausweisen gefragt.

Und wenn sich britische Schüler darüber beschweren, gemeinsam mit Muslimen im Unterricht zu sitzen, die nicht Englisch sprechen, dann hat das schlimme Folgen. So wurde die 14 Jahre alte Codie Stott am 26. September 2006 verhaftet, weil sie sich weigerte, an einer Unterrichtsstunde teilzunehmen, in der nicht Englisch gesprochen wurde. Am 13. Oktober 2006 berichtete die Zeitung *Daily Mail* unter der Überschrift »Schoolgirl arrested for refusing to study with non-English pupils«, Codie Stott habe mehr als drei Stunden im Gefängnis gesessen, weil einige ihrer Mitschüler nicht Englisch sprachen und sie sich geweigert habe, am gemeinsamen Unterricht teilzunehmen. Sie sollte mit den anderen Schülern diskutieren, obwohl sie deren Sprache nicht verstand. Codie Stott wird nun des »Rassismus« bezichtigt.

Mitte Oktober 2006 geriet auch die Millais-Schule in West Sussex in die Schlagzeilen der britischen Presse[20]. Sie verbot christlichen Schülern, Ringe zu tragen, auf deren Außenseite Bibelverse eingraviert waren. Jedoch gleichzeitig gestattete sie Muslimen und Angehörigen der Religionsgemeinschaft der Sikhs, ihre jeweiligen religiösen Symbole im Unterricht zu tragen.

Großbritannien ist gegenüber seinen mehr als 1,6 Millionen Muslimen wahrlich tolerant. Bis September 2006 konnten immerhin auch vollkommen verschleierte Frauen eine Führerscheinprüfung machen. Weil allerdings immer häufiger statt der tatsächlichen Prüflinge erfahrene Autofahrer unter dem Schleier steckten, die insgeheim anstelle der Prüflinge den Test ablegten, wurden die Bestimmungen geändert. Am 16. September 2006 berichtete die *Daily Mail* unter der Überschrift »New driving test rule forces Muslim women to remove their veils«, dass die »Driving Standards Agency« ab sofort bei jeder verschleierten Frau, die sich einem Führerscheintest unterziehe, in einem separaten Raum die Identität überprüfen werde. Zahlreiche Muslime demonstrierten daraufhin und behaupteten, die Entscheidung »beleidige« den Islam.

Am 21. Oktober 2006 berichtete die BBC[21], die britische Polizei der Stadt Manchester werde mit Rücksichtnahme auf die religiösen Gefühle von Muslimen während der Gebetszeiten des Fastenmonats Ramadan straffällig gewordene Muslime nicht verhaften. Die entsprechende Anweisung führte zur allgemeinen Verwirrung der Polizeibeamten in Manchester, da diese die Gebetszeiten im Ramadan nicht kannten.

Kaum zu glaubende Toleranz zeigt auch die britische Schulaufsichtsbehörde: Am 30. September 2006 ernannte sie einen nicht eben für seine Toleranz gegenüber anderen Religionen bekannten Muslim zu einem ihrer obersten Schulaufseher. Wie die Zeitung *Daily Mail* unter der Überschrift »Muslim teacher in carol concert tirade is made Ofsted inspector«[22] (Ofsted = Office for Standards in Education) berichtete, fiel Israr Khan schon 1996 bei einer Weihnachtsfeier in der Washwood Heath Secondary School in Birmingham auf. Dort hatten bei einer Aufführung muslimische und christliche Schüler Weihnachtslieder und Choräle gesungen, als Israr Khan aufsprang und rief: »Wer ist euer Gott? Warum sagt ihr Jesus und Jesus Christus? Gott ist nicht euer Gott – sondern Allah.«

Israr Khan, damals Lehrer an der Schule, verließ die Washwood-Heath-Schule und gründete die unabhängige islamische Hamd-House-Vorschule in Small Heath, Birmingham. Im Frühjahr 2006 wurde er zum Gouverneur der Anderton-Park-Grundschule in Sparkbrook, Birmingham, ernannt. Und nun ist er Schulaufseher. Die britische Schulaufsichtsbehörde teilte dazu mit: »Israr Khan wurde als ein zusätzlicher Inspektor in einem intensiven Einstellungs- und Auswahlprozess berufen. Er hat alle wichtigen Sicherheitstests bestanden.«[23] Israr Khan ist also für die Qualitätskontrolle britischer Schulen zuständig. Er entscheidet darüber, welche Schulen die staatlichen (Förder-)Kriterien erfüllen und welche nicht.

Fast schon unglaubwürdig – aber leider wahr – ist ein Bericht der Zeitung *Guardian* vom 19. Oktober 2006[24], nach dem ein staatliches Terrorismusforschungsprojekt eingestellt wurde, weil man Angst habe, mit den Forschungen den islamistischen Terror zu fördern. 1,3 Millionen britische Pfund hatte das Londoner Außenministerium mehreren Organisationen zur Erforschung der weltweiten Verflechtungen islamistischer Terrorgruppen zur Verfügung gestellt. Die ausgewählten Akademiker sollten in den Herkunftsländern islamistischer Terroristen nach Querverbindungen der Terrornetzwerke suchen. Doch die Wissenschaftler des »Economics and Social Research Council« und des »Arts and Humanities Research Council« bekamen Angst um ihr Leben. Die Studien, so ihre Befürchtung, könnten radikale Muslime dazu ermuntern, die Forscher zu töten. So stellte man die Antiterrorforschungen aus Angst vor dem Terror ein.

Die Universität Leicester gibt sich zunehmend islamisch: Traditionelles britisches Essen wurde aus der Studentencafeteria des Studentenwerks der Universität verbannt. Statt »Bacon and Eggs« gibt es fortan Halal-Mahlzeiten, Schweinefleisch, Schinken und Speck sind tabu. In der Pressemitteilung dazu heißt es: »Die Entscheidung, Halal-Essen zu verkaufen, kam nach einem Treffen zwischen Martin Cullen, Präsident der University of Leicester Students' Union, Zakariyya Khan, Präsident der islamischen Abteilung des Studentenwerks, und Nicholas Robinson, Verpflegungsmanager der Universität Leicester. Bei diesem Treffen wurde beschlossen, dass die renovierte Verkaufsstelle des Studentenwerks nur halal und vegetarische Kost ausgibt und keine Produkte vorhält, die Schweinefleisch und Schinkenspeck enthalten.«

Die Universität von Leicester ist in Großbritannien kein Einzelfall. Am 19. Oktober 2006 berichtete der *Economist* unter der Überschrift »The crescent and the canteen«[25] (Halbmond und Kantine), dass immer mehr britische Universitäten »Bacon and Eggs« verbannen und stattdessen Halal-Mahlzeiten anbieten.

Auch britische Krankenhäuser passen sich den Wünschen der steigenden muslimischen Bevölkerungszahl an: Seit dem 1. November 2006 bieten die ersten britischen Krankenhäuser muslimischen Patientinnen Krankenhausbekleidung an, die nicht länger den Islam »beleidigt«: Burkas aus Leinen, also Ganzkörper-OP- und Krankenbettbekleidung, die auch das Gesicht verhüllt. Entworfen hat die Kollektion Karen Jacob, angeboten wird sie im Norden Großbritanniens etwa in den Krankenhäusern des »Lancashire Teaching Hospitals NHS Foundation Trust«, der die Krankenhäuser »Royal Preston« und »Chorely and South Ribble Hospitals« betreibt. Ganz nach individuellem Wunsch der Patientin kann eine Muslimin damit entweder nur noch durch einen winzigen Sehschlitz blicken oder aber auch einen kleinen Teil ihres Gesichtes den Ärzten zeigen.

Und auch für die königliche Familie steht Religionsfreiheit nicht nur auf dem Papier: Im September 2006 erhielt Schloss Windsor den ersten islamischen Gebetsraum. Ein ehemaliges Büro wurde zur Moschee umgewidmet, mit Gebetsteppichen und Koranausgaben. Nagina C., eine 19 Jahre alte Angestellte im Andenkenverkaufsladen des Schlosses, hatte den Gebetsraum gefordert. Sie war dann auch die Erste, die dort beten durfte: »Es ist unglaublich, die erste Muslimin zu sein, die ihre Gebete im Schloss Windsor liest.« Auch im Buckingham Palace gibt es inzwischen einen Gebetsraum für Muslime.

Für Ratlosigkeit sorgte jedoch ein muslimischer Taxifahrer, der seine Religionsfreiheit auch am Arbeitsplatz garantiert sehen wollte. Abdul R. weigerte sich, eine blinde Frau mit ihrem Blindenhund zu transportieren. Jane V., die als Rechtsberaterin für das »Royal National Institute for the Blind« arbeitet, hatte nach einem Fernsehtermin bei der BBC ein Taxi bestellt. Doch Abdul R. weigerte sich, die blinde Frau und ihren Blindenhund zu transportieren. Gemäß seiner Religion sei der Hund »unrein«. Nach britischem Recht müssen alle lizenzierten Taxifahrer auch Blindenhunde befördern.

Vor diesem Hintergrund wurde Jane V. am 6. Oktober 2006 von der Zeitung *Daily Mail* mit den Worten zitiert: »Diese Erfahrung hat mich sehr aus der Fassung gebracht. Ich war müde, mir war kalt, und ich wollte einfach nur nach Hause. Dieser Fahrer allerdings gab mir das Gefühl, ein Bürger zweiter Klasse zu sein, so als ob ich überhaupt nichts wert sei.«

Inzwischen musste der muslimische Taxifahrer Abdul R. wegen Verletzung der Bestimmungen des »Disability Discrimination Act« 1400 Pfund Strafe zahlen. Unmittelbar nach der Gerichtsverhandlung zeigte er sich uneinsichtig und beharrte darauf, auch weiterhin Passagiere mit Blindenhunden abzulehnen. Also werden sich oberste britische Gerichte weiter mit der Frage befassen müssen, ob Religionsfreiheit in Großbritannien auch bedeutet, dass muslimische Taxifahrer blinde »Ungläubige« mit »unreinen Hunden« nicht befördern müssen. Denn die Erfahrung von Jane V. ist kein Einzelfall. Zur gleichen Zeit weigerte sich der muslimische Taxifahrer Basir M. aus religiösen Gründen, den 37 Jahre alten Bernie R. und seinen Hund vom Kinderkrankenhaus in der Great Ormond Street aus zu befördern. Basir M. musste dafür 400 Pfund an Strafe und Wiedergutmachung zahlen.

Es spricht einiges dafür, dass die oben genannten britischen Taxifahrer nicht von allein auf die Idee kamen, Blindenhunde nicht mehr zu transportieren. Denn zur gleichen Zeit gab es ähnliche Vorkommnisse in Australien und den Vereinigten Staaten. Australiens größte Zeitung, die *Herald Sun*, berichtete am 8. Oktober 2006[26], muslimische Taxifahrer weigerten sich, Blinde und ihre Blindenhunde zu befördern. In der Stadt Melbourne sind von etwa 10 000 Taxifahrern rund 2 000 muslimischen Glaubens. Zeitgleich weigerten sich auch in der amerikanischen Stadt Minneapolis muslimische Taxifahrer, Blinde und ihre Blindenhunde zu befördern.

Unterdessen gibt es eine Gegenbewegung in Großbritannien, die die »Andersartigkeit« von Muslimen ganz im Sinne von Gesetzen und Vorschriften nicht akzeptieren will. Eine 22 Jahre alte muslimische Studentin der Universität Manchester machte eine für sie sicherlich ungewöhnliche Erfahrung, als sie im November 2006 in einen Bus der Linie 59 nach Oldham einsteigen wollte. Sie trug einen Gesichtsschleier, der nur den Augen einen schmalen Spalt ließ. Als sie dem Fahrer beim Einsteigen ihre Monatskarte präsentierte, auf der ihr Gesicht abgebildet war, forderte er die Studentin auf, den Schleier zu lüften, um ihre Identität zu überprüfen. Die Studentin weigerte sich – und durfte nicht mitfahren. Fast alle Fahrgäste applaudierten dem Busfahrer.

Diesen Fall nahmen die britischen Transportunternehmen zum Anlass, um mit den Führern der Gewerkschaft CPT (Confederation of Passenger Transport) eine Regelung zu treffen, wie man künftig bei ähnlichen Vorkommnissen reagieren soll. Gleiche Regeln für alle? Oder Sonderrechte für muslimische Frauen, deren Identität man nicht überprüfen kann?

Dass auch der radikale Islam unter britischen Muslimen vertreten ist, kann man nicht nur erahnen. So berichtete die *Sunday Times* am 18. Juni 2006 unter der Überschrift »Imam backs terror attack against Blair« (Imam setzt auf Terror gegen Blair), der Leiter der Moschee von Brighton, Abubaker Deghayes, halte ein Selbstmordattentat auf den britischen Premierminister für gerechtfertigt. Der Imam soll nach diesen Angaben dem Reporter gesagt haben, er bete zu Allah für jeden, der den Versuch wage, Tony Blair zu töten. Konfrontiert mit den Äußerungen, sagte der ursprünglich aus Libyen stammende Imam dann später, er habe doch nur politische Angriffe auf Blair gemeint und den Tod seiner politischen Laufbahn.

Manch einer mag nun glauben, die Äußerungen dieses Imams seien eine isolierte Einzelmeinung. Doch haben repräsentative Umfragen unter britischen Muslimen ergeben, dass immerhin 13 Prozent die vier Londoner Selbstmordattentäter vom Juli 2005 als »Märtyrer« betrachten. Und sieben Prozent halten Selbstmordattentate auf Zivilisten in Großbritannien für »gerechtfertigt«. Sieben Prozent von 1,6 Millionen? Das sind immerhin 112 000 Muslime. Wenn die Anschläge »nur« gegen britische Soldaten verübt werden, halten schon 16 Prozent der britischen Muslime sie für gerechtfertigt. Diese Zahlen veröffentlichte die Londoner *Times* am 4. Juli 2006.[27]

Am 24. September 2006 berunruhigte der *Guardian* die Briten mit einem weiteren erschütternden Umfrageergebnis. Unter der Überschrift »One in ten muslims ignores terror« (Einer von zehn Muslimen ignoriert Terror) berichtete das Blatt, zehn Prozent der britischen Muslime würden nicht die Polizei informieren, wenn sie Kenntnis davon hätten, dass Muslime aus ihrer Umgebung einen Terroranschlag vorbereiten würden. Das Meinungsforschungsinstitut ICM[28], das die Umfrage durchgeführt hatte, berichtete, unter den 16 bis 24 Jahre alten britischen Muslimen würden sogar 15 Prozent wegschauen.

Der radikale Islamist Omar Bakri, der lange in Großbritannien lebte, ist überzeugt davon, dass nicht nur London in wenigen Jahren schon eine islamische Stadt sein wird. Im Gespräch mit der in arabischer Sprache erscheinenden Zeitung *Al-Sharq al-Awsat* sagte er im Juli 2006, der »Tag wird kommen, an dem die Flagge des Islam über Big Ben und dem britischen Parlament weht«. Er fügte hinzu, London sei heute noch »Kufferstan«, mit anderen Worten: das Land der Ungläubigen. Doch loyale britische Muslime werden es eines Tages mit der Hilfe Allahs zu Islamistan machen, mit anderen Worten: zu »Dar al-Islam« (Haus des Islam).

Bei näherer Betrachtung scheint die von Omar Bakri gewünschte Entwicklung nicht fern zu sein. In Großbritannien sollte man sich jedenfalls hüten, mit dem Wort »Islamophobie« zu scherzen. Inigo W., ein Angestellter eines Telekommunikationsunternehmens, behauptete auf seinem privaten Blog, Islamophobie sei die Angst, am Morgen auf der Fahrt zur Arbeit im Bus in die Luft gesprengt zu werden. Das »Muslim Public Affairs Committee« schrieb dem Unternehmen daraufhin einen Brief und beschwerte sich über den Scherz. Er verunglimpfe Muslime. Das Unternehmen hat Inigo W. sofort vom Dienst suspendiert.

Inigo W. darf über Terrorgefahr und den öffentlichen Nahverkehr in Großbritannien nicht scherzen. Vielleicht wird die nachfolgende Nachricht ja von einigen Lesern als Scherz aufgefasst, doch sie ist Realität: Nach den Terroranschlägen auf das öffentliche Transportsystem in London im Juli 2005 stellten die Londoner Verkehrsbetriebe einen verurteilten Terroristen ein. Mohammed Kamel Mostafa ist der Sohn des berüchtigten einäugigen Londoner Hasspredigers Abu Hamza, der im Februar 2006 von einem britischen Gericht wegen Terrorvorbereitungen zu sieben Jahren Haft verurteilt wurde. Mohammed Kamel Mostafa wurde 1999 im Jemen zu drei Jahren Haft verurteilt, weil er Bombenanschläge vorbereitet hatte. Die Londoner U-Bahn-Betriebe sind multikulturell und großzügig: Sie stellten den verurteilten Terroristen nicht nur ein, sie gaben ihm auch eine Zugangsberechtigung zu sensiblen U-Bahn-Bereichen. Erst als Opfer der Terroranschläge vom Juli 2005, bei denen 56 Menschen ums Leben gekommen waren, dagegen protestierten, wurde Mohammed Kamel Mostafa entlassen.

Man darf gespannt sein über die Entwicklungen in Großbritannien. Denn im Foreign Office, dem britischen Außenministerium, sitzt mit Mockbul Ali ein radikaler Muslim, der als »Berater für islamische Angelegenheiten« allergrößten Einfluss darauf hat, welche Muslime im In- und Ausland zu Konferenzen geladen und des Dialoges für würdig befunden werden. Der Großbritannienkorrespondent der *Zeit*, Jürgen Krönig, schrieb im Oktober 2006[29] über diesen Mann: »Mockbul Ali, der 2002 in einem Artikel die erste palästinensische Suizidbomberin als ›Vorbild für jede Muslimin‹ pries, hat eine ausgeprägte Schwäche für radikale Islamisten wie Delwaar Hossein Sayeedi, ein Politiker aus Bangladesch, der Hindus als ›Exkremente‹ bezeichnet. Ins Foreign Office geholt hatte ihn der damalige Außenminister Jack Straw. Es ist nicht bekannt, ob er diese Entscheidung inzwischen bereut.«

Krönig schließt seinen so lesenswerten wie deprimierenden Artikel über die multikulturelle Gesellschaft in Großbritannien mit den Worten: »Ende der Achtzigerjahre verbrannten aufgebrachte Muslime in Bradford und anderen englischen Städten *Die satanischen Verse* von Salman Rushdie. Eigentlich hätte der Fall ein Weckruf sein müssen. Stattdessen wurde die Herausforderung der essenziellen Werte unserer Demokratie ignoriert und der Autor weithin als lästiger Störenfried betrachtet. Auf staatlicher Seite, in Großbritannien und anderswo in Europa, verfolgte man noch stärker als zuvor einen Multikulturalismus, der letztlich nichts anderes ist als eine Kreation weißer Liberaler auf einem Schuldtrip, kombiniert mit einem unterentwickelten Verständnis von menschlicher Natur und historischen Realitäten. Auch jetzt, so scheint es, sind noch nicht alle aufgewacht.«

Belgien

In Belgien lebten 2006 bei einer Einwohnerzahl von rund zehn Millionen Menschen etwa 400 000 Muslime, es gab 328 Moscheen und 300 Imame. Im Jahr 2005 waren in Brüssel 57 Prozent der Neugeborenen muslimisch. Der häufigste Vorname für Neugeborene in der belgischen Hauptstadt lautete 2006 Mohammed, gefolgt von Usama.

Belgien ist ein typisches Beispiel dafür, wie unter dem Druck muslimischer Einwanderer Traditionen der freiheitlichen Demokratie aufgegeben werden. Am 20. April 2006 änderte das belgische Parlament eine seit mehr als hundert Jahren bestehende Anweisung, wonach Besucher ihre Kopfbedeckung abnehmen müssen, um ihren Respekt für die demokratischen Werte und das Parlament zu bekunden. Ließ man noch vor einigen Jahren ein Mitglied der Partei der Grünen gewaltsam aus dem Parlament tragen, weil dieser eine Baseballkappe trug, so dürfen muslimische Frauen inzwischen belgischen Parlamentssitzungen folgen und dabei auch einen Hijab (Schleier) tragen.

Die belgische Polizei registriert seit Langem schon, dass männliche muslimische Einwanderer junge Muslimas mit Gewalt dazu zwingen, in der Öffentlichkeit ein Kopftuch zu tragen. Mitte September 2006 bedrängten einige junge Muslime eine 24 Jahre alte Marokkanerin in Antwerpen, die ohne Kopftuch einkaufen ging. Als sie vor den Jungen flüchtete, warfen diese Steine auf sie. Die Polizei wurde zufällig auf den Vorfall aufmerksam und griff ein. Wenige Minuten später waren mehrere Dutzend muslimische Jugendliche zusammengekommen und bewarfen auch die Polizisten mit Steinen. Sven Lommaert von der Antwerpener Polizei sagte zu dem Vorfall: »Wir erleben es immer häufiger, dass junge islamische Einwanderer es nicht dulden können, wenn Frauen kein Kopftuch tragen.«[30]

Im Fastenmonat Ramadan bekamen die Belgier dann wenige Monate später zu spüren, wie sehr der Islam eine »Religion des Friedens« ist. Ende September 2006 warfen muslimische Einwanderer in Brüssel Nacht für Nacht Steine auf Passanten, demolierten Fahrzeuge und plünderten Geschäfte. Die Ramadan-Krawalle muslimischer Jugendlicher scheinen zu einer Tradition zu werden. Immerhin fanden sie 2006 schon das dritte Jahr in Folge in Brüssel statt.

Wer sich in Belgien öffentlich gegen die zunehmende Islamisierung stellt, muss mit Strafverfolgung rechnen. In ganz Belgien ist Vater Samuel inzwischen eine Berühmtheit. Der katholische Priester aus Charleroi predigt dort jeden Sonntag in der Kirche Heiliger Antonius von Padua. Bis zu 2000 Menschen lauschen seinem Gottesdienst. Denn Vater Samuel spricht offen aus, was viele Belgier denken. So sagte er etwa: »Jedes vollständig islamisierte muslimische Kind, das in Europa geboren wird, ist eine Zeitbombe für die Zukunft westlicher Kinder. Denn Letztere werden verfolgt werden, wenn sie zur Minderheit geworden sind.«[31]

Das brachte Vater Samuel eine Strafanzeige ein. Das belgische Zentrum gegen Rassismus (COOR) behauptete, Vater Samuel schüre den »Rassenhass«. Vater Samuel war bis dahin nicht bekannt, dass Muslime in Belgien als »Rasse« gelten. Nun wartet der Mann auf seinen Prozess. Und viele andere Islamkritiker schweigen, weil sie Angst davor haben, der »Islamophobie« bezichtigt zu werden.

FRANKREICH

In Frankreich sind heute etwa 25 Prozent aller Schüler muslimischen Glaubens. Von 59 Millionen Einwohnern bekennen sich etwa 5,6 Millionen zum Islam. Schon in wenigen Jahrzehnten könnte Frankreich aufgrund der demografischen Entwicklung eine mehrheitlich muslimische Bevölkerung haben. Spätestens im Jahre 2050 werden mehr als 50 Prozent der produktiven Franzosen Muslime sein.

Die Muslimbruderschaft gilt französischen Politikern inzwischen als großes Sicherheitsrisiko. Im Oktober 2006 wurde 43 muslimischen Mitarbeitern der Gepäckabteilung des Pariser Flughafens Charles de Gaulle die Sicherheitsfreigabe entzogen. Die meisten von ihnen sollen nach offiziellen Angaben Mitglieder der Muslimbruderschaft gewesen sein. Zuvor hatten französische Politiker behauptet, der Flughafen Charles de Gaulle werde »islamisiert«. Leitende Angestellte und die wenigen französischstämmigen Mitarbeiter der Gepäckabfertigung würden durch Mobbing und Schläge »bedroht«. Islamisten könnten »jederzeit eine Bombe im Gepäck von Flugpassagieren verstecken«, hieß es aus französischen Sicherheitskreisen.

In keinem anderen europäischen Land lassen Muslime bei Umfragen so viel Gewaltbereitschaft erkennen wie in Frankreich. Nach einer im Juni 2006 vom US-amerikanischen Meinungsforschungsinstitut PEW[32] veröffentlichten Befragung in allen EU-Staaten zum Thema »Wie Westeuropäer und Muslime sich gegenseitig sehen«[33] sind 35 Prozent der in Frankreich lebenden Muslime dazu bereit, Gewalt anzuwenden, wenn sie sich und ihren Glauben diskriminiert wähnen. Vor diesem Hintergrund bekommen die regelmäßigen Unruhen in den Banlieues, den Migrantenvorstädten, eine neue Qualität. Muslimische französische Jugendliche schlugen in den Jahren 2003 bis 2006 durchschnittlich täglich 14 französische Polizisten krankenhausreif oder verletzten diese mit Steinwürfen schwer. Und sie setzten täglich bis zu 150 Fahrzeuge in Brand. Westliche Medien sehen das als »Protestform« und suchen die Ursachen in »sozialen Spannungen«. Vor allem verschweigen sie, dass die randalierenden Jugendlichen Muslime sind. Die Wahrheit lautet: Viele muslimische Jugendliche aus den Vorstädten suchen den Krieg mit dem französischen Staat. Sie wollen, dass die Polizei zukünftig den Parallelgesellschaften »ihrer« Wohngebiete fernbleibt.

So sieht denn Michel Thoomis, Generalsekretär der französischen Polizeigewerkschaft »Action Police«, Frankreich nicht erst in einigen Jahren von Muslimen bedroht. Im Oktober 2006 schrieb er einen Brief an den damaligen Innenminister Nicolas Sarkozy, in dem er von einem »Bürgerkrieg, ausgeführt von radikalen Islamisten«, sprach und gepanzerte Fahrzeuge anforderte. Damit durchbrach er das Schweigen: Zwar waren allein von Januar bis Ende September 2006 mehr als 2500 Polizisten bei Einsätzen in den Vorstädten verletzt worden, doch kaum jemand sprach darüber. Es war politisch nicht korrekt. Michel Thoomis nennt das »eine nicht erklärte Intifada gegen die Polizei«.

Die Zahl der Angriffe auf Polizisten in den zumeist von algerischstämmigen Muslimen bewohnten Banlieue-Siedlungen hat sich in den Jahren 2005 und 2006 um ein Drittel erhöht. Michel Thoomis durchbrach ein Tabu, als er im Oktober 2006 öffentlich erklärte: »Wir befinden uns im Bürgerkrieg, ausgeführt von radikalen Islamisten. Dies ist nicht mehr eine Frage von städtischer Gewalt, dies ist eine Intifada mit Steinen und Molotowcocktails. Es sind nicht nur zwei oder drei Jugendliche, die sich der Polizei entgegenstellen, ganze Wohnblocks kommen auf die Straße ...«[34]

Gérard Demarq von der Polizeigewerkschaft »Alliance« wollte zur gleichen Zeit den Begriff »Intifada« nicht verwenden, bestritt jedoch nicht, dass die Gewaltbereitschaft unter den muslimischen Einwanderern in den Vorstädten ein bedrohliches Ausmaß für die Polizei angenommen hat. Organisierte Gangsterbanden, Straßenkämpfer und Islamisten bilden in immer mehr französischen Vorstädten eine Gesellschaft, die ihre eigenen Gesetze hat und die bestehenden Gesetze mit Füßen tritt.

Im Oktober 2005 randalierten muslimische Jugendliche zum ersten Mal landesweit und hielten die Polizei über Wochen in Atem. Im Oktober 2006 das gleiche Bild – nur verschlimmerte sich die Lage gegenüber dem Vorjahr. Immer wieder wurden Polizisten durch vorgetäuschte Notrufe in Hinterhalte gelockt und dann von muslimischen Jugendlichen mit Steinen attackiert. Die Taktik hatte einzig ein Ziel: Die französische Polizei soll »No-Go-Areas« akzeptieren, Gebiete, die sie nicht betreten darf.

In Frankreich gab es am 17. Oktober 2004 die erste Steinigung einer Muslima in Europa. In Deutschland und den meisten anderen EU-Staaten war die barbarische Steinigung der 23 Jahre alten Frankotunesierin kein Thema in den Medien. Das Opfer, Ghofrane Haddaoui, wurde von drei jungen Muslimen am Strand von Marseille gesteinigt. Die Hände wurden ihr zerquetscht, der Kopf mit Steinen zerschmettert. Tausende Franzosen demonstrierten schweigend gegen dieses unglaubliche Verbrechen. Dann kehrte wieder der Alltag ein.

Bis zum 4. Oktober 2006. An jenem Tag versuchten Schüler am Jean Mermoz Collège im achten Arrondissement in Lyon ein junges Schulmädchen zu steinigen, weil es nicht die Regeln des Fastenmonats Ramadan befolgt hatte. Das Mädchen besuchte die dritte Schulklasse und hatte auf dem Schulhof in der Pause etwas gegessen. Als die anderen muslimischen Schüler das sahen, griffen sie zu Steinen und verletzten das Mädchen damit schwer. In Hunderten muslimischer Ghettos französischer Vorstädte herrscht inzwischen de facto längst die Scharia und nicht mehr das französische Gesetz.

Wer in Frankreich den Islam kritisiert, muss mit Bedrohungen leben. Wie etwa der 52 Jahre alte Lehrer Robert Redeker aus dem Ort Saint-Orens-de-Gameville bei Toulouse. Er hatte 2006 nach dem Streit um die Regensburger Papst-Rede in einem Beitrag für *Le Figaro*[35] den Islam kritisiert. Er lebte daraufhin an einem geheim gehaltenen Ort unter Polizeischutz. Zum Unterricht konnte er nicht mehr erscheinen. Denn per Mail erhielt er ernstzunehmende Todesdrohungen. Redeker hatte in *Le Figaro* geschrieben, dass Mohammed »ein Meister des Hasses« sei. Schlimmer noch. Er hatte das Verbot von Stringtangas beim Strandbadfest Paris Plages im Sommer 2006 als »Islamisierung der Geister in Frankreich« kritisiert; es bedeute eine »mehr oder weniger bewusste Unterwerfung unter die Diktate des Islam«. Die öffentliche Ordnung in Frankreich würde eher durch das Tragen von Kopftüchern auf der Straße gestört als durch Stringtangas. Redeker durfte seine Post nicht mehr selber öffnen. Eine Spezialabteilung der Polizei erledigte das für ihn. Die Folgen einer öffentlichen Islamkritik.

Unterdessen unternimmt man in Frankreich alles, um Muslime in die Gesellschaft zu integrieren. Im Juni 2006 stellte die französische Armee den ersten muslimischen Militärseelsorger ein. Der in Algerien geborene Abdelkader Arbi soll sich zukünftig um das Seelenheil muslimischer französischer Soldaten kümmern. Offiziell gibt es keine Daten, wie viele Muslime in der französischen Armee dienen. Gewiss ist nur, dass die

Zahl ständig steigt. Abdelkader Arbi sagte bei seiner Amtseinführung, Muslime seien »überall in der Armee und viele von ihnen in ranghohen Verwendungen«.

Im November 2006 wurde in Lille die erste rein muslimische Universität eröffnet. Sie soll Imame ausbilden, Fatwen erlassen und für den Islam werben. Die Universität wird von der Regierung des Golfstaates Katar und von der Stadt Lille finanziert. In Lille sind von 1,1 Millionen Einwohnern mehr als 25 Prozent Muslime.

Im Jahr 2006 lebten in Frankreich ebenso wie in Großbritannien fast 40 Prozent der muslimischen Bevölkerung von Zuwendungen des Staates, in Norwegen waren es mehr als 50 Prozent.[36] In Deutschland mögen die Zahlen geringfügig andere sein. Aber das Einzige, was statistisch gesehen unabhängig von parteipolitischen Vorlieben auch in Deutschland seit Jahren Wachstumsraten hervorbringt, sind der muslimische Bevölkerungszuwachs und der damit korrespondierende Anteil an steigenden Sozialhilfehaushalten. Die Muslimbruderschaft unterhält überall in Europa in ihren Tarnorganisationen »Beratungszentren«, in denen es Anleitungen dazu gibt, wie man möglichst viele öffentliche Zuwendungen bekommen kann – etwa Behinderungen angibt oder Verwandte über die eigene Krankenversicherungskarte behandeln lässt. Das Vorgehen ist bekannt. Darauf hinzuweisen, gilt jedoch als »politisch nicht korrekt«. Die Zeche zahlt der Bürger. Wer das verschweigt, verdrängt Probleme, er löst sie nicht.

Sonderrechte für Muslime?

Sind deutsche Lehrpläne und Verordnungen im Sinne des Islam verhandelbar? Einführung der Scharia in Berlin-Kreuzberg und in Dortmund? Wir halten so etwas für absurd und belächeln solche Äußerungen – und verdrängen dabei, dass sie schleichend zur Realität werden. Die Zeitschrift *Al-Islam*, herausgegeben vom Islamischen Zentrum in München, berichtete[37] etwa, die in Deutschland lebenden Muslime könnten sich auf Dauer nicht mit der Anerkennung des deutschen Ehe-, Erb- und Prozessrechts zufriedengeben. Anzustreben sei vielmehr eine Absprache zwischen den Muslimen und dem deutschen Staat, um eine gesonderte Gerichtsbarkeit für Muslime zu vereinbaren. Nur so erlange das islamische Recht in Deutschland überhaupt Gültigkeit. Das baden-württembergische Landesamt für Verfassungsschutz veröffentlichte diese Aussagen auf seinen Internetseiten.

Dann würde sich wohl auch folgende Regelung auf breiter Front durchsetzen: Obwohl die Ehe mit mehreren Frauen gegen die Rechtsordnung aller europäischen Staaten wie auch gegen das deutsche Grundgesetz verstößt, würde muslimische Polygamie legal. Es gibt bereits einzelne Fälle, in denen Polygamie vom deutschen Sozialsystem nicht nur akzeptiert, sondern sogar belohnt wird: Auch muslimische Zweit- und Drittfrauen sind in Deutschland in der gesetzlichen Krankenversicherung beitragsfrei versichert.[38] Einzige Voraussetzung ist, dass ein Muslim »nach ausländischem Recht wirksam in polygamer Ehe verheiratet« ist.[39] Da die Ehefrauen dann alle einen Unterhaltsanspruch gegen den Mann hätten, sei es rechtlich auch nicht zu beanstanden, wenn sie beitragsfrei in der Krankenversicherung mitversichert seien. Der Zentralrat der Muslime in Deutschland kritisierte auf seiner Homepage die vor diesem Hintergrund stattfindende »Neiddebatte«[40] und regte eine neue Diskussion an: »Milliarden Euro sparen die Versicherungen durch die Muslime wegen ihres strikten Alkoholverbotes jährlich.« Müsste es somit nicht niedrigere Versicherungsprämien für Muslime geben – von der KFZ- bis zu anderen Versicherungen?

Im Sommer 2006 startete die Förderation der islamischen Organisationen in Europa (FIOE, siehe Seite 157) eine Initiative, um die Einführung von Gesetzestexten für Muslime voranzutreiben, die nach Auffassung von Kritikern der FIOE für diese mehr Geltung besitzen sollen als die Gesetze der europäischen Staaten. Die FIOE hatte schon im März 2005 angekündigt, eine »Verfassung für Europas Muslime« vorzubereiten.[41] Der Europäische Fatwa-Rat, der bei der Gründung der FIOE Unterstützung geleistet hatte, steht nach Auffassung von Sicherheitsbehörden der Muslimbruderschaft nahe.

Unter Muslimen wurde in den letzten Jahren darüber diskutiert, welche der »Rechte von Muslimen« besonders gestärkt werden sollten: Trageerlaubnis für Kopftücher im öffentlichen Dienst, Moscheebau ohne staatliche Einschränkungen, islamischer Religionsunterricht ohne staatliche Kontrolle. Parallel dazu sollen für Muslime überall in Europa Schariagerichte eingeführt werden.

Nicht ein europäischer Staat, sondern Kanada hätte im Frühjahr 2004 beinahe als erstes westliches Land für seine 600 000 Muslime Schariagerichte (zu Scharia siehe Seite 105 f.) zugelassen. Die religiösen Tribunale sollten Zivilstreitigkeiten unter Muslimen schlichten. Kritiker in Kanada fürchteten allerdings, dass die Rechte der »shariah courts« auch auf das Strafrecht ausgeweitet werden könnten.

Vorausgegangen war, dass im Jahre 1991 in der kanadischen Provinz Ontario das »Streitschlichtungsgesetz« eingeführt wurde. Ursprünglich sollte es dabei helfen, bei Vertragsstreitigkeiten im Handels- und Wirtschaftsrecht eine außergerichtliche Streitschlichtung zu ermöglichen. Bald schon wurde es auch auf Familienstreitigkeiten ausgeweitet. Auf dieses Gesetz beriefen sich in Kanada lebende Muslime, die ihre familiären Konflikte gemäß der Scharia regeln wollten.

Es waren Flüchtlinge aus dem afrikanischen Somalia, die sich in Kanada »ihre« Schariagerichte zu erstreiten gedachten. Einst waren sie aus Somalia nach Kanada gekommen und hatten in ihren Asylanträgen angegeben, nicht unter der Diktatur der religiösen Gesetze in ihrer Heimat leben zu wollen. Nach einigen Jahren besannen sie sich – inzwischen kanadische Staatsbürger geworden – auf ihre Tradition und ihre Ursprünge und kämpften gemeinsam mit anderen kanadischen Muslimen für die Einführung der Scharia in Kanada.

Nach internationalen Protesten ließ Kanada von dem Vorhaben im Jahre 2005 ab, nachdem man eigentlich schon über alle Parteien hinweg Einigkeit darüber erzielt hatte. Ein von dem muslimischen Juristen Syed Mumtaz Ali geführter Verband hatte bereits das »Islamische Institut für zivile Gerichtsbarkeit« gegründet. Damit wollte der Verband Schlichtungsstellen (»Darul-Qada«) für Familien- und Erbrechtsfälle von Muslimen schaffen. Die Ablehnung der Einführung von Schariagerichten Ende 2005 hatte für manche Muslime in Kanada offenkundig schlimme

Folgen. Sohail Raza, Sprecher des Muslimisch-Kanadischen Kongresses (MCC), war nicht der Einzige, der Todesdrohungen erhielt, nachdem er sich gegen die Einführung der Scharia ausgesprochen hatte. In der Folge wurde er – ebenso wie auch sein Vorgänger (der unter dem Druck zurückgetreten war) – von radikalen Islamisten in Kanada immer wieder mit dem Tode bedroht.[42]

Sohail Raza befürwortete die Trennung von Kirche und Staat. Und er ist ein Muslim, der auch für die Gleichberechtigung der Frauen eintritt. Im Oktober 2006 forderte er den kanadischen Justizminister dazu auf, kaum verhüllte Todesdrohungen radikaler Islamisten gegen gemäßigte Muslime zu stoppen. Muslimische Bevölkerungsgruppen leben überall in westlichen Kulturkreisen unter dem Druck radikaler Islamisten, nicht nur in Kanada. Und der Einfluss der Radikalen steigt – von Jahr zu Jahr.

In Deutschland treten Organisationen wie die Islamische Gemeinschaft in Deutschland (IGD, siehe Seite 166) für die »Rechte« von Muslimen ein. Wie aber verhält sich ein deutscher Arbeitgeber, wenn eine Verkäuferin plötzlich nur noch mit Kopftuch arbeiten will? Was macht eine Fabrik, wenn der Fließbandarbeiter mit dem Gebetsteppich zur Arbeit erscheint? Und was tun, wenn die religiösen Gefühle sich nicht mit dem Arbeitsablauf und Urlaubsrecht vereinbaren lassen? Wenn eine Pilgerfahrt nach Mekka längere Zeit in Anspruch nimmt als der zugebilligte Jahresurlaub? Als einem 51 Jahre alten muslimischen Elektriker, der ohne Erlaubnis seines Arbeitgebers für sieben Wochen zur Pilgerfahrt nach Mekka gereist war, gekündigt wurde, klagte dieser – mit Erfolg. Das Landesarbeitsgericht Hamm (Az.: 15 (20) Sa 1800/89) befand, die religiöse Motivation seines Handelns habe einen sofortigen Rauswurf sozial nicht gerechtfertigt.

Auch eine türkischstämmige Verkäuferin, die entgegen der Anweisung ihres Arbeitgebers bei der Arbeit ihr Kopftuch nicht absetzen wollte, bekam vor Gericht Recht: Das Bundesarbeitsgericht erklärte den Rauswurf für unwirksam. Nach Auffassung der Richter seien wirtschaftliche Nachteile durch das Kopftuchtragen weder naheliegend noch »gut nachvollziehbar«. Die grundgesetzliche Religionsfreiheit gebiete, dass entsprechende negative Auswirkungen konkret dargelegt würden.[43] Und fast alle Arbeitsgerichte in Deutschland billigen Muslimen für die täglichen Gebete inzwischen zehn bis 20 Minuten währende Arbeitspausen zu. Das deutsche Arbeitsrecht passt sich demnach bereits seit Jahren an die langsame Islamisierung Europas an.

Die angebliche »Andersartigkeit« von Muslimen ist seit Jahren schon der Grund für Veränderungen, deren Auswirkungen eine wachsende Zahl von Deutschen immer lauter ablehnt. Die Anpassung der Deutschen an den Islam war ein schleichender Toleranzprozess. Begonnen hatte er in den Siebzigerjahren. Damals diskutierten deutsche Lehrer zum ersten Mal über die Frage, ob auch in Deutschland lebende junge Muslime in den Schulen am Sexualkundeunterricht teilnehmen müssten. Es war eine merkwürdige Debatte. Denn zur gleichen Zeit demonstrierten türkische Arbeiter in Deutschland für die finanzielle Gleichbehandlung mit deutschen Arbeitern.

Während sie (zu Recht) die Gleichbehandlung am Arbeitsplatz forderten, sahen sie in der Gleichbehandlung ihrer Kinder in der Schule einen Angriff auf die Werte des Islam. 1976 beteten Muslime auf deutschen Straßen öffentlich für die Abschaffung des zwangsweisen Sexualkundeunterrichts. Es waren keine »spontanen« Gebete. Die Muslimbruderschaft hatte sie organisiert und den türkischen Vätern Beistand versprochen – jedenfalls brüstete sie sich damit.

Ein Jahr später entschied das Bundesverfassungsgericht für die Beibehaltung des Sexualkundeunterrichts. Unterricht und Erziehung seien zwangsläufig mit Wertevermittlung und Wertediskussion verbunden. Die Schule müsse nicht auf heikle Themen wie Sexualkunde, Religion und Weltanschauung verzichten.[44] Im Jahre 2004 entschied auch das Bundesverwaltungsgericht gegen die Forderung der Muslime, ihre Kinder vom Sexualkundeunterricht zu befreien. Im Hintergrund solcher Klagen agitiert stets auch die Muslimbruderschaft.

Der Sexualkundeunterricht war nicht das einzige Angriffsziel an deutschen Schulen. Denn auch der Sportunterricht ist den Islamisten ein Dorn im Auge. Das Bundesverwaltungsgericht[45] befand im Jahre 1993, dass eine muslimische Schülerin Anspruch auf Befreiung vom Sportunterricht habe, wenn der Unterricht nicht getrennt nach Geschlechtern durchgeführt werde. Muslimische Mädchen wurden somit mit höchstrichterlichem Segen aus einem Teil des deutschen Schulsystems ausgeschlossen.

Im Leitsatz zu der Entscheidung des Bundesverwaltungsgerichts heißt es: »Führt ein vom Staat aufgrund seines Bildungs- und Erziehungsauftrags aus Art. 7 Abs. 2 Grundgesetz im Rahmen der allgemeinen Schulpflicht angebotener koedukativ erteilter Sportunterricht für eine zwölfjährige Schülerin islamischen Glaubens im Hinblick auf die Bekleidungsvorschriften des Korans, die sie als für sie verbindlich ansieht, zu einem Gewissenskonflikt, so folgt für sie aus Art. 4 Abs. 1 und 2 Grundgesetz ein Anspruch auf Befreiung vom Sportunterricht, solange dieser nicht nach Geschlechtern getrennt angeboten wird.«[46]

Die auch von der Muslimbruderschaft gewünschte richterliche Bestätigung der »Andersartigkeit« von Muslimen wurde somit erteilt. Solche Zugeständnisse sind Wasser auf die Mühlen der radikalen Muslime.

Bei der Debatte um »Andersartigkeit« von Muslimen und Rücksichtnahme auf deren Religion geht es inzwischen nicht mehr nur um Kopftücher und Sportunterricht. Sogar die Olympischen Spiele 2012, die in London stattfinden werden, sollen mit Rücksichtnahme auf die religiösen Interessen von Muslimen nun zeitlich verlegt werden. Was auf den ersten Blick wie ein übler Scherz klingt, ist bittere Wahrheit: Die Olympischen Spiele 2012 werden vom 27. Juli bis 12. August dauern. Auch etwa 3000 muslimische Athleten werden dazu erwartet.

Im November 2006 fiel muslimischen Führern nun auf, dass im Jahr 2012 der den Muslimen heilige Monat Ramadan vom 21. Juli bis 20. August dauern wird – und somit völlig unerwartet ausgerechnet während der Olympischen Spiele stattfindet. Nun formiert sich Widerstand. Massoud Shadjareh, Vorsitzender der muslimischen »Human Rights Commission«, sagte: »Zu Weihnachten hätte man die Spiele auch nicht organisiert. Es ist genauso dumm, sie mitten im Ramadan stattfinden zu lassen. Das zeigt doch schlicht mangelnde Sensibilität.« Unterdessen arbeitet auch die Muslimbruderschaft daran, den Zeitpunkt der Austragung der Olympischen Spiele mit internationalem islamischen Druck zu verschieben. Man darf gespannt sei, ob das Internationale Olympische Komitee dem Druck standhalten wird.

Die Aushöhlung des Tierschutzes – betäubungsloses Schächten

Inzwischen wurde auch das Tierschutzgesetz zugunsten der »Andersartigkeit« von Muslimen ausgehöhlt. Am 15. Januar 2002 entschied das Bundesverfassungsgericht[47], dass der Tierschutz zugunsten eines strenggläubigen muslimischen Metzgers zurückstehen müsse – ihm wurde die betäubungslose Schächtung von Tieren erlaubt. In dem Urteil heißt es:

»Der Beschwerdeführer ist türkischer Staatsangehöriger und nach seinen – im Verfahren nicht bestrittenen – Angaben strenggläubiger sunnitischer Muslim. Er lebt seit 20 Jahren in der Bundesrepublik Deutschland und betreibt in Hessen eine Metzgerei, die er 1990 von seinem Vater übernahm. Für die Versorgung seiner muslimischen Kunden erhielt er bis Anfang September 1995 Ausnahmegenehmigungen für ein Schlachten ohne Betäubung nach § 4 a Abs. 2 Nr. 2 TierSchG. Die Schlachtungen nahm er in seinem Betrieb unter veterinärärztlicher Aufsicht vor. Für die Folgezeit stellte der Beschwerdeführer weitere Anträge auf Erteilung solcher Genehmigungen. Sie blieben im Hinblick auf das erwähnte Urteil des Bundesverwaltungsgerichts vom 15. Juni 1995 erfolglos.«

Im Urteil zitiert das Bundesverfassungsgericht den umstrittenen Zentralrat der Muslime in Deutschland. Dieser vertritt nur eine Minderheit von etwa fünf Prozent der Muslime in Deutschland: »Der Zentralrat der Muslime in Deutschland betont die große Bedeutung des Tierschutzes im Islam und führt aus, das betäubungslose Schächten sei den Muslimen als wesentlicher Bestandteil der Religionsausübung zwingend vorgeschrieben. Diese Auffassung werde von allen bedeutsamen islamischen Gruppierungen in Deutschland geteilt. Soweit in einem Gutachten der Al-Azhar-Universität von Kairo davon die Rede sei, dass Muslime auch das Fleisch nicht geschächteter Tiere verzehren dürften, gelte dies nur für Notsituationen. Eine solche sei für Muslime in Deutschland nicht gegeben.«[48]

Gegen dieses Urteil legte der Lahn-Dill-Kreis Berufung beim Bundesverwaltungsgericht in Leipzig ein und begründete diese damit, dass zwischenzeitlich der Tierschutz ins Grundgesetz aufgenommen wurde. Doch dieser Argumentation wollten die Leipziger Richter nicht folgen: »Das Tierschutzgesetz beabsichtige, sowohl den betroffenen Grundrechten als auch dem ›ethischen Tierschutz‹ Rechnung zu tragen. Dem diene die Ausnahmevorschrift für das Schächten, die an enge Voraussetzungen geknüpft sei. Daran habe sich auch durch die Verankerung des Tierschutzes im Grundgesetz im August 2002 nichts geändert. Eine andere Auslegung würde nach Ansicht des Bundesverwaltungsgerichts dem Tierschutz einen Vorrang geben, der vom Gesetzgeber nicht beabsichtigt sei (AZ BVerwGE 3 C 30/05).«[49]

Der Deutsche Tierschutzbund spricht von unnötigen Schmerzen der Tiere beim betäubungslosen Schächten, da diese nach dem Schächten noch mehr als eine Minute bei Bewusstsein blieben. Der Tierschutz ist in Deutschland als Staatsziel im Grundgesetz verankert. Doch die »Andersartigkeit« der Muslime gestattet offenkundig Ausnahmegenehmigungen. Werner Hartinger, deutscher Arzt und Autor des Buches *Das betäubungslose Schächten der Tiere im 20. Jahrhundert*, beschreibt, wie geschächtete Tiere zum Zeugen des eigenen Sterbens werden:

»Während des langsamen Ausblutens verstopfen vielfach die Gefäßenden der vorderen Halsarterien, sodass regelmäßig nachgeschnitten werden muss. Und das alles bei vollem Bewusstsein des Tieres, weil beim Schächtschnitt die großen, das Gehirn versorgenden Arterien innerhalb der Halswirbelsäule ebenso wie das Rückenmark und die zwölf Hirnnerven nicht durchtrennt sind und wegen der knöchernen Ummantelung auch nicht durchtrennt werden können. Diese noch intakten Gefäße versorgen weiterhin das ganze Gehirn noch ausreichend, sodass keine Bewusstlosigkeit eintritt.«

Werde das Tier gemäß der muslimischen Schlachtbestimmungen noch an den Hinterbeinen aufgehängt, so der Mediziner, werde das Gehirn weiterhin mit Blut versorgt. So bleibe das Tier »bis zum Auslaufen der letzten Blutstropfen bei vollem Bewusstsein«. Hartinger schreibt über den qualvollen Todeskampf eines Tieres weiter: »Mit der entsetzlich klaffenden Halswunde strebte es meistens voll orientiert, bewegungsfähig und angstvoll dem Ausgang des Schlachtraumes zu und musste durch den Bolzenschussapparat endgültig getötet werden.«

Urs Schatzmann, Schweizer Professor der Veterinärmedizin, wurde in der *Neuen Zürcher Zeitung* mit den Worten zitiert: »Dass es sich beim Schächten um eine qualvolle Art des Tötens handelt, kann nach heutigen

Kenntnissen nicht von der Hand gewiesen werden.« Fachleute des Schweizer Bundesamtes für Veterinärwesen bestätigen seine Aussagen. Sie besuchten den Schlachthof von Besançon, wo Tiere für den Schweizer Markt geschächtet werden. Der Augenreflex sei bei einzelnen geschächteten Rindern und Kälbern noch bis zu 30 Sekunden nach dem Gurgelschnitt nachweisbar gewesen. Somit seien die Tiere noch lange bei Bewusstsein gewesen. Vielleicht hätte das deutsche Bundesverfassungsgericht auch einmal den Juristen Sami Aldeeb anhören sollen. Der Dozent für arabisches und muslimisches Recht am Institut für internationalen Rechtsvergleich (»Institut Suisse de droit comparé«) in Dorigny bestreitet grundsätzlich, dass betäubungsloses Schächten vom Koran zwingend vorgeschrieben werde.

Döner macht schöner

Mehr als zwei Milliarden Euro Jahresumsatz machen Dönerbuden in Deutschland – mehr als McDonald's, Wienerwald und Burger King zusammen. Mindestens 400 Tonnen Dönerfleisch werden täglich in Deutschland verspeist. Bis zu 70 Prozent des Dönerfleisches stammt aus rituellen Schächtungen. Manche Dönerbuden werben offensiv damit, dass den getöteten Tieren bei vollem Bewusstsein die Kehle durchschnitten wurde. »Halal« (»rein«) lautet der Schriftzug, der an solchen Ständen auf das Schächten hinweist.

Fortschrittliche linke Gruppen haben einst für den Tierschutz gekämpft. Das scheint heute vergessen. Die Grünenchefin Claudia Roth ließ sich am 6. September 2006 lächelnd bei einem Dönerproduzenten fotografieren. Nach dem vorausgegangenen »Gammelfleischskandal« übte sie Solidarität mit dem Imbiss am Spieß und ließ verlauten, »Qualitätsmangel« und »Döner« seien für sie zwei Worte, die sich ausschließen.[50] Statt die Gelegenheit zu nutzen und offensiv die Tierquälerei der Dönerfleischproduzenten anzuprangern, kam Frau Roth der in Bedrängnis geratenen Branche zu Hilfe.

»Döner macht schöner« lautet der Werbespruch eines großen Dönerherstellers. Solche Sprüche machen vergessen, dass ein großer Teil des billigen Dönerfleisches aus Schächtungen stammt. Ob die Millionen

Nichtmuslime, die täglich Döner essen, wissen, welche Quälerei sie damit unterstützen? Der Autor Rolf Stolz hatte in seinem 1997 erschienenen Buch *Kommt der Islam?* in einem Nebensatz behauptet, dass Döner »in aller Regel aus minderwertigem Fleisch« hergestellt werde. Neun Jahre nach dem Erscheinen seines Buches wurde bundesweit Gammelfleisch beschlagnahmt, Gammelfleisch, das vor allem für die Dönerproduktion bestimmt und bis zu vier Jahre alt war. Doch statt den einstigen Grünen-Mitbegründer Stolz zu rehabilitieren, sekundierten Grüne der Dönerindustrie. Mit scharfer Soße und ohne Tomaten – so isst die Grünen-Chefin Roth ihre Döner am liebsten.[51] Wer den Döner beleidigt, beleidigt den Islam.

»Halal-Zertifikate«, beispielsweise für Dönerfleisch, werden in Deutschland etwa von der »m-haditec GmbH & Co KG« angeboten. Auf der Internetseite www.halal-zertifikat.de/ heißt es: »Die Zertifizierung der Produkte erfolgt auf Basis der Fatwas (Rechtsgutachten) von Imam Ayatullah-ul-Udhma Seyyid Ali Khamene'i zum Thema. Geübte deutsche Mitarbeiter des Portals Muslim-Markt und Insider des Islam beraten zudem Unternehmen bei der Umstellung auf Halal-Produkte und bei der Vorbereitung auf Besuche muslimischer Geschäftspartner, die Wert auf Halal-Waren legen.«

Es handelt sich somit um Halal-Zertifikate nach den Fatwen des religiösen iranischen Führers Ali Chamenei. Als Ansprechpartner für die deutschen Halal-Zertifikate wird auf der Internetseite unter anderem ein Yavuz Özoguz genannt. Dieser wurde bundesweit bekannt, als er einen Gebetsaufruf verfasste, den der Orientalist und Islamkritiker Hans-Peter Raddatz als einen gegen seine Person gerichteten Mordaufruf wertete.

Mordaufruf oder Verwünschungsformel?

Gegen Islamkritiker gerichtete Gebetsaufrufe sind heute in Deutschland in der Regel strafrechtlich folgenlos, solange man sie in die blumige Sprache Allahs verpackt. Der Islamkritiker Hans-Peter Raddatz etwa musste im Jahr 2006 erstaunt feststellen, dass ein von einem Islamisten in Gebetsform verfasster Aufruf, den Raddatz als Mordaufruf einordnete, vor dem Oldenburger Landgericht straffrei blieb.

Hans-Peter Raddatz lernte 2005/2006 die Folgen der Beschwichtigungsversuche gegenüber dem Islam am eigenen Leib kennen. Yavuz Özoguz, Betreiber eines muslimischen Internetportals aus Delmenhorst, hatte 2005 in einem seiner Foren ein Gebet formuliert, in dem er Raddatz verwünschte. In seinem Text hieß es: »Und wenn Herr Raddatz ein Hassprediger und Lügner ist, dann möge der allmächtige Schöpfer ihn für seine Verbrechen bestrafen ...«

Raddatz verstand das als Mordaufruf und zeigte Özoguz an. Und auch ein Oldenburger Staatsanwalt und Herbert Landolin Müller vom Stuttgarter Landesamt für Verfassungsschutz erkannten in den Zeilen des Herrn Özoguz einen verkappten Mordaufruf. Denn die gewählte Sprache erinnere an die Todesaufrufe gegen Salman Rushdie und den ermordeten niederländischen Künstler Theo van Gogh. Das Oldenburger Gericht dagegen wollte Begriffe wie »Lügner« und »Hassprediger« aber nicht einmal als Beleidigung werten. Ende Oktober bestätigte das Oberlandesgericht Oldenburg die Entscheidung des Landgerichts und entschied, es habe sich nicht um einen Mordaufruf, sondern nur um eine »Verwünschungsformel« gehandelt.

In Deutschland sind solche »Verwünschungsformeln« gegenüber Islamkritikern inzwischen fast schon alltäglich. So erhielt der Autor dieses Buches am 22. September 2004 um 0.07 Uhr eine Mail, die an Deutlichkeit nichts zu wünschen übrig ließ. »Christenhund stirb!«, hieß es in der Morddrohung, versandt von »allahspricht@aol.com«. Unverzüglich informierte der Autor die Polizei, die ihm riet, die Mail doch »auszudrucken und gelegentlich per Post zuzusenden«.

Die Strafanzeige brachte dann eine erstaunliche Wende: Das Verfahren wurde eingestellt – mit einer interessanten Begründung. Über die Mailadresse allahspricht@aol.com hatte man den Rechner, von dem aus die Todesdrohung verschickt worden war, zwar bald ausfindig gemacht. Dummerweise war die Eigentümerin des Rechners eine Dame, die zum mitternächtlichen Zeitpunkt des Mailausgangs der Todesdrohung angeblich so viele muslimische Männer in ihrer Wohnung um sich geschart hatte, dass sie sich beim besten Willen nicht mehr an die einzelnen Personen erinnern mochte. Ein jeder von ihnen konnte angeblich an ihren Rechner. Natürlich wurden die Ermittlungen eingestellt.

Wenige Monate vor der Ermordung Theo van Goghs äußerte ein niederländischer Imam eine »Verwünschungsformel« gegen den Filmemacher. Niemand protestierte damals, als ein Imam in Den Haag in einer vom Nachrichtendienst heimlich aufgezeichneten Ansprache van Gogh einen »kriminellen Bastard« nannte und ihm eine »unheilbare Krankheit« wünschte. In der gleichen Rede wünschte er der niederländischen Islamkritikerin Hirsi Ali Zungenkrebs, einen Hirntumor und die baldige Erblindung. Er flehte Allah an, dass den beiden Leid zugefügt werden möge. Die niederländische Staatsanwaltschaft fand die Äußerungen des Imam nicht bedrohlich und eröffnete kein Verfahren. Wenige Wochen danach wurde Theo van Gogh ermordet. Hirsi Ali muss seitdem unter Polizeischutz leben. Von September 2006 an lebte sie rund ein Jahr in den USA, bevor sie nach Holland zurückkehrte – nicht zuletzt wegen des anhaltenden Streits, wer für die Kosten ihres Schutzes zuständig ist.

Fast alle Islamkritiker werden in den freiheitlichen Demokratien Europas inzwischen ganz offen von radikalen Muslimen mit dem Tode bedroht. Allein in Spanien fallen die Reaktionen auf solche Mordaufrufe unterdessen anders aus. Aber im Gegensatz zu Spanien hat man in Deutschland auch noch keine erfolgreichen Terroranschläge mit mehreren Hundert Toten erlebt.

Ende August 2006 erhielt der spanische Parlamentsabgeordnete Gustavo Aristegui zahlreiche Morddrohungen von Islamisten aus dem In- und Ausland. Aristegui hatte ein Buch mit dem Titel *Der Dschihad in Spanien* veröffentlicht, in dem er die Auffassung verbreitete, radikale Islamisten sähen in Spanien ein Land, das für den Islam zurückerobert werden müsse. Aristegui hatte nur die Wahrheit geschrieben. Die Folgen waren ungeheuerlich: Vertreter spanischer Muslime bezichtigten ihn der »Islamophobie« und forderten, Blut müsse fließen. Im Gegensatz zum Oldenburger Gericht nahmen die spanischen Behörden die Aufrufe ernst. Ein Sturm der Entrüstung zog durch das Land. Fast alle Politiker stellten sich hinter Gustavo Aristegui, der Polizeischutz erhielt.

Ernst genommen werden Mordaufrufe von Muslimen in Deutschland nur, wenn sie Politiker oder andere »wichtige« Mitbürger betreffen – so wie die Bundestagsabgeordnete der Grünen Ekin Deligöz. Seitdem sie Mitte Oktober 2006 muslimische Frauen und Mädchen dazu aufforderte, das Kopftuch abzulegen und sich zu integrieren, erhielt sie Morddrohungen aus den Reihen von Muslimen. Das Bundeskriminalamt stellt ihr Personenschützer zur Verfügung. Männer aus den Reihen der angeblichen »Religion des Friedens« trachten Ekin Deligöz nach dem Leben – nur weil sie von ihrem Recht auf Meinungsfreiheit Gebrauch gemacht hat.

Geistig verwirrt oder vom Islam inspiriert?

Der Islamwissenschaftler Bernard Lewis glaubt, dass der radikale Islam viele junge Muslime fasziniert, weil er ihnen Werte und Überzeugungen vermittelt, die sie in den westlichen Gesellschaften nicht finden.

In Deutschland wurde diese Entwicklung etwa am 11. September 2006 deutlich. Die meisten von uns werden es nicht mitbekommen haben. Denn wie üblich haben fast alle beschämt weggeschaut. Auf den Tag genau fünf Jahre nach den Terroranschlägen von New York stach in einer hessischen Großstadt ein 30 Jahre alter türkischer Muslim einen katholischen Kaplan in der Haustür des Pfarramtes nieder. Für den Muslim war der katholische Seelsorger die »Verkörperung des Bösen«. Er forderte auch, die Kirche müsse »niedergebrannt« werden. Das hatte er vor dem Mordversuch mehrfach gesagt und auch gegenüber dem Gemeindepfarrer geäußert.

An jenem Montag hatte der junge Türke um 14 Uhr an der Haustüre des Priesters geklingelt und sofort zugestochen, als dieser die Tür öffnete. Dann floh der Täter, der Geistliche schwebte in Lebensgefahr.

In den Monaten vor diesem Mordversuch war es auch in der Türkei zu Messerangriffen auf christliche Priester gekommen. Jetzt hatte der in Deutschland lebende junge Türke ebenfalls ein deutliches Zeichen gesetzt. Spätestens mit diesem Mordversuch an einem deutschen Priester war der Dschihad in den Reihen der deutschen Kirchen angekommen.

Wahrscheinlich haben Sie nie von diesem Fall gehört. Können Sie auch nicht, denn in Deutschland sorgt eine Schere im Kopf dafür, dass derartige Attentate nur ja nicht im korrekten Zusammenhang dargestellt werden. So berichteten zwar die *Deutsche Presseagentur* (dpa) und auch *t-online* in einer kurzen Meldung über den Fall, nur wurden dabei der »Migrationshintergrund«, die Religion des Täters und sein Hass auf die katholische Kirche unterschlagen.

Allein der Hessische Rundfunk berichtete am 11. September 2006 über das Attentat. Der Moderator der Sendung *Hessenschau* leitete seinen Bericht mit den Worten ein: »Vor etwa zwei Stunden hat uns eine Nachricht erreicht, die auf makabre Weise zu diesem Tag zu passen scheint. Ein katholischer Priester (...) ist bei einem Messerangriff lebensgefährlich verletzt worden. Der mutmaßliche Täter soll ein Mann muslimischen Glaubens sein.« Dann folgten die Einzelheiten. Außerhalb Hessens ging die Nachricht unter. Es gab keine Schweigeminuten für das Opfer, keine Lichterketten und auch keine muslimischen Verbände, die sich von dem Geschehen distanzierten. Man ging zum Alltag über und schloss die Augen ganz fest. Denn: Der Täter war angeblich »geistig verwirrt«.

Interessanterweise gab es auch bezüglich der Mordattacken gegen die katholischen Priester in der Türkei eine ähnliche Sprachregelung: Die Täter wurden von den Behörden als »geistig verwirrt« dargestellt. Sure 2, Vers 191 des Koran erlegt gläubigen Muslimen auf: »Und tötet sie, wo immer ihr auf sie stoßt, und vertreibt sie, von wo sie euch vertrieben haben; denn die Verführung (zum Unglauben) ist schlimmer als Töten.« Niemand mag sich an diese Koransure erinnern, weder in Deutschland noch in der Türkei.

»Kampf der Kulturen«?

In den letzten Jahrzehnten hat die westliche demokratische Welt eine eigenartige Wandlung vollzogen: Zugunsten einer von Muslimen definierten Political Correctness wird die Meinungsfreiheit eingeschränkt. Zum besseren Verständnis dieser Entwicklung an dieser Stelle ein Beispiel vorweg: Die größte iranische Zeitung, *Hamshari*, schrieb im Frühjahr 2006 einen »Holocaust-Karikaturen-Wettbewerb« aus. Nach eigenen Angaben wollte sie damit die Resonanz in westlichen Staaten testen. Sie wollte herausfinden, ob europäische Zeitungen satirische Zeichnungen über den Holocaust abdrucken würden. Im August 2006 stellte *Hamshari* dann in Teheran 204 der von ihr in Auftrag gegebenen »Holocaust-Karikaturen« aus. Auf einer dieser Zeichnungen ist die New Yorker Freiheitsstatue abgebildet. In der linken Hand hält die Freiheitsgöttin ein Buch über den Holocaust, die andere Hand ist zum Hitlergruß erhoben. Und was geschah daraufhin?

Der Pariser Bürgermeister Bertrand Delanoë schrieb in einem an den iranischen Botschafter gerichteten Brief, die Teheraner Ausstellung der Holocaust-Karikaturen mache sich über die Tragödie der Shoah lustig und sei eine neue antisemitische Attacke unter dem Vorwand von Kunst und Meinungsfreiheit. Er forderte Iran zu »Vernunft und Respekt« auf. Auch das amerikanische Außenministerium verurteilte die Karikaturen: »Jeder Versuch, sich über das Grauen des Holocaust lustig zu machen oder es in irgendeiner Weise zu verunglimpfen, ist einfach abscheulich«, sagte ein Sprecher.

Anfang November 2006 wurden dann die Sieger des »Holocaust-Karikaturen-Wettbewerbs« in Teheran gekürt: Der aus Marokko stammende Zeichner Aballah Derkaouis erhielt 9600 Euro Preisgeld für seine Karikatur, die einen mit einem Davidstern versehenen Kran zeigt, der Blöcke zu einer Mauer zwischen dem muslimischen Schrein des Felsendoms und Jerusalem aufschichtet. In der Mauer ist ein Tor, das dem von Auschwitz nachempfunden ist.

Insgesamt wurden 1193 Zeichnungen von »Künstlern« aus 62 Staaten eingereicht. Einige der Zeichner stammen aus europäischen Staaten, die das Leugnen des Holocaust unter Strafe gestellt haben. Ihre Namen wurden nicht bekanntgegeben.

Aber halten wir fest: Nirgendwo in der westlichen Welt wurde im Zusammenhang mit der alle Juden zutiefst verletzenden satirischen Darstellung des Holocaust zu Demonstrationen gegen Muslime aufgerufen. Weder in Europa noch in den Vereinigten Staaten wurden unter Berufung auf die umstrittenen Karikaturen Brandsätze auf Moscheen geworfen. Im Gegenteil: Die links-liberale dänische Zeitung *Information* druckte einige der Holocaust-Karikaturen im September 2006 ab. Der jüdische Oberrabbiner in Dänemark, Bent Lexner, sah in der Veröffentlichung nach eigenen Angaben »kein größeres Problem«. Er sagte, er messe dem »keine nennenswerte Bedeutung bei«. Es gab keinen gewaltsamen Aufschrei in den jüdischen Gemeinden der Welt. Keine westliche Regierung bestellte den iranischen Botschafter ein.

Man respektierte die freie Meinungsäußerung – auch wenn die Veröffentlichung der Karikaturen Juden tief getroffen hatte. Vergeblich forderten Vertreter jüdischer Verbände Muslime dazu auf, die Veröffentlichung zu verurteilen. Statt über die Grenzen der eigenen Meinungsfreiheit nachzudenken, wurden Juden von Muslimen verhöhnt. Juden und Christen scheinen ihre Religion ernst zu nehmen – und selbst ihren Feinden mit Liebe entgegenzutreten.

Das blieb auch Islamisten nicht verborgen. Bereits 1987 bekam man in Deutschland zum ersten Mal einen Eindruck von den Ausmaßen einer staatlich gelenkten Wutwelle. Was war geschehen? Der niederländische Showmaster Rudi Carrell machte in jenem Jahr in seiner Satiresendung *Rudis Tagesshow* einen Witz über den radikalen iranischen Islamistenführer Ajatollah Chomeini. Carrell hatte in seiner Sendung den Eindruck erweckt, dem iranischen Revolutionsführer Chomeini werde von seinen Anhängern Damenunterwäsche zugeworfen. Iran forderte eine Entschuldigung, zu der die Bonner Regierung mit Hinweis auf die Meinungsfreiheit nicht bereit war. Teheran wies zwei deutsche Diplomaten aus und schloss das Goethe-Institut in Teheran. Dann entschuldigte sich Carrell bei den Iranern. Vom staatlichen iranischen Fernsehen übertragene Massenproteste zeigten schon damals deutlich, wie leicht sich Muslime von Radikalen mobilisieren lassen.

Im September 1988 veröffentlichte der britische Verlag Viking Penguin ein Buch, in dem eine provokante These aufgestellt wurde: Nicht der Erzengel Gabriel, sondern Satan habe Mohammed die Offenbarungen Allahs im Koran eingegeben. Salman Rushdie, britischer Schriftsteller indischer Herkunft, wurde mit dem Roman *Die satanischen Verse* weltberühmt. Denn kaum vier Wochen nach dem Erscheinen des Buches forderten islamische Organisationen, »Maßnahmen« gegen *Die satanischen Verse* zu ergreifen. Bei den nachfolgenden gewalttätigen Demonstrationen in vielen muslimischen Staaten kamen mehrere Menschen ums Leben. Und der iranische Revolutionsführer Ajatollah Chomeini rief im Februar 1989 in einer Fatwa öffentlich dazu auf, Rushdie zu ermorden, und setzte ein Kopfgeld dafür aus. Rushdie lebt seither unter Polizeischutz. Doch er wusste den Rückhalt des Westens hinter sich geeint. Politiker, Künstler, Journalisten – sie alle waren damals noch vereint und verteidigten westliche Freiheitsrechte. Erst 1998 distanzierte sich die iranische Regierung offiziell von Chomeinis Mordaufruf.

Und auch aus Frankreich lässt sich ein Beispiel anführen, wie Islamisten mit Islamkritikern umgehen. Der französische Schriftsteller Michel Houellebecq veröffentlichte im Jahre 2001 den Roman *Plateforme*. Darin kritisiert er den Islam und lässt eine seiner Hauptfiguren sagen: »Der Islam hat mein Leben zerstört.« In Interviews bekannte der Romanautor, der Islam sei die »dümmste Religion«[52], die er kenne. Darauf zeigten ihn französische Muslime wegen Anstiftung zum »Rassenhass« an. Houellebecq wurde freigesprochen, weil ihn das Recht auf Meinungsfreiheit schützte. Seine Aussage sei nicht gegen Muslime, sondern gegen die Religion des Islam gerichtet, befanden die Richter. Und da sei grundsätzliche Kritik gestattet.

Mit dem Tode bedroht wurde auch die italienische Islamkritikerin Oriana Fallaci (sie starb am 15. September 2006 an Krebs). Islamistische Extremisten hatten mehrfach zur Gewalt gegen sie aufgerufen, weil sie in ihren Büchern angeblich den Islam »beleidigt« habe.

Der Streit um die Mohammed-Karikaturen

Der Streit um die Mohammed-Karikaturen im Jahre 2006 zeigt, welchen Druck muslimische Gemeinschaften in der Europäischen Union mittlerweile auszuüben vermögen. Aus unserer eurozentrischen Sicht kam der »Streit um die Mohammed-Karikaturen« unerwartet. Niemand dachte daran, dass dieses Ereignis sorgfältig vorbereitet und von außen gesteuert worden sein könnte. Es war die Muslimbruderschaft, die in Skandinavien testen wollte, wie weit sich westliche Demokratien provozieren lassen.

Am 15. April 2005 – also fünf Monate vor der ersten Veröffentlichung der Mohammed-Karikaturen – rief Scheich Issam Amayra, ein radikaler Führer der in das Umfeld der Muslimbruderschaft gehörenden Terrorgruppe Hizb ut-Tahrir (siehe Seite 203 ff.), die in Dänemark lebenden Muslime dazu auf, sich auf den bevorstehenden »heiligen Krieg« in Skandinavien vorzubereiten. In der Al-Aksa-Moschee in Jerusalem sagte er: »Drei Prozent Muslime bilden in Dänemark eine Bedrohung für das Königreich. Das sollte uns nicht überraschen. Denn auch in Yathrib (heute Medina, Yathrib hieß die Stadt, bis Mohammed dorthin vorübergehend aus Mekka floh; Anm. d. Autors) bildeten Muslime einst nur drei Prozent der Bevölkerung. Aber sie schafften es, aus Yathrib Medina zu machen. Es sollte uns also nicht überraschen, dass unsere dänischen Brüder den Islam in alle Häuser Dänemarks bringen könnten. Allah wird ihnen in dem Land den Sieg bescheren, und sie werden das Kalifat von Dänemark errichten.«[53]

Amayra fuhr fort: »Danach werden die Einwohner des Kalifats Dänemark Krieg gegen Oslo führen. Und sie werden Oslo in Medina umbenennen. Und dann werden sie den Krieg in die benachbarten skandinavischen Länder tragen und Kalifate errichten. Im nächsten Schritt werden sie Dschihad in das restliche Europa tragen. Und sie werden kämpfen, bis sie das ursprüngliche Medina (in Saudi-Arabien, Anm. d. Autors) erreicht haben. Und dann werden sie das alles unter dem Banner des Islam vereinigen.«[54]

Der Krieg, über den Scheich Amayra vor Hunderten von Zuhörern in der Al-Aksa-Moschee sprach, war nicht etwa ein Krieg, der mit Kugeln und Granaten ausgefochten werden sollte. Nach seiner Auffassung sollten dänische Muslime vielmehr taktisch geschickt vorgehen und Kriegslisten nutzen, die die gleiche Wirkung wie Feuerwaffen haben könnten: Spannungen zwischen Muslimen und »Ungläubigen« schüren – bis die »Ungläubigen« sich geschlagen geben. Es war die Muslimbruderschaft, die den Plan für den Karikaturenstreit in Dänemark ausarbeitete. Und es war Saudi-Arabien, das den Plan finanziell unterstützte. Die Muslimbruderschaft wartete mehrere Monate lang auf einen Anlass. Dann schlug sie in aller Ruhe zu.[55]

Am 30. September 2005 veröffentlichte die dänische Tageszeitung *Jyllands-Posten* zwölf Karikaturen mehrerer Künstler, auf denen der Religionsstifter Mohammed abgebildet war. Weder in Dänemark noch in Ägypten, wo die Karikaturen in der Tageszeitung *Al Fayer* am 17. Oktober 2005 veröffentlicht wurden, gab es zunächst Proteste. Das sollte sich bald ändern.

Olivier Guitta, ein Terrorismusexperte, der heute in Washington lebt und unter anderem für die Brookings Institution arbeitet, sieht den Karikaturenstreit eindeutig als ein von der Muslimbruderschaft inszeniertes Drama. Guitta schrieb schon am 20. Februar 2006 in einem Beitrag für den *Weekly Standard*: »Es ist nunmehr absolut klar, dass die jüngsten mörderischen Proteste gegen Mohammed-Karikaturen, die im letzten September in einer dänischen Zeitung abgedruckt worden waren, alles andere als spontan waren.« Der »Karikaturen-Dschihad« sei von der Muslimbruderschaft »zurechtgeschnitten« worden. Der dänische Imam Ahmed Abu Laban stehe der Muslimbruderschaft nahe und habe nach dem Erscheinen der Karikaturen auf einer Reise in nahöstliche Staaten unter anderem den spirituellen Führer der Muslimbruderschaft, den in Katar lebenden Yusuf al-Qaradawi, darum ersucht, eine Kampagne zu beginnen.

Bevor wir auf diese Kampagne eingehen, wollen wir einen Blick auf den in Dänemark lebenden umstrittenen Imam Abu Laban werfen. Am 6. Oktober 1995, mehr als ein Jahrzehnt vor dem Karikaturenstreit, berichtete die Nachrichtenagentur *Associated Press* (AP) über Abu Laban, dieser habe in Kopenhagen an der Spitze einer Demonstration von 500 aufgebrachten Muslimen gestanden, die wütend gegen die Verhaftung von Talaat Fouad Qassem protestierten. Qassem war immerhin einer der Gründer und bekanntesten Führer der ägyptischen Terrorgruppe Gamaat al-Islamiya (siehe Seite 192), die aus den Reihen der Muslimbruderschaft entstanden war.

Der im Februar 2007 an Lungenkrebs gestorbene dänische Imam Ahmed Abu Laban schien die Kunst der Mimikry perfekt zu beherrschen. Immerhin gab er sich nach außen stets als »moderat« und »gemäßigt«. Was aber soll man von »moderaten« Muslimführern halten, ohne die der Karikaturenstreit gar nicht erst entstanden wäre? Der Ablauf der Proteste gegen die Mohammed-Karikaturen zeigt deutlich die Federführung der Muslimbruderschaft: Im November und Dezember 2005 reisten einige dänische Imame durch arabische Staaten und behaupteten, Dänemark sei zunehmend »islamfeindlich«. Im Gepäck hatten die Imame, unter ihnen auch Ahmed Abu Laban, eine Broschüre mit weiteren angeblichen »islamfeindlichen« Abbildungen: Muslime beim Sex mit Tieren und Mohammed mit Schweinenase. Diese Abbildungen waren zwar nie in dänischen oder anderen Zeitungen gedruckt worden, aber die dänischen Muslime behaupteten, sie seien ihnen anonym zugeschickt worden. Ahmed Abu Laban war einer der Führer der dänischen Delegation, die die Broschüre im Gepäck mit sich führte.

Eine im November 2006 vom halbstaatlichen, im Mai 2002 durch Parlamentsbeschluss ins Leben gerufene Danish Institute for International Studies (DIIS) herausgegebene Studie mit dem Titel *Jihad in Danmark*[56] kommt bezüglich Abu Laban zu dem Schluss: »Abu Laban ist offenkundig von der Ideologie der Muslimbruderschaft beeinflusst, besonders von Hassan al-Banna. Dies ist eine Tatsache, die durch seine Statements und durch seine Äußerungen in Diskussionen begründet ist.«

Erst durch die Aufrufe der dänischen Imame, sich des Themas anzunehmen, wurde man in der muslimischen Welt aufmerksam. Ein in Dänemark lebender Führer der Muslime, Mouhammed Fouad al-Barazi, der nach öffentlichen Äußerungen des dänischen Muslims und Parlamentsabgeordneten Naser Khader »ein in der muslimischen Welt bekannter Führer der Muslimbruderschaft« sein soll,[57] behauptete in einem am 31. Januar 2006 vom arabischen Fernsehsender al-Dschasira ausgestrahlten Interview unter Tränen, in Dänemark werde per SMS dazu aufgerufen, den Koran zu verbrennen.

Und so kam es zur folgenden absurden Situation: Menschen, die nicht einmal wissen, wo Dänemark liegt, empörten sich über Karikaturen, die sie nie gesehen hatten. Denn in der islamischen Welt wurden die Bilder entweder stark gepixelt oder – mit einer Ausnahme in Ägypten – gar nicht nachgedruckt. Und westliche Politiker, die ansonsten Zivilcourage und Freiheitsrechte einfordern, gingen in Deckung und forderten Mäßigung – aber nicht etwa von den hasserfüllten radikalen Demonstranten, sondern von westlichen Zeitungen. Die Auseinandersetzung mit der Muslimbruderschaft und ihren Anhängern zeigte schon beim ersten Test ein Europa, das kapitulierte und aus Angst vor dem Tod Selbstmord verübte.

Man stelle sich einmal vor, wie lange ein Mensch in Pakistan, Saudi-Arabien, Afghanistan oder dem Jemen überleben würde, der ein Plakat mit der Aufschrift an einer Straßenkreuzung in die Luft hielte, auf dem es heißt: »Kill those who insult Christianity!« (Tötet alle, die das Christentum beleidigen!) Ebensolche Plakate wurden in jenen Tagen überall in der muslimischen Welt in die Höhe gehalten. Nur stand da statt »Christentum« das Wort »Islam«. Und die Politiker des christlichen Abendlandes traten den geordneten Rückzug an und flehten um Vergebung.

Manche spielten den Islamisten offen in die Hände. So teilte die SPD-Politikerin Lale Akgün mit, die Vorstellung, Einwanderer aus muslimischen Ländern müssten sich der europäischen Kultur anpassen, sei überholt.[58]

Am 31. Januar 2006 wurde vor dem Hintergrund des Karikaturenstreits das Büro der Europäischen Union in Gaza gestürmt. Der Islamische Dschihad (eine Terrorgruppe aus dem Umfeld der Muslimbruderschaft) drohte mit der Entführung von Europäern. Am 4. Februar 2006 wurden die dänische und norwegische Botschaft in der syrischen Hauptstadt Damaskus in Brand gesetzt, am 5. Februar die dänische Botschaft in Beirut. Überall in der arabischen Welt wurde zum Boykott dänischer Produkte aufgerufen. Der dänische Prediger Ahmed Abu Laban bezeichnete die Boykottaufrufe gegen dänische Waren in einem Interview mit al-Dschasira als »grundsätzlich gut«. Westliche Geheimdienste wussten schon damals, dass radikale Islamisten den Konflikt schürten und instrumentalisierten.

Im Oktober 2006 erlebte der Karikaturenstreit unterdessen eine Neuauflage. Dänische Rechtspopulisten hatten bei einem Zeichenwettbewerb Mohammed als volltrunkenen Bombenleger und als urinierendes Kamel abgebildet. Wieder einmal war es die Muslimbruderschaft, die Proteste organisierte. Nach den Mohammed-Karikaturen und den Äußerungen des Papstes zum Islam (siehe Seite 79) künde »die Wiederholung solcher Akte nur von der tief sitzenden Feindschaft, welche einzelne westliche Länder gegen den Islam und seinen Propheten hegen«, hieß es in einer in Kairo verbreiteten Stellungnahme der Muslimbruderschaft. Die radikale Islamistenvereinigung forderte einen neuen Boykott dänischer Waren und rief alle Muslime dazu auf, »ihre Entrüstung zu zeigen«. Diese Strategie hatte sich in der Vergangenheit als erfolgreich erwiesen: Wer zuerst behauptet, der Islam sei »beleidigt« worden, erhält weltweit die Aufmerksamkeit der Medien. So setzt sich in den Köpfen sowohl von Muslimen als auch westlicher Journalisten allmählich fest, wer über die Verletzung »islamischer Rechte« und die Beleidigung der islamischen Religion an vorderster Stelle wacht: die Muslimbruderschaft.

Der renommierte Islamwissenschaftler Bernard Lewis meinte vor dem Hintergrund des ersten dänischen Karikaturenstreits in einem Gespräch mit Wolfgang Schwanitz: »In Europa gab es immer Karikaturen Mohammeds. Nicht wenige Biografien des Propheten bargen imaginäre Bilder von ihm, manchmal nicht zu seinen Gunsten. In Dantes ›Inferno‹ schmort Mohammed für seine Sünden in der Hölle. Das ist in der Kathedrale von Bologna in einem lebendigen Bild aus dem 15. Jahrhundert dargestellt, schlimmer als die dänischen Karikaturen. Aber das hat Muslime nie bewegt. Dem Propheten zu nahe zu treten galt nur im islamischen Raum als Straftat für Muslime und für Nichtmuslime, Letztere als untergeordnete Schutzbefohlene, Dhimmis. Doch heute verlangen sunnitische islamische Richter erstmals, dänische Nichtmuslime zu bestrafen. Da gibt es nur eine Erklärung: Sie sehen Europa jetzt als Teil des islamischen Gebiets an, des Dar al-Islam. Und die Dänen sind für sie Dhimmis geworden. Historisch gesehen waren diese anfänglich Mehrheiten und sind dann allmählich zu Minderheiten geworden. Wie heute in Europa.«[59]

Der ursprünglich gegen dänische Medien gerichtete Karikaturenstreit breitete sich schnell in der muslimischen Welt aus und suchte sich bald schon auch all jene europäischen Medien als Opfer, die den dänischen Journalisten zu Hilfe geeilt waren und die Mohammed-Karikaturen nachgedruckt hatten. In jener Zeit konnte man deutlich eine »Rückwärtsentwicklung« in der islamischen Welt feststellen: In immer mehr muslimischen Ländern wurden schärfere Blasphemiegesetze eingeführt, die weniger den Islam beschützen als vielmehr andere Religionen bekämpfen und verdrängen sollen. Mit Terror und Gewalt versuchen fanatisierte Muslime, ihre islamischen Normen für Gotteslästerung in westliche Länder zu exportieren und die Menschen mundtot oder, wenn das nicht gelingt, auch ermorden zu lassen: Salman Rushdie, Theo van Gogh und die dänische Zeitung *Jyllands-Posten* sind die bekanntesten Beispiele dafür.

Mitte Oktober 2006 wollte die Londoner Boulevardzeitung *Daily Star* eine ironische Rubrik einführen, in der unter der Überschrift »Daily Fatwa« (tägliche Fatwa) etwa posierende Mädchen (»Fatwa Babes«) und Karikaturen über radikale Islamisten abgebildet werden sollten. Satirisch gedachten die Journalisten, radikale Muslime mit Aktionen wie »Burn a flag and win a Corsa« (Verbrenne eine Flagge und gewinne einen Corsa) nachzuahmen. Noch vor dem Andruck der ersten Ausgabe erreichte eine Intervention der National Union of Journalists (NUJ), dass die entsprechende Seite gestrichen wurde. Der Grund: Man fürchtete gewalttätige Proteste radikaler Muslime.

Zu denken geben sollte uns allen, dass infolge des Karikaturenstreits, der in einem demokratischen Land mit überwiegend christlicher Bevölkerung (Dänemark) seinen Ursprung genommen hatte, in der muslimischen Welt nicht etwa Christen oder Jesus karikiert wurden. Die »Gegenkarikaturen« waren vielmehr vom Libanon bis nach Indonesien antisemitische Darstellungen. Und eine angeblich gemäßigte arabisch-europäische Liga der Muslime antwortete auf den Karikaturenstreit mit der Ausschreibung eines »Holocaust-Karikaturenwettbewerbs«.[60]

Früher brauchte es einen Einmarsch der israelischen Armee, um die arabische Welt in Aufruhr zu versetzen. Heute reichen dänische Cartoons. Islamisten, die in Europa das Verbot von Mohammed-Karikaturen fordern und behaupten, ebenso wie Juden Opfer eines gegen ihre Religion gerichteten Hasses zu sein, vergessen eines: Der Antisemitismus basiert auf einer Ideologie, die letztlich die Ausrottung aller Juden zum Ziel hat. Doch es gab und gibt keinen mörderischen Antiislamismus, der die Ausrottung aller Muslime verfolgen würde. Es gibt nirgendwo auf der Welt eine muslimische Bevölkerungsgruppe, der ein Völkermord drohen würde. Allein schon der Versuch islamistischer Gruppen, ihre Erlebnisse in eine Reihe mit den tragischen Schicksalen von Juden zu stellen, belegt deutlich, dass es ihnen nicht wirklich um einen »Dialog« geht.

Wer im »Kopftuchstreit« oder in der Debatte um die Mohammed-Karikaturen demokratische Freiheiten hochhält, hat schnell zu spüren bekommen, über welche Macht muslimische Gruppen in Europa schon heute verfügen. Im Falle des Karikaturenstreites sahen sich Politiker vieler europäischer Staaten – nach Demonstrationen, Mordaufrufen, dem Verbrennen der Fahnen von Mitgliedsstaaten der Europäischen Union und diplomatischen Initiativen arabischer Staaten – dazu gezwungen, öffentlich auf die Urheber dieser Initiativen zuzugehen und jene zu kritisieren, die von ihrem Recht auf Meinungsfreiheit Gebrauch gemacht haben.

Merkwürdigerweise haben ebenjene muslimischen Länder, die von westlichen Staaten Rücksicht auf ihre religiösen Gefühle einforderten, aus der ganzen Geschichte nichts gelernt. Jedenfalls nicht für sich. Denn als Papst Benedikt XVI. sich am 28. November 2006 anschickte, die türkische Stadt Istanbul zu besuchen, kam dort ein Buch auf den Markt, das für Christen einen eindeutig beleidigenden Untertitel trägt: Der Autor Yücel Kaya nennt sein 336 Seiten dickes Buch *Papa'ya Suicast* (Das Attentat auf den Papst). Den Untertitel gibt es selbst auf dem türkischen Einband auch in englischer Sprache, damit alle gleich wissen, worum es geht: »Who will kill the Pope in Istanbul?« (Wer wird den Papst in Istanbul töten?) Da die Türkei – was viele nicht wissen – christliche Kirchen rechtlich ohnehin nie offiziell anerkannt hat, wollte die türkische Regierung den Papst bei seinem Besuch erst gar nicht empfangen. Und das merkwürdige Buch mit dem Aufruf zur Tötung des Oberhauptes der katholischen Kirche störte niemanden. Autor Kaya selbst ist weiterhin davon überzeugt, dass der von ihm entworfene Anschlagsplan realistisch ist. Er sieht eine große »jüdische Weltverschwörung«, in deren Folge die Amerikaner nach dem Papst-Attentat die dem Islam heiligen Stätten in Mekka angreifen. Auf Demonstrationen muslimischer Türken zugunsten des Papstes und gegen *Papa'ya Suicast* wartete man bislang jedenfalls vergeblich.

Die Hetze gegen Papst Benedikt XVI.

Eigentlich hätte es eine beschauliche und ruhige Reise werden sollen. Als Papst Benedikt XVI. vom 9. bis 14. September 2006 Bayern besuchte, da jubelten ihm Hunderttausende zu. Im Rahmen dieser Reise hielt er am 12. September an der Universität Regensburg eine Vorlesung, in der er über »Glauben und Vernunft« sprach. Sie sollte dem Dialog und Verständnis zwischen den Kulturen und Religionen dienen. Doch statt Vernunft folgten der Rede Hass und Wut.

Um den im Anschluss an diese Rede – inszenierten – Aufschrei in der islamischen Welt besser beurteilen zu können, sollte man die von muslimischen Führern kritisierten Passagen der Rede des Papstes kennen. Benedikt XVI. sagte in Regensburg:

»All dies ist mir wieder in den Sinn gekommen, als ich kürzlich den von Professor Theodore Khoury herausgegebenen Teil des Dialogs las, den der gelehrte byzantinische Kaiser Manuel II. Palaeologos wohl 1391 im Winterlager zu Ankara mit einem gebildeten Perser über Christentum und Islam und beider Wahrheit führte. Der Kaiser hat vermutlich während der Belagerung von Konstantinopel zwischen 1394 und 1402 den Dialog aufgezeichnet; so versteht man auch, dass seine eigenen Ausführungen sehr viel ausführlicher wiedergegeben sind als die Antworten des persischen Gelehrten. Der Dialog erstreckt sich über den ganzen Bereich des von Bibel und Koran umschriebenen Glaubensgefüges und kreist besonders um das Gottes- und das Menschenbild, aber auch immer wieder notwendigerweise um das Verhältnis der ›drei Gesetze‹, drei Lebensordnungen: Altes Testament – Neues Testament – Koran. In dieser Vorlesung möchte ich nur einen – im Aufbau des Dialogs eher marginalen – Punkt berühren, der mich im Zusammenhang des Themas Glaube und Vernunft fasziniert hat und der mir nur als Ausgangspunkt für meine Überlegungen zu diesem Thema dient.

In der von Professor Khoury herausgegebenen siebten Gesprächsrunde kommt der Kaiser auf das Thema des Dschihad zu sprechen. Der Kaiser wusste sicher, dass in Sure 2, 256 steht: Kein Zwang in Glaubenssachen – es ist eine der frühen Suren aus der Zeit, wie uns die Kenner sagen, in der Mohammed selbst noch machtlos und bedroht war. Aber der Kaiser kannte natürlich auch die im Koran niedergelegten – später entstandenen – Bestimmungen über den heiligen Krieg. Ohne sich auf Einzelheiten wie die unterschiedliche Behandlung von ›Schriftbesitzern‹ und ›Ungläubigen‹ einzulassen, wendet er sich in erstaunlich schroffer Form ganz einfach mit der zentralen Frage nach dem Verhältnis von Religion und Gewalt überhaupt an seinen Gesprächspartner. Er sagt: ›Zeig mir doch, was Mohammed Neues gebracht hat, und da wirst du nur Schlechtes und Inhumanes finden wie dies, dass er vorgeschrieben hat, den Glauben, den er predigte, durch das Schwert zu verbreiten.‹

Der Kaiser begründet dann eingehend, warum Glaubensverbreitung durch Gewalt widersinnig ist. Sie steht im Widerspruch zum Wesen Gottes und zum Wesen der Seele. ›Gott hat kein Gefallen am Blut, und nicht vernunftgemäß zu handeln ist dem Wesen Gottes zuwider. Der Glaube ist Frucht der Seele, nicht des Körpers. Wer also jemanden zum Glauben führen will, braucht die Fähigkeit zur guten Rede und ein rechtes Denken, nicht aber Gewalt und Drohung. Um eine vernünftige Seele zu überzeugen, braucht man nicht seinen Arm, nicht Schlagwerkzeuge noch sonst eines der Mittel, durch die man jemanden mit dem Tod bedrohen kann.‹

Der entscheidende Satz in dieser Argumentation gegen Bekehrung durch Gewalt lautet: Nicht vernunftgemäß handeln ist dem Wesen Gottes zuwider.«[61]

Papst Benedikt XVI. hatte in seiner langen Rede, von der hier nur ein kurzer Ausschnitt wiedergegeben ist, den byzantinischen Kaiser Manuel II. zitiert. In seinen weiteren Ausführungen distanzierte sich der Papst von Gewalt und sprach sich für den Dialog der Religionen aus. Er sagte unter anderem: »In diesen großen Logos, in diese Weite der Vernunft laden wir beim Dialog der Kulturen unsere Gesprächspartner ein.«

Offenkundig ohne die Rede des Papstes zu kennen, folgten zwei Tage später die ersten Proteste. Am 14. September bezeichnete das staatliche Religionsamt der Türkei die Rede des Papstes als »Angriff auf den Islam«. Benedikt XVI. habe darin eine »provozierende, feindselige, voreingenommene und einseitige Haltung« an den Tag gelegt. Er müsse sich »dafür entschuldigen«, forderte Ali Bardakoglu[62], der Leiter des staatlichen türkischen Religionsamtes, das dem Ministerpräsidenten unterstellt ist. Ali Bardakoglu ist in seinem Amt der Vorgesetzte aller muslimischen Geistlichen in der Türkei. Er warf dem Pontifex vor, den Hass gegen Muslime zu schüren. Bardakoglu fügte hinzu, Benedikt XVI. habe eine »Kreuzfahrermentalität« an den Tag gelegt. Die Christen müssten erklären, wie ihre Religion mit der Vernunft in Einklang gebracht werden könne.

Zwei Tage später schaltete sich auch der türkische Ministerpräsident Recep Tayyip Erdogan in die Debatte ein. Erdogan forderte eine persönliche Entschuldigung von Benedikt XVI. bei allen Muslimen. Was Benedikt über den Propheten Mohammed geäußert habe, sei »hässlich und unglücklich« und »nicht hinnehmbar«, sagte Erdogan nach Angaben der Nachrichtenagentur Anadolu.

Während katholische Bischöfe und Spitzenpolitiker den Besuch des Papstes in Bayern als gelungenes »Fest des Glaubens« feierten, braute sich in der islamischen Welt die Neuauflage des Karikaturenstreits zusammen. Die Spirale der Eskalation drehte sich unaufhörlich.

Das pakistanische Parlament protestierte nicht nur gegen die Äußerungen des Papstes. Einstimmig beschlossen die Abgeordneten in Islamabad die Forderung, das Oberhaupt der katholischen Kirche müsse die »gefährlichen Bemerkungen« zurücknehmen. Mit seinen »verächtlichen Äußerungen über den Islam« habe der Papst »die Gefühle der muslimischen Welt verletzt«, hieß es in der Resolution. Das pakistanische Außenministerium ließ offiziell mitteilen: »Wer behauptet, dass dem Islam etwas Schlechtes oder Unmenschliches innewohnt, zeigt nur seine eigene Unwissenheit über diese große Religion.«

In Kaschmir/Indien beschlagnahmte die Polizei vorsorglich Zeitungen, in denen die Rede des Papstes im Wortlaut abgedruckt wurde. Die Begründung lautete, Muslime könnten nach der Lektüre gewalttätige antichristliche Demonstrationen veranstalten. Zugleich nannten muslimische Gelehrte die Rede Benedikts »Blasphemie« und forderten die Bestrafung des »Gotteslästerers«.

Auch die Organisation der Islamischen Konferenz (OIC) kritisierte Papst Benedikt XVI. scharf. Die Organisation, der 57 Staaten mit muslimischer Bevölkerung angehören, teilte am 15. September am Rande einer Konferenz im saudi-arabischen Dschidda mit: »Die OIC hofft, dass diese Kampagne nicht der Prolog für eine neue Politik des Vatikans gegenüber dem Islam ist, besonders nach den vielen Jahrzehnten des Dialogs, der die Kleriker des Vatikans und die führenden Denker und Religionsgelehrten der Muslime einander nähergebracht hat.« Die OIC sprach von einer »Verleumdungskampagne« des Papstes gegen den Religionsstifter Mohammed. Der Papst habe Mohammed in Regensburg als »böse und unmenschlich« dargestellt. Auch habe er behauptet, der Islam sei vor allem durch Blutvergießen und Gewalt verbreitet worden, »was mit der Natur Gottes nicht zu vereinbaren ist«. Das stehe in krassem Widerspruch zum Rufe Mohammeds, der ein »Prophet der Gnade für die gesamte Menschheit« sei.

Immer öfter hieß es nun, die gesamte Rede des Papstes habe »die Gefühle der Muslime verletzt«. Der arabische Fernsehsender al-Dschasira widmete große Teile seiner Hauptnachrichtensendungen den Reaktionen auf die angeblich »islamfeindliche« Rede und betitelte die Spitzenmeldung der Nachrichten mit dem Satz: »Der Papst kritisiert den Islam und zitiert eine Beleidigung seines Propheten.« Weitere Äußerungen des Senders lauteten: »Gefährliche Worte, die nicht einmal ein Volksschulkind aussprechen würde, weil es weiß, dass es damit dem Terrorismus einen Nährboden bereitet.« In einem Kommentar hieß es bei al-Dschasira: »Man wusste ja, dass sich dieser Papst mit dem internationalen Zionismus verbündet hat.«[63]

Ähnlich war die Berichterstattung von Al-Arabiya, des zweitgrößten arabischen Satellitensenders. Er betitelte seine Meldung: »Der Papst übt wenige Wochen vor seinem geplanten Türkei-Besuch Kritik am Islam« und fügte hinzu: »Damit dürfte er den Zorn der islamischen Welt heraufbeschwören.«[64]

Fahmi a-Saarir, Sprecher der Palästinenserorganisation Fatah, nannte die Äußerungen des Papstes »islamfeindlich«. Sie verletzten die Muslime und beleidigten den Religionsstifter Mohammed. Sie könnten zum weltweiten Hass führen und damit eine kulturelle und religiöse Auseinandersetzung hervorrufen. Der Vorsitzende des französischen Islamrats Conseil Français du Culte Musulman, Dalil Boubakeur, der sich als Sprecher von mehr als fünf Millionen französischen Muslimen sieht, verlangte vom Papst eine »Klarstellung«. Die katholische Kirche müsse deutlich machen, dass sie den Islam als Religion sehe und nicht mit dem Islamismus gleichsetze, sagte Boubakeur.

48 Stunden nach der Rede war ein weltweites Feuer entfacht. Und aus der ursprünglich noch eher verhaltenen Kritik wurde blanker Hass. Am 15. September verglich der stellvertretende Führer der türkischen Regierungspartei AKP (Partei für Gerechtigkeit und Entwicklung), Salih Kapusuz, den Papst mit Hitler und Mussolini.[65] Nach Angaben der halbamtlichen türkischen Nachrichtenagentur Anadolu sagte der Politiker aus dem Lager des Ministerpräsidenten Tayyip Erdogan, der Papst sei mit seinen Worten »in derselben Kategorie mit Führern wie Hitler und Mussolini in die Geschichte eingegangen«. Seine Rede basiere entweder auf einer bedauernswerten Ignoranz gegenüber dem Islam oder sie sei eine absichtliche Verdrehung von Tatsachen: »Er hat eine dunkle Mentalität, die aus der Dunkelheit des Mittelalters kommt«, sagte Kapusuz über das Oberhaupt der Katholiken. Es sei bedauerlich, dass das Papsttum von einem mit solchen Vorurteilen belasteten Menschen vertreten werde.

Zugleich gab es auch in Ägypten Protestaufrufe. Die islamische Arbeitspartei warf dem Papst vor, er habe Mohammed beleidigt. »Wacht auf, ihr Muslime, der Papst beleidigt den Propheten und bezeichnet den Islam in seiner Ahnungslosigkeit als möglichen Feind«,[66] hieß es in einer in Kairo verbreiteten Erklärung der Partei, die zu Protestkundgebungen aufrief. Auch Ahmed Chatami, der ehemalige iranische Staatspräsident, sagte bei seiner Freitagspredigt in Teheran, der Papst habe »den Islam beleidigt«. In der vom staatlichen Rundfunk übertragenen Rede hieß es: »Die Muslime haben auf seine absurden Bemerkungen reagiert und werden auch weiterhin richtig darauf reagieren.«[67]

Die Reaktionen ließen nicht auf sich warten. Noch am gleichen Tag wurde im palästinensischen Gazastreifen ein von der griechisch-orthodoxen Kirche geführtes Jugendzentrum durch einen Sprengsatz beschädigt. Zuvor hatte der palästinensische Ministerpräsident Ismail Hanija gefordert, Benedikt XVI. müsse damit aufhören, die Religion der Muslime zu »beleidigen«.

Unterdessen hatte der Vatikan reagiert und in einer Erklärung mitteilen lassen, der Papst respektiere den Islam und wolle den Dialog mit anderen Religionen vorantreiben. Vatikansprecher Federico Lombardi hob hervor, es sei nicht die Absicht des Papstes gewesen, die Gefühle gläubiger Muslime zu verletzen. Wie beim Karikaturenstreit entschuldigte man sich für etwas, wofür es bei nüchterner Betrachtung keiner Entschuldigung bedurfte.

Denn der Papst hatte sich in seiner Rede *gegen* die Anwendung von Gewalt bei der Ausbreitung von Religionen gewandt. Vergessen schien in der arabischen Welt, dass der Vorgänger von Papst Benedikt, Johannes Paul II., beim interreligiösen Weltgebetstreffen in Assisi 2002 den Koran geküsst hatte. Und vergessen war auf einen Schlag, dass der Vatikan und die oberste islamische Lehrinstanz, die Al-Azhar-Universität in Kairo, nach den Terroranschlägen des 11. September 2001 diese nicht nur in einer gemeinsamen Erklärung verurteilt hatten. Johannes Paul II. hatte zudem die Gleichsetzung des Islamismus mit dem Islam scharf verurteilt. All das zählte plötzlich nicht mehr. Der Pontifex Maximus war in den Augen vieler Muslime auf einen Schlag zu einer fast schon satanischen Macht geworden.

Was nun folgte, waren Aufrufe zur Gewalt gegen das Oberhaupt der katholischen Kirche. Das Reaktionsmuster folgte eindeutig dem Drehbuch des Karikaturenstreits: Moderater Kritik am Islam folgten Wutausbrüche überall in der islamischen Welt. Geschürt wurden sie von Islamisten – allen voran der Muslimbruderschaft und ihren weltweiten Tochterorganisationen.

Thomas Avenarius schrieb dazu am 15. September 2006 in der *Süd-*

deutschen Zeitung unter der Überschrift »Das Muster bleibt gleich«: »Klar, dass auch Mohammed Akef, der Chef der sunnitischen Muslimbrüder, in Kairo polemisierte: Der Papst bedrohe ›den Weltfrieden‹, er müsse sich entschuldigen. Dass Benedikt XVI. jetzt kaum noch gehört würde, weiß vermutlich auch Islamist Akef. Stören dürfte ihn das wenig.«

Verständnis für die wütenden Reaktionen vieler Muslime bekundete dagegen Volker Beck, der parlamentarische Geschäftsführer der Fraktion von Bündnis 90/Die Grünen im Bundestag. Beck warnte den Papst am 15. September davor, mit einseitigen Aussagen das Christentum über andere Religionen zu stellen: »Die Äußerungen des Papstes zu Islam und Christentum sind merkwürdig einseitig und geschichtsblind«, sagte Beck.[68] Alle drei großen monotheistischen Religionen hätten sich die Akzeptanz von Religionsfreiheit und Pluralismus erst erarbeiten müssen oder seien noch dabei, dies zu tun. »Deshalb gibt es keinen Anlass, eine dieser Religionen gegenüber der anderen als überlegen hinzustellen.«

Vier Tage nach der Papst-Rede wurde offenkundig, dass jene, die den Hass auf den Papst geschürt hatten, seine Rede nicht einmal gelesen hatten. So musste Ali Bardakoglu, der Leiter des türkischen Religionsamtes, auf Nachfrage eingestehen, dass er sich den Redetext erst noch durchlesen müsse und seine Äußerungen auf knappen Auszügen in Pressemeldungen beruhten. Ein Autor der türkischen Zeitung *Hürriyet*, Mehmet Yilmaz, schrieb daraufhin am 16. September, wenn Bardakoglu den gesamten Redetext gekannt hätte, wäre ihm klar geworden, dass sich der Papst von den Zitaten aus dem Mittelalter distanziert habe: »Es kommt mir so vor, als ob niemand von jenen in der islamischen Welt, die den Papst wegen seiner Rede attackieren, die Papst-Rede auch gelesen haben.«

Doch Wut und Empörung kannten in der muslimischen Welt kein Halten mehr. Der malaysische Ministerpräsident Abdullah Ahmad Badawi forderte von Papst Benedikt XVI. »wegen dessen Islam-Äußerungen eine Entschuldigung«. Bei einem Treffen von Imamen aus aller Welt in der australischen Stadt Sydney »verdammte« ein Sprecher des Muslim Council of Britain den Papst. Und selbst die afghanischen Taliban meldeten sich wieder zu Wort. Die Worte des Papstes seien »Teil des westlichen Kreuzzuges gegen den Islam«, behauptete Talibansprecher Mohammed Hanif in Kandahar.

In Kuwait forderte der Parlamentsabgeordnete Daifallah Buramia unter dem Beifall anderer Abgeordneter die Schließung christlicher Kirchen. Kuwait, eines der liberalsten Länder am Golf gegenüber der christlichen Religion, hat immerhin zwölf Kirchen für nur 200 kuwaitische Christen, die jedoch auch von den 250 000 in Kuwait lebenden Ausländern besucht werden. Radikalen Islamisten waren diese Kirchen schon lange ein Dorn im Auge. Die Papst-Rede kam ihnen nun wie gerufen, um deren Schließung einzufordern.

Vor diesem Hintergrund war vorauseilender Gehorsam angesagt. So bemüßigte sich der Führer der in Ägypten lebenden koptischen Christen, Shenouda III., die Äußerungen des Papstes als »gegen die christliche Lehre gerichtet« zu verurteilen – fügte aber im gleichen Atemzug hinzu, er kenne den Redetext des Papstes gar nicht. Shenouda III. sagte, alle »Äußerungen, die den Islam und Muslime herausfordern, sind mit der christlichen Lehre nicht zu vereinbaren«.

Die Reaktionen eskalierten weiter. Als schließlich aus einem fahrenden Auto heraus am 16. September Brandsätze gegen zwei Kirchen in Nablus/Westjordanland geworfen wurden, entschuldigte sich Papst Benedikt XVI. bei allen Muslimen. In einer Erklärung ließ er verkünden, es tue ihm leid, dass sie »einige Passagen« seiner Rede über den Islam anstößig gefunden hätten. Er sei »extrem betrübt«, dass Teile seiner Regensburger Rede die Gefühle von Muslimen verletzt hätten.

Kaum war die Erklärung des Vatikans über alle Agenturen verbreitet worden, goss die Muslimbruderschaft Öl ins Feuer. Die jüngste Erklärung des Vatikans reiche ihnen nicht, teilte die Organisation mit. Benedikt XVI. müsse sich persönlich entschuldigen. »Wir wollen eine persönliche Entschuldigung des Papstes. Wir empfinden, dass er einen gravierenden Fehler begangen hat, der uns betrifft, und dieser Fehler kann nur durch eine persönlich vorgebrachte Entschuldigung beseitigt werden«, sagte der stellvertretende Leiter der Muslimbruderschaft in Kairo, Mohammed Habib.[69] Das, was der Vatikan bisher verbreitet habe, sei keine persönliche Entschuldigung für Aussagen, von denen der Papst überzeugt sei.

Erst als der Papst dann persönlich sein Bedauern äußerte, mäßigte sich am 17. September auch die Muslimbruderschaft. »Wir können sie (die Worte des Bedauerns) als ausreichende Entschuldigung akzeptieren«, sagte Mohammed Habib, »obwohl wir uns gewünscht hätten, dass der Papst seine Ideen und Visionen zum Islam dargelegt hätte.«[70]

Professor Alberto Melloni, Kirchenhistoriker an der Universität von Modena, wurde in der *Herald Tribune* mit den Worten zitiert, zum ersten Mal in der Geschichte der Päpste habe sich ein Heiliger Vater für eine Äußerung entschuldigt: »Soweit ich weiß, hat es das noch nie gegeben.«

Am gleichen Tag wurde in der somalischen Hauptstadt Mogadischu eine aus Italien stammende Nonne erschossen. In arabischen Ländern wurden drei weitere Kirchen in Brand gesetzt. Und die irakische Terrorgruppe Dschaisch al-Mudschahidin drohte mit einem Anschlag auf den Vatikan, die irakische Extremistengruppe Ansar al-Sunna gar mit Angriffen einer »islamischen Armee« auf Rom: »Die Mauern Roms werden bald von der Armee der Rechtgläubigen attackiert«, hieß es in einer Erklärung. »Außer dem Schwert werden sie von uns nichts sehen«, ließ die Terrorgruppe verlautbaren. Und Al Qaida drohte dem Westen mit einem heiligen Krieg, »bis der Islam die Weltherrschaft erlangt« habe. Seither fürchten Sicherheitsfachleute um das Leben des Papstes.

Auch Rolf Tophoven, Leiter des Essener Instituts für Terrorismusforschung, sagte, er erwarte eine weitere Zuspitzung der Lage. Radikale islamistische Kräfte benutzten die Aussagen des Papstes, um die Massen in der arabischen Welt gegen den Westen und die katholische Kirche aufzuhetzen. »Auch Propaganda kann töten und fanatisierte militante Islamisten zu Aktionen gegen den Papst animieren«, sagte Tophoven und fügte hinzu: »Die Gefährdungslage für den Papst hat sich verändert.«[71]

Udo Steinbach, Leiter des Hamburger Orient-Instituts, hielt sogar einen Mordaufruf gegen den Papst für denkbar. »Ich halte es für durchaus möglich, dass nun ein durchgeknallter Imam, der die Vorlesung des Papstes nicht verstanden hat, eine Fatwa gegen ihn ausspricht, so wie es Chomeini gegen den Schriftsteller Salman Rushdie getan hat.«

Während die ägyptische Muslimbruderschaft inzwischen eingelenkt hatte, goss einer ihrer bekanntesten langjährigen geistigen Führer unverdrossen weiter Öl ins Feuer: Scheich Yusuf al-Qaradawi rief im Fernsehsender al-Dschasira alle Muslime weltweit zu einem »Tag des friedlichen Zorns« gegen das katholische Kirchenoberhaupt auf, der am 22. September 2006 stattfinden solle. In seiner wöchentlichen Religionssendung sagte er, solange Benedikt XVI. seine umstrittenen Worte nicht zurückziehe, werde der »Dialog zwischen Muslimen und Christen eingestellt«.

Von all den verschiedenen Sprachrohren aus dem Umfeld der radikalislamistischen Muslimbruderschaft machte Scheich Abu Saqer, Führer der Dschihada-Salafiyya-Islam-Bewegung im Gazastreifen, am deutlichsten, was vom »Dialog« mit christlichen Kirchenmännern des Abendlandes zu halten sei: Er nannte den Papst nicht nur eine »Marionette der Kreuzfahrer«, sondern hob hervor, der christlich-islamische Dialog könne überhaupt nur unter der Voraussetzung akzeptiert werden, wenn »am Ende alle Religionen zum Islam konvertieren«.[72] Scheich Abu Saqer sprach deutlich aus, was andere Führer der Muslimbruderschaft lieber mit schmeichelnden Worten umschreiben: »Die Aufforderung für diesen sogenannten Dialog durch diesen kleinen rassistischen Papst ist nur ein Trojanisches Pferd mit dem Hauptziel, ein neues Weltsystem mit den Idealen der Christen zu etablieren. Es ist ein gefährlicher Dialog.« Und weiter: »Der Papst ist der geistige und religiöse Flügel der Kreuzfahrerideologie. Er stimmt alle seine Handlungen mit Bush ab. Durch diesen Dialog will er die Einheit der Muslime brechen. Wahre Gläubige allerdings wissen, dass der Islam alle Beziehungen regeln muss. Der einzige von uns akzeptierte Dialog ist die Konvertierung aller anderen Religionen zum Islam.«[73]

Abu Saqer rief zum heiligen Krieg gegen den Papst auf. Er behauptete, dass die »grüne Fahne Mohammeds« bald über dem Vatikan wehen werde. »Wir brauchten die Worte des Papstes nicht, um zu begreifen, dass dies ein Kreuzzug gegen den Islam ist – und unsere heilige Pflicht, alle zu bekämpfen, die den Papst unterstützen, ihm nachfolgen und nicht das verurteilen, was dieser kleine Rassist zu sagen hatte. (...) Bald wird der Tag kommen, an dem die grüne Fahne des La Illah Illah Allah (Es gibt keinen Gott außer Allah) und Mohammed Rasul Allah (Mohammed ist der Prophet Allahs) auf dem Vatikan und überall in der Welt bei denen, die den Islam zerstören wollen, wehen wird. Sie wissen, dass diese Religion sie zwingt, der Wahrheit ins Gesicht zu sehen – diese Religion ist die von Allah bevorzugte. Und bis sie dem Islam beitreten, wird ihre letzte Station die Hölle sein«, führte Abu Saqer aus.[74] Und er fügte hinzu, dass der Papst und die christliche Welt in Panik verfallen seien, weil sie erkannt hätten, »wer gewinnt. (...) Seht, wie sich der Islam fortentwickelt und mehr und mehr Mitglieder gewinnt – und seht die moralische Krise im Westen. (...) Ihr werdet verstehen, dass der Islam die Zukunft ist und dass dieser Zwergenpapst einen Fehler gemacht hat. Aber ich habe Verständnis für ihn. Er erkennt, wohin die Dinge sich entwickeln, und das frustriert ihn.«

Wie Muslime in Deutschland auf die Hetze gegen Papst Benedikt reagierten, zeigt ein Blick in das größte muslimische deutschsprachige Internetportal unter www.muslimmarkt.de. Muslim-Markt veröffentlichte nach der umstrittenen Papst-Rede in einem Internetforum[75] am 24. September 2006 um 9.32 Uhr einen auch Wochen später nicht gelöschten Eintrag, in dem ein Ibrahim Umar schreibt: »Der Katholizismus ist so ziemlich das pervertierteste ›religiöse‹ Lehrsystem, das sich zurzeit auf der Welt finden lässt. Dass jenes noch die Dreistigkeit aufbringt, sich ›christlich‹ zu nennen, ist ein Schlag ins Gesicht des edlen Propheten Isa (a. s.[= Lobpreisung Allahs]). (...) Ferner ihre Eunuchenpriester im völligen Widerspruch zur Heiligen Schrift, ferner das Vergeben von Sünden durch Menschen, ferner die Beleidigung der ehrwürdigen Mutter Isas (a. s.) als Gottesmutter, ferner der gotteslästerliche Aberglaube, durch ein Zaubersprüchlein einen Keks in den wirklichen! Leib Isas (a. s.) zu verwandeln und diesen zu verspeisen, ferner die Anbetung von sogenannten ›Heiligen‹ (...). Ich selbst hege unter diesen Umständen kein Verlangen, mit der ›katholischen Kirche‹ in einen Dialog zu treten. Warum sollte ich mit Menschen, die mit allem, was sie tun und lehren, Gott verhöhnen und lästern, einen Dialog führen?«

Nachdem auf diese Weise weltweit der Hass auf Papst Benedikt geschürt worden war, fühlten sich viele Gruppen dazu aufgerufen, den Worten Taten folgen zu lassen. So etwa im Irak. Am 9. Oktober 2006 wurde der assyrisch-christliche Priester Paulos Iskandos von radikalen Islamisten entführt, am 11. Oktober wurde ihm der Kopf abgeschnitten. In einer E-Mail, die den Autor aus Schweden erreichte, heißt es dazu:

»Mit der Ermordung von Vater Paulos sind die letzten Schranken gefallen, und von jetzt an wird das Leben der irakischen Christen die Hölle sein. Wir, die orientalischen Christen in Schweden, und der Rest der westlichen Welt müssen gegen diesen Völkermord protestieren. Wir müssen etwas tun, um die Vergewaltigungen, Bedrohungen, den Hass, die Morde zu stoppen.«

Wie üblich, erwähnte nicht eine deutsche Zeitung die Enthauptung des christlichen Priesters im Irak. Keine muslimische Gruppe protestierte dagegen. Es interessierte niemanden. Zeitgleich wurde ein 14 Jahre alter Junge aus einer kleinen von Christen bewohnten Siedlung in der südirakischen Hafenstadt Basra entführt. Die Täter kreuzigten ihn und ließen ihn qualvoll sterben.[76] Und der Westen schaute wieder einmal weg.

Vorauseilender Gehorsam – die Absetzung einer Mozart-Oper in Berlin

Am 29. Januar 1781 wurde im Münchner Residenztheater die Mozart-Oper »Idomeneo« uraufgeführt. Der antike Stoff berichtet vom kretischen König Idomeneo, der nach seiner Heimkehr aus dem Trojanischen Krieg seinen eigenen Sohn opfern muss. Lange Zeit war diese Oper ein Geheimtipp unter Opernfreunden. Dabei wäre es wohl auch geblieben, hätte nicht die Intendantin der Deutschen Oper Berlin im September 2006 eine für November des Jahres geplante Inszenierung aus dem Programm genommen. Der Grund: Die Intendantin Kirsten Harms fürchtete Ausschreitungen oder Anschläge radikaler Islamisten. Denn in einer Szene der Oper wird der abgeschlagene Kopf des Religionsstifters Mohammed gezeigt. Viele sahen in der Opernabsetzung die Wiedereinführung des Kotaus. Im alten chinesischen Kaiserreich war der Kotau jener Gruß, bei dem der Grüßende sich vor dem zu Begrüßenden auf den Boden warf und mehrmals demütig mit der Stirn den Boden berührte.

Zwar hatte keine muslimische Organisation einen Hinweis darauf gegeben, dass die Oper die religiösen Gefühle von Muslimen verletzen könnte. Weder in Iran noch in Saudi-Arabien wurden Mozart-Puppen verbrannt. Und auch das Berliner Landeskriminalamt hatte keine konkreten Anhaltspunkte für bevorstehende Anschläge auf die Deutsche Oper. Dennoch war vorauseilender Gehorsam angesagt. Opernintendantin Kirsten Harms sagte der Zeitung *Welt*, zwar habe das Berliner Landeskriminalamt die Absage der Oper nicht vorgeschlagen, aber sie selbst habe sich nach reiflicher Überlegung im Interesse der Sicherheit ihrer Mitarbeiter und der bis zu 2000 Zuschauer dafür entschieden, »weil die Risiken nicht zu kalkulieren sind«.[77]

Henryk M. Broder schrieb dazu am 26. September 2006 im *Spiegel*: »Die Absetzung der ›Idomeneo‹-Oper in Berlin ist das Symptom einer schockierenden Präventiv-Kapitulation: Inzwischen braucht es nicht einmal mehr die konkrete Androhung von islamistischer Gewalt, es reicht eine vage ›Gefährdungsanalyse‹, um den Kulturbetrieb einzuschüchtern.« Auch die Bundesregierung kritisierte die Entscheidung der Opernführung: »Wenn die Sorge vor möglichen Protesten schon zur Selbstzensur führt, dann gerät die demokratische Kultur der freien Rede in Gefahr«, sagte Kulturstaatsminister Bernd Neumann (CDU). Kunst und Medien hätten die Aufgabe, Widersprüche und Gegensätze einer Gesellschaft zu benennen. Bundestagsvizepräsident Wolfgang Thierse (SPD) sprach von einem »beklemmenden Anzeichen der Angst« vor Islamisten.

Zugleich schlug der Islamratsvorsitzende Ali Kizilkaya Änderungen an der abgesetzten Mozart-Oper vor. Die Darstellung des Religionsstifters Mohammed »sogar mit abgeschlagenem Kopf« verletze Muslime und sei »unsensibel«. Es müsse »etwas mehr Rücksicht genommen werden«.[78]

Mit ungläubigem Staunen verfolgte man unterdessen im Ausland die Vorgänge in Deutschland. Die *New York Times* sprach von einem »Meilenstein der anderen Art«. Viele Kritiker äußerten, die Kunst habe sich dem Terror gebeugt. Die *Washington Post* verwies auf die »starke Tradition der freien Rede« in Deutschland, die sich als Reaktion auf die Zensur im Hitlerregime entwickelt habe. Zu Recht weist sie darauf hin, dass die Nazis 1933 die Kontrolle in der Deutschen Oper übernommen hatten. Propagandaminister Joseph Goebbels hatte damals den Spielplan überwacht – und Adolf Hitler einen Ehrenplatz zugeteilt.

Da die Deutsche Oper vom deutschen Staat subventioniert wird und Politiker aller Parteien einhellig die Absetzung der Mozart-Oper verurteilten, wäre es eigentlich selbstverständlich, dass man die Subventionszahlungen überdenken würde. Auf diese Idee kam jedoch zunächst niemand. Die Deutsche Oper, Inbegriff einer moralischen Anstalt des westlichen Geistes, hatte sich mit ihrer umstrittenen Entscheidung jedenfalls keinen Gefallen getan.

Spätestens seit dem Karikaturenstreit ist deutlich geworden, dass der Druck auf die westlichen Gesellschaften, sich den Forderungen islamistischer Gruppen zu unterwerfen, weiter steigen wird. Längst beugen sich Medien, Politik und die Kunst in vorauseilendem Gehorsam den Wünschen von Muslimen, auch wenn diese noch gar nicht geäußert wurden. So verkündete kaum zwei Wochen nach der weltweit kritisierten Entscheidung der Deutschen Oper Berlin, die Mozart-Oper »Idomeneo« aus dem Programm zu nehmen, die Londoner Galerie Whitechapel Art Gallery die Entscheidung, keine Bilder des Surrealisten Hans Bellmer (1902 bis 1975) mehr zu präsentieren. Zur Begründung hieß es, in der Umgebung der Galerie lebten viele Muslime, die sich in ihren religiösen Gefühlen verletzt sehen könnten. Bellmer, der sich ausschließlich mit erotischen Darstellungen der weiblichen Anatomie befasste, gilt vielen als obszön.

»Islamophobie« – die Keule der Islamfeindlichkeit

Man sollte Islamisten ernst nehmen. Und ihre Worte studieren. »Die Demokratie ist nur der Zug, auf den wir aufsteigen, bis wir am Ziel sind. Die Moscheen sind unsere Kasernen, die Minarette unsere Bajonette, die Kuppeln unsere Helme und die Gläubigen unsere Soldaten.«[79] Das sagte der türkische Ministerpräsident Recep Tayyip Erdogan, als er in den

Neunzigerjahren noch Oberbürgermeister von Istanbul war. Heute wird er von Politikern fast aller Parteien aus allen europäischen Staaten umworben. Darf man Menschen wie Erdogan trauen? Ist die Türkei ein europäisches und allen Religionen offen stehendes Land?

Zur Erinnerung: In der Türkei ist das griechisch-orthodoxe Priesterseminar seit fast vier Jahrzehnten geschlossen. Dem orthodoxen Patriarchat wird in der angeblich säkularen Türkei die Ausbildung von Priestern verwehrt. Im Sommer 1971 – also vor 38 Jahren – musste das griechisch-orthodoxe Priesterseminar auf dem als »Prinzeninsel« bekannten Eiland im Marmarameer aufgrund einer Entscheidung des türkischen Verfassungsgerichtshofs geschlossen und der Lehrbetrieb der 1844 gegründeten theologischen Fakultät eingestellt werden. Sind die Bekundungen des türkischen Ministerpräsidenten Erdogan, dass die Türkei ein aufgeschlossenes westliches Land sei, ernst zu nehmen? Oder ist der türkische Islam voller Unterdrückung und Verachtung für andere Religionen?

Wer solche Fragen öffentlich stellt, muss schon heute umgehend mit einer Rufmordkampagne rechnen. »Islamophobie« ist das Schimpfwort, mit dem jene belegt werden, die den Islam kritisieren. In Belgien ist »Islamophobie« inzwischen ein Straftatbestand. Und die Gesinnungsgenossen der Muslimbruderschaft tun ihr Bestes, um ihre Kritiker auch in anderen Mitgliedsstaaten der Europäischen Union mit diesem Schlagwort mundtot zu machen.

Auch der Autor dieses Buches sieht sich dem Vorwurf der »Islamophobie« ausgesetzt. In der fünften Auflage einer Broschüre mit dem Titel »Islamismus«[80], herausgegeben vom Bundesinnenministerium (Stand 2006), heißt es auf Seite 120: »In seinem Buch *Der Krieg in unseren Städten – Wie radikale Islamisten Deutschland unterwandern* malt der Autor Udo Ulfkotte das Bild einer globalen islamistisch-terroristischen Verschwörung, die auch Deutschland bedrohe. Damit leistet er dem Rassismus gegen Muslime Vorschub.«

Von den zahlreichen in Deutschland schon verhinderten Terroranschlägen bis hin zu den »Kofferbombern« des Sommers 2006 gab es damals nach dieser vom Bundesinnenministerium verbreiteten Lesart keine terroristische Bedrohung Deutschlands. Inzwischen gehen allerdings sowohl das Bundesinnministerium wie auch das Bundeskriminalamt davon aus, dass es auch in Deutschland eine erhöhte Gefährdung durch radikal-islamistische Terroranschläge gebe.

Mit dem gegenüber vielen Islamkritikern erhobenen Vorwurf der Islamophobie soll eine Parallele zum Vorwurf des Antisemitismus gezogen werden, nicht zuletzt um Schuldgefühle zu mobilisieren. Die Taktik muslimischer Führer, Islamophobie gar zu einem Straftatbestand machen zu wollen, wie etwa 2006 in Deutschland von ihnen gefordert, soll alle ihre Kritiker zum Schweigen bringen.

Ende Juni 2006 sprach der türkische Ministerpräsident Recep Tayyip Erdogan in Straßburg vor dem Europarat. Nach seiner Auffassung muss »Islamfeindlichkeit« in der Europäischen Union als »Verbrechen gegen die Menschlichkeit eingestuft werden«. Erdogan sagte: »So wie Antisemitismus ein Verbrechen gegen die Menschlichkeit ist, sollte auch Islamophobie betrachtet werden.«[81] Während der türkische Regierungschef vor der parlamentarischen Versammlung des Europarates vor einer zunehmenden Islam- und Fremdenfeindlichkeit in der Welt warnte, ging er auf Fragen von Europaratsabgeordneten über den Schutz der Menschenrechte und religiöser Minderheiten in der Türkei nicht ein.

Bislang gibt es in Deutschland nur einen Bereich, in dem der Kampfbegriff der »Islamophobie« noch nicht aufgetaucht ist – im Fußball. Erstaunlicherweise darf sich der FC Schalke 04 seit 1924 in seinem Vereinslied über den Religionsstifter Mohammed lustig machen, ohne – soweit bekannt – jemals dafür angegriffen worden zu sein. Der Homepage des FC Schalke 04 (www.schalke04.de/vereinslied.html) haben wir folgende Zeilen des Vereinsliedes entnommen: »Mohammed war ein Prophet / Der vom Fußballspielen nichts versteht / Doch aus all der schönen Farbenpracht / Hat er sich das Blau und Weiße ausgedacht.«

Ohnehin ist das Fußballspiel gläubigen Muslimen untersagt. Der ehemalige offizielle Rechtsgutachter Saudi-Arabiens sagte dazu: »Das Fußballspiel ist immer mit Frevel verbunden, infolgedessen muss es verboten werden. Außerdem führt es zu Parteilichkeiten und Gefahren für den Körper.«[82] Und die arabische Zeitung *Al Watan* zitierte eine Fußball-Fatwa, in der es heißt: »Ihr Muslime dürft Fußball spielen, jedoch ohne die vier Linien auf dem Fußballplatz, weil diese Linien ursprünglich von Gottlosen und dem internationalen Gesetz entworfen wurden. Ihr dürft Fußball spielen, wenn ihr die Sprüche der Gottlosen und Polytheisten nicht benutzt, zum Beispiel ›Out‹, ›Ecke‹, ›Foul‹ und ähnliche. (...) Euer Motiv beim Fußballspiel muss sein, euren Körper durch das Fußballspiel zu stärken, sodass ihr besser im Kampf für Allah teilnehmen könnt. Bloße Freude und Unterhaltung sind nicht erlaubt. (...) Wenn ihr tatsächlich Fußball spielen wollt, um euch für den Kampf vorzubereiten, wozu benötigt ihr Zuschauer? Wenn das Spiel vorbei ist, sprecht nie davon, wer von euch verloren und wer gewonnen hat oder wer von euch im Spielen besser als der andere war. Sondern sprecht nur von eurer Fitness. Ihr sollt nur davon sprechen, wie ihr euch durch das Spiel für den Kampf vorbereitet habt.«

Selbst das Fußballspiel der nichtmuslimischen Kulturkreise beleidigt nach dieser Auffassung somit den Islam.

Um nicht der »Islamophobie« bezichtigt zu werden, haben europäische Regierungen Entscheidungen getroffen, die nüchtern betrachtet an Selbstaufgabe grenzen. In Großbritannien etwa berichtete die *Sunday Times* am 24. September 2006 unter der Überschrift »Police to brief Muslims before terror raids« (Polizei will Muslime über Antiterror-Razzien informieren), die Führer muslimischer Verbände und Gruppen in Großbritannien würden ab sofort vor Hausdurchsuchungen bei Islamisten oder vor deren Verhaftungen konsultiert. So solle erkundet werden, wie das Vorgehen in der muslimischen Bevölkerungsgruppe des Vereinigten Königreiches bewertet werde. Jene Muslime, die über die polizeilichen Maßnahmen unterrichtet werden, müssen versprechen, die Informationen für sich zu behalten.

Die Führer muslimischer Verbände in Großbritannien haben dieses Vorgehen nach Angaben der *Sunday Times* begrüßt. Azad Ali, ein führendes Mitglied des »Muslim Safety Forum« (MSF), sagte der *Sunday Times*: »Wir waren immer besorgt darüber, dass das Vorgehen gegen Muslime auf nicht gerechtfertigten Anschuldigungen beruhte – Verdächtigungen und sonst nichts.« Den Vorwurf der »Islamophobie« konnte man der britischen Regierung angesichts dieses Vorgehens nicht machen. Vielleicht macht das britische Modell ja auch Schule?

Vielleicht werden zukünftig vor Hausdurchsuchungen bei Journalisten die Journalistenverbände unterrichtet und vor Durchsuchungen bei Lebensmittelproduzenten, die »Gammelfleisch« verkaufen, die Verbände der Lebensmittelindustrie? Immerhin werden die Briten ihre Entscheidung, ob bei verdächtigen Muslimen überhaupt noch durchsucht werden soll, von dem Rat der konsultierten muslimischen Führer abhängig machen.

Eingeschüchtert: das Versagen der Medien

Medien sind ein Spiegel der Gesellschaft. Sie berichten über jene Themen, die mutmaßlich Leser, Hörer und Zuschauer interessieren und Quote garantieren. Und sie halten sich an die Political Correctness. Aus Furcht, Ausländerhass und Rassismus zu schüren, werden manche Entwicklungen verdrängt. Nicht nur die Erfahrungen aus dem Karikaturenstreit zeigen ihre Wirkung. Denn Islamisten sind klagefreudig. Keine andere Bevölkerungsgruppe bemüht europäische Gerichte prozentual mehr als Muslime, die ihren Glauben beleidigt und sich verunglimpft wähnen. Keine andere Gruppe ist geübter darin, mit Massenprotesten Druck zu erzeugen. Jede Fernsehredaktion wird es sich heute genau überlegen, ob sie einen »islamkritischen« Bericht tatsächlich ausstrahlt.

Der Saarbrücker Religionswissenschaftler Karl-Heinz Uhlig sieht seit Langem schon die Pressefreiheit in Gefahr. Den ersten Eklat gab es während der Fußball-Weltmeisterschaft 1998 in Frankreich. Damals sollte der amerikanische Spielfilm *Nicht ohne meine Tochter* im französischen und deutschen Fernsehen gesendet werden. Der Film schildert die Entführung der Tochter einer US-Amerikanerin durch ihren iranischen Ehemann und setzt sich mit den Zuständen im iranischen Mullahregime auseinander. Die iranische Fußballmannschaft drohte für den Fall der Ausstrahlung des Films mit dem Boykott der Weltmeisterschaft. Trotzdem wurde der Film in Frankreich gesendet. Der deutsche Privatsender VOX dagegen gab gegenüber den muslimischen Drohgebärden nach. Er setzte den Film ab, da »eine Gefährdung der Mitarbeiter nicht ausgeschlossen werden« könne. Das hat die Wächter des Islam offenkundig ermutigt. Denn seither wächst der selbstverordnete Druck, unerwünschte Kritik am Islam in den Medien zu unterdrücken.

Das Internetportal »Muslim-Recht« (www.muslimrecht.com) veröffentlicht Zitate aus bekannten Medien, die angeblich unter die Rubrik »Islamophobie« fallen. Unter der Überschrift »Islamophobie in den Medien« findet sich dort etwa eine Aussage, mit der Professor Stuart Meyer von der Northwestern University in Evanston (USA) am 4. März 2006 im *Hamburger Abendblatt* zitiert wurde: »Der Islamfaschismus ist unser Feind, der Hegemonie und ein Kalifat weltweit anstrebt.« Nüchtern betrachtet gibt es an der Aussage nichts auszusetzen. Denn der Islamfaschismus fordert tatsächlich die Wiedereinführung der Religionsdiktatur des Kalifats. Und der Islamfaschismus ist auch ein Feind der Demokratie.

Alice Schwarzer, Herausgeberin der Frauenzeitschrift *Emma,* wird von »Muslim-Recht« der Islamophobie bezichtigt, nachdem sie sich gegen das Kopftuch ausgesprochen hatte. Sie findet sich auf der Seite mit dem Zitat: »Das Kopftuch ist die Flagge des Islamismus. Das Kopftuch ist das Zeichen, das die Frauen zu den anderen, zu Menschen zweiter Klasse macht. Als Symbol ist es eine Art ›Branding‹, vergleichbar mit dem Judenstern. Und real sind Kopftuch und Ganzkörperschleier eine schwere Behinderung und Einschränkung für die Bewegung und die Kommunikation. Ich finde es selbstverständlich, dass wir uns an Ländern wie Frankreich ein Beispiel nehmen und das Kopftuch in der Schule und im Kindergarten untersagen, für Lehrerinnen und Schülerinnen.«

Auch der *Stern* verbreitet angeblich Islamophobie. Muslim-Recht zitiert eine Äußerung von Abdel Rahman al-Rashid, dem Direktor des Fernsehsenders Al-Arabiya, aus dem *Stern* vom 15. September 2004: »Fest steht: Nicht alle Muslime sind Terroristen. Fest steht aber auch: Fast alle Terroristen sind Muslime. Das einzugestehen ist sehr betrüblich. Die Geiselnehmer von Beslan: Muslime. Die Entführer und Mörder der nepalesischen Köche und Arbeiter im Irak: Muslime. Die Reiterbanden, die in Darfur vergewaltigen und morden: Muslime wie ihre Opfer. Die beiden Frauen, die in Russland zwei Flugzeuge zum Absturz brachten: Muslime. Bin Laden ist ein Muslim. Die Mehrheit derer, die in den letzten zehn Jahren Selbstmordattentate auf Busse, Schulen, Wohnhäuser und andere Gebäude überall auf der Welt verübten – sie bestand aus Anhängern des Islam. Was für eine schreckliche Bilanz!«

Auch die *Zeit*, die *Welt* und der *Spiegel* werden auf den Seiten des Internetportals Muslim-Recht der Islamophobie verdächtigt. Diese Anprangerung mutmaßlicher Islamkritiker hat ein amerikanisches Vorbild: der »Council on American-Islamic Relations« (CAIR). Mit einem Netzwerk von Juristen und großer finanzieller Rückendeckung brandmarkt die der Muslimbruderschaft nahestehende amerikanische Organisation CAIR all jene, die es wagen, den Islam zu kritisieren. Ein solches Netzwerk baut auch Muslim-Recht in Deutschland auf.

Einrichtungen wie das Internetportal Muslim-Recht haben Anteil daran, dass deutsche Journalisten nur noch zurückhaltend über den Islam berichten. Während Berichte über muslimisch-christliche Dialogveranstaltungen in den Medien willkommen sind, ist alles »Kritische« inzwischen tabu. Zu groß ist die Angst, in Zeiten knapper Kassen juristische Auseinandersetzungen mit finanzstarken muslimischen Gruppen führen zu müssen.

Wie leicht sich Medien inzwischen von dem Druck einschüchtern lassen, der von Muslim-Recht und ähnlichen Einrichtungen ausgeht, zeigte etwa die Absetzung des Films »Wir wollen den wahren Islam – junge Muslime in Deutschland«. Der Film handelt von dem 14-jährigen Selman, der in einem islamischen Schülerwohnheim in Süddeutschland lebt. Seine Eltern wollen, dass er ausschließlich islamisch erzogen wird. Er lebt abgeschottet von der westlichen ihn umgebenden Kultur. Die Demokratie ist für ihn nicht mit dem Koran vereinbar. In einem islamischen Jugendtreff findet er Gleichgesinnte. Als der Sender PHOENIX den Film im Januar 2003 ausstrahlen wollte, rief Muslim-Recht zu Protesten per E-Mail auf. PHOENIX gab nach. Der Film wurde zunächst nicht ausgestrahlt.[83]

Vom *Evangelischen Pressedienst* (EPD) bis hin zur *Frankfurter Allgemeinen Zeitung* reicht die Palette der Journalisten, die mittlerweile Erfahrungen mit dem Druck gemacht haben, der von muslimischen Organisationen ausgeht. Verfassungsschützer haben dem Autor dieses Buches über »schwarze Listen« berichtet. Listen, auf denen vor allem die Namen jener Journalisten, Richter und Politiker stehen, die dem Islam »feindlich« gegenüberstehen. Die selbst ernannten Wächter des Islam haben offenkundig die Pressefreiheit ausgehebelt.

Am 16. Mai 2006 schrieb die *Neue Zürcher Zeitung* (NZZ), der Druck islamistischer Kreise auf kritische Medien führe zu einer »schleichenden Auszehrung der Neugier« und sei »eine Gefahr für die Pressefreiheit«.

Vielleicht sollten sich westliche Medien einmal mit der Entwicklung in bekannten arabischen Medien befassen. So behauptet der Direktor des in den Niederlanden ansässigen Zentrums für Promoting Democracy in the Arab World, der tunesische Intellektuelle Dr. Khaled Shawkat, al-Dschasira sei von der Muslimbruderschaft »gekidnappt« worden.[84] Jedenfalls werden Ereignisse bei al-Dschasira immer öfter nur noch vor dem Hintergrund der ideologischen Ziele der Muslimbruderschaft bewertet. Es ist bekannt, dass al-Dschasira antiamerikanisch und antiisraelisch ist. Es ist bekannt, dass al-Dschasira regelmäßig Botschaften von Al Qaida veröffentlicht. Auch hat al-Dschasira einige ehemalige Mitarbeiter der BBC beschäftigt und will sich mit ihrer Hilfe einen professionelleren Anstrich geben. Auch das spricht für die ideologische Nähe des Senders zur Muslimbruderschaft.

Teil II: »Ihr seid das beste Volk ...«

Historische Wurzeln

Alle Angehörigen einer Religionsgemeinschaft glauben natürlich, der »richtigen« Religion anzugehören. Daran ist nichts Verwerfliches. Allerdings kommt Muslimen nach dem Selbstverständnis ihrer Religion überall in der Welt die führende Rolle zu. Denn der Koran gebietet ihnen, allerorts zu bestimmen, was gut und was schlecht ist. Die entsprechende Koransure (Sure 3, Vers 110) lautet: »Ihr (Gläubigen) seid die beste Gemeinschaft, die unter den Menschen entstanden ist. Ihr gebietet, was recht ist, verbietet, was verwerflich ist, und glaubt an Gott.«

Ein Blick in die Geschichte des Islam zeigt, dass dieser Führungsanspruch bis in die Gegenwart fortbesteht und einer der Gründe dafür ist, warum auch friedfertige Muslime Schwierigkeiten damit haben, Islamisten in ihren Reihen bloßzustellen und aus ihrer Gemeinschaft auszuschließen.

Anfang des siebten Jahrhunderts war die gesamte Welt des Mittelmeeres noch christlich geprägt. Auf europäischer, nahöstlicher und afrikanischer Seite lebten fast ausschließlich Christen verschiedener regionaler Ausprägungen. Natürlich gab es auch Religionen verschiedener Minderheiten, wie etwa den Judaismus. Der Einflussbereich der christlichen Welt war groß, ja, er reichte gar bis in die arabische Welt hinein, in der vor Mohammed unter den heidnischen Völkern auch Christen und Juden lebten.

Mit der Offenbarung des Islam änderte sich das. Als der Religionsgründer Mohammed im Jahre 632 (nach unserer Zeitrechnung) starb, hinterließ er seinen Anhängern ein blühendes Gemeinwesen. Das hatte der Kaufmann binnen weniger Jahre geschaffen, indem er weite Teile der Arabischen Halbinsel erobern ließ und seinem neuen Reich einverleibte.

Aus der Sicht eines gläubigen Muslims ist der Islam letztlich nicht etwas völlig anderes als das Judentum und das Christentum. Denn auch Letztere sind Buchreligionen, die den Menschen zu unterschiedlichen Zeiten offenbart wurden. Nach islamischer Auffassung gibt es nur eine wahre Offenbarung, die einst auch Juden und Christen zuteilgeworden ist. Muslime aber glauben, dass sich Juden und Christen im Laufe der Jahrhunderte von der ursprünglichen Offenbarung immer weiter entfernt haben, sie verfälscht haben. Nach wie vor betrachten Muslime die Juden und Christen als Anhänger einer »falschen« Religion. Die Juden haben nach dieser Auffassung die Offenbarung verraten, und die Christen haben sie falsch verstanden. Das wiederholen Muslime heute Tag für Tag, wenn sie beim Beten die Fatiha (1. Sure des Korans) zitieren, in der es heißt: »Führe uns den geraden Weg, den Weg derer, denen Du Gnade erwiesen hast, und nicht den Weg derer, die Deinem Zorn verfallen und irregehen!«

Nach islamischem Glauben wurde dem Propheten Mohammed letztmalig die einzig wahre und authentische Offenbarung des göttlichen Gesetzes zuteil. Gemäß dieser Sichtweise kann es nach dieser Offenbarung keine neue Religion mehr geben. Das wäre Häresie und Abfall vom wahren Glauben. Anhänger der Religion der Bahai in Iran beispielsweise, die in der zweiten Hälfte des 19. Jahrhunderts entstand, werden vor diesem Hintergrund heute noch verfolgt und nicht selten allein wegen ihres Glaubens hingerichtet. Juden und Christen jedoch genießen im Islam einen besonderen Schutz, weil ja auch ihnen ursprünglich die Offenbarung Allahs zuteilwurde. Aber sie haben sie verfälscht, und so kommt aus der Sichtweise des Islam den Muslimen in der Weltordnung Allahs gemäß Sure 3, Vers 110 eine besondere Stellung zu – die vorrangige.

Die Islamische Gemeinschaft deutschsprachiger Muslime Berlin und Freunde des Islam e.V. erklärt im Internet auf ihrer Homepage unter der Rubrik »Der Islam: Das Wichtigste auf einen Blick«, dass ein Muslim, der das Glaubensbekenntnis zum Koran abgelegt hat, etwas ganz Besonderes ist: »Er gehört dann der weltweiten Gemeinschaft der Muslime an, von der es im Qur'an (Koran) heißt: Ihr seid das beste Volk, das zum Wohle der Menschheit entstand; ihr gebietet das Rechte und verwehrt das Unrechte und glaubt an *Gott*.« Das aber verweist eindeutig auf Sure 3, Vers 110.

Der Idealzustand eines muslimischen Gemeinwesens ist der Gottesstaat – aus westlicher Sicht eine Religionsdiktatur, in der das soziale, politische und wirtschaftliche Umfeld einzig und allein nach dem Koran geregelt wird. Der Islam regelt den Wirtschaftsverkehr, die Rechtsordnung, das Leben in der Gesellschaft, das Verhältnis zwischen Mann und Frau, eben alle Bereiche des Lebens. Wir neigen in unserer westlichen Sicht dazu, den Islam heute lediglich als eine Religion zu betrachten. Daher verstehen wir es nicht oder halten es für einen Scherz, wenn Muslime etwa in Berlin-Kreuzberg fordern, dass in Gebieten, die mehrheitlich von Muslimen bewohnt werden, die deutsche Rechtsordnung abgeschafft und die der Scharia (siehe Seite 105 f.) eingeführt werden soll. Für einen gläubigen, friedfertigen Muslim (das hat nichts mit Islamismus zu tun) ist es nur konsequent und »normal«, in der eigenen Umgebung nach dem Regelwerk des göttlichen Korans leben zu wollen.

Denn wie schon dargelegt kennt der Islam keine Trennung zwischen öffentlichem und religiösem Bereich und versteht sich von Anfang an auch als politische Instanz. So feierte er wenige Jahre nach dem Tode Mohammeds im siebten Jahrhundert unermüdliche Siege. Auch Byzanz und Persien – die beiden großen Reiche, die den Nahen und Mittleren Osten unter sich aufgeteilt hatten – wurden angegriffen. Das Persische Reich kam unter muslimische Vorherrschaft. Dem Oströmischen Reich von Byzanz (später Konstantinopel, heute Istanbul) wurden Syrien, Palästina, Ägypten und Nordafrika entrissen. Die Erfolgsgeschichte des Islam schien dank des »heiligen Krieges« (Dschihad) gegen die »Ungläubigen« unaufhaltsam.

Im Jahre 711 setzte der Feldherr Tarik auf die nördliche Seite des Mittelmeeres über. Das Gebiet, das er als Erstes erreichte, wurde später nach ihm benannt. Der »Berg des Tarik« heißt im Arabischen »Dschebel al-Tarik«. Wir Europäer haben das als Dschibraltar/Gibraltar verballhornt und wissen kaum noch um die historische Bedeutung des »Dschebel al-Tarik«. Die Expansion des Islam ging somit weit über die arabische Welt hinaus. Bald wurde das christliche Europa in einer Zangenbewegung von zwei Seiten bedroht: Im Osten rückten die Heere der Muslime aus Syrien und dem Irak gegen das damals griechisch-christliche Anatolien (heute Türkei) vor, während die Mauren (Anfang des siebten Jahrhunderts von den Arabern islamisierte nordafrikanische Berberstämme) im Westen Spanien eroberten und über die Pyrenäen nach Norden vordrangen. Kurze Zeit waren auch Sizilien und Teile Süditaliens in der Hand muslimischer Armeen.

Zwar wurde dieser Vormarsch in der Schlacht zwischen Tours und Poitiers unter der Führung von Karl Martell 732 im Westen Europas beendet, doch ging die Expansion im Osten weiter. Manche Völker ergaben sich freiwillig, andere wurden mit Feuer und Schwert erobert. Erst an den Grenzen von Indien und China wurde dem Islam Einhalt geboten.

Der Islam, daran gab es in damaliger Zeit für einen gläubigen Muslim keinen Zweifel, war ein Erfolgsmodell. Er war eine Religion des politischen Erfolges und der »heilige Krieg« von Siegen gekrönt. Aus dieser Sichtweise war das vom Islam vermittelte Weltbild in sich stimmig. Die eingangs erwähnte Sure 3, Vers 110 – »Ihr (Gläubigen) seid die beste Gemeinschaft, die unter den Menschen entstanden ist. Ihr gebietet, was recht ist, verbietet, was verwerflich ist, und glaubt an Gott« – begründete den Überlegenheitsanspruch von Muslimen gegenüber allen anderen Menschen auf der Welt.

Und das, was im Koran verheißen war, schien mit der Wirklichkeit übereinzustimmen. Nur Muslime, so entspricht es dem reinen und unabänderlichen Willen Allahs, sollen auf Erden über alle anderen herrschen. Diese Einstellung führte später zur Entstehung der Religionspolizei, die wir in den Neunzigerjahren noch unter den Taliban in Afghanistan und derzeit etwa in Saudi-Arabien vorfinden. Auch die »Religionspolizei« in Saudi-Arabien beruft sich auf den Grundsatz gemäß Sure 3, Vers 110. Und an der islamischen Universität von Mekka (*Umm al-Qura*) gibt es bis heute einen Lehrstuhl, der sich ausschließlich mit Sure 3, Vers 110 befasst.

Eine wichtige Rolle im islamischen Glaubensgefüge spielt auch die Scharia, das islamische Rechtssystem. Das arabische Verb *scharaa* bedeutet »den Weg weisen«. Das davon abgeleitete Wort Scharia ist der zugewiesene Weg. In vorislamischer Zeit meinte man damit fast ausschließlich den Weg zur Tränke, also zur Quelle in der Wüste. Heute dagegen bedeutet es vor allem den dem Menschen zugewiesenen Weg durchs Leben, der alle Lebensbereiche umfasst. Nur wer der Scharia Allahs folgt, der kommt nicht in der Wüste um, sondern findet den Weg zur Quelle. Scharia ist aus dieser Perspektive das religiös legitimierte juristische System des Islam.

Es ist nichts Ungewöhnliches, dass Religionen auch juristische Maßstäbe setzen. So ist das kanonische Recht das Kirchenrecht der römisch-katholischen Kirche, und das deutsche Straf- und Prozessrecht ist deutlich vom kanonischen Recht geprägt. Entsprechend nehmen auch arabische Staaten Bezug auf die religiösen Pflichten ihrer vorherrschenden Religion. In Ägypten, Bahrain, Jemen, Kuwait, dem Libanon, dem Irak, Sudan, Syrien und den Vereinigten Arabischen Emiraten wird die Scharia in der Verfassung ausdrücklich als Quelle des Rechts und der Rechtsschöpfung genannt. In Saudi-Arabien, dem Oman, Pakistan, Somalia, Mauretanien, Mali und Afghanistan wird die Scharia sogar komplett mit der Rechtsordnung gleichgesetzt.

Die Hauptquelle des Rechts ist der Koran. Hinzu kommen die Hadith-Sammlungen, also überlieferte Berichte über das Verhalten und die Aussprüche des Religionsgründers Mohammed. Sie werden interpretiert von den islamischen Gelehrten (*ulama*), die aus westlicher Sicht zugleich Juristen und Theologen sind. Diese Ulama bilden den wichtigsten Eckpfeiler des islamischen Rechts (*fiqh*).

Mit der Ausdehnung der islamischen Welt und durch das Zusammenleben verschiedener Kulturen ergaben sich immer öfter Fragen, die der Koran auf den ersten Blick nicht eindeutig zu beantworten vermochte. In religiösen Rechtsgutachten (Fatwen) werden solche Fragen beantwortet. Weil der sunnitische Islam keinen Klerus kennt, kann dort jeder Muslim, der sich dazu berufen fühlt, Fatwen erstellen. Das führt dazu, dass es eine

Vielzahl von Fatwen – oftmals auch mit gegensätzlichem Inhalt – gibt. So können religiöse Führer denn Fatwen für oder gegen den Terror erlassen, sie können sich für oder gegen die Beschneidung (Genitalverstümmelung) von Frauen aussprechen – ein jeder findet bei koranischen »Rechtsgelehrten« die Fatwa, die dem persönlichen Interesse entspricht.

Zu den umstrittensten Teilen der Scharia gehören die Körperstrafen. Die Scharia billigt ausdrücklich die Selbstjustiz. Selbst in einem Mordfall entscheiden letztendlich die Angehörigen darüber, ob sie Schadensersatzzahlung akzeptieren oder aber die Hinrichtung des Täters wünschen. Es gilt somit das Prinzip der Blutrache, deren Eskalation die Scharia zu verhindern sucht. Vom Koran ausdrücklich verboten sind Unzucht (aus islamischer Sicht ist das vor allem Homosexualität), Diebstahl (wird mit Amputation bestraft) und außerehelicher Geschlechtsverkehr (darauf steht die Todesstrafe durch Steinigung).

Die Kairoer Erklärung der Menschenrechte im Jahr 1990, die als islamisches Gegenstück zur Allgemeinen Erklärung der Menschenrechte verstanden wird und von 45 Außenministern der Organisation der Islamischen Konferenz unterzeichnet wurde, definiert die Scharia als alleinige Grundlage der Menschenrechte. Die Scharia ist Basis der Rechtsprechung in allen islamischen Staaten und lehnt die Gleichheit der Menschen vor dem Gesetz ab. Vor Gericht gelten Aussagen von Frauen weniger als die von Männern. Im Erbrecht können Töchter nur die Hälfte des Erbteils von Söhnen erben, und Ehefrauen erben nur ein Achtel des Vermögens des Ehemannes. Außerdem genießen Muslime absoluten Vorrang vor Nichtmuslimen. Die Scharia ist mit europäischen Rechtsnormen nicht zu vereinbaren und mit der Ablehnung des westlichen Grundsatzes der Gleichheit vor dem Gesetz und mit Verstümmelungs- und Amputationsstrafen ein zutiefst rückständiges Rechtssystem.

Über Jahrhunderte hatte die vom Islam geschaffene Ordnung Bestand, und das islamische Regelwerk ist über viele Jahrhunderte gewachsen. Für einen gläubigen Muslim war dieses Weltbild stimmig, und es gab keinen Anlass, es zu hinterfragen. Ein Muslim, der die Worte des Korans hörte und aus dem Fenster schaute, der fand die Welt genauso vor, wie sie im Koran verheißen und beschrieben wurde.

Die Einteilung der Welt in »Rechtgläubige« (Muslime) und jene, die den Islam »falsch interpretieren« (Juden und Christen), schuf den Rechtsstatus der »Dhimmi« (Schutzbefohlene, also Juden und Christen), die mit eingeschränktem Rechtsstatus geduldet und staatlicherseits geschützt wurden. »Dhimmi« zahlten eine Kopfsteuer, die höher war als die von Muslimen zu entrichtende Almosensteuer. »Dhimmi« dürfen bis heute die Stadt Mekka nicht betreten. Vor Gericht in einem muslimischen Land gilt ihr Zeugnis weniger als die Aussage eines Muslims. Als Zeuge in Prozessen gegen Muslime dürfen »Dhimmi« nicht auftreten. Ein männlicher »Dhimmi« darf keine Muslima heiraten, ein Muslim darf aber eine »Dhimmi-Frau« heiraten (die dann zum Islam konvertieren muss).

Letztlich resultierte (und resultiert auch in der Gegenwart) aus dem »Dhimmi-Status« eine ständige Demütigung aller Nichtmuslime. Diese bekräftigten Muslime in früheren Jahrhunderten durch bestimmte Vorschriften, etwa dass Juden Kleidungsstücke tragen mussten, die sie deutlich als Juden kennzeichneten (»Judenhut«).

Die Behauptung, wonach der Islam eine »tolerante« Religion sei, ist bei näherer Betrachtung reine Propaganda. Einer Überprüfung hält diese Aussage nicht stand. Man muss heute nicht bis nach Saudi-Arabien reisen, um festzustellen, dass Christen in muslimischen Ländern keine Kirchen bauen dürfen. Die viel gerühmte säkulare Türkei, in der Staat und Religion zumindest formell seit Atatürk voneinander getrennt sind, belegt ebenso eindrucksvoll, wie schwer es für Christen in einem »säkularen« mehrheitlich muslimischen Staat in der Gegenwart ist, eine christliche Kirche zu bauen: Es ist beinahe unmöglich.

Inzwischen wird Sure 3, Vers 110 von immer mehr Muslimen hinterfragt. Denn Muslime haben in der heutigen Welt längst die Führung verloren. Seit dem Zeitalter der industriellen Revolution haben sie keinen wirklichen Anteil mehr an der wissenschaftlichen und technologischen Entwicklung. Alle wesentlichen Erfindungen, alle kulturellen Glanzleistungen der Neuzeit stammen aus der nichtmuslimischen Welt.

Eine in verschiedenen Internetforen kursierende Mail verdeutlicht die Erklärungsnot vieler Muslime, Koransure 3, Vers 110 und die Realität in der heutigen Welt wieder in Einklang zu bringen. Die deutsche Übersetzung des arabischen Textes lautet: »Allah, für uns bedeutet das, dass wir die Besten in jeglicher Hinsicht sind. Zu unserer Überraschung müssen wir aber feststellen, dass fast alle der heutigen Leistungen durch die Ungläubigen erbracht werden. (...) Wie kann es sein, dass diese Ungläubigen einen Fuß auf einen anderen Planeten setzen, der von Dir geschaffen wurde? Ein weiterer verwirrender Aspekt für uns ist der medizinische Aspekt. All die modernen lebensrettenden Drogen und Medikamente, wie Penicillin, Antibiotika, Röntgenstrahlen, Chemotherapie, CT-Scan, Ultraschall, Mammografie, wurden von Ungläubigen erfunden. Wir hassen es, das zuzugeben, aber Allah, wir haben keine andere Wahl. Unser Leben hängt von diesen Ungläubigen ab. Warum ist das so, Allah?«

Längst vergessen ist jene Zeit, in der der Islam den Westen inspirierte.

Unser arabisches Erbe

Im Schulunterricht beginnt die historische Entwicklung des Abendlandes in der Regel mit Ägypten und Babylon, führt dann über Griechenland zum alten Rom, um mit einem Seitenblick auf Byzanz zum christlichen Mittelalter und in die Neuzeit überzuleiten. Dass die Araber, also Muslime, über mehr als ein Dreivierteljahrtausend auch ein bedeutendes Kulturvolk der Welt waren und Einfluss auf unsere europäische Kultur genommen haben, wird in heutigen europäischen Schulbüchern nur am Rande erwähnt, wenn überhaupt.

Welches Schulkind weiß etwa, dass die westliche Kultur Fortschritte in Astronomie, Medizin und Küche auch der arabisch-muslimischen Welt zu verdanken hat? So war für gläubige Muslime die Beschäftigung mit den Himmelserscheinungen fast noch wichtiger als die Zubereitung der Mahlzeiten: Jeder Muezzin, jeder Gebetsrufer, musste ein Astronom sein, um die fünf täglichen Gebete zu den richtigen Zeiten ausrufen zu können. Die Sternwarten in Al-Mamun (Bagdad), in Damaskus und in Kairo beispielsweise dienten dazu, im Dienste des Glaubens die astronomischen Kenntnisse zu erweitern. Schon fünf Jahrhunderte vor Kopernikus – der im 16. Jahrhundert das geozentrische Weltbild infrage stellte und mit seinen Äußerungen gegen christliches Dogma und die Worte der Bibel verstieß – hatte der Araber al-Biruni erfasst, dass nicht die Sonne für den Wechsel von Tag und Nacht verantwortlich war, sondern die Erde selbst, die sich um die eigene Achse dreht.

Angesichts der geografischen Lage und der dadurch klimatisch bedingten Hitze und Dürre verwundert es auch kaum, dass Araber geschickte Techniker und Mechaniker waren, wenn es um die Kunst ging, den Boden mit jeglicher Art von Wasserschöpfrädern, Pumpen und Wasserhebemaschinen fruchtbar zu machen. Die von Eseln etwa im heutigen Ägypten noch betriebenen »Wasserpumpen« werden von Touristen als »rückständig« belächelt und fotografiert. Dass sie seit Jahrtausenden bereits ihren Dienst erweisen und die verwendeten Techniken auch Eingang in die europäischen Bewässerungssysteme gefunden haben, weiß kaum einer der Touristen.

Und während »Ärzte« im Land der Franken noch mit Handauflegen, Teufelsaustreibung und Beten kranke Menschen von ihren leiblichen Nöten zu befreien versuchten, erlebte die medizinische Wissenschaft in der arabischen Welt eine Blütezeit. Zahllose historische Romane erinnern heute daran, dass in jener Zeit Europäer, die sich in muslimischen Staaten der nahöstlichen Welt als Heilkundler ausbilden ließen, nach der Rückkehr in ihre Heimat fast schon wie Heilige verehrt wurden, weil sie Kenntnisse erworben hatten, die damals in Europa noch unbekannt waren, wie etwa die Notwendigkeit von Hygiene. Europäische Ärzte betrachteten dagegen den Glauben als »Ferment der Heilung« und hielten es für schändlich, mit der Hand zu arbeiten und zu operieren, und so lautete die am meisten verordnete Medizin in Europa lange Zeit: Weihwasser.

Hinzu kam: Ohne Beichte keine ärztliche Behandlung. Denn Krankheit – so die damals in Europa verbreitete Vorstellung – rührte von der Sünde her. Und nur wer mit der Beichte die Sündenlast von sich warf, durfte hoffen, durch Weihwasser und Kräutersud geheilt zu werden. Häuser, in denen nur Kranke aufgenommen wurden – Krankenhäuser –, gab es in jener Zeit im christlichen Abendland nicht. Zwar hatten Benediktiner schon im Mittelalter christliche Hospize eingerichtet, doch fanden in diesen neben Kranken auch Waisen, Pilger und Findelkinder Aufnahme. Krankenhäuser lernte das christliche Abendland erst mit den Kreuzzügen im 12. Jahrhundert im Vorderen Orient kennen.

Wie rückständig die europäische Zivilisation in der Medizin gegenüber den muslimischen Arabern war, zeigten auch die großen Pestepidemien. In der Schweiz und in Frankreich schob das Volk den Juden die Schuld für die dahingerafften Opfer zu und entfesselte zahlreiche Judenpogrome. Im französischen Narbonne wurden Engländer – die »Feinde des Königreiches« – als Schuldige auserkoren und niedergemetzelt. Während zur Zeit der Pestepidemien Mitte des 14. Jahrhunderts Christen die Schuld bei Juden oder Ausländern suchten oder auf eine ungünstige Konstellation der Himmelsgestirne zurückführten, sah der andalusische Arzt Ibn al-Chatiq (1313–1374) die Ursache der Pestepidemie in der »Infektion durch Berührung mit dem Kranken oder seinen Ausscheidungen«. Im gleichen Jahr, als der Arzt aus dem andalusischen Granada diese treffliche Analyse aufschrieb, hieß es an der französischen Universität von Montpellier noch, man müsse sich nur vor dem »bösen Blick eines Pestkranken« schützen und könne diesen, wenn man ihn mit einem Leinengewand abgedeckt habe, ruhig betasten. Das war im Jahre 1348.

Und während zwischen dem 9. und 12. Jahrhundert mindestens 95 Prozent der Mitteleuropäer Analphabeten waren, saßen in Tausenden arabischer Koranschulen Kinder, die lesen und schreiben lernten – bis sie zumindest die Grundzüge des Korans auswendig kannten. Im Jahre 1291 konnte im Kloster von St. Gallen nicht einer der Mönche lesen oder schreiben. Und noch Jahrhunderte später gab es in ganz Europa selbst viele Adelige, die zwar vom Volk ständig mehr Abgaben verlangten, aber von Zahlen und Schrift nicht die geringste Kenntnis hatten.

Wir sollten uns also stets daran erinnern, dass unsere Kultur auch arabische Fundamente hat. Egal, ob es sich um Burgen handelt (heimkehrende Kreuzritter hatten die wehrtechnischen Errungenschaften der Araber übernommen, die an deutschen Stadtmauern später ebenso zu finden waren wie an englischen Schlössern und französischen Festungen), Salben, astronomische Berechnungen, Kaffee, Zucker, geschliffenes Glas oder architektonische Raffinessen wie den Spitz- oder Kleeblattbogen (die gotische Architektur besteht zu großen Teilen aus arabischen Elementen) – das Abendland wäre sicher ein anderes geworden, wenn es nicht vieles aus der arabisch-muslimischen Welt übernommen hätte.

Das Ende der glorreichen Zeit

Eine Wende in der Geschichte der islamischen Reiche trat ein, als Frankreich und England anfingen, sie zu erobern und zu besetzen – als das begann, was wir das Zeitalter des Imperialismus nennen. Schon etwas früher, im Jahr 1798, stand Napoleon am Fuße der Pyramiden. Französische und auch britische Soldaten kamen nach Ägypten – also in muslimisches »Kernland«. Und von 1830 an eroberte Frankreich auch Algerien. Französische Siedler strömten in die Kolonie und verdrängten einheimische Bauern in weniger fruchtbare Gebiete. Zur gleichen Zeit dehnte Frankreich auch seinen Einfluss auf Teile Marokkos aus. 1881 wurde Tunesien französisches »Protektorat«. Die Beispiele ließen sich endlos fortsetzen.

Die Franzosen ließen islamische Handschriften und Bücher ins Französische übersetzen und entwickelten Wörterbücher und Etymologien. Erstaunt stellten die Franzosen und auch die Engländer fest, dass es auf der arabischen Seite keine vergleichbaren Bücher über eine westliche Kultur gab. Araber, Perser und Türken besaßen keine Grammatiken oder Wörterbücher einer westlichen Sprache. Im Jahre 1828 fertigte erstmals ein Araber ein arabisch-französisches Wörterbuch an – es war ein ägyptischer Christ (Kopte). Das Gefühl der Zeitlosigkeit war (und ist es auch heute noch) charakteristisch für die islamische Welt. Im Grunde verändert sich auf der Welt nichts.

Aus dieser Perspektive heraus wird der amerikanische Präsident George W. Bush in der Gegenwart mit den Kreuzrittern des Mittelalters verglichen. So wie schon die klassische islamische Zivilisation den Westen entschieden ablehnte, so sträubt man sich auch heute noch gegen alle

Einflüsse, die von außen kommen. Vor diesem Hintergrund konnte der Islam mit vielen Entwicklungen nicht Schritt halten. Und so ist es nicht verwunderlich, wenn der Slogan der Muslimbruderschaft »Der Islam ist die Lösung« auf viele Muslime anziehend wirkt und ihnen ein Leben wie in der Frühzeit des Islam schmackhaft macht.

Einer der Gründe für die mangelnde Entwicklung der arabischen Staaten des Nahen Ostens ist gewiss eine Wirtschaftsform, die bestimmte technologische Neuerungen nicht aufzunehmen vermochte. Mohammed und auch seine erste Frau waren handelsorientiert. Handwerkliche Berufe dagegen (wie etwa Schmiede) waren in der Frühzeit des Islam verpönt und Juden oder Christen vorbehalten. Die vorherrschende Handelsorientierung führte zur Vernachlässigung etwa der Waffenentwicklung. Damit war voraussehbar, dass sich die Technologieschere zwischen islamisch besiedelten Gebieten und »dem« Westen immer weiter öffnen würde.

Der jahrhundertealte feste Glaube an die Überlegenheit des Dar al-Islam (»Haus des Islam«) war schon 1683 an den Mauern von Wien zerschellt. Seither ging es mit der »Vorherrschaft« von Muslimen in der Welt ständig bergab.

Als wichtigste Reaktion auf diese »Entfremdung« vom ursprünglichen Islam entwickelte sich der Wahhabismus, der bis heute eine Abwehrreaktion darstellt auf alle Einflüsse, die von außen in den ursprünglichen Kernraum des »Islam« hineingetragen wurden. Muhammad ibn Abd al-Wahhab (1703–1792) war der Erste, der die Rückkehr zum »wahren Islam der Vorgänger« (*salaf*) als einzige Lösung von allen Problemen predigte. Der »wahre Islam« ist nach wahhabitischer Lehre nur in der *salaf*, der Rückwärtsgewandtheit, zu finden, weshalb Wahhabiten auch Salafisten genannt werden. Alles, was später dazugekommen ist, waren für al-Wahhab verwerfliche Erneuerungen, die bekämpft werden mussten. »Wahre« Muslime waren für ihn nur jene, die seiner Lehre folgten, alle anderen mussten bekämpft werden. Ein Bündnis Ibn Abd al-Wahhabs mit dem Stammesführer Muhammad ibn Saud im Jahre 1745 verlieh der Bewegung der Wahhabiten die notwendige Schlagkraft, um alle Stämme seines Einflussbereiches dem »wahren« Islam zu unterwerfen. 1773 eroberten die Wahhabiten Riad und gründeten einen islamischen

Staat, in dem die Menschen nur nach den Geboten des Korans und der Scharia lebten. 1924 eroberten die Wahhabiten (Saudis, Stamm des Muhammad ibn Saud) den Hidjaz. 1932 gründeten sie das Königreich Saudi-Arabien, die Herrschaft der Dynastie der Familie Al-Saud basiert auf dieser Lehre. Fast alle islamistischen Organisationen, friedfertige wie terroristische, werden heute vom saudischen Wahhabismus unterstützt.

Der Wahhabismus war somit auf dem Gebiet des heutigen Saudi-Arabien eine Erfolgsreligion. Er knüpfte mit seiner Ideologie an die Frühzeit des Islam an und vermochte, was das Osmanische Reich in jenen Jahrzehnten schon längst nicht mehr konnte: den Herrschaftsbereich der Muslime ausweiten.

Am Ende des Ersten Weltkrieges geschah etwas Ungeheuerliches. Das Osmanische Reich, einziges noch verbliebenes muslimisches Großreich, wurde zerschlagen. Und es kam noch schlimmer: 1924 schaffte die neue säkulare türkische Regierung das letzte Kalifat ab.

Was uns Europäern als Relikt der Geschichte erscheint, hat für gläubige Muslime eine tiefe Bedeutung. Denn das Kalifat (arabisch *chilafa*) ist das Amt des »Nachfolgers des Gesandten Allahs« (*chalifat rasul allah*). Diesen Titel hatten Mohammeds Nachfolger nach dessen Tod angenommen, und nach orthodoxer islamischer Lesart ist eine rechtmäßige Herrschaft in einem mehrheitlich muslimischen Gemeinwesen nur in einem Kalifat möglich. Denn der jeweilige Kalif ist als Nachfolger Mohammeds allein mit der politischen und religiösen Führung der Gemeinschaft der Gläubigen (Ummah) betraut. Über dem Kalifen steht allein das religiöse Gesetz, die Scharia. Diese Vorstellung vom Kalifat veranlasst gläubige Muslime, danach zu streben, unter allen Umständen wieder in einem Kalifat zusammenzuleben. Denn der Koran, das »göttliche Gesetz«, in dem die Institution des Kalifats aus Sure 38 abgeleitet wird, kann von Menschen nicht verändert werden, und so haben die Anhänger der Kalifatstheorie überall in der Welt Zulauf. Islamisten erkennen durchweg die Zuständigkeit westlicher Gerichte in Europa nicht an.

Während für den durchschnittlichen Mitteleuropäer der Begriff »Kalifat« ins Reich der orientalischen Märchen gehört, hat die amerikanische Regierung die Brisanz dieses Begriffs erkannt. Durchschnittlich vier

Mal benutzt Präsident George W. Bush in jeder Rede zum Thema »Terrorismus« heute das Wort Kalifat. Doch niemand greift es auf, weil niemand die dahinter verborgene Ideologie kennt. Vor diesem Hintergrund berichtete die amerikanische Zeitschrift *Newsweek* in ihrer Ausgabe vom 13. Oktober 2006 unter der Überschrift »Caliwho?«: »Das Schöne an dem Wort ›Kalifat‹ ist, dass außer Studenten der islamischen Geschichte niemand eine vage Vorstellung davon hat, was das eigentlich bedeutet.« So wird denn in dem Artikel auch nur die historische Bedeutung des Kalifats erklärt. Was die Wiedereinführung des Kalifats für Islamisten heute bedeutet, verschweigt der Bericht. Dabei ist der Glaube an die Wiedererrichtung des Kalifats das, was alle Islamisten der Gegenwart verbindet. Ohne die Bedeutung des Kalifats verstanden zu haben, kann man weder die Muslimbruderschaft noch das weltweite Wirken ihrer Tarnorganisationen begreifen.

Terrorismusfachmann Berndt Georg Thamm schreibt in einem lesenswerten Beitrag[1] über die »Gewalt der Legenden« zum Kalifat: »Für uns Europäer mag dies schwer begreiflich sein, weil wir gelernt haben, den Bereich des Staates und den der Religion zu trennen. Diese Trennung kennt der Islam nicht, Staat und Religion sind vielmehr eine Einheit. Der heilige Krieg um die Errichtung eines Kalifats will eigentlich den irdischen Anfechtungen der letzten 1300 Jahre entgegenwirken, um wieder ein muslimisches Reich ohne diese Trennungen zu errichten.«

Eine solche Einheit hat es in der frühislamischen Zeit Mohammeds und seiner ersten Nachfolger (Kalifen) gegeben, als – wenn auch nur für kurze Zeit (632–661) – der Idealzustand eines muslimischen Gottesreiches praktiziert wurde. Selbst Fundamentalisten wie etwa die Taliban sahen und sehen in dieser idealisierten Vergangenheit ein erstrebenswertes Ziel für Gegenwart und Zukunft.

Während nichtmuslimische Mitteleuropäer dazu neigen, die Idee der Wiedererrichtung eines Kalifats zu belächeln, ist es gläubigen Muslimen durchaus ernst damit. Das zeigt etwa das Beispiel Metin Kaplan, der als »Kalif von Köln« bekannt wurde und der vor einigen Jahren noch mit allen ihm zur Verfügung stehenden Mitteln in der Türkei wieder ein Kalifat errichten wollte.

Und Metin Kaplan ist kein Einzelfall. Denn im Islam ist das Kalifat gemeinschaftliche Glaubenspflicht – im Gegensatz zu individuellen Glaubenspflichten (Fasten, Pilgerfahrt). Der Wiedererrichtung des Kalifats haben sich Dutzende, ja Hunderte islamischer Gruppen verpflichtet, die es zum Wohle aller Muslime nach dem »göttlichen Gesetz« neu beleben möchten.

In deutscher Sprache stellt etwa die muslimische Internetseite www.kalifat.org das Kalifat und seine Bedeutung unter der Überschrift »Das Kalifat – Nur noch eine Frage der Zeit ...« mit folgenden Worten vor: »Das Kalifat ist ein Regierungssystem, das durch Qur'an (Koran) und die Sunna (Brauch, überlieferte Norm) des Propheten für die Muslime bestimmt wurde.« Das Kalifat habe etwa 1300 Jahre existiert, bis Mustafa Kemal – genannt Atatürk – dieses »göttliche Regierungssystem 1924 abschaffte«. Zu seiner besten Zeit habe das Kalifat als »Grundlage für ein goldenes Zeitalter der islamischen Zivilisation« gedient. Die Welt sei »Zeuge eines bewundernswerten technologischen Fortschrittes, der die Grundlage für die spätere industrielle Entwicklung Europas bildete«, gewesen. In jener Zeit hätten unterschiedliche Religionen in einem multiethnisch zusammengesetzten Staat unter Führung der Scharia friedlich zusammengelebt.

Auf der gleichen Seite wird hervorgehoben, wie wichtig die Rückkehr zu einem Kalifat für Muslime heute sei: »Die Aufstellung eines Kalifen ist eine Pflicht für alle Muslime in allen Teilen dieser Erde. Und die Erfüllung dieser Pflicht – gleich der Erfüllung jeder anderen Pflicht, die Allah den Muslimen vorgeschrieben hat – ist eine unabdingbare Aufgabe, bei der man keine Wahl hat und die keinesfalls vernachlässigt werden darf. Jede Vernachlässigung in der Erfüllung dieser Pflicht stellt eine der größten Sünden dar, die Allah aufs Härteste bestrafen wird.«

Auch die deutschen Verfassungsschutzämter haben inzwischen registriert, dass viele Muslime (auch in Deutschland) die Rückkehr des Kalifats wünschen. Mit unserer freiheitlich-demokratischen Grundordnung ist ein Kalifat jedoch nicht zu vereinbaren. Vor diesem Hintergrund schreibt etwa das nordrhein-westfälische Landesamt für Verfassungsschutz: »Ein Jahr nach Gründung der Republik Türkei (1923) wurde das Amt des Kalifen ersatzlos abgeschafft. Seitdem besteht unter vielen Muslimen der Wunsch nach einer Wiedereinführung des Kalifats.«[2]

In seiner Bewertung teilt das Amt dann mit: »Die Vorstellungen von einem Kalifat, das diese Gruppierungen als einzig richtige Form der islamischen Herrschaft ansehen, gründen sich auf die oben genannten Phasen der geschichtlichen Entwicklung dieses Amtes. Der Kalif soll nach diesen Überlegungen sowohl die höchste religiöse als auch die oberste weltliche Autorität innehaben. In seiner Person verbinden sich so religiöse und weltliche Macht, wodurch die von Islamisten vertretene These von der Zusammengehörigkeit von Religion und Staat verwirklicht würde. Eine entsprechende politische Ordnung trägt deutliche Züge totalitärer Herrschaft und steht damit im Widerspruch zu den westlichen Begriffen von Freiheit, Demokratie und Menschenrechten.«

Hunderte islamistischer Gruppen verfolgen heute rund um die Welt als oberstes Ziel die Wiedererrichtung des Kalifats. Fast alle von ihnen haben eine gemeinsame ideologische Wurzel, die Muslimbruderschaft (*al-ikhwan al-muslimin*). 1928 gegründet, hat sie in den zurückliegenden Jahrzehnten erfolgreich in mehr als 70 Staaten Tarnorganisationen gegründet.

Teil III:
Geheimbund zum Wohle Allahs

Die Muslimbruderschaft

»Allah ist unser Ziel. Der Prophet ist unser Führer. Der Koran ist unser Gesetz. Der Dschihad ist unser Weg. Auf Allahs Weg zu sterben ist unsere höchste Hoffnung.« So lautet der Slogan der Muslimbruderschaft, der ideologischen Keimzelle fast aller gegenwärtigen Terrororganisationen.[1]

Die Muslimbruderschaft ist ein Geheimbund. Es gibt kein (öffentlich zugängliches) Mitgliederverzeichnis. Im Gegenteil: Mit Ausnahme der Führung müssen sich alle Mitglieder der Muslimbruderschaft dazu verpflichten, die Mitgliedschaft gegenüber Dritten offensiv zu bestreiten und gegebenenfalls auch juristische Schritte gegen entsprechende Behauptungen zu unternehmen. Man kann diese Organisation auch nicht einfach infiltrieren, um nähere Informationen zu bekommen. Denn eine »echte« Mitgliedschaft gibt es erst nach mehreren Jahren.

Die erste Stufe des wechselseitigen Kennenlernens ist die »generelle« Mitgliedschaft. Ähnlich wie bei anderen Geheimbünden werden Aspiranten über Jahre hin auf ihre Charakterfestigkeit und ihren Einsatz für die Ziele der Muslimbruderschaft beobachtet. Im nächsten Schritt erlangt man die Stufe der Mitgliedschaft als »Bruder«, über deren Verleihung die jeweiligen Regionalleiter der Organisation entscheiden. In einem weiteren Schritt kann man dann »aktives« Mitglied werden. Das berichtet die Muslimbruderschaft in ihrer Eigendarstellung im Internet.[2] Erst von dieser Stufe an wird man auch über geheime Vorhaben der Muslimbruderschaft unterrichtet.

Höchste Stufe der Mitgliedschaft ist die »Dschihad Mitgliedschaft«. Sie wird nur von den oberen Führern der Organisation an jene verdienten Mitglieder verliehen, die auch unter widrigen Umständen äußerem Druck standgehalten und aktiv für die Organisation im Untergrund gearbeitet haben. Nur Mitglieder dieser Stufe dürfen im Namen der Organisation Kontakt zu den Terrororganisationen aus dem Umfeld der Muslimbruderschaft halten.

Die Entscheidung darüber, wer in welche Stufe der Mitgliedschaft aufsteigt, wird nicht dem Zufall überlassen. Vielmehr hat man in den letzten Jahrzehnten ein Auswahlsystem perfektioniert, das vor allem auf Studienzirkeln basiert, das heißt, die Muslimbruderschaft »bildet« ihre Mitglieder in zahlreichen »Fortbildungsveranstaltungen« aus. Die dabei vermittelten »Kenntnisse« reichen von der Missionstätigkeit (*dawa*) bis hin zu Seminaren über Organisationstheorie.

Wie aber kann man über eine Organisation berichten, deren Mitglieder es eigentlich gar nicht gibt, wenn jeder Gesprächspartner abstreitet, der Organisation anzugehören? Immerhin haben die radikalen Ideen der Muslimbruderschaft ganze Generationen von Islamisten geprägt. Keine andere Organisation hat das politische und religiöse Leben im Nahen Osten in den vergangenen acht Jahrzehnten stärker beeinflusst als die Muslimbruderschaft. Keine andere hat mit ihren Tarnorganisationen mehr Menschen ermordet, keine andere mehr Religionsgutachten (Fatwen) beeinflusst, keine andere übt mehr Anziehungskraft auf Muslime aus, keine andere wirkt stärker nach Europa hinein. Und dennoch wird keine andere islamische Organisation in Europa weniger beachtet als die Muslimbruderschaft. Wer aber verbirgt sich hinter dieser (all)mächtigen Organisation? Wer hat sie gegründet? Wer zieht die Fäden im Hintergrund?

Versetzen wir uns zunächst einmal in das Ägypten der Zwanzigerjahre des letzten Jahrhunderts. Von 1892 bis 1922 war das Land unter britischer Herrschaft. Schon 1798 hatte die Schlacht bei den Pyramiden zwischen den Streitkräften der türkischen Mamelucken und der von Napoleon geführten französischen Armee das Ende von rund 700 Jahren türkischer Herrschaft in Ägypten eingeläutet. Seither befand sich das Land im Umbruch. Spätestens mit der Eröffnung des Suezkanals 1869 bekam Ägypten für die europäischen Kolonialmächte auch strategische Bedeutung. Ismail Pascha, der von 1863 bis 1879 regierte, führte das Land in einen Staatsbankrott und verkaufte die Anteile am Suezkanal an die Briten. 1882 besetzten britische Truppen das Land. Zwar wurde die formelle Zuordnung Ägyptens zum Osmanischen Reich vorerst noch nicht beendet, doch war der britische Generalkonsul fortan der tatsächliche Herrscher des Landes.

Erst 1922 entließ London Ägypten wieder in die Unabhängigkeit. Zuvor hatte London das Land im Dezember 1914 offiziell zu seinem Protektorat erklärt und damit die letzten formalen Bindungen Ägyptens zum Osmanischen Reich gekappt. Spätestens seit 1919 waren die Widerstände gegen die britische Herrschaft in Ägypten nicht zu übersehen. Es bildeten sich nationalistische Gruppen (etwa die Wafd-Partei unter Sad Zaglul), die gegen die Briten gerichtete Streiks und Unruhen organisierten.

Großbritannien übte nicht nur in den Straßen Kairos einen beherrschenden und nicht zu übersehenden Einfluss aus. Europäisches Gedankengut wie Liberalismus und Nationalismus und europäische Lebensweisen fanden Eingang in Ägypten, doch waren davon nicht alle Bevölkerungsschichten begeistert. Zudem führte die Anwesenheit britischer Truppen im Lande zu schweren sozialen Unruhen: Infolge der Kaufkraft der britischen Truppen stiegen die Lebensmittelpreise stark an, während die Baumwollpreise auf Druck der Briten hin erheblich gesenkt wurden. Demonstrationen in Kairo, Alexandria und am Suezkanal waren die Folge. Die Weltwirtschaftskrise verschärfte die Lage noch. So kam es, dass auf der einen Seite ägyptische Frauen der Oberschicht unter dem Einfluss europäischer Kultur in den großen Städten ihren Schleier ablegten und auf der anderen Seite immer mehr Ägypter auf dem Land die Rückbesinnung auf traditionelle Werte forderten.

Hassan al-Banna

Diese Rückbesinnung war keine völlig neue Entwicklung. Seit Jahrzehnten schon wuchs für einen gläubigen Muslim die Diskrepanz zwischen der Realität und dem, was Muslimen im Koran verheißen ist. Seit Langem schon beherrschten nicht mehr Muslime die Welt, nein – Muslime wurden beherrscht. Und zwar von »Ungläubigen«. Ein gläubiger Muslim kann am Koran, dem reinen, unabänderlichen Willen Allahs, nicht zweifeln. Er kann den Koran und das, was darin verheißen ist, auch nicht verändern. Er kann nur die Realität verändern.

Immer mehr Muslime fragten sich in jener Zeit, wie man die tatsächlichen Verhältnisse verändern könne, um dem unabänderlichen Willen Allahs wieder Geltung zu verschaffen. Immer mehr Muslime dachten zurück an die glorreiche Zeit des Islam, an die Ursprünge, an seine Blütezeit in den Jahrhunderten nach dem Tode des Religionsstifters Mohammed. »Zurück zu den Wurzeln des Islam«, »Zurück in das glorreiche Zeitalter« und »Der Islam ist die Lösung« lauteten die Parolen, über die damals in vielen Moscheen diskutiert wurde. Es bedurfte nur noch einer einigenden Hand, eines geistigen Führers, der die allgemeine Unzufriedenheit und die Sehnsucht nach der vergangenen Größe kanalisierte und in einer Bewegung zusammenführte.

In dieser wirtschaftlich und sozial schwierigen sowie politisch und religiös aufgewühlten Situation rief Hassan al-Banna 1928 in Ägypten eine Bewegung ins Leben, die die Rückkehr zum Islam der Frühzeit als den einzig wahren Islam zum Ziel hatte und glaubte, damit alle Probleme Ägyptens wie auch der Ummah, der Gemeinschaft aller Gläubigen, lösen zu können.

Hassan al-Banna wurde im Oktober 1906 im Dorf Mahmudiya in der Provinz Buhayra geboren. Sein Vater, Scheich Ahmed Abd al-Rahman al-Banna al-Saati, war der örtliche Imam und Religionslehrer.[3] Im September 1927 nahm der 21 Jahre alte Hassan al-Banna eine Stelle an einer staatlichen Schule als Lehrer in Ismailiya am Suezkanal an. Nach wenigen Wochen schon keimte in ihm Hass gegen die am Suezkanal stationierten britischen Truppen auf: Während die ägyptische Bevölkerung in armseligen Hütten hauste, verfügten die europäischen Arbeiter am Suezkanal ebenso wie die britischen Soldaten über gute Häuser, sauberes Trinkwasser und ausreichend Lebensmittel.

Gemeinsam mit sechs ägyptischen Angestellten der britischen Suezkanal-Gesellschaft gründete Hassan al-Banna im März 1928 die »Gemeinschaft der Muslimbrüder«. Ihre ersten Ziele waren vage: die Bekämpfung der Ungerechtigkeit, die Wiederherstellung der »Würde« der Muslime. Nur die Rückkehr zum ursprünglichen, »wahren« Islam könne den Demütigungen der Muslime durch die Europäer ein Ende bereiten und die gerechte muslimische Ordnung wiederherstellen. 1929 zog Hassan al-Banna nach Kairo und formierte dort die erste städtische islamische Massenbewegung.

Hassan al-Banna hatte mit seiner Bewegung Erfolg. Er offerierte den Menschen nicht nur religiöse Antworten auf ihre drängenden Fragen, sondern bot ihnen auch praktische Lebenshilfe: So gründete er in seiner Organisation eine Abteilung für Arbeitslose, da es außer dem familiären Zusammenhalt keinerlei staatliche Unterstützung für Erwerbslose gab, er sorgte dafür, dass Kranke medizinische Versorgung erhielten, gewährte Bedürftigen Kredite und ließ Kinder im Koran unterrichten. Unterdessen arbeitete seine streng nach dem Führerprinzip organisierte Bewegung planmäßig am Aufbau einer »islamischen Internationale«.

Hassan al-Banna und die Muslimbruderschaft verstanden sich als radikale Bewegung gegen jedwede westliche Einflüsse, die nach ihrer Auffassung alle Muslime ins Verderben führen würden. Mit Abscheu und Entsetzen erinnerte sich al-Banna an die Vorsitzende der ägyptischen Frauenrechtsbewegung, Huda Sharawi, die 1923 ihren Schleier demonstrativ ins Meer geworfen hatte. Ebenso angewidert war er von Mustafa Kemal, genannt Atatürk (»Vater der Türken«), der nach dem Untergang des Osmanischen Reiches nicht nur die im Koran legitimierte Vielehe in der Türkei abschaffte, sondern den im Land lebenden Muslimen auch eine strikte Trennung von Religion und Staat verordnete und 1924 das letzte Kalifat abschaffte. Das war aus der Sicht al-Bannas ein unverzeihliches Verbrechen.

Um allen westlichen Einfluss abzuwehren, suchte die Muslimbruderschaft die Rückkehr zur Frühzeit des Islam. Damals waren den Männern

Führungsrollen und die Kriegführung vorbehalten, die Aufgaben der Frauen beschränkten sich auf Haus, Herd und das Kinderkriegen. Die Kämpfer al-Bannas nannten sich gern »Soldaten Allahs«. Nicht von ungefähr ist das Symbol der Muslimbrüder, das heute von fast allen radikalen Islamisten übernommen wurde, das Dschihadmotiv: Zwei Schwerter beschützen einen Koranvers.

Viele Leser mag es erstaunen, dass die Schriften al-Bannas, die dieser in den Zwanziger- und Dreißigerjahren des letzten Jahrhunderts verfasste, auch Mohammed Atta, einen der Todespiloten des 11. September 2001, inspiriert haben. »Ihr liebt das Leben, wir lieben den Tod«, hatte Mohammed Atta in einem Brief geschrieben, ein Satz, der der Feder al-Bannas entstammt. Solange Muslime ihre Liebe zum Leben nicht durch die im Koran gefundene Liebe zum Tod ersetzen, sei die Zukunft der Muslime ohne Hoffnung, hatte al-Banna verkündet.

Matthias Küntzel schreibt dazu in seinem lesenswerten Buch *Djihad und Judenhaß*: Nach Auffassung der Muslimbruderschaft könne nur siegen, wer es in »der Kunst des Todes« zur Meisterschaft bringt.

Die unheilige Allianz von Muslimbruderschaft und Nazis

Zu der Zeit, als in Europa polternd Braunhemden in den Städten aufmarschierten, da zogen in Kairo die Grünhemden der Muslimbruderschaft durch die Straßen. Sie sehnten sich nach dem Märtyrertod und gelobten, das Böse bekämpfen zu wollen. Das Böse war aber nicht nur der Einfluss des Westens. Noch schlimmer erschienen den Muslimbrüdern die Juden. Ihr Hass auf Juden verband Muslimbruderschaft und Nationalsozialisten und schuf die Grundlage für ihre unheilige Allianz.

Im Gründungsmanifest der Muslimbruderschaft von 1928 heißt es: »Den Ideologien des Westens muss widerstanden werden – sie sind die Vorreiter der Korruption, der seidene Vorhang, hinter dem sich die Gier der Habgierigen und die Machtträume der Machthungrigen verbergen.« Immer stärker trat in den folgenden Jahren neben der Pflicht zum »Dschihad gegen Nichtmuslime«, womit vor allem die Juden im Visier waren, auch die Pflicht zum Dschihad gegen ihre Helfer, die Kolonialmächte.

Al-Banna, ein Verehrer Hitlers, bot den Nazis an, für diese ein Agentennetz im Nahen Osten aufzubauen. Außerdem versicherte er Hitler, wenn Rommel auf seinem Afrikafeldzug endlich vor den Toren Kairos stehe, dann werde die Muslimbruderschaft längst alle Briten ermordet haben. Die Briten nämlich, die auch nach der Unabhängigkeit Ägyptens 1922 und der Bildung des ägyptischen Königreichs weiterhin Truppen im Land stationiert hielten, hatten während des Zweiten Weltkriegs Ägypten erneut besetzt, das wichtigstes Aufmarschgebiet gegen die deutschen Truppen in Libyen wurde.

Al-Banna kooperierte mit ägyptischen Agenten, die für die Deutschen arbeiteten, und konferierte Anfang 1941 mit dem ägyptischen König Faruk I. über den Plan, mithilfe eines antibritischen Aufstands in seinem Heimatland die deutschen Angriffe auf England zu unterstützen. Zudem bot der paramilitärische Flügel der Muslimbrüder den Nationalsozialisten Unterstützung an.

Bereits seit den Dreißigerjahren erhielt die Muslimbruderschaft auch finanzielle Hilfe von den Nationalsozialisten. Die Muslimbruderschaft setzte sich aktiv für die Judenvernichtung ein, ebenso wie der Mufti von Jerusalem, Mohammed Amin al-Husseini, ein Verwandter des späteren palästinensischen Präsidenten Arafat, der übrigens im Alter von 17 Jahren Mitglied der Muslimbruderschaft wurde.[4]

Das politische Programm der Muslimbruderschaft war und ist aus dem Koran abgeleitet und weist gewisse Überschneidungen mit der Ideologie des Nationalsozialismus auf. Es beinhaltet die Forderung nach Abschaffung aller Parteien zugunsten der Religionsdiktatur des Kalifats, die Abschaffung von Zins und Profit, den Führerkult und die fanatische Befürwortung der Judenvernichtung. »Nieder mit den Juden!« und »Juden raus aus Ägypten und Palästina!« lauteten die Parolen, mit denen die Muslimbruderschaft öffentlich jene Juden empfingen, die damals vor den Nazis aus Europa in den Nahen Osten flohen. Der vom Jerusalemer

Mufti Mohammed Amin al-Husseini initiierte totale Einwanderungsstopp und das Verbot des Landverkaufs an Juden in Palästina 1936 wurden von der Muslimbruderschaft rückhaltlos unterstützt. Es war die Muslimbruderschaft, die 1936 auf Flugblättern auch in Ägypten erstmals zum Boykott jüdischer Produkte aufrief. Die Geldtransfers aus dem nationalsozialistischen Deutschland an die Muslimbruderschaft wurden vom Jerusalemer Mufti koordiniert.[5]

Nicht nur Heinrich Himmler schwärmte von der »weltanschaulichen Verbundenheit« zwischen Nationalsozialismus und Islam (er führte den Begriff der »Muselgermanen« ein). Auch der Jerusalemer Mufti Amin al-Husseini wies auf die Übereinstimmungen von Muslimen und Deutschen hin: Monotheismus und Einheit der Führung; die ordnende Macht, Gehorsam und Disziplin; der Kampf und die Ehre, im Kampf zu fallen; die Gemeinschaft; Familie und Nachwuchs; Verherrlichung der Arbeit; das Verhältnis zu den Juden.

Mit dem Ende des Zweiten Weltkrieges fand zwar zwangsläufig auch die Allianz mit dem Nationalsozialismus ein Ende, doch die totalitäre Ideologie der Muslimbruderschaft bekam neuen Auftrieb. Im November 1947 verabschiedete die UN-Vollversammlung die Teilung Palästinas in einen jüdischen und einen arabischen Staat. Diesen Teilungsbeschluss und die Gründung des Staates Israel bezeichnete Hassan al-Banna als einen teuflischen Plan der »jüdischen Weltverschwörung«. Und der Mufti von Jerusalem, Amin al-Husseini, der zwischendurch als NS-Kriegsverbrecher gesucht wurde, forderte alle Araber dazu auf, über die Juden herzufallen und sie zu vernichten.

Doch statt Amir al-Husseini zu ächten, wurde er zum Führer der Muslimbruderschaft in Palästina und zum Stellvertreter al-Bannas gekürt. Diese unrühmliche Vergangenheit der Muslimbruderschaft ist bis in die Gegenwart eine Quelle des Stolzes für viele Muslime. In fast jeder europäischen Moschee finden sich heute Dutzende, wenn nicht gar Hunderte Pamphlete der Muslimbruderschaft, die ihren Ursprung in jenen Jahren haben. Die Pogromstimmung gegen Juden in der arabischen Welt ist nicht erst mit der Gründung des Staates Israel entstanden. Sie ist vielmehr die unmittelbare Folge der beständigen Agitation der Muslimbruderschaft seit den Dreißigerjahren.

Matthias Küntzel schreibt über den wachsenden Antisemitismus der Muslimbruderschaft in seinem Buch *Djihad und Judenhaß*: »Mit dieser Theorie der Weltverschwörung, die die Juden unmittelbar nach der Stilllegung der Gaskammern zur weltbeherrschenden Macht stempeln sollte, erreichte die ideologische Annäherung der Muslimbrüder an den Nationalsozialismus ihren Höhepunkt. Mithin fand die in Deutschland seit dem 8. Mai 1945 unterdrückte Wahnidee in der arabischen Welt, in der die Muslimbrüder inzwischen über eine millionenstarke Anhängerschaft verfügten, ihr seither wirkungsmächtigstes Exil.«

Auch Klaus Gensicke hat 1988 in seiner Dissertation *Der Mufti von Jerusalem Amin al-Husseini und die Nationalsozialisten* auf die Allianz von totalitären Islamisten und Nationalsozialisten hingewiesen. Merkwürdig ist, mit welcher Selbstsicherheit deutsche Politiker jahrelang behaupteten, dass Deutschland nicht Ziel islamistischer Terroristen sein könne, weil Deutschland doch bei den Arabern noch immer äußerst beliebt sei. Hätten diese Politiker ihre Sätze vollständig ausgesprochen, müsste die wahrheitsgemäße Begründung lauten, dass nicht »die« Deutschen, sondern Adolf Hitler in der islamischen Welt weiterhin hohes Ansinnen genießt. Überall in der arabischen Welt findet sich Hitlers *Mein Kampf*. Die Muslimbruderschaft hat *Mein Kampf* in viele Sprachen der Muslime übersetzen lassen.

Vor dem geschilderten Hintergrund hat der französische Schriftsteller und Marxist Maxine Rodinson (1915–2004) angesichts der Zunahme des islamischen Fundamentalismus schon 1979 den Begriff des »Islamofaschismus« geprägt.

Hassan al-Banna hatte klar und deutlich hervorgehoben, dass der Islam die Einheit von Religion und Staat beinhalte, der Islam also auch die politische Macht beanspruche. Er war der Auffassung, dass die Zeit nicht fern ist, in der überall dort, wo Muslime leben, islamische Staaten entstehen werden, deren Gesetzgebung von der Scharia abgeleitet wird und zu deren Aufgaben die Beachtung der islamischen religiösen Pflichten gehört. Für die Muslimbruderschaft steht weltweit die Mission (*dawa*) im Mittelpunkt ihres Wirkens – und nicht der Kampf mit dem Schwert, obwohl dieser auch nicht abgelehnt wird. Die Ideologie der Muslimbruderschaft teilt die Welt in zwei Gebiete, in das Gebiet des

Glaubens (*dar al-islam*) und das Gebiet des Unglaubens (*dar al-harb*). Letztere Gebiete, also auch der Westen, müssen dem Islam unterworfen werden.

Hervorzuheben ist, dass die Muslimbruderschaft in ihrer Strategie zur Erlangung ihrer Ziele zweigleisig fährt. Einerseits verfolgt sie den »Marsch durch die Institutionen«, andererseits befürwortet sie die Anwendung von Gewalt, zum Beispiel in Form von Anschlägen und Attentaten. Zwischen 1945 und 1948 ermordeten ihre Anhänger viele Menschen, Juden und Nichtjuden.

Im Dezember 1948 spitzte sich die politische Lage in Ägypten zu, als der ägyptische Premierminister Mahmud Fahmi al-Nuqrashi die Muslimbruderschaft verbot, nachdem bekannt geworden war, dass sie einen gewaltsamen Umsturz in Ägypten plane. Noch im gleichen Monat kam al-Nuqrashi bei einem Attentat ums Leben. In den daraufhin einsetzenden verschärften Verfolgungen der Muslimbrüder wurde Hassan al-Banna am 12. Februar 1949 von der ägyptischen Polizei erschossen.

Sayyid Qutb

Nach dem Tode al-Bannas verbündete sich Gamal Abd el-Nasser mit der Muslimbruderschaft. Sein Ziel war es, unter Führung von General Ali Muhammad Nagib im Jahre 1952 den ägyptischen König Faruk I. zu stürzen. Nachdem das gelungen war, wurde Nagib Staatspräsident und Nasser zunächst Oberkommandierender der Streitkräfte, dann Innenminister. Im November 1954 schließlich übernahm Nasser selbst das Amt des Staatspräsidenten und setzte Nagib unter Hausarrest.

Unterdessen stieg in den Reihen der Muslimbruderschaft ein neuer, noch radikalerer Hassprediger auf: Sayyid Qutb. Ebenso wie Hassan al-Banna war Qutb im Jahre 1906 in einem ägyptischen Dorf geboren worden. Nach seiner Ausbildung zum Lehrer und einer Anstellung im ägyptischen Bildungsministerium schickte man ihn 1948 in die USA, um dort das amerikanische Bildungssystem zu studieren. Doch statt Sympathien für den »American Way of Life« zu entwickeln, wuchs in Qutb der Hass: Rassismus, Kapitalismus, Promiskuität und Freizügigkeit widerten ihn an. Als er in den Vereinigten Staaten erleben musste, dass Amerikaner sich über die Tötung al-Bannas freuten, kehrte er nach Ägypten zurück, beendete seine Arbeit für das Bildungsministerium und schloss sich im Jahr 1951 der Muslimbruderschaft an.

Kein anderer hat in den Schriften der Muslimbruderschaft radikalere Spuren hinterlassen als Sayyid Qutb. Seine Pamphlete werden heute von Marokko bis Indonesien gelesen. Sie wurden in fast alle Sprachen der Welt übersetzt. Für Qutb gibt es nur einen absolut bösen Feind: die Juden. 1950 verfasste er den Essay »Unser Kampf mit den Juden«, 1964 sein wohl berühmtestes Buch *Wegzeichen*. In allen seinen Schriften kreist sein Denken entweder um die Vernichtung der Juden oder aber um die Errichtung der Gottesherrschaft (Hakimayyat Allah). Mithilfe des Dschihad will Qutb überall die Scharia einführen. Aus der Sicht Qutbs befindet sich die Welt am Abgrund und kann nur durch den revolutionären Dschihad gerettet werden. Demokratie, Liberalismus und Kapitalismus sind für ihn zum Untergang verurteilt. Das Einzige, was die Welt noch retten kann, ist der Islam.

Qutb stieg in der Muslimbruderschaft schnell in den Führungszirkel auf. Aus frommen Muslimen machte er selbstbewusste Soldaten, die den Krieg gegen ihre Feinde zur Lebensaufgabe erhoben. Usama bin Laden, Mohammed Atta und viele andere Terroristen sind vor allem auch durch die Schriften des Sayyid Qutb inspiriert worden.

Für Qutb, der 1966 in Ägypten hingerichtet wurde, weil er an einem Verschwörungsplan beteiligt war und aktiv den gewaltsamen Umsturz der Regierung förderte, war der verheißungsvolle Märtyrertod der einzige Weg, um die Welt hin zu einem gerechten Gottesreich zu führen. Nach seiner Auffassung hatte die westliche Kultur mit Pornografie, Ungerechtigkeit und Götzendiensten auch die muslimische Welt in ihrer Entwicklung zurückgeworfen. Dieser Zustand könne nur durch die Rückwendung in die Frühzeit des Islam beendet werden. Qutb entwarf das Bild einer Gesellschaft in einem Zustand der angeblichen »Unwissenheit« (*jahiliyya*), die sich von den reinen und ursprünglichen Lehren des Islam weit entfernt habe. Der Widerstand der Muslime müsse sich danach sowohl gegen die westlichen Kolonialisten/Imperialisten richten als auch gegen die »heuchlerischen« Regime der islamischen Welt. Die Muslime, die sich nicht dieser Weltsicht anschließen wollen – einschließlich der Herrscher in der islamischen Welt –, werden zu »Ungläubigen« erklärt, die bekämpft werden müssen.

In seinem Buch *Wegzeichen* schreibt Sayyid Qutb[6]: »In der Tat hat der Islam das Recht, die Initiative zu ergreifen. Der Islam ist nicht das Erbe einer einzelnen Rasse oder eines einzelnen Landes. Er ist Allahs Religion, und er ist für die ganze Welt bestimmt. Der Islam hat das Recht, alle Hindernisse zu zerstören, die in Form von Institutionen und Traditionen die menschliche Freiheit beeinträchtigen.« Und die westliche Demokratie gehört nach seiner Auffassung zu jenen Institutionen, die die menschliche Freiheit beeinträchtigen. Denn sie gestattet es Menschen, auch als »Ungläubige« zu leben. Diesen Zustand gilt es mit aller Macht zu bekämpfen.

Sayyid Qutb gilt heute als der führende Terrorideologe der islamischen Welt, seine Bücher sind Klassiker. »Es gibt keinen anderen Gott außer Allah«, schreibt Qutb in *Wegzeichen*. Wenn der Satz so begriffen wird, wie Qutb ihn verstanden haben möchte, dann sollten Politiker westlicher Staaten unabhängig von ihrer Parteizugehörigkeit aufhorchen: Nach Auffassung von Qutb bedeutet das Zitat, dass ein gläubiger Muslim keine andere Autorität außer der Allahs anerkennen darf. Er darf sich keiner Regierung unterordnen, keinem anderen Gesetz (außer der Scharia), keinem Befehlshaber, keiner Ideologie und keiner Verfassung. Qutb verlangt von allen Muslimen, dass sie diesen Satz genau so verstehen.

Er hebt hervor, dass ein Muslim, der etwa gebürtiger Brite ist, nicht in erster Linie britischer Staatsbürger, sondern Muslim ist. Wenn Großbritannien ein islamisches Land angreift, dann ist dieser Muslim, auch wenn er gebürtiger Brite ist, nicht der britischen Gesellschaft verpflichtet, sondern seinen Glaubensbrüdern. Er kann dann gegen die eigene Gesellschaft Krieg führen, mit allen Mitteln, einen heiligen Krieg, den Dschihad. Das gilt natürlich für alle Länder des Westens, für Deutschland ebenso wie etwa für Frankreich.

Abdullah Azzam

Die ideologischen Schüler von Sayyid Qutb haben seine Schriften begierig aufgesogen. Aus ihren Reihen kamen die radikalsten Islamisten, Männer vom Schlage eines Abdullah Azzam etwa. Der Palästinenser Azzam, 1941 in Dschenin geboren, trat Mitte der Fünfzigerjahre der Muslimbruderschaft bei. Er studierte in den Sechzigerjahren in Damaskus und war dort Sprecher der Muslimbruderschaft. Über Studienaufenthalte in Ägypten und Jordanien kam er nach Saudi-Arabien, wo er in der Hafenstadt Dschidda an der König-Abdul-Aziz-Universiät lehrte und auf den Bruder von Sayyid Qutb, Muhammad Qutb, traf. Azzam zählte zu den Ersten, die 1979 nach dem Einmarsch der Sowjetunion in Afghanistan dazu aufriefen, den bewaffneten Kampf gegen die ungläubigen Besatzer aufzunehmen. Zusammen mit seinem Schützling Usama bin Laden eröffnete er 1984 im pakistanischen Peschawar ein Büro für die Anwerbung von Mudschahedin.

Mehr noch als mit dem bewaffneten Kampf selbst beschäftigte sich Azzam mit der Theorie und Praxis des Dschihad. Seine 1984 erschienene Schrift *Die Verteidigung von muslimischen Ländern als höchste persönliche Pflicht* und sein 1987 erschienenes Buch *Folgt der Karawane* gehören heute zur Pflichtlektüre der Dschihadisten. Seine Ideen hatten Erfolg: Mit saudischem und amerikanischem Geld baute Azzam eine Mudschahedin-Bewegung auf, aus der später unter Führung bin Ladens die Terrorgruppe Al Qaida hervorgehen sollte. Azzam selbst kam 1989 in Peschawar bei einem Bombenanschlag ums Leben, dessen Urheberschaft nie geklärt werden konnte.

Das Gedankengut der Muslimbruderschaft ist heute in vielfältigen Ausprägungen über die Werke von Autoren wie Hassan al-Banna, Sayyid Qutb und Scheich Azzam weltweit in den Moscheen vertreten. Sie mögen sich in der Radikalität erheblich voneinander unterscheiden. Ein gemeinsames Ziel jedoch eint sie: die Wiedererrichtung des Kalifats.

Dabei macht die Muslimbruderschaft keinen Unterschied zwischen Sunniten und Schiiten. Der Hass auf den Westen vereint sunnitische und schiitische Anhänger der Muslimbruderschaft. Nur so ist die Kooperation der (schiitischen) proiranischen Terrorgruppe Hizbullah mit der (sunnitischen) Terrorgruppe Hamas zu verstehen. Man kann nicht oft genug hervorheben, dass selbst der schiitische iranische Revolutionsführer Ajatollah Chomeini, der 1978/1979 den Schah stürzte, Mitglied in einer der Muslimbruderschaft nahestehenden Organisation war. Diese nannte sich Fedayeen-e Islam und war in den Vierzigerjahren des letzten Jahrhunderts gegründet worden.

Hassan al-Banna hatte in den Vierzigerjahren dazu aufgerufen, die Gegensätze zwischen Schiiten und Sunniten abzubauen und gemeinsam für ein islamisches Weltreich zu kämpfen. 1942 lud er den Führer der iranischen Fedayeen-e Islam, Nawab Safawi, nach Kairo ein. Safawi wurde als »großer islamischer Führer« von der Muslimbruderschaft willkommen geheißen und auf den Schultern ihrer Mitglieder unter Applaus durch die Straßen getragen. Die geheimen Kontakte zwischen jenen, die in Iran die Revolution vorbereiteten, und der Muslimbruderschaft in Ägypten waren fortan eng. In den folgenden Jahren wurde in Iran kein anderer Autor der theoretischen Grundlagen des Dschihad häufiger gelesen als Sayyid Qutb. In der iranischen Revolution von 1978/1979 erblickte die Muslimbruderschaft ein Fanal, das es nachzuahmen galt.

Ebenso wie die pakistanische Jamaat-e Islami bekundeten auch die iranischen Fedayeen-e Islami, sie seien der Muslimbruderschaft »brüderlich« verbunden und »Ableger einer gemeinsamen Bewegung«. Alle diese einzelnen »Ableger« der Muslimbruderschaft gründeten in Europa seit den Sechzigerjahren auf den ersten Blick voneinander völlig unabhängige Organisationen und Verbände.

Die Eroberung Europas

Spätestens in den Fünfzigerjahren war es für die führenden Anhänger der Muslimbruderschaft in ihren Heimatländern Ägypten, Syrien, Jordanien und Tunesien ungemütlich geworden. Weil sie die herrschenden

Eliten in Bedrängnis brachten, wurden sie verfolgt und unterdrückt. Viele radikale Muslimbrüder gingen in jenen Jahren nach Saudi-Arabien, wo die Ölmilliarden gerade zu sprudeln begannen. Sie arbeiteten dort als Ingenieure, Lehrer und auch auf religiösem Gebiet. Die Lehre der Muslimbruderschaft verschmolz in Saudi-Arabien mit dem Wahhabismus, der in den Muslimbrüdern erfolgreiche Missionare seiner religiösen Grundüberzeugungen erblickte. Mit saudischem Geld gründeten Muslimbrüder Anfang der Sechzigerjahre die Islamische Weltliga (siehe Seite 162) und 1973 die World Assembly of Muslim Youth (WAMY).

In den Fünfziger- und Sechzigerjahren verließen Tausende syrischer und ägyptischer Studenten ihre Heimat, um in beiden Teilen Deutschlands zu studieren. Sie kamen nicht nur, weil sie vom guten Ruf deutscher Universitäten angezogen wurden; sie hofften auch, den repressiven Regimen in ihren Heimatländern eine Weile entfliehen zu können, die Jagd auf die Mitglieder und Sympathisanten der Muslimbruderschaft machten. Als Ägypten und Syrien 1969 diplomatische Beziehungen zur DDR aufnahmen, brach die Bundesrepublik ihre Beziehungen zu diesen Staaten ab. Und eine Groteske aus der Zeit des Kalten Krieges folgte: Bonn schätzte sich fortan glücklich, politische Flüchtlinge aus Ägypten und Syrien aufnehmen zu dürfen. Die meisten dieser politischen Flüchtlinge waren Anhänger der Muslimbruderschaft.

Im Rückblick also förderten westeuropäische Demokratien – allen voran die Bundesrepublik – die Immigration von Islamisten. Nur wusste damals niemand so genau, wen man da ins Land ließ. In einer Zeit, in der alle Gegner des Kommunismus willkommen waren, ahnten die verantwortlichen Politiker wohl nicht, dass die Immigranten nicht nur den Kommunismus, sondern auch den westlichen Kapitalismus bekämpfen würden.

Die ersten radikalen Pioniere der Muslimbruderschaft kamen 1954 nach Europa. Einer von ihnen war der 1926 in einem Dorf im Nildelta geborene Said Ramadan, der frühere Sekretär und Schwiegersohn des Gründers der Muslimbruderschaft, Hassan al-Banna. Ramadan, ein erklärter Judenhasser, trat 1940 im Alter von 14 Jahren in die Muslimbruderschaft ein und führte 1948 deren Kämpfer in Palästina an. Über weitere Stationen in Pakistan, Ägypten und Syrien, wo er den Aufbau von

Zellen der Muslimbruderschaft vorantrieb, kam er 1958 nach Europa. Er zog nach Genf und führte zugleich in Köln sein schon in Ägypten begonnenes Studium der Rechtswissenschaften fort. In jener Zeit[7] gründete er das Islamische Zentrum Genf, das seit einigen Jahren von seinem Sohn Hani Ramadan geleitet wird. Nach Angaben des Bundesamtes für Verfassungsschutz sollte das Islamische Zentrum in Genf der »Prototyp« der Aktivität der Muslimbrüder für Europa werden.[8] In Deutschland gründete Said Ramadan 1960 die in München ansässige »Moscheebau-Kommission e.V.«.

Im Gründungsprotokoll der »Moscheebau-Kommission e.V.« heißt es: »Die unten namentlich aufgeführten Herren versammelten sich am 6. 3. 1960, 22 Uhr, in der Gaststätte ›Wienerwald‹, München, Odeonsplatz. Sie beschlossen, einen Verein, genannt ›Moscheebau-Kommission‹, zu gründen. (...) Gemäß der beschlossenen Vereinssatzung wurden folgende Herren einstimmig gewählt: 1. Vorsitzender Dr. Said Ramadan.« Als dessen Wohnadresse verzeichnete das Protokoll aus dem Jahre 1960 »25 Rue des Paquis, Genf«.

Die »Moscheebau-Kommission e.V.« wurde bald in »Islamische Gemeinschaft in Süddeutschland e.V.« und 1982 in »Islamische Gemeinschaft in Deutschland e.V.« (IGD; siehe Seite 166) umbenannt.[9] Über viele Jahre hin leitete Said Ramadan von seinem Genfer Exil aus die in München gegründete Organisation. Die IGD nennt auf ihrer Homepage für die Jahre 1958 bis 1968 Said Ramadan als ihren »Präsidenten«.[10]

Said Ramadan hat nie einen Hehl daraus gemacht, dass der Marsch durch die Institutionen am Ende erfolgreich sein werde. Ihm und seinen Söhnen geht es offenkundig nicht um die Integration von Muslimen in Europa, sondern von Europäern in den Islam. Sie haben eine radikale Botschaft und sind nach außen hin sanft im Ton. Das ist Bestandteil ihrer Erfolgsstrategie.

Die klug durchdachte Strategie

Europa ist längst zum Brutkasten der Ideologie der Muslimbruderschaft geworden. In beinahe jeder Moschee finden sich die hasserfüllten Schriften dieser Organisation. Und fast alle bekannten Führer muslimischer Gruppen und Verbände stehen der Muslimbruderschaft nahe. Die Muslimbruderschaft hat ein Netzwerk von Moscheen, Hilfsorganisationen und Verbänden errichtet. Sie tarnt sich gut.

Weil es (noch) zu wenig Muslime in Europa gibt, lehnt sie in ihren öffentlichen Äußerungen bislang den gewaltsamen Dschihad in Europa ab. Sie sieht die europäischen Staaten aus dem Blickwinkel eines Waffenstillstandes, der so lange Bestand hat, wie Muslime in Europa Minderheiten sind. Erst wenn die fundamentalistischen Kräfte stark genug sind, soll den aus Sicht der Muslimbruderschaft ohnehin vom Verfall bedrohten westlichen Gesellschaften auch mithilfe des Dschihad der Todesstoß versetzt werden.

Um dieses Ziel in Europa zu erreichen, bedient sich die Muslimbruderschaft einer Strategie:

1. Die Einforderung »islamspezifischer Rechte«
Dazu gehören der Kampf gegen das »Kopftuchverbot«, der Bau von Moscheen, islamischer Religionsunterricht, Freitagspredigten in Arabisch (der Sprache des Korans), Abmeldung muslimischer Kinder vom Sportunterricht und die Förderung von »Parallelgesellschaften«. Damit soll die Abschottung von den als sittenlos empfundenen und ohnehin dem Untergang geweihten nichtmuslimischen Demokratieordnungen in Europa erreicht werden. Letztlich ist diese Vorgehensweise ein Kampf gegen die freiheitlich-demokratische Grundordnung mit den Mitteln des Rechtsstaates. Die Entwicklung zeigt, dass die Muslimbruderschaft mit ihrem Vorgehen überall in Europa Erfolg hat.

2. Annahme der Staatsbürgerschaften europäischer Staaten
So soll die mögliche Ausweisung wegen islamistischer Umtriebe verhindert werden. Zudem dient die Annahme einer europäischen Staatsbür-

gerschaft dem mittelfristigen Ziel, in allen europäischen Staaten mit mehr als fünf Prozent muslimischem Bevölkerungsanteil islamische Parteien zu gründen, die in den Parlamenten mit rechtsstaatlichen Mitteln die Islamisierung Europas vorantreiben sollen.

In Deutschland hat vor allem die vom Verfassungsschutz beobachtete türkische Gruppe Milli Görüs ihre Mitglieder dazu aufgerufen, die deutsche Staatsbürgerschaft anzunehmen. In Belgien steht die Arabisch-Europäische Liga (AEL) für diese Entwicklung. Ihr Sprachrohr, Abu Jah Jah, organisierte in Antwerpen etwa Patrouillen von Immigranten, die mit Videokameras das angeblich rassistische Vorgehen belgischer Polizisten gegen Immigranten dokumentieren sollen.[11]

Viele Mitglieder der AEL sollen radikalen islamistischen Gruppen wie etwa der Hamas und der Hizbullah nahestehen. Im Februar 2006 schockierte die Arabisch-Europäische Liga nach dem Streit um die Mohammed-Karikaturen europaweit mit einer Kampagne für »die freie Meinungsäußerung«. Auf ihrer Homepage[12] veröffentlichte sie etwa eine Karikatur, die die im Konzentrationslager Bergen-Belsen ermordete Anne Frank zusammen mit Adolf Hitler im Bett zeigt. Wenn es Zeit sei, alle Tabus zu brechen und die »roten Linien« zu überschreiten, dann wolle auch die AEL nicht zurückstehen, teilte die Organisation auf ihrer Homepage mit. Die AEL ist betont integrationsfeindlich. Auf ihrer Homepage nennt sie als Ziele unter anderem, Arabisch zu einer europäischen Sprache zu machen und gegen »Islamophobie« kämpfen zu wollen.

3. Unterdrückung jeglicher Islam-kritischen Berichterstattung

Was dem langfristigen Ziel der Errichtung des Kalifats schadet, soll als »rassistisch« gebrandmarkt und mit allen Mitteln bekämpft werden. Dabei nutzt man bewusst den Holocaust und will um jeden Preis islamkritische Äußerungen analog zu antisemitischen Äußerungen bestraft sehen. Wer den Islam kritisiert, wird nach diesem Muster der »Islamophobie« bezichtigt. Vor diesem Hintergrund haben es fast alle europäischen Medien aufgegeben, kritisch über den Islam zu berichten. Wer sich an diese »Schere im Kopf« nicht hält, muss mit Massenprotesten und Strafanzeigen rechnen.

4. Die demografische Unterwanderung Europas

Alle Führer der Muslimbruderschaft erklären im Gespräch offen, dass der Rückgang der alteingesessenen europäischen Bevölkerung dem langfristigen Ziel der Errichtung einer muslimisch geprägten Mehrheitsgesellschaft in Europa dienlich sei.

5. Errichtung von Parallelgesellschaften

Der Bau überdimensionierter Moscheen und Kulturzentren mit angeschlossenen Schulen geht einher mit der erwarteten demografischen Entwicklung. Damit soll die Abschottung der Gemeinschaft der Gläubigen (Ummah) gegenüber der »verdarbten« Welt der Europäer zementiert werden.

6. Netzwerkbildung zur Erweiterung der Abschottung

Rein muslimische Anwaltsvereinigungen, Geschäfte, Arztpraxen, Verbände und Vereine sollen Muslime von allen »Versuchungen« des Westens fernhalten. Gleichzeitig werden Kontakte zur nichtmuslimischen Bevölkerung unterbunden.

7. Verbreitung einer Ideologie der Überlegenheit des Islam gegenüber allen anderen Religionen

Durch die Verbreitung von Büchern und Videokassetten werden einzelne Führer der Muslimbruderschaft als »Märtyrer« stilisiert. So wird ein Gegensatz zu den angeblich »unsittlichen« und »islamfeindlichen« Führern der westlichen Demokratien geschaffen, deren angebliches Ziel es sei, den Islam zu »unterdrücken«.

8. Erpressung westlicher Politiker, Kirchenführer und Dialogpartner

Dabei werden Formulierungen wie »Muslime unter Generalverdacht« oder »Kreuzzug gegen den Islam« verwendet, um Muslime als Diffamierte und Beleidigte erscheinen zu lassen. Das befördert Schuldgefühle seitens der westlichen Politiker oder Kirchenführer und zwingt sie zu Dementis. Gleichzeitig wird dadurch der Integrationsdruck verringert.

9. *Nutzung von Taqiyya (Lüge), um Integrationswillen und Dialogbereitschaft vorzutäuschen*

Die Gesprächspartner der Muslimbruderschaft in westlichen Staaten werden von dieser nicht als gleichberechtigt anerkannt. Die Dialogbereitschaft der westlichen Politiker, Kirchenführer etc. wird dazu missbraucht, um alle Freiheiten für die Missionierung im Sinne des Islam zugestanden zu bekommen.

Die Täuschung der Gesprächspartner basiert auf deren Unkenntnis über gemeinsam benutzte Begriffe. So stimmen alle Führer der Muslimbruderschaft darin überein, dass Terrorismus abzulehnen sei. Islamisten etwa, die sich in Israel in voll besetzten Bussen in die Luft sprengen, sind für sie jedoch keine »Terroristen«, sondern »Märtyrer«. Ebenso ist das Bekenntnis der Muslimbruderschaft zur Demokratie irreführend. Denn die einzig wahre Demokratie ist aus ihrer Sicht das Kalifat, in der alle Bevölkerungsgruppen gemäß den Vorgaben des Korans »demokratisch« behandelt werden.

Allen Aktivitäten der Muslimbruderschaft liegt die oben beschriebene Strategie zugrunde. Und sie ist auch dort wirksam, wo der islamistische Terror offen zutage tritt. Mohammed Atta, Todespilot des 11. September 2001, war ebenso ein Mitglied der Muslimbruderschaft wie Mohammed Haydar Zammar, der die Hamburger Terrorzelle für Al Qaida rekrutierte. In seiner Heimat Syrien wurde Mohammed Haydar Zammar als Führungsmitglied der syrischen Muslimbruderschaft gesucht – in Deutschland konnte er sich frei bewegen und ungehindert agitieren.

Zammar, 1961 in der syrischen Stadt Aleppo geboren, kam im Alter von zehn Jahren mit seiner Familie nach Hamburg und erhielt bald die deutsche Staatsbürgerschaft. Nach 1991 lebte er vorübergehend in Afghanistan, wo er sich den Mudschahedin anschloss, später hielt er sich auch in Pakistan, Syrien, Jordanien, der Türkei und in Bosnien auf. Etwa von 1998 an hatte er in Hamburg Kontakt zu Mohammed Atta, Mounir el-Motassadeq, Marwan al-Shehi, Said Bahaji und Ramzi bin al-Shibh, deren Namen später in Zusammenhang mit dem 11. September 2001 um die Welt gehen sollten.

Seit 1998 war Zammar wegen seiner hasserfüllten radikal-islamistischen Äußerungen im Visier deutscher Sicherheitsbehörden. Gelegentlich wurde er observiert, sein Telefon wurde abgehört, und alle Anrufe wurden aufgezeichnet. Muslimbruder Zammar rühmte sich später im privaten Kreis, dass er trotz dieser Observationen ungehindert die Hamburger Terrorzelle für Al Qaida rekrutieren konnte.

Nachdem er am 27. Oktober 2001 Deutschland in Richtung Marokko verließ, wurde er Anfang 2002 mithilfe der CIA nach Syrien verschleppt und dort inhaftiert. Am 2. September 2006 berichtete die Berliner *taz* auf Seite drei, »Mohammed Zammar leidet in syrischer Haft«. Wahrheitsgemäß schrieb die *taz* über den Mann: »In Hamburg verteilte er Al-Qaida-Flugblätter. Durch ihn kamen auch die Attentäter vom 11. 9. in Kontakt zu Usama bin Laden. Er vermittelte der Gruppe um Mohammed Atta einen Aufenthalt in Afghanistan.« Inzwischen wurde Zammar vor ein Gericht gestellt und am 11. Februar 2007 zum Tode verurteilt. Dieses Urteil wurde später in zwölf Jahre Haft umgewandelt.

Nach den Anschlägen des 11. September 2001 hatte Mohammed Zammar bei Vernehmungen durch deutsche Sicherheitsbehörden stets geleugnet, Kenntnis von den Terrorvorbereitungen gehabt zu haben. Nach Jahren der Observation und nach Tausenden abgehörter Telefongespräche waren deutsche Sicherheitsbehörden so schlau wie zuvor. Ihre Erkenntnis, wonach Zammar seit den Neunzigerjahren dem syrischen Flügel der Muslimbruderschaft angehörte, stammte aus syrischen Geheimdienstkreisen.

Die syrische Muslimbruderschaft wünscht nichts sehnlicher als den Sturz des dort herrschenden Alawiten-Regimes (Alawiten = eine syrische Religionsgemeinschaft, deren Anhänger von Schiiten und Sunniten nicht als Muslime anerkannt werden). Und seit mindestens einem Jahrzehnt unterhält sie engste Kontakte zu Al Qaida. Denn in Bezug auf Syrien decken sich die Interessen der beiden Gruppen. Syrien ist in der Vergangenheit brutal gegen die dortigen Aktivisten der Muslimbruderschaft vorgegangen. Im Jahre 1982 etwa ließ der damalige syrische Präsident Hafiz al-Assad, Vater des heutigen Präsidenten Baschar al-Assad, in der Stadt Hama mehr als 5000 Anhänger der Muslimbruderschaft töten. Viele syrische Muslimbrüder gingen daraufhin ins Exil nach Europa. Und dort trafen sie sich wieder.

Sie alle haben heute eines gemeinsam: Sie behaupten, nie Kenntnisse über Anschlagsvorbereitungen gehabt zu haben; sie bestreiten, Mitglieder der Muslimbruderschaft zu sein; und sie alle treiben deutsche Sicherheitsbehörden an den Rand des Wahnsinns.

Ein herausragendes Beispiel, das die deutschen Sicherheitsbehörden zur Verzweiflung bringt, ist ein in Hamburg lebender Freund des Mohammed Zammar mit Namen Mamoun Darkanzali, ein anständiger Hamburger Kaufmann. Auch der 1958 in Damaskus geborene Darkanzali soll Mitglied der syrischen Muslimbruderschaft gewesen sein. Darkanzali bestreitet das. Und er bestreitet, jemals Verbindungen zum Terror gehabt zu haben. Was kann Herr Darkanzali schon dafür, dass Wadih El-Hage, ein früherer Sekretär bin Ladens, der 1998 in die Bombenanschläge auf die amerikanischen Botschaften in Nairobi (Kenia) und Daressalam (Tansania) verwickelt war, auf einer seiner Businesskarten ein Hamburger Apartment von Herrn Darkanzali als seine dortige Büroadresse angegeben hatte? Darkanzali und Zammar sollen seit vielen Jahren schon befreundet und zur gleichen Zeit Mitglieder der Muslimbruderschaft geworden sein. Das behaupten westliche Sicherheitskreise. Herr Darkanzali bestreitet das.

»Operation Zartheit« hatten deutsche Sicherheitsbehörden im Jahre 1997 eine Aktion genannt, bei der sie mutmaßliche Hamburger Aktivisten der Terrorszene beobachteten. In diesem Zusammenhang soll es auch die vorgenannten Erkenntnisse über Zammar und Darkanzali gegeben haben. In Deutschland konnte man Darkanzali keine Straftaten nachweisen. Doch in Spanien sah es anders aus. Dort stellte man einen Haftbefehl gegen ihn aus. Darkanzali soll eine Schlüsselfigur des Netzwerkes von Al Qaida in Spanien gewesen sein. 2004 wurde er dann in Deutschland verhaftet und kam in Auslieferungshaft. Darkanzali klagte gegen seine Auslieferungshaft. Und gewann.

Denn im Juli 2005 erklärte das Bundesverfassungsgericht auf Antrag Darkanzalis das Gesetz zum Europäischen Haftbefehl – Grundlage für die Auslieferung des Terrorverdächtigen an Spanien – für nichtig. Fünf Stunden nach der Entscheidung des Bundesverfassungsgerichts konnte der mutmaßliche Terrorunterstützer das Untersuchungsgefängnis in der Hamburger Innenstadt als freier Mann verlassen. Darkanzali, nach Auffassung der spanischen Ermittler seit 1997 für logistische und finanzielle Unterstützung von Al Qaida in Deutschland, Spanien und Großbritannien zuständig, darf sich freuen.

Darkanzali soll das deutsche Bindeglied zu Abu Dahdah sein, jenem spanischen Chef der Al-Qaida-Zelle, die in Madrid die Anschläge des 11. März 2004 vorbereitet haben soll. Abu Dahdah ist der Spitzname von Edin Barakat Yarkas. Darkanzali und er sollen nach Angaben spanischer Ermittler befreundet gewesen sein. Darkanzali hatte auch Kontakte zum mutmaßlichen Finanzchef Mamduh Mohammed Salim. Das hat Darkanzali eingestanden. Doch solche Verdachtsmomente reichen nach deutschem Recht nicht aus, um einen Mann wie Darkanzali länger zu inhaftieren. Die Bundesanwaltschaft stellte ihre Ermittlungsverfahren gegen Darkanzali im September 2003 ein.

Die Karlsruher Entscheidung vom Juli 2005, wonach Darkanzali nicht an Spanien ausgeliefert werden durfte, war für viele unfassbar. Dass ausgerechnet konservative Karlsruher Verfassungsrichter das Gesetz zum EU-Haftbefehl für nichtig erklärten und damit einem unter Terrorverdacht stehenden Mann zur Freiheit verhalfen, war aus der Sicht vieler Beobachter ein Rückschlag im Kampf gegen den internationalen Terrorismus. Volker Beck allerdings, Geschäftsführer der Bundestagsfraktion von Bündnis 90/Die Grünen im Bundestag, freute sich: »Mit diesem Urteil stärkt das Bundesverfassungsgericht rechtsstaatliche Prinzipien.«[13]

Mohammed Haydar Zammar und Mohammed Darkanzali haben in Norddeutschland beide für ein Handelsunternehmen gearbeitet. Im September 2002 durchsuchten 250 Beamte des Bundeskriminalamts, des Bundesgrenzschutzes und mehrerer Länderpolizeien Geschäfts- und Lagerräume dieses Handelsunternehmens. Der Verdacht: Unter dem Deckmantel der Im- und Exportfirma sollen gewaltbereite Islamisten nach Deutschland eingeschleust worden sein. Zudem sollen aus dem Umfeld des Unternehmens durch Urkundenfälschung und Geldwäsche »Beiträge zum heiligen Krieg gewaltbereiter fundamentalistischer Islamisten« geleistet worden sein. Doch vergeblich suchte man Beweise für die Beschuldigungen.

Die klug durchdachte Strategie

Die wahren Ziele werden verhüllt

Weil die Muslimbruderschaft ein Geheimbund ist, bekennt sich keines der Mitglieder offen zu ihr. Und auch das Ziel, in Europa ein Kalifat zu errichten, wird nach außen abgestritten. Die Mehrheit der europäischen Muslime steht längst unter dem Einfluss der Muslimbruderschaft, die alles daransetzt, in Europa die Deutungshoheit über den Islam zu bekommen.

Islamisten aus den Reihen der Muslimbruderschaft und ihrer Tochterorganisationen wissen sich äußerlich gut zu tarnen. Ihre Fürsprecher tragen westliche Kleidung, sie sind gebildet, sie sprechen Deutsch oder andere europäische Sprachen, sie sind smart, geben sich »dialogbereit« und verdammen in aller Öffentlichkeit den Terror. Kurzum: Sie sind die idealen Gesprächspartner für Politiker, Kirchenführer, Verbände und Stiftungen. Sie verstehen die Funktionsweise unseres politischen Systems. Sie kennen unser Rechtssystem. Und sie missbrauchen beides, um eine ihnen verhasste Kultur zu zerstören.

Die Muslimbruderschaft ist nicht nur ein Problem, weil sie radikal ist, sondern auch, weil sie ihre wahren Ziele verhüllt.

Tariq Ramadan – Wolf im Schafspelz

Einer der herausragenden Intellektuellen der europäischen Muslimbruderschaft ist Tariq Ramadan, ein Enkel des Gründers der Muslimbruderschaft Hassan Al-Banna, 1962 in Genf geboren. Seine Kritiker nennen ihn gern »Haider der Muslime«, »Wolf im Schafspelz«, »Doppelagent des modernen Islam« und »islamistisches U-Boot«. Tariq Ramadan ist zweifellos ein Mann des Erfolges. Er ist gern gesehener Gast bei der Europäischen Kommission, bei Kirchen und auch Verbänden. Seine ungeheure Medienpräsenz nutzt er, um sich selbst als Reformer und Stifter eines europäischen Islam darzustellen. Was aber, wenn die Kritiker

Recht haben und Tariq Ramadan ein »Falschfahrer der islamischen Reformation« ist?

Die Vereinigten Staaten haben Tariq Ramadan mehrfach die Einreise verboten, so auch im September 2006. Der 44 Jahre alte Islamwissenschaftler hatte schon 2004 ein Arbeitsvisum für die Vereinigten Staaten beantragt, um an der katholischen Universität von Notre Dame im Bundesstaat Indiana eine Professur für Religion sowie Konflikt- und Friedensforschung anzutreten. Das amerikanische Außenministerium gewährte das Visum zwar zunächst, zog die Zusage jedoch im Juli 2004 aufgrund neuer Informationen zurück.

Im Herbst 2005 bemühte sich Ramadan dann um ein Touristenvisum. Außenamtssprecher Sean McCormack ließ Ramadan Ende September 2006 wissen, dass die Vereinigten Staaten ein endgültiges Einreiseverbot gegen ihn erlassen hätten. Tariq Ramadan habe »eine terroristische Organisation unterstützt«. Wenn man über eine Person mit einiger Sicherheit wisse, dass sie eine terroristische Vereinigung materiell unterstützt habe, dürfe diese nicht in die Vereinigten Staaten einreisen. Solche Unterstützung bestünde etwa in »Unterbringung, Transport, Kommunikation, Finanzierung, Überweisung von Geldern, falschen Dokumenten sowie Waffen, Sprengstoff und Ausbildung«. Welche Unterstützungsleistungen Tariq Ramadan erbracht haben soll, wurde nicht mitgeteilt.

Ebendieser – aus amerikanischer Sicht – mögliche Terrorunterstützer war in Europa Berater des Europäischen Parlaments, Islamismusberater der britischen Regierung, Forschungsstipendiat der Universität Oxford und Lehrbeauftragter der Universität Fribourg zum Thema Islam.

Bei der Veranstaltung »Islam for Europe« in London, wo er am 12. Oktober 2003 zusammen mit dem umstrittenen Scheich Yusuf al-Qaradawi im Wembley-Konferenzzentrum auftrat, wurde er wie folgt vorgestellt: »Dr. Tariq Ramadan wurde 1962 in der Schweiz in eine Familie der Predigt und des Glaubenskrieges geboren. Sein verstorbener Vater war der glanzvolle ägyptische Lehrer Scheich Said Ramadan, und sein Großvater ist kein anderer als der Märtyrer Imam Hassan al-Banna. Seiner eindringlichen und nachdenklich stimmenden Vorträge in ganz Europa und Amerika wegen wird er von vielen für einen der führenden muslimischen Intellektuellen der neueren Zeit angesehen.«

Ramadan, beliebter Mitstreiter der Globalisierungsgegner aus den Reihen von ATTAC, wird unter moderaten Muslimen mit Skepsis gesehen. Nachdem Bernard Haykel, Professor für Nahost-Studien an der New York City University, Tariq Ramadan bescheinigte, ein »Moderater« zu sein, schrieb der Direktor des Kulturinstituts der italienischen islamischen Gemeinde, Scheich Professor Abdul Hadi Palazzi, am 10. Dezember 2002:

»Wenn das die ›Experten‹ und Professoren der Nahost-Studien im Westen sind, kann man leicht verstehen, warum der Westen so viele Schwierigkeiten hat, den Saudi-finanzierten Wahhabi-Terrorismus zu bekämpfen. Die schlimmsten Verbrecher werden mit sehr viel Geld ausgestattet in den Westen geschickt, um dort Fanatismus und Extremismus zu verbreiten, und die ›Experten‹ haben nichts Besseres zu tun als zu behaupten, solche Agenten der Saudis seien ›moderat‹!«[14]

Es ist das Verdienst der Journalistin und Buchautorin Gudrun Eussner, vieles aus der Vergangenheit des europäischen Medienlieblings Tariq Ramadan zusammengetragen zu haben. Nach ihren Recherchen fühlte sich der Doktorvater von Ramadan, der Professor für Arabistik Charles Genequand, betrogen und sagte über Ramadan: »Er ist ein Ideologe, ein Pseudo-Intellektueller.«[15] Zur Dissertation Ramadans vermerkt der Professor, es habe sich um eine Arbeit »ohne jeden wissenschaftlichen Aspekt gehandelt«. Professor Genequand trat als Doktorvater zurück – und ebenso zwei weitere Gutachter. Doch Tariq Ramadan fand andere Gutachter und einen Doktorvater, und sein Weg führte weiter steil nach oben. Immerhin reihte ihn das Nachrichtenmagazin *Time* im Jahre 2000 unter die hundert bemerkenswertesten »geistigen Erneuerer« der Welt ein. Tariq Ramadan hofft auf die Islamisierung Europas und nennt das die »Verwestlichung des Islam«. Ab Januar 2007 arbeitete Tariq Ramadan an der Erasmus-Universität in Rotterdam als Professor für »Identity and Citizenship«.

Und er scheint dabei Erfolg zu haben. Er wurde vom britischen Premierminister Tony Blair in eine Kommission berufen, die dessen Regierung in der Frage beraten sollte, wie man junge Muslime vor dem Abgleiten in Radikalismus und Terror bewahren kann. Ähnliche Gespräche führte Ramadan mit dem niederländischen Premierminister Balkenende.

Tariq Ramadan beherrscht die Kunst, seine Gesprächspartner für sich einzunehmen.

Doch nicht alle Muslime bewundern Tariq Ramadan. Malek Boutih, ein arabischstämmiger Muslim, der die größte französische Aktionsgruppe gegen Rassismus (»SOS Racisme«) leitet, sagte zu Tariq Ramadan nach einer langen Diskussion: »Herr Ramadan, Sie sind ein Faschist.«

Die französische Autorin Caroline Fourest hat 15 Bücher von Tariq Ramadan und 1500 Interviews ausgewertet. Auf dieser Grundlage verfasste sie 2004 das Buch *Bruder Tariq*. Darin kommt Caroline Fourest zu dem Schluss: »Ramadan ist ein Kriegführender.« Manche seiner früheren Gesprächspartner sehen das heute ähnlich, Christian Delorme etwa, der bis 2001 beim interkulturellen Dialog mit Tariq Ramadan zusammenarbeitete. Christian Delorme sagt inzwischen über Tariq Ramadan: »Ich bin heute überzeugt davon – und es hat eine Zeit gebraucht, das zu verstehen –, dass Tariq Ramadans Denken und Handeln gefährlich sind. Ich glaube, dass er keinesfalls ein Mann des Dialoges ist. Er weiß, wie er das Publikum für sich einnimmt. Aber in der Realität will er die völlige Trennung von Muslimen und anderen Gemeinschaften. Ich bin überzeugt davon, dass Tariq Ramadan den Westen zutiefst hasst.«[16]

Diesen Hass auf den Westen würde Tariq Ramadan dann wohl mit seinem Bruder Hani teilen. Hani Ramadan verlor im Februar 2003 in Genf seinen Beruf als Lehrer, nachdem er in einem Artikel für *Le Monde* die Steinigung von Frauen gerechtfertigt hatte. Ein Jahr später, im April 2004, erfuhr Hani Ramadan, der zugleich Leiter des Islamischen Zentrums Genf ist, Genugtuung: Ein Schweizer Gericht erklärte seine Entfernung aus dem Unterricht für null und nichtig. Nach Angaben Schweizer Zeitungen[17] wurden Hani Ramadan zudem 5000 Schweizer Franken »Entschädigung« zugesprochen. Es gehöre zum Recht auf freie Meinungsäußerung, die Steinigung von Frauen zu rechtfertigen – so das Schweizer Gericht. Die Entlassung aus dem Schuldienst, so befand das Gericht, dem neben drei Richtern des Verwaltungsgerichts zwei Vertreter aus der Lehrerschaft angehörten, sei mithin »unverhältnismäßig« gewesen. Zwar habe Ramadan mit seinen Äußerungen über die Steinigung von Frauen »Werte vertreten, die denjenigen demokratischer Gesellschaften zuwiderliefen« und auch gegen Grundsätze des Unterrichts an öffentlichen Schulen verstoßen. Doch die vorgesetzte Behörde, so hieß es, hätte darauf mit einer milderen Strafe reagieren müssen.

Hani Ramadan ist im Gegensatz zu seinem Bruder Tariq ein bekennender Hardliner. Er ist ein offener Verfechter der Scharia und darf von daher auch weiterhin für die Steinigung bei Ehebruch eintreten. Aids hält er für eine »Strafe Allahs«, und dem Dschihad steht er aufgeschlossen gegenüber. Der »Sittenverfall im Westen« sei für Millionen Menschen eine grausame seelische Not.[18]

Der Fall Hani Ramadan löste in der Schweiz eine Grundsatzdebatte über die Grenzen der Toleranz aus, über die Grenzen der Glaubensfreiheit, aber auch über die Rolle, die der Staat gegenüber Muslimen und ihren Sprechern einnehmen sollte. Ebenso wie sein Bruder Tariq ist auch Hani Ramadan davon überzeugt, dass sich nicht der Islam dem Westen, sondern der Westen ihrer Auslegung des Islam anpassen muss. Beider Weltbild zielt auf den islamischen Herrschaftsanspruch – weltweit.

»Das Projekt« – Geheimplan für die Unterwanderung Europas

Wenn Polizei und Geheimdienste einen geheimen Plan entdecken, in dem eine gewaltige muslimische Vereinigung mit Ablegern in mehr als 70 Ländern der Welt und zahlreichen Verbindungen zu Terrorgruppen ihre Pläne zur »kulturellen Invasion« Europas und zur Unterwanderung der westlichen Demokratien darlegt, dann sollte man meinen, dass darüber in allen Medien ausführlich berichtet würde. Doch das Gegenteil ist der Fall. Weder die *Bild-Zeitung* noch *Le Monde*, weder *La Repubblica* noch die *Times* haben bis heute auf ihren Titelseiten auf jene ungeheuerlichen Pläne hingewiesen, die im November 2001 bei der Hausdurchsuchung eines Schweizer Islamisten gefunden wurden.

Gefunden wurde der Bericht in einem Wohnhaus von Yusuf Nada in der Schweiz. Schon als junger Mann fand Yusuf Nada zur Muslimbruderschaft und arbeitete dort im Geheimapparat (*al-jihaz al-sirri*). Nada, ein Ägypter, der früh Bewunderung für die Nazis hegte, lebt inzwischen als Milliardär im italienisch-schweizerischen Grenzgebiet. Nada war Direktor der al-Taqwa-Bank, die in Zusammenhang mit der Finanzierung der Terroranschläge des 11. September ins Visier der Ermittler geraten war. Und Nada war bekennendes Mitglied der Muslimbruderschaft, ja, einer ihrer internationalen Führer.

Die Familien Ramadan und Nada sind die Speerspitzen des Islamismus und der Muslimbruderschaft in Europa. Sie pflegen freundschaftlichen Umgang miteinander und züchten nach Auffassung westlicher Sicherheitsdienste in den von ihnen errichteten radikal-muslimischen Kaderschmieden – gut getarnt hinter den Schlagworten »Dialogbereitschaft« und »Integrationswille« – jene Trojanischen Pferde, die ein europäisches Netzwerk errichten sollen, um westliche Freiheits- und Grundrechte zu zerstören.

Den Weg zu diesem Ziel fassten die in Europa lebenden Führer der Muslimbruderschaft in einem Papier zusammen. Die wichtigsten Punkte des 14-seitigen Strategiepapiers, das am 1. Dezember 1982 verfasst und am 7. November 2001 bei der Hausdurchsuchung in Lugano in Anwesenheit von Nada gefunden wurde, dürften Anhängern einer multikulturellen Gesellschaft, die den Dialog mit allen Gruppen pflegen möchten, kaum ins Konzept passen[19]:

- Infiltration und allmähliche Übernahme bereits bestehender muslimischer Verbände und Organisationen und deren Ausrichtung nach den Zielen und Plänen der Muslimbruderschaft
- Netzwerkbildung und abgestimmte Aktionen zwischen verschiedenen islamistischen Organisationen
- Vermeidung offener Allianzen mit bekannten Terrorgruppen und einzelnen Islamisten, um in der Öffentlichkeit den Anschein zu erwecken, eine moderate Haltung einzunehmen
- Anwendung von Täuschung und Lüge, um die beabsichtigten langfristigen Ziele zu verschleiern, sofern es sich mit den Gesetzen der Scharia vereinbaren lässt
- Vermeidung von sozialen Konflikten mit »Ungläubigen«, weil diese

die langfristige Strategie der Unterwanderung behindern oder gar zu einem Abwehrmechanismus führen könnten
- Errichtung finanzieller Netzwerke zur Finanzierung des Vorhabens
- Aufbau von Überwachungseinrichtungen und Datensammlungen
- Aufbau eines Monitoringsystems (etwa ein Presseausschnittsdienst zur Beobachtung von Beiträgen in Printmedien und sonstige Medienauswertung) gegenüber westlichen Medien, um Muslime vor gegen sie gerichtete Komplotten zu warnen
- Aufbau einer intellektuellen islamistischen Gemeinde, dazu gehören Thinktanks und Anwaltszirkel, Veröffentlichung akademischer Studien, um muslimische Positionen zu legitimieren
- Entwicklung eines 100-Jahre-Planes, um die Ideologie der Muslimbruderschaft rund um die Welt zu verbreiten
- Aufbau eines sozialen Netzwerkes mit Schulen, karitativen Einrichtungen und Krankenhäusern, die alle den Idealen der Muslimbruderschaft verpflichtet sind, um auf allen Ebenen für Kontakte Gleichgesinnter zu sorgen
- Einschleusung von Ideologen der Muslimbruderschaft in alle demokratisch gewählten Institutionen, inklusive der Parlamente, in Nichtregierungsorganisationen (NGOs), private Einrichtungen und Gewerkschaften
- darauf aufbauend die Instrumentalisierung bereits vorhandener westlicher Institutionen, um diese immer mehr im Sinne des Islam arbeiten zu lassen
- Vorbereitung islamischer Verfassungen und Gesetze, um bereit zu sein, diese zu implementieren
- Vermeidung von Konflikten mit anderen islamistischen Bewegungen
- Bildung von zeitweisen Allianzen mit »progressiven« westlichen Gruppen
- heimlicher Aufbau von »Sicherheitskräften«, um Muslime im Westen im Bedrohungsfalle schützen zu können
- Förderung von Gewalt und Unterstützung der Idee, dass Muslime im Westen derzeit noch im Zustand des Dschihad leben müssen
- Unterstützung von Dschihad-Bewegungen überall in der Welt: mit Gebeten, Propaganda, Personal, Geld, Technik und Logistik

- Erhebung der Frage der Zukunft der Palästinenser zur Zukunftsfrage für alle Muslime
- Schüren des Hasses von Muslimen gegenüber Juden und Zurückweisung jedweden Versuches, gemeinsam friedlich mit Juden leben zu können
- aktive Bildung von Dschihad-Terrorzellen in Palästina
- Verbindung terroristischer Aktivitäten mit anderen terroristischen Aktivitäten in der Welt
- Suche nach Geldquellen, um den Dschihad überall in der Welt finanziell unterstützen zu können

Auf den ersten Blick wirken die in dem Papier dargestellten Punkte wie eine von Gegnern des Islam fabrizierte Verschwörungstheorie. Westliche Geheimdienste aber nehmen den Masterplan zur Unterwanderung und Islamisierung der Welt sehr ernst. Yusuf Nada sagte nach der Hausdurchsuchung vor Gericht aus, das Dokument sei von »islamischen Gelehrten« aus den Reihen der Muslimbruderschaft verfasst worden. Es handelt sich also keinesfalls um eine Verschwörungstheorie.

Der Plan ist langfristig angelegt und wohl durchdacht, um die westlichen Staaten kulturell zu erobern. Die langfristige Strategie macht diesen Plan so besonders gefährlich. Im Gegensatz zu hohlen Parolen wie etwa »Tod den Vereinigten Staaten! Tod Israel!« oder »Für die Errichtung eines islamischen Kalifats«, die man auf antiwestlichen Demonstrationen junger Muslime immer wieder hört, wird das Ziel des Planes nur deutlich, wenn man die einzelnen Bausteine der Strategie kennt. Dazu werden wir im folgenden Kapitel zwei Punkte aus der Strategieliste der Muslimbruderschaft zur Unterwanderung Europas genauer betrachten: zum einen den »Aufbau eines Monitoringsystems gegenüber westlichen Medien, um Muslime vor gegen sie gerichtete Komplotten zu warnen«, und zum anderen die »Netzwerkbildung und abgestimmte Aktionen zwischen verschiedenen islamistischen Organisationen«.

Teil IV:
Das Innenleben des Spinnennetzes

Der Führer: Mohammed Mahdi Akef

Anfang 2004 wurde der am 12. Juli 1927 in Ägypten geborene Mohammed Mahdi Akef Führer des ägyptischen Zweigs der Muslimbruderschaft. Er trat damit die Nachfolge des verstorbenen Führers Maamon al-Hodeibi an. In seiner Jugend war Akef mit dem Gründer der Muslimbruderschaft, Hassan al-Banna, befreundet. Von 1954 bis 1974 saß er wegen der Beteiligung an einem Terrorkomplott gegen den ägyptischen Präsidenten Nasser im Gefängnis. Er war der Muslimbruderschaft Ende der Vierzigerjahre beigetreten und gehörte einem Kommandounternehmen an, das Terroranschläge verübte. Seither gilt er innerhalb der Muslimbruderschaft als absoluter »Hardliner«. Mohammed Mahdi Akef vertritt die Auffassung, dass man die Weltherrschaft erringen könne, wenn man Zeit hat und eine ganze Generation Jugendlicher von klein auf an sich bindet.

Akef war Mitte der Achtzigerjahre Leiter des Islamischen Zentrums München (IZM). Dort hat auch die Islamische Gemeinschaft in Deutschland e.V. (IGD) ihren Sitz. Von 1984 bis 1988 wohnte Akef in München in der Nähe des Islamischen Zentrums. Schon von Deutschland aus baute er seinen Einfluss auf den internationalen Zweig der Muslimbruderschaft aus. In seiner Person offenbart sich die personelle und ideologische Kontinuität der Organisation.

Nach seiner Ernennung zum neuen Führer der ägyptischen Muslimbruderschaft im Jahr 2004 gab Mohammed Mahdi Akef seiner Überzeugung Ausdruck, dass der Islam Europa bald »erobern« werde, weil er »logisch« sei und »eine Mission« habe. Er rief auf zum Kampf gegen Israelis und Amerikaner, und er befürwortete Selbstmordattentate auf amerikanische Soldaten im Irak. Die Vereinigten Staaten nennt er »Satan«. Und er bestreitet, dass Al Qaida Urheber der Attentate des 11. September 2001 war. Angesprochen auf Videobotschaften, in denen Al Qaida sich der Attentate bezichtigt, antwortete Akef im Gespräch mit der saudischen Zeitung *Al-Watan*: »Ich schaue mir solche Filme nicht an, weil sie doch Teil der psychologischen Kriegführung zwischen Al Qaida und den Amerikanern sind.« Akef ist fest davon überzeugt, dass die amerikanische Gesellschaft eigentlich unmittelbar vor dem Zusammenbruch steht, und hebt hervor: »Ich erwarte, dass Amerika schon bald kollabiert.«[1] Nur Allah könne die Vereinigten Staaten noch erretten.

Unter der Führung von Akef wurde die Zusammenarbeit der ursprünglich rein sunnitischen ägyptischen Muslimbruderschaft mit der proiranischen schiitischen Hizbullah ausgebaut. Bei regelmäßigen Treffen in Kairo sprechen beide Seiten etwa über Angriffe gegen Zivilisten in Israel. Selbstmordattentate auf israelische Zivilisten heißt Akef ausdrücklich gut. Denn er sieht zwischen israelischen Zivilisten und Soldaten keinen Unterschied. Beide seien legitime Ziele von Attentaten.[2]

Wer Mohammed Mahdi Akef in der ägyptischen Hauptstadt Kairo besuchen will, muss über gute Kontakte verfügen. Seine Kairoer Rufnummer findet sich nicht im Telefonbuch. Man kann den Kontakt über Essam El-Erian herstellen – wenn Herr Erian nicht gerade im Gefängnis sitzt. Der Arzt und Muslimbruder Erian saß bislang mehr als drei Jahre in Ägypten im Gefängnis. Westliche Medien lieben ihn. Ihnen gilt er als »Menschenrechtler« und »Vorkämpfer für Demokratie«. In der Kasr-El-Einy-Straße im Stadtzentrum von Kairo hat Herr Erian sein Büro im Erdgeschoss eines Hauses, das eine große Zahl von Tarnorganisationen der ägyptischen Muslimbruderschaft beherbergt: Human Relief Agency, Egyptian Medical Syndicate und Arab Medical Union. Ägyptische Taxifahrer behaupten, dass es solchen Hilfsorganisationen leichtfalle, Freiwillige zum Kampf gegen die amerikanischen »Besatzer« in den Irak zu schleusen.

Im Süden Kairos gibt es eine Koranschule, in der Freiwillige aus Europa den letzten Schliff bekommen, bevor sie in Richtung Irak aufbrechen. Eine Kölner Zweigstelle der Muslimbruderschaft koordiniert die Reisewege der Freiwilligen aus den Mitgliedsstaaten der Europäischen Union nach Ägypten. Die letzte Einstimmung auf den Dschihad erfolgt dann im Süden Kairos. In der Deutschen Botschaft will man offiziell keine Kenntnis davon haben, inoffiziell ist das Zusammenspiel von Muslimbruderschaft, Hilfsorganisationen und Dschihad bei der Schleusung muslimischer Freiwilliger aus Europa in den Irak über Ägypten und Syrien wahrlich kein Geheimnis.

Ende Oktober 2005 war der Autor in Kairo, um Mohammed Mahdi Akef aufzusuchen. Als ich Essam El-Erian im Gebäude der Hilfsorganisationen in der Kasr-El-Einy-Straße traf, war er kurz zuvor aus dem Gefängnis entlassen worden. Seine Haftzeit begründet der Endvierziger El-Erian damit, dass er sehr engagiert »für den Islam kämpfe«. Vom Terrorismus hat El-Erian eine merkwürdige Auffassung: Wer in Afghanistan oder in Palästina Israelis oder Amerikaner ermorde, sei kein Terrorist, sondern ein »Märtyrer«. Als ich ihm sage, dass ich mich für die Zukunft der Islamisierung Europas interessiere, da leuchten seine Augen. Und er vermittelt gern einen Termin mit Mohammed Mahdi Akef, dem obersten Führer der Muslimbruderschaft.

Wenn Mohammed Mahdi Akef in sein Büro geht, dann muss er sich seinen Weg oftmals durch Scharen von »Ungläubigen« bahnen. Und das mitten im mehrheitlich muslimischen Kairo. Akefs Büro liegt auf der Nilinsel »El Roda«, und die ist bei Touristen beliebt, weil an ihrer Südspitze ein Nilometer steht. Schon in pharaonischer Zeit wurde damit jährlich die erwartete Nilüberschwemmung gemessen. Der Kairoer Nilometer wurde erst um das Jahr 860 gebaut, lange nach dem Untergang der Pharaonenreiche. Und seit dem Bau des Assuanstaudammes ist das Gerät für die Fellachen wertlos. Doch die Touristen lieben diese »Sehenswürdigkeit«. Allenfalls 300 Meter trennen den Nilometer und das Büro von Mohammed Mahd Akef.

Das Mehrfamilien-Mietshaus in der El-Malek-El-Saleh-Straße 20 hat gewiss schon bessere Zeiten erlebt. Der Aufzug funktioniert schon seit Langem nicht mehr. Einige aufgerissene Zementsäcke auf den Treppenstufen deuten darauf hin, dass der Renovierungsbedarf offenkundig auch anderen aufgefallen ist. Im ersten Stockwerk ein unscheinbares Messingschild »Muslim Brotherhood«. Hier also hat die Mutterorganisation aller islamistischen Terrororganisationen ihren Sitz.

Das Erste, was der Besucher nach dem Öffnen der Wohnungstüre sieht, sind ein Dutzend Paar Schuhe. Wie in Ägypten üblich laufen die Besucher in Strümpfen durch die Wohnung. In der kaum 70 Quadratmeter großen Wohnung wird jeder Zentimeter genutzt. Das Wohnzimmer dient als Gebets- und Versammlungsraum, gleich hinter dem Eingangsbereich stehen Faxgeräte und Kopierer. Wer auf einem Holzschemel geduldig auf die Audienz mit Mohammed Mahdi Akef wartet, dessen Blick fällt unwillkürlich auf das einzige Foto an der Wand. Es zeigt Scheich Yassin, den Gründer der Terrororganisation Hamas, einem Ableger der Muslimbruderschaft. Die Israelis haben den Terrorsponsor Scheich Yassin im März 2004 durch Raketenbeschuss getötet. Am Sitz der Muslimbruderschaft wird er offenkundig wie ein Held verehrt.

Mohammed Mahdi Akef ist erfreut, über den Vormarsch des Islam in Europa sprechen zu können. »Der Islam verbreitet sich wie ein Lauffeuer in den Straßen Europas«, behauptet der Führer der Muslimbruderschaft. In seinem kaum fünf mal drei Meter großen Büro hängt eine Weltkarte an der Wand. Sie zeigt in gelber und grüner Farbe jene Staaten, die schon zum Einflussbereich des Islam gehören, und jene, die es noch zu »erobern« gilt. Herr Akef weiß nicht, ob der Islam noch zu seinen Lebzeiten die Führung in Europa übernehmen wird. Doch: »Kein Zweifel, der Islam wird sich in Europa ausbreiten«, glaubt Herr Akef und nimmt seine mit einem Goldrand versehene runde Brille in die Hand.

»Die Regierungen in Europa versuchen, die Menschen vom Islam wegzubringen, aber das Ergebnis wird genau das Gegenteil sein«, sagt Herr Akef. Ich befrage ihn zu seinen Erfahrungen aus den langen Jahren, die er in Deutschland lebte und in denen er dort das Islamische Zentrum in München leitete, und will wissen, ob deutsche Behörden ihn in seiner Arbeit behindert hätten. »Nein, in meiner Zeit in Deutschland hatte ich keine Probleme mit den deutschen Behörden, auch nicht mit den Kirchen«, sagt Herr Akef. Er berichtet über einen in München lebenden »Bruder« (gemeint ist ein »Muslimbruder«), ein Freund von ihm, der seit 20 Jahren die Bücher der Muslimbruderschaft in die deutsche Sprache übersetze. Die Lebensaufgabe dieses Mannes sei es, einen Beitrag zur Islamisierung Europas zu leisten. »Er ist optimistisch, dass Europa bald zum Islam konvertiert«, sagt Herr Akef über seinen Freund.

Das ganze Gespräch könnte man bis zu diesem Zeitpunkt als eine Aneinanderreihung von Belanglosigkeiten und Hoffnungen beschreiben. Doch dann sagt Akef etwas, das viele Journalisten wohl nicht einmal aufschreiben würden: »Die Muslimbruderschaft ist nicht gespalten.« Ich hatte ihn beiläufig nach den verschiedenen »Flügeln« der Muslimbruderschaft gefragt, nach dem Islamischen Zentrum in Aachen, das vom syrischen »Zweig« der Muslimbruderschaft gegründet wurde, und nach dem Islamischen Zentrum in München, das der ägyptische »Zweig« der Muslimbruderschaft gegründet hatte. Mohammed Mahdi Akef legt Wert auf die Feststellung: »Weltweit sind wir eine Einheit. Auch wenn es verschiedene Namen gibt.« Von der Hamas bis zu den vielen anderen regionalen Organisationen der Muslimbruderschaft betrachte man sich als eine Einheit.

Europäische Sicherheitsbehörden verstehen das nicht. Sie teilen die Muslimbruderschaft in ihre Einzelbestandteile auf. Sie wollen die im Hintergrund lenkende Hand nicht sehen. Herrn Akef freut das. Und er steht auf und führt mich zu der an der Wand hängenden Weltkarte: »Europa wird islamisch. Daran gibt es keinen Zweifel.« Herr Akef geleitet uns aus dem Raum. Er muss zum Gebet. 14 seiner Mitarbeiter beten im Wohnzimmer und neigen ihr Haupt gen Mekka.

Zum Abschied bekomme ich von einem Mitarbeiter Akefs zwei Adressen. Gegenüber dem Omar-Effendi-Kaufhaus in der Port-Said-Straße 8 finde ich im ersten Stock einen versteckten Buchladen der Muslimbruderschaft; eine zweite Adresse führt uns nach Nasr City, einen Vorort von Kairo, in die Ibn-Hani-al-Andalusi-Straße. Auch dort gibt es einen Buchladen der Muslimbruderschaft. In beiden Läden kann man antisemitische Schriften kaufen, dazu CD-Roms, die Selbstmordattentäter preisen. In dem Laden in Nasr City gibt es die Glorifizierungen von Selbstmordattentätern auch in vielen nichtarabischen Sprachen, in Englisch, in Französisch und – wenn verfügbar – in Deutsch. Das hat einen einfachen Grund: Wenige Hundert Meter entfernt ist eine Außenstelle der Kairoer Universität. Und die Studentenunterkünfte liegen nur wenige Schritte entfernt, das vier Stockwerke hohe Indonesian Hostel in der Wahram Street etwa. Für die ausländischen Studenten ist es leicht, sehr leicht, sich mit dem radikalen Gedankengut der Muslimbruderschaft zu infizieren.

In einem Gespräch mit der arabischen Tageszeitung *Al-Sharq al-Awsat* ließ Mohammed Mahdi Akef die Öffentlichkeit am 11. Dezember 2005 wissen, welchen Weg die Organisation unter seiner Führung künftig einzuschlagen gedenkt: »Die Muslimbruderschaft ist eine weltweite Bewegung, deren Mitglieder weltweit zusammenarbeiten. Sie haben die gleiche Sicht der Welt und die gleichen Ziele – die Verbreitung des Islam, bis dieser die Welt beherrscht.« In einer weiteren Mitteilung ließ Akef wissen, der Dschihad sei der einzige Weg, die Ziele der Muslimbruderschaft durchzusetzen.[3] Zu den in diesem Kampf erlaubten Mitteln zählt ausdrücklich auch das arabische Wort »kitman«. Es bedeutet »verbergen, verstecken« und meint das Verbergen einer wahren Absicht in einer feindlichen Umgebung. »Kitman« bedeutet somit, seine Gegner über die tatsächlichen langfristigen Ziele zu täuschen.[4]

Vor allem der gemeinsame Kampf für die Wiedererrichtung des Kalifats soll möglichst lange vor den »Feinden« verborgen und mit religiösen Floskeln umschrieben werden. Jeder Muslim, der an die Ziele und Ideale der Muslimbruderschaft glaube, sei Teil dieser Bewegung – auch wenn er nicht direktes Mitglied der Muslimbruderschaft ist. Vor diesem Hintergrund lohnt es sich, einige wichtige Organisationen und Gruppen aus dem Umfeld der Muslimbruderschaft näher zu betrachten.

Islamic Council of Europe

Eine der unbekanntesten muslimischen Organisationen in Europa ist der Islamic Council of Europe. Gegründet wurde er 1973 mit Sitz in London. Sein langjähriger Generalsekretär und Gründer Salem Azzam, der 1989 gestorben ist, war ein prominentes Mitglied der Muslimbruderschaft und ein Freund von Said Ramadan (siehe Seite 131 f.). Salem Azzam war ein Verwandter von Ajman al-Zawahiri sein, dem langjährigen Führer des ägyptischen islamischen Dschihad und heutigen Stellvertreter bin Ladens.

Über die Entstehungsgeschichte des Islamic Council of Europe ist ebenso wenig bekannt wie über die Anschubfinanzierung, den tatsächlichen Sitz, seine Mitglieder und Aktivitäten. Im Internet taucht die Organisation mal mit Sitz in Birmingham auf und an anderer Stelle als Mutterorganisation eines Fördervereins für Islamic Banking. Europäische Geheimdienste behaupten, dass die Organisation den größten Teil ihrer Finanzmittel aus Saudi-Arabien bekomme und damit ein von Marokko bis Pakistan und von Ägypten bis Großbritannien reichendes Netzwerk von Tarnorganisationen der Muslimbruderschaft leite.

Interessanter als diese Information ist jedoch ein Aspekt aus der Geschichte des Islamic Council of Europe: In den Achtzigerjahren gab die Organisation ein Buch mit dem Titel *Muslim Communities in Non-Muslim States*, verfasst von M. Ali Kettani, heraus.[5] Im vierten Kapitel mit der Überschrift »The Problems of Muslim Minorities and their Solutions« (Probleme von Muslimminoritäten und ihre Lösungen) wird eine Islamisierungsstrategie für Europa beschrieben, die damals wohl von westlichen Lesern als Verschwörungstheorie abgetan worden wäre, heute jedoch längst Realität ist. In dem Buch heißt es, in Europa lebende Muslime dürften sich nicht in die Gesellschaften der jeweiligen Staaten integrieren. Sie müssten vielmehr räumlich eng beieinanderleben und gemäß den Prinzipien des Islam muslimische »Communities« bilden. Das sei die religiöse Pflicht eines jeden gläubigen Muslims. Der Bau von Moscheen, Gemeinschaftszentren und islamischen Schulen müsse dann dem Ziel dienen, immer mehr Menschen zum Islam zu bekehren, sodass

Muslime die Mehrheit des Landes stellten und den Staat ganz an den Prinzipien des Islam ausrichten könnten.

Der Autor Ali Kettani wurde 1941 im marokkanischen Fes geboren. Im Juli 1973 hob er zum ersten Mal auf einer Konferenz in London hervor, dass Muslime in Europa durch »Dawa« (Werben für den Islam/Mission) zukünftig die Mehrheit der Gesellschaft stellen könnten. 20 Jahre später, 1993, zählte Ali Kettani zu den Gründern der ersten islamischen Universität in Spanien seit dem Fall Granadas 1492. In den nachfolgenden Jahren half der von Sicherheitsbehörden als »Islamist« eingestufte Ali Kettani von Guayana bis Australien beim Aufbau muslimischer Gemeinschaften.

Der Islamic Council of Europe hat heute die von Kettani in den Achtzigerjahren beschriebene Entwicklung von muslimischen Parallelgesellschaften in vielen europäischen Staaten verwirklicht. Das Erziehungssystem in diesen Parallelgesellschaften ist rein islamisch, die Geschäfte verkaufen nur Lebensmittel, die »halal« sind.

Dr. Patrick Sookhdeo, der vom Islam zum Christentum konvertierte, behauptet heute, dass der Plan des Islamic Council of Europe aufgehe. Er hebt hervor: »Das ist doch der Grund dafür, warum es heute rein muslimische Wohngebiete gibt. Der nächste Schritt wird dann sein, Druck auf die Regierung auszuüben, für solche muslimischen Gemeinschaften die Anwendung der Scharia anzuerkennen. Man wird das damit begründen, dass es rassistisch oder ein Ausdruck von Islamophobie sei oder die Rechte von Muslimen verletze, wenn man ihnen das Recht der Scharia vorenthält.«[6] Patrick Sookhdeo ist heute Direktor des christlichen Hilfswerkes Barnabas-Fund und lebt in Wiltshire/Großbritannien. Er hebt hervor, dass die Europäer keinen Plan für die Zukunft Europas hätten, ganz im Gegensatz zu den Führern der Muslimbruderschaft. Und deren Aussichten auf Erfolg stünden gut.

Föderation der islamischen Organisationen in Europa (FIOE)

Die Föderation der islamischen Organisationen in Europa (FIOE) wurde 1989 gegründet. Sie hat ihren Sitz in Markfield in Leicestershire/England. Auf der Homepage www.eu-islam.com zählt sie zu ihren Mitgliedsorganisationen die Islamische Gemeinschaft in Deutschland e.V. (IGD), die Muslim Association of Britain (MAB), die Schweizer Ligue des Musulmans de Suisse und die in La Courneuve/Frankreich ansässige Union des Organisations Islamiques de France (UOIF).

Die FIOE gilt europäischen Sicherheitsbehörden seit Langem schon als europäischer Dachverband jener Muslime, die langfristig aus Europa »Eurabien« machen möchten. Die moderaten Bekundungen, nach denen sie den gewaltsamen Dschihad ablehnt, sind nach dieser Auffassung nur eine Tarnung. Sie gilt als »vereinigte islamische Front«, die politische Entscheidungsprozesse europäischer Regierungen beeinflussen soll. Mit ihrer europaweiten Infrastruktur von Moscheen, Predigern und Islamschulen schafft sie sich allmählich eine weitreichende Kontrolle über die in Europa lebende muslimische Bevölkerung – vom Schulkind bis zum Greis. Ihr Ziel ist die friedfertige Bekehrung Europas zum Islam. Die Flagge des Islam soll überall auf den Regierungssitzen jener Staaten wehen, in denen Muslime leben.

Ahmed al-Rawy, langjähriger Vorsitzender der FIOE, stritt in Gesprächen mit dem Journalisten Ian Johnson vom *Wall Street Journal*[7] nicht ab, dass er der Muslimbruderschaft nahesteht. Und deutsche Sicherheitsbehörden behaupten, alle Mitgliedsorganisationen der FIOE seien »ideologische Zwillinge« der Muslimbruderschaft. In Brüssel wird die FIOE von der EU regelmäßig eingeladen, um vor den Ausschüssen des EU-Parlaments zu sprechen. Sie scheint in Europa immer mehr zum Partner der EU und einzelner Regierungen zu werden, die den Dialog mit Muslimen suchen. Vorstandsmitglied der FIOE ist der Deutsche Ibrahim El-Zayat, der seit 2002 auch Präsident der Islamischen Gemeinschaft in Deutschland e.V. (IGD) ist. Immerhin darf Ibrahim El-Zayat nach einem Urteil des Oberlandesgerichts München vom Dezember 2005 als »Funktionär der Muslimbruderschaften« bezeichnet werden. Als »Meinungsäußerung« sei diese Formulierung zulässig, entschied das Gericht.[8]

Der den Idealen der Muslimbruderschaft nahestehende Dachverband FIOE hat viele muslimische Bildungseinrichtungen gegründet, so etwa das im französischen Burgund ansässige Europäische Institut für Geisteswissenschaften (Institut Européen des Sciences Humaines – IESH) in Château-Chinon und in Paris das »Institut des Études Islamiques de Paris«. Allein das IESH bildet Jahr für Jahr mehr als hundert Imame aus. Und wie auch die anderen Gründungen der FIOE ist es – vorsichtig gesagt – umstritten.

Europäischer Fatwa-Rat

Zu den weiteren Gründungen der Föderation der islamischen Organisationen in Europa (FIOE) zählt auch der 1997 in London gegründete Europäische Fatwa-Rat, »European Council for Fatwa and Research« (ECFR). Er möchte die europäischen Muslime mithilfe von Fatwen (islamischen Rechtsgutachten) auf den rechten Weg Allahs führen. Der Europäische Fatwa-Rat hat seinen Sitz in Dublin/Irland. Ungewöhnlich für einen »Europäischen« Fatwa-Rat ist, dass mehr als ein Drittel der Mitglieder aus nichteuropäischen Staaten kommt. Scheich Yusuf al-Qaradawi etwa, der Ratsvorsitzende, der zugleich als Chefideologe der Muslimbruderschaft gilt. Dem Europäischen Fatwa-Rat werden »islamistische« Tendenzen nachgesagt. Als dessen »Kooperationspartner« werden genannt: die Al-Maktoum-Wohltätigkeitsstiftung mit Sitz in Dublin/Irland, die Föderation der islamischen Organisationen in Europa (FIOE) und die vor allem in Deutschland stark vertretene und vom Verfassungsschutz beobachtete Gruppe Milli Görüs. Nach Angaben der Homepage des Europäischen Fatwa-Rates richtete Milli Görüs zwischen dem 19. und 22. Mai 1999 auch ein Treffen des Fatwa-Rates in Köln aus.[9]

Auf der Internetseite des Europäischen Fatwa-Rates[10] findet sich in arabischer Sprache ein Artikel, der sich unter der Überschrift »Die Muslime Deutschlands« mit den kurzfristigen Zielen des Fatwa-Rates in Deutschland befasst. In dem Artikel wird als solches Ziel etwa die Übernahme der Führung bestimmter dem Europäischen Fatwa-Rat nahestehender Gruppen in Deutschland genannt. Und außerdem die Einflussnahme auf die Gestaltung des Islamunterrichts an deutschen Schulen und eine Regelung der Kopftuchthematik, die mit seinem Islamverständnis übereinstimmt.

Das baden-württembergische Landesamt für Verfassungsschutz warnt vor der Auffassung, dass der Europäische Fatwa-Rat im Interesse der Europäer handle. Das Gegenteil sei der Fall. In seinem Bericht heißt es: »Anders als der Namensbestandteil ›europäisch‹ vermuten lassen könnte, handelt es sich bei dem 1997 auf Initiative der Föderation der Islamischen Organisationen in Europa (FIOE) in London gegründeten ECFR, dessen Mitglieder zu mehr als einem Drittel in nichteuropäischen Ländern ansässig sind, nicht um eine Institution, die eine Annäherung an europäische Grundwerte anstrebt, sondern – der Namensbestandteil ›Council for Fatwa‹ (›Rat für Rechtsgutachten‹) offenbart es – um eine Organisation, die mittels Rechtsschöpfung aus der Scharia, hieraus abgeleiteter Rechtsgutachten und eigener Forschungsergebnisse die in der europäischen Diaspora lebenden Muslime auf dem Weg von Koran und Sunna zu leiten beansprucht.«[11]

Die politischen Ziele des Europäischen Fatwa-Rates beschreibt das Landesamt für Verfassungsschutz mit einem Zitat von Yusuf al-Qaradawi, der bei einer Tagung des Fatwa-Rates im Juli 2006 in Istanbul sagte: »Der Allmächtige hat unseren Propheten für dasselbe Ziel gesandt, für welches er auch seine Ummah (die muslimische Weltgemeinschaft) gesandt hat (...) Der Ummah Muhammads ist eine Botschaft, eine Mission aufgetragen. Der Allmächtige hat uns gesandt, damit wir die Menschheit aus der Sklaverei erretten und daraus, dass sie sich vor anderen als vor Allah im Gebet verneigt.«[12]

Der Europäische Fatwa-Rat wirbt in allen europäischen Ländern um Anerkennung als religiöse Autorität und bemüht sich so, seine Sichtweise des Korans unter europäischen Muslimen durchzusetzen. Al-Qaradawis Fatwen haben unter den Muslimen in aller Welt zur theologischpolitischen Legitimierung von Selbstmordattentaten beigetragen. Zwei bedeutungsvolle Fatwen sind »Amaliyat Hamas Jihad Waqatalaha Shuhada« (Hamas Operationen sind Dschihad, und die bei der Ausführung sterben, gelten als Märtyrer) sowie »El-amalijat al-istishadiya a'zam suwar al-jihad« (Märtyreroperationen sind die höchste Form des Dschihad).[13]

Yusuf al-Qaradawi wird weltweit als »Führer der Muslimbruderschaft« bezeichnet, auch wenn die offizielle Führung bei Mohammed Mahdi Akef liegt. Al-Qaradawi, dem man den Posten angeboten hatte, lehnte ihn ab. Viele vermuten nun, dass die Ablehnung des Postens eher ein taktischer Schachzug war: So würden seine Fatwen, die weltweit Beachtung finden, nicht mit der Muslimbruderschaft in Verbindung gebracht. Und so könnte er die Religion wohl auch besser für die Ziele der Muslimbruderschaft instrumentalisieren.

Al-Qaradawis Bedeutung kann kaum überschätzt werden. Der langjährige Leiter des Institute of Islamic Political Thought in London, Azzam al Tabibi, umschrieb al-Qaradawis Bedeutung mit den Worten: »Wenn man von Scheich Qaradawi spricht, dann spricht man von einem Publikum von Hunderten von Millionen von Muslimen in der ganzen Welt, von einem, der wirklich die öffentliche Meinung formt. (...) Wenn Scheich Qaradawi eine Fatwa ausspricht, dann wird diese Fatwa am nächsten Tag in Hunderten von Orten rund um die Erde anerkannt.«[14] Al-Qaradawi ist der Urheber von annähernd 150 Fatwen, und einige von diesen sind von großer Relevanz für Selbstmordattentäter. Al-Qaradawi hat in mehreren seiner Fatwen alle erwachsenen Juden in Palästina als »Okkupanten« und »Krieger« bezeichnet und sie damit zu legitimen Kriegszielen erklärt. In diesen Fatwen heißt es, wenn Selbstmordattentäter sich bei Aktionen gegen Israelis selbst töten, dann sei das eben nicht Selbstmord, sondern die Aufopferung im heiligen Krieg. Solche Selbstmordattentäter seien Märtyrer.

Al-Qaradawi ruft offen zum Dschihad gegen die »Ungläubigen« auf. Man benötigt keine Geheimdokumente, um das zu belegen. Man muss nur einige seiner vielen Bücher lesen. Etwa das Buch *Fiqh az Zakhat* (»Islamisches Recht und Spendengebot«) – *eine vergleichende Studie*[15]. Das Buch widmet sich einem der Grundpfeiler des Islam, der »Zakat-Abgabe«. Diese zu den fünf Säulen des Islam gehörende »Armenabgabe« beträgt 2,5 Prozent des Einkommens. Ihre Verwendung soll nach al-Qaradawi vor allem dem Dschihad zugutekommen:

»Die ehrenwerteste Form des Dschihad ist es, muslimisches Land von der Vorherrschaft der Ungläubigen zu befreien. (...) Heute ist muslimisches Land besetzt in Palästina, Kaschmir, Eritrea, Äthiopien, Tschad, Somalia, Zypern, Samarkand, Bukhara, Taschkent, Usbekistan, Albanien und an einigen anderen Orten. Es ist eine islamische Pflicht, den heiligen Krieg zur Errettung dieses muslimischen Landes zu führen, und der Krieg für dieses Ziel in den besetzten Gebieten ist nach dem Willen Allahs das, wofür Zakat aufgewendet werden muss.«

Es sind viele Milliarden Euro, die Jahr für Jahr von Muslimen als Zakat-Abgabe gesammelt werden. Dieses Geld dient also auch der Kriegführung zur »Befreiung« von Gebieten, die die Muslimbruderschaft als dem Islam zugehörig betrachtet. Der islamische Staat, der dort nach ihrer Auffassung errichtet werden muss, heißt im Klartext: das Kalifat. Al-Qaradawi verbirgt diese Auffassung in seinen Schriften keineswegs. Nur macht sich kein Angehöriger des westlichen Kulturkreises die Mühe, die Bücher eines Herrn Qaradawi zu lesen.

Yusuf al-Qaradawi, der seit 1999 mit einem Einreiseverbot in die Vereinigten Staaten belegt ist, hat bei seinen Reisen durch Europa stets Terroranschläge gerechtfertigt, zumindest wenn diese gegen israelische Staatsbürger gerichtet sind. So sagte al-Qaradawi im Juli 2003 bei einer vom Europäischen Fatwa-Rat organisierten Konferenz in Stockholm mit dem Titel »Der Dschihad hat keine Verbindungen zum Terror«: »Die Märtyreroperationen von Palästinensern gegen die zionistische Besatzung gehören keinesfalls in den Bereich des verbotenen Terrors, auch wenn unter den Opfern Zivilisten sein sollten.«[16]

Auf der Veranstaltung wurde ein von al-Qaradawi erarbeitetes Papier verteilt, in dem es weiter hieß: »Wer Märtyreraktionen widerspricht und behauptet, es handele sich dabei um Selbstmord, der begeht einen großen Fehler. Die Ziele dessen, der Märtyreraktionen ausführt, und dessen, der Selbstmord begeht, sind vollständig andere. (...) Wer Selbstmord (begeht), tötet sich selbst für sich selbst, weil er im Beruf, in der Liebe, einer Prüfung oder Ähnlichem versagt hat. Er war zu schwach, die Situation zu meistern, und hat sich entschieden, vor dem Leben in den Tod zu fliehen. Wer dagegen eine Märtyreraktion ausführt, denkt nicht an sich. Er opfert sich zugunsten eines höheren Zieles, vor dem alle (anderen) Opfer ihre Bedeutung verlieren. Er verkauft sich selbst an Allah, um als Gegenleistung dazu sich das Paradies zu erkaufen. Allah sagte: ›Allah hat die Seelen und Eigenschaften der Gläubigen gekauft, damit sie das Paradies ererben.‹«

Es ist interessant, dass die Mitgliedsstaaten der Europäischen Union Organisationen wie den obskuren und selbst unter Muslimen umstrittenen Europäischen Fatwa-Rat noch nicht geschlossen haben. Wer solchem Treiben zuschaut, handelt fahrlässig. In Europa suchen Muslime nach einer Autorität, die ihnen in Fragen des Glaubens verbindliche Auskünfte erteilt. Wie kann es sein, dass die Europäische Union dem Europäischen Fatwa-Rat dieses Feld überlässt? Und wie kann es sein, dass eine der größten muslimischen Gruppen in Deutschland – Milli Görüs – Herrn Qaradawi zu sich nach Deutschland eingeladen hat?[17]

Islamische Weltliga

Die Islamische Weltliga (Rabita al-Alam al-Islami) ist eine 1962 in Mekka gegründete muslimische Organisation. Sie ist politisches und religiöses Instrument zur internationalen Durchsetzung saudischer Interessen mit dem Ziel, weltweit eine islamische Ordnung auf der Grundlage der Scharia zu errichten. In ihren Publikationen spricht sie von einer »Verschwörung des Westens« gegen alle Muslime und behauptet, dass im Westen lebende Muslime einer »Gehirnwäsche« unterzogen würden.[18] Vor diesem Hintergrund warnt die Islamische Weltliga Muslime vor einer Heirat mit Andersgläubigen.[19] Sie ist UNESCO-Mitglied, unterhält ein weltweites Netzwerk von Auslandsbüros, betreibt eigene Kulturzentren und Bildungseinrichtungen und will langfristig ein weltweites Kalifat etablieren.

Amerikaner und auch Saudi-Araber wachsen in dem Bewusstsein auf, im jeweils besten Gesellschaftssystem der Welt zu leben. Staatsbürger beider Länder legen missionarischen Eifer an den Tag, wenn es darum geht, andere Gesellschaften von den Vorzügen der eigenen zu überzeugen. So wie die Amerikaner mit der Globalisierung ihren Kapitalismus noch in den letzten Winkel der Erde tragen möchten, so investieren Saudis Milliarden, um andere mit dem »wahren Islam« zu erleuchten. Organisationen wie die Islamische Weltliga spielen die führende Rolle dabei, sie finanzieren Schulen und Moscheebauten. Und der dort verbreitete wahhabitische Islam ist nicht etwa das, was wir »Euro-Islam« nennen, sondern die Hardcoreversion des Islam, die lächelnd und mildtätig gesponsert wird.

Immerhin nannte Usama bin Laden schon im Jahre 1993 die Islamische Weltliga als einen seiner drei wichtigsten Geldgeber. Und in den Untersuchungsberichten zum 11. September 2001 nennen amerikanische Sicherheitsbehörden den zur Weltliga gehörenden pakistanischen Zweig des Rabita-Trust (eine muslimische Wohlfahrtsorganisation) als Sponsor der Terroranschläge. In den Vereinigten Staaten wird die Islamische Weltliga weiterhin verdächtigt, über Teile ihres einflussreichen Netzwerkes nach wie vor Terror statt Dialog zu fördern.

Zu den Organisationen, mit deren Hilfe die Islamische Weltliga den wahhabitischen Islam in aller Welt fördern will, gehören etwa die International Islamic Relief Organisation (IIRO) und die 1972 in Saudi-Arabien gegründete World Assembly of Muslim Youth (WAMY). Mit ihren sozialen und humanitären Fassaden sind sie ideale Trojanische Pferde einer aus Saudi-Arabien gesteuerten langfristigen Unterwanderungsstrategie westlicher Staaten. Organisationen wie WAMY teilen mit der Muslimbruderschaft ihre Sicht der Welt: Der Islam wird vom bösen Westen unterdrückt. Um dem Islam wieder zur herrschenden Stellung in der Welt zu verhelfen, genügt es, zu den Wurzeln der Frühzeit des Islam zurückzukehren.

Ein Blick in die arabischen Publikationen der Weltliga reicht, um die Integrationsfeindlichkeit der Islamischen Weltliga und ihrer Ideologie sichtbar zu machen. Geworben wird in den Strategiepapieren etwa für eine möglichst hohe Geburtenzahl von Muslimen. Dies sei ein geeignetes Mittel, um den Westen in eine muslimische Mehrheitsgesellschaft zu verwandeln.[20] Das langfristige Ziel der Unterwanderung europäischer Staaten deckt sich offenkundig mit den Zielen der Muslimbruderschaft. Das ist nicht weiter verwunderlich, sind doch die Beziehungsgeflechte zwischen Muslimbruderschaft und Islamischer Weltliga mehr als eng.

Immerhin war Said Ramadan (siehe Seite 131 ff.) der maßgebliche Initiator für die Bildung der Islamischen Weltliga, die er zusammen mit dem radikalen Islamisten Abdul Ala Maududi 1962 in Mekka gründete. Auf Said Ramadan gehen die wichtigsten Punkte der Gründungsdokumente zurück. Die Islamische Weltliga sollte der Familie Ramadan bei der angestrebten Islamisierung Europas im Sinne der Muslimbruderschaft helfen. Das Projekt ist erfolgreich. Aus Saudi-Arabien kamen Gelder, mit denen schon 1964 in München und London neue islamische Zentren eröffnet werden konnten.

Antisemitismus ist eines der Ziele, das die Islamische Weltliga strikt verfolgt. 2003 veröffentlichte sie in der Monatszeitschrift *Al-Rabita* eine Artikelreihe unter dem Titel »Der Plan der Juden, die Welt zu beherrschen«. Hauptquelle ihrer »Informationen« waren die in Russland fabrizierten »Protokolle der Weisen von Zion«[21]. Die Islamische Weltliga fordert, in allen Schulen in der islamischen Welt das Unterrichtsfach »Gefahren des Zionismus« verpflichtend einzuführen. Das ist kaum verwunderlich. Amerikanische Studien stellen bei der Untersuchung von saudischen Lehrbüchern immer wieder fest, dass trotz aller gegenteiligen Beteuerungen aus dem saudischen Königshaus auch weiterhin Hass auf »Ungläubige«, auf Juden und auf »den Westen« gelehrt wird. Wer sich mit Vertretern der Islamischen Weltliga oder ihren Tochterorganisationen trifft, sollte das eigentlich wissen. Doch selbst bekannte Repräsentanten der Bundesrepublik Deutschland wähnen sich offenkundig geehrt, wenn sie auf Veranstaltungen der umstrittenen saudischen Organisationen als Statisten eingeladen werden.

Die Berliner Senatsverwaltung, Abteilung Verfassungsschutz, hat im Jahre 2005 eine 119 Seiten starke Schrift mit dem Titel *Islamismus – Diskussion eines vielschichtigen Phänomens* veröffentlicht. In dieser nennt Johannes Kandel von der Berliner Friedrich-Ebert-Stiftung Beispiele dafür, dass einige in Deutschland tätige muslimische Verbände enge Verbindungen zu umstrittenen ausländischen Organisationen unterhalten – auch zur Islamischen Weltliga. Kandel schreibt: »So veranstaltete die International Islamic Educational Scientific and Cultural Organisation (ISESCO), eine Unterorganisation der Islamischen Weltliga (Rabita), finanziert von Saudi-Arabien, zusammen mit dem Islamrat[22] eine große Dialogkonferenz am 5. Juli 2000 im Berliner Hyatt Hotel. Prominente deutsche Referenten, darunter Bundestagspräsident Wolfgang Thierse, Professor Udo Steinbach, Professor Hans Küng und Peter Scholl-Latour, nahmen teil.«[23]

Nach Auffassung von Kandel diente die Tagung in erster Linie der Selbstinszenierung und den Public-Relations-Zielen der ISESCO und des Islamrates und hatte wenig mit ernsthaftem Dialog zu tun. Was die bei dem Treffen zusammengekommenen ranghohen muslimischen Vertreter unter Dialog verstanden, brachte der iranische Scheich Mohammed Ali al Tashkiri auf den Punkt: »Der Dialog im Islam ist Ausdruck für einen zivilisatorischen Wert und fungiert in dieser Eigenschaft von Anbeginn als Mittel für die Propheten zur Verkündigung und Übermittlung der Offenbarungen.«[24] Kandel hebt hervor, Dialog sei somit gleichzusetzen mit »Mission«, also Einladung zur Bekehrung zum Islam.

Unterdessen setzte die ISESCO ihre missionarischen Bemühungen mithilfe ihres deutsch-muslimischen Unterstützernetzwerkes und saudischen Petrodollars unverdrossen fort. Kandel berichtet: »Im September 2003 gab sich Ministerpräsident Roland Koch (CDU) die Ehre, die ISESCO Konferenz in Frankfurt am Main (Globalisierung und Religion) mit einem Grußwort zu beglücken. Die Islamische Zeitung des Murabitun-Sympathisanten[25] Abu Bakr Rieger merkte froh an, dass der Ministerpräsident sich sehr bemüht habe, die Kopftuchdebatte in ihrer Bedeutung zu relativieren, und darauf verwiesen habe, dass Deutschland kein laizistischer Staat sei. Vertreter des ZMD, darunter Nadeem Elyas und Fatima Grimm, begleiteten im Sommer 2002 eine Delegation der Rabita (die saudische »Wohltätigkeitsorganisation« Rabita ist ein Ableger der Islamischen Weltliga; Anm. d. Autors) durch Deutschland. Die Reise war als Good-will-Tour gedacht und sollte Dialoganbieter in Deutschland von der Dialogfähigkeit des Islam überzeugen. Im Ergebnis war es eine Werbeveranstaltung für die Rabita mit freundlicher Unterstützung des ZMD.«[26]

ZMD – das ist der Zentralrat der Muslime in Deutschland. Gernot Facius schrieb am 26. Oktober 2001 in der *Welt* über den früheren Vorsitzenden des Zentralrates der Muslime, Nadeem Elyas, unter anderem: »Ebenso werden ihm Kontakte zur ›Rabita‹ nachgesagt, einer ultraradikalen Gruppe am Golf, die über finanzstarke Ableger in Europa an Einfluss gewinnt.«

Elyas erwirkte daraufhin am 29. Oktober 2001 eine Gegendarstellung, in der es unter anderem heißt: »›Ebenso werden ihm Kontakte zur ›Rabita‹ nachgesagt, einer ultraradikalen Gruppe am Golf, die über finanziell starke Ableger in Europa an Einfluss gewinnt.‹ Richtig ist: Herrn Dr. Elyas werden keine Kontakte zu einer ultraradikalen Gruppe am Golf nachgesagt. Bei der Rabita handelt es sich um die Islamische Weltliga in Mekka. Eschweiler, den 29. 10. 2001, gez. Dr. Nadeem Elyas.«

Islamische Gemeinschaft in Deutschland e.V. (IGD)

Die Islamische Gemeinschaft in Deutschland (IGD) wird vom Verfassungsschutz beobachtet. So heißt es auf der Internetseite des nordrhein-westfälischen Verfassungsschutzes: »Die Beziehungen der IGD reichen durch persönliche Kontakte von Funktionären und gemeinsame Projekte sowohl in den Bereich von islamisch-extremistischen Organisationen arabischstämmiger als auch türkischstämmiger Muslime (IGMG/EMUG [Islamische Gemeinschaft Milli Görüs/Europäische Moscheebau- und Unterstützungsgemeinschaft]) sowie zu einer islamischen Hilfsorganisation, die im Verdacht steht, heimlich den islamistischen Terrorismus zu unterstützen.«[27]

Auch der niedersächsische Verfassungsschutz weiß über die IGD zu berichten: »Bereits 1960 gründete sich in der Bundesrepublik Deutschland die Islamische Gemeinschaft in Deutschland e.V. (IGD), die die mitgliederstärkste Organisation von Anhängern der Muslimbruderschaft in Deutschland ist. Die IGD hat ihren Sitz in dem von ihrem Vorsitzenden

Ibrahim El-Zayat geleiteten Islamischen Zentrum München (IZM). In den letzten Jahren entwickelte sich das Jahrestreffen der IGD zu einem zentralen Ereignis für Muslime, die der gewaltverneinenden Variante der islamistischen Ideologie nahestehen.«[28]

Der bayerische Verfassungsschutz schreibt über die IGD im Faltblatt »Islamischer Extremismus«: »Deutsche Zentrale der Muslimbruderschaft ist die Islamische Gemeinschaft in Deutschland e.V. (IGD).«[29]

Dem Verfassungsschutz Thüringen haben wir nachfolgende Zeilen über die IGD und die Muslimbruderschaft entnommen: »Sie (die Muslimbruderschaft) verfolgt das Ziel, auf die jeweiligen Staaten – zum Teil verdeckt – in religiöser, gesellschaftlicher und politischer Hinsicht Einfluss zu nehmen, um eine schleichende Transformation dieser Staaten in eine islamistische Staatsform herbeizuführen. Nach außen vertritt die IGD einen dialogbereiten und toleranten Islam, um ihre Absichten der öffentlichen Wahrnehmung zu entziehen.«[30]

Die Anhänger der IGD sind somit bemüht, sich in der Öffentlichkeit als eine gegenüber der deutschen Rechtsordnung loyale muslimische Interessenvertretung darzustellen. Vorbehalte gegenüber den westlichen Demokratien, auch gegenüber der Staats- und Gesellschaftsordnung in Deutschland, kommen in öffentlichen Verlautbarungen kaum zum Ausdruck.

Zu den Funktionären der IGD schreibt das Stuttgarter Landesamt für Verfassungsschutz: »IGD-Funktionäre machten in der Vergangenheit deutlich, dass ihrer Meinung nach die Rechtsgrundlagen in Deutschland an islamrechtliche Vorstellungen angepasst werden sollten.«[31]

In der im Mai 2006 erschienenen Broschüre »Die Ideologie der Muslimbruderschaft«[32] schreibt der nordrhein-westfälische Verfassungsschutz über die Muslimbruderschaft (MB): »Bei aller Differenzierung hinsichtlich der verschiedenen Denkrichtungen innerhalb der MB ist der Großteil des dort vertretenen ideologischen Gedankenguts unvereinbar mit den im Grundgesetz der Bundesrepublik Deutschland verankerten Prinzipien der Demokratie, des Rechtsstaates und einer auf der Menschenwürde basierenden politischen Ordnung. Der absolute Wahrheitsanspruch, den die MB erhebt und den sie auf die Erkenntnis der göttlichen Wahrheit gründet, steht im Widerspruch zu grundlegenden demokratischen Prinzipien wie dem Meinungspluralismus und der Volkssouveränität.«

Deutsche Verfassungsschützer werfen der Muslimbruderschaft vor, den Staat insgeheim umwandeln und langfristig der Scharia unterstellen zu wollen. Der Verfassungsschutz Nordrhein-Westfalen sieht den Einfluss der Muslimbruderschaft längst schon über die Islamische Gemeinschaft in Deutschland (IGD) hinausgehen. Die IGD wird seit Langem schon in den Verfassungsschutzberichten mehrerer Bundesländer als eine Organisation bezeichnet, die dem ägyptischen Zweig der islamistischen Muslimbruderschaft zuzurechnen sei.

Seit 2002 ist Ibrahim El-Zayat Präsident der IGD. Der deutsche Staatsangehörige El-Zayat, dessen Vater aus Ägypten stammt, ist mit der Schwester des ehemaligen Milli-Görüs-Vorsitzenden Mehmet Sabri Erbakan verheiratet. Neben seinem Amt als IGD-Vorsitzender übt El-Zayat zahlreiche Funktionen in weiteren islamischen Organisationen aus.

Das Bundesamt für Verfassungsschutz schreibt im Jahre 2005 im Verfassungsschutzbericht über die IGD: »Ebenso agieren die Anhänger der Muslimbruderschaft (MB) in Deutschland. Ihre Ideen werden von der Islamischen Gemeinschaft in Deutschland e.V. (IGD) und den ihr angeschlossenen Islamischen Zentren verbreitet.«[33]

Die IGD ist Mitglied im Zentralrat der Muslime in Deutschland (ZMD). Der Zentralrat der Muslime in der Bundesrepublik Deutschland gilt gemeinhin als »der« Repräsentant von Muslimen in Deutschland. Dabei repräsentiert er allenfalls 20 000 der mehr als 3,5 Millionen in Deutschland lebenden Muslime. Er ist eine eher kleine islamische Organisation, die in der Öffentlichkeit erheblich überbewertet wird. Mehrere der Mitgliedsorganisationen des Zentralrates stehen der Muslimbruderschaft nahe.

Der ZMD wurde Mitte der Neunzigerjahre von dem 1945 in Mekka geborenen Saudi Nadeem Elyas mitgegründet. Zusammen mit dem Islamrat hat der Zentralrat der Muslime Kommissionen gegründet, die Lobbyarbeit für die Erteilung islamischen Religionsunterrichts an deutschen Schulen und Ausnahmegenehmigungen für das Schächten in Deutschland betreiben. Der Zentralrat gilt als umstritten, weil er sich zwar nach außen dialogbereit gibt, aber auch Gruppen repräsentiert, die vom

Verfassungsschutz in das Umfeld der Muslimbruderschaft eingeordnet werden.

Die Muslimbruderschaft in Großbritannien

Bis zum Jahre 1996 war die Muslimbruderschaft in Großbritannien nicht organisiert. Kemal al-Helbawy, ein Ägypter, trat 1996 zum ersten Mal an die britische Öffentlichkeit und bekundete, dass viele britische Muslime die Ziele der Muslimbruderschaft unterstützten. Im September 1999 eröffnete die Muslimbruderschaft ihr erstes »globales Informationszentrum« (global information center) in London. Aufgabe des Zentrums sollte es sein, muslimische Aktivitäten im Sinne der Mutterorganisation zu koordinieren und die Ziele über die Massenmedien zu verbreiten.

Schon in den Neunzigerjahren hatten französische Sicherheitsbehörden London verächtlich »Londonistan« genannt, weil sich Großbritannien weigerte, radikale terrorverdächtige Islamisten aus nordafrikanischen Staaten in ihre Heimatländer abzuschieben, und diesen sogar politisches Asyl gewährte. Zu diesen von den Franzosen mit Argwohn betrachteten Personen, die in Großbritannien Zuflucht fanden, gehörte etwa der Führer der in Tunesien verbotenen En Nahda (»Wiedergeburt«; siehe auch Seite 194 ff.), Rashid Gannouchi. Auch Omar Fostock (alias Omar Bakri Mohammed), der gemeinsam mit anderen einen Flügel der radikalen Hizb ut-Tahrir (siehe Seite 203 ff.) gegründet hatte, suchte Zuflucht in Großbritannien. Ebenso wie der im Londoner Exil lebende saudische Islamist Mohammed al-Masari soll Omar Fostock Kontakte zur Muslimbruderschaft unterhalten.[34] Beide sollen nach Angaben britischer Sicherheitskräfte Muslime zu Wohltätigkeitsorganisationen nach Bosnien geschickt haben, die die Freiwilligen dann im Terrorismus geschult haben. Omar Fostock und al-Masari bestreiten, davon Kenntnis gehabt zu haben.

Im Jahre 1997 wurde die Muslim Association of Britain (MAB), die britische Sicherheitsbehörden als Organisation der Muslimbruderschaft sehen, gegründet. Durch ihre Aktivitäten radikalisierte die Organisation britische Muslime in den nachfolgenden Jahren. Unter ihrem Einfluss wurden diese stärker antiwestlich und auch stärker antiisraelisch geprägt. Die breite britische Öffentlichkeit nahm die MAB wohl zum ersten Mal im April 2002 wahr. Damals veranstaltete die Gruppe eine große propalästinensische Demonstration in London. Einige der Demonstranten verkleideten sich als palästinensische Selbstmordattentäter, andere hielten Plakate in die Höhe, auf denen Israel mit Nazideutschland gleichgesetzt wurde. Kemal al-Helbawy, Mitbegründer der MAB, war einer der Sprecher auf dieser Demonstration. Am 18. Oktober 2006 wurde Kemal al-Helbawy, einem Gründungsmitglied der MAB, auf der Grundlage des »Patriot Act« ohne weitere Angabe von Gründen die Einreise in die Vereinigten Staaten verweigert.

Vor dem Irakkrieg im Frühjahr 2003 organisierte die Muslim Association of Britain unter dem Motto »Don't attack Iraq/Free Palestine« zahlreiche Demonstrationen. Von der Socialist Workers Party (SWP) bis hin zur Kommunistischen Partei erhielt die MAB Unterstützung für ihren antiwestlichen Kurs, der sich gegen den Irakkrieg richtete. Vor diesem Hintergrund gelang es der MAB, sowohl in den Reihen der Antikriegskoalition als auch bei der propalästinensischen Lobby eine Vorreiterrolle einzunehmen. Immerhin trat Ken Livingstone, der damalige Bürgermeister von London, beim Jahrestreffen des der Muslimbruderschaft nahestehenden Europäischen Fatwa-Rates im Juli 2004 in der Londoner Stadthalle auf. Es war die gleiche Veranstaltung, zu der auch der geistige Führer der Muslimbruderschaft, Scheich Yusuf al-Qaradawi, nach London anreiste, um den Europäischen Fatwa-Rat bekannter zu machen.

Nach Angaben des Washingtoner Hudson Instituts hat die Muslim Association of Britain im Februar 2005 das »Management« der Londoner Moschee in Finsbury Park übernommen. Diese war zuvor in Verruf gekommen, weil dort mehrere Terrorverdächtige verkehrten.

Der Einfluss der Muslimbruderschaft auf das Leben und Denken der rund 1,6 Millionen britischen Muslime ist kaum zu unterschätzen. In wenigen Jahren haben sich die zur Muslimbruderschaft gehörenden Organisationen bei Politik, Wirtschaft und Verbänden Gehör als wichtige

Sprecher britischer Muslime verschafft. Dabei tritt die Muslimbruderschaft in Großbritannien unter vielen Namen auf. Die langfristige Strategie, breite Teile der britischen Muslime über viele auf den ersten Blick nicht als Organisationen aus dem Umfeld der Muslimbruderschaft zu identifizierende Gruppen zu beeinflussen, ist im Falle Großbritanniens deutlich zu erkennen. Alle diese Gruppen sprechen sich gegen Gewalt und Terror aus. Die Zukunft wird zeigen, wie ernst es diesen Gruppen mit solchen Aussagen ist.

Am 10. September 2006 berichtete die *Sunday Times* über Kriegsübungen der zur Muslimbruderschaft gehörenden Islamistengruppe Hizb ut-Tahrir in Großbritannien. Zwei muslimische Mitarbeiter der Zeitung wurden in Congleton/Cheshire Zeugen, wie ein Dutzend junger Briten, die aus Asien stammten, im Schießen unterrichtet wurden. Einer der Führer der Gruppe nannte an jenem Tag Usama bin Laden einen »muslimischen Bruder« und hob hervor, es sei die Pflicht eines jeden Muslims, für die Rückkehr des Kalifats zu kämpfen.[35]

Am gleichen Tag berichtete der *Sunday Telegraph*, Mohammed Abdul Bari, Generalsekretär des Muslim Council of Britain, einer weiteren muslimischen Organisation des Landes, habe davor gewarnt, dass Großbritannien zwei Millionen islamischen Terroristen gegenüberstehen könnte, wenn London den Islam weiterhin »dämonisiere«. Die wachsende »Islamophobie« habe zu »Angst und Frustration vor allem unter muslimischen Jugendlichen geführt«.

Der Muslim Council of Britain unterstützt – wie ähnliche Organisationen in anderen europäischen Staaten – die Islamisierung der Welt. Im Oktober 2004 gab es etwa eine Initiative »Books for Schools«, bei der in Großbritannien und auch anderen Staaten islamische Bücher an Schüler verteilt wurden. Der frühere englische Erziehungsminister Charles Clarke unterstützte die Initiative und hob öffentlich hervor, sie diene dem Ziel, eine »multikulturelle Gesellschaft« zu schaffen. Mit den Büchern, Videos und CDs sollen junge Briten aller Konfessionen mit den Grundpfeilern des Islam vertraut gemacht und zum Konvertieren angeregt werden.

Der Muslim Council of Britain (MCB) behauptet von sich, britische Muslime zu repräsentieren. Mit seiner Gründung 1997 hatten die staatlichen Instanzen endlich den ersehnten Ansprechpartner unter britischen Muslimen. Hinterfragt wurde nie, welche Folgen es für das Land haben wird, wenn die Organisation mit saudischen Geldern unterstützte Moscheen errichten lässt.[36] Und man sah darüber hinweg, dass Sir Iqbane Sakranie, bis 2005 Generalsekretär des MCB, öffentlich äußerte, für Salman Rushdie sei der Tod »eigentlich eine zu milde Strafe«[37]. Man sah ebenfalls darüber hinweg, dass er den Holocaust-Gedächtnistag boykottierte. Eine Fernsehsendung der BBC überführte den MCB im Jahre 2005 der Doppelzüngigkeit. Moderat im offiziellen Dialog, werde intern eine unversöhnliche Sprache gegenüber den »Kuffars«, den Ungläubigen, angeschlagen, hieß es in der Sendung.[38]

Eine weitere Gruppe wurde im Sommer 1990 von britischen Muslimen unter Führung des aus Pakistan stammenden radikalen Islamisten Kalim Siddiqui (1931–1996) gegründet: der »Council of British Muslims« (CBM). Ziel war es, ein rein muslimisches »Parlament« (»Muslim Parliament«) zu schaffen, die Einheit aller britischen Muslime in der »Ummah« zu gewährleisten und mit einem Manifest die Grundlagen für das künftige Zusammenleben der Muslime in Großbritannien festzuhalten. Kalim Siddiqui hat seine weltweiten Bemühungen um Radikalisierung junger Muslime keineswegs nur auf Großbritannien beschränkt: In der Türkei etwa vereinigte er in den Achtzigerjahren viele kleine islamistische Gruppierungen zu einem schlagkräftigen Trupp. Kalim Siddiqui war gleichermaßen von den Idealen der Muslimbruderschaft wie auch von der iranischen Revolution inspiriert. Es war Kalim Saddiqui, der bei einem Besuch in Teheran den iranischen Revolutionsführer Chomeini dazu bewog, eine Todesfatwa gegen Salman Rushdie zu verfassen.

Das von Kalim Siddiqui 1990 verfasste und im Internet abrufbare Manifest[39] orientiert sich deutlich auch an den Idealen der Muslimbruderschaft. Es ist zudem ein heute weitgehend in Vergessenheit geratenes Zeugnis für die langfristige Unterwanderungsabsicht radikaler Islamisten. Überschrieben ist das Manifest mit »Überlebensstrategie«. Die erste Maxime des Manifests lautet: »Muslime werden allen Formen der Unterdrückung widerstehen und diese bekämpfen.« Die zweite Maxime lautet: »Muslime müssen in Großbritannien ihre eigene Identität und

Kultur entwickeln und Teil der weltweiten Gemeinschaft der Muslime, der Ummah, sein.«

»Integration« und »Assimilation« der britischen Muslime werden ausdrücklich abgelehnt, ebenso wie weite Teile des britischen Rechtssystems (*common law*), etwa in Hinblick auf die Haltung zur Abtreibung, Homosexualität und zum Konsum von Alkohol. Die Teilnahme oder aktive Unterstützung des weltweiten Dschihad wird ausdrücklich zur Pflicht erklärt. So heißt es auf Seite 10 des Manifests: »Der Dschihad ist eine grundsätzliche Forderung des Islam, und in Großbritannien zu leben oder die britische Staatsbürgerschaft qua Geburt oder Einbürgerung zu haben entbindet den Muslim nicht von seiner oder ihrer Pflicht, am Dschihad teilzunehmen: Diese Teilnahme kann im aktiven Kampf in auswärtigen bewaffneten Konflikten bestehen und/oder in der Bereitstellung von Material und moralischer Unterstützung für diejenigen, die in solchen Konflikten wo auch immer in der Welt engagiert sind.«

Der bewaffnete Kampf und die moralische und/oder finanzielle Unterstützung von Dschihad-Kämpfern ist vor diesem Hintergrund schon seit Mitte 1990 ein öffentlich erklärtes Ziel britischer Muslime. Auf Seite 22 nennt das Manifest dann auch die angestrebte Folge des Zieles der Entwicklung einer Parallelgesellschaft: »Die Muslim-Gemeinschaft wird ›No-go-Areas‹ definieren müssen, wo die Redefreiheit gegen den Islam nicht toleriert wird.«

Ähnliche Pläne hatte die Muslimbruderschaft vor Jahrzehnten schon auch für andere europäische Staaten entwickelt. Besonders erfolgreich ist sie damit in Frankreich, wo die ständigen gewaltsamen Unruhen in den mehrheitlich von muslimischen Einwanderern bewohnten Vorstädten längst de facto »No-go-Areas« geschaffen haben. Die französische Polizei spricht von einer »Intifada« und traut sich in diese Stadtteile nicht mehr hinein.

Auch bezüglich der schleichenden Einführung der Scharia als »paralleles Rechtssystem« ist die Entwicklung in Großbritannien besonders weit fortgeschritten. Der *Daily Telegraph* vom 29. 11. 2006 berichtete, dass das islamische Scharia-Recht zunehmend Fuß fasse in Teilen Großbritanniens. Die Sendung »Law in Action« von Radio 4 der BBC informierte darüber, dass das Scharia-Recht von einigen Muslimen als

Alternative zum englischen Strafrecht benutzt werde, und schilderte einen Fall von somalischen Jugendlichen, die einen anderen Somalier mit einem Messer verletzt hätten. Die Familie des Opfers teilte der Polizei mit, sie wolle die Angelegenheit außerhalb des Gerichts klären, und die Verdächtigen wurden gegen Kaution auf freien Fuß gesetzt. Die Familien hätten daraufhin in einem »Hearing« die Angelegenheit unter sich geklärt.

Scotland Yard hatte auf Nachfrage zwar noch keine Kenntnis von dem geschilderten Fall, aber ein Sprecher teilte mit, bei tätlichen Bedrohungen oder Beleidigungen sei es üblich, nicht zu ermitteln, wenn die Opfer entschieden, keine Klage einzureichen. Allerdings, so der Sprecher, Fälle von häuslicher Gewalt, einschließlich Vergewaltigung, müssten vor Gericht verhandelt werden, egal, was das Opfer wünsche.

Einige Anwälte, so der *Daily Telegraph* weiter, begrüßten diesen »Fortschritt« als »rechtlichen Pluralismus«, und Dr. Prakash Shah, der als Dozent für Jura an der Queen Mary University of London arbeitet, meinte gar, solche Tribunale »könnten effektiver sein als das formale Rechtssystem«. So sagte auch Faizul Aqtab Siddiqi, Rechtsanwalt und Direktor der Hijaz College Islamic University in der Nähe von Nuneaton, Warwicks, diese Art Gerichte habe Vorteile für Muslime: »Es arbeitet mit niedrigem Budget, es arbeitet mit sehr kurzem Zeitrahmen.« Siddiqi sagte voraus, dass es innerhalb einer Dekade ein Netzwerk von Muslimgerichten in Großbritannien geben werde.[40]

Patrick Sookhdeo, Direktor des Instituts für Studien zu Islam und Christentum, schreibt in seinem Buch *Islam in Britain*[41], dass es in Großbritannien in der muslimischen Gemeinschaft auf freiwilliger Basis ein alternatives paralleles, inoffizielles Rechtssystem gebe: »Scharia-Gerichte arbeiten inzwischen in den meisten größeren Städten.«

Frankreich:
Die Union islamischer Organisationen – Union des Organisations Islamiques de France (UOIF)

Frankreich ist eines der wichtigsten Länder in Europa in Bezug auf die Islamisierung des Kontinents. In Frankreich leben nach offiziellen Angaben mehr als fünf Millionen Muslime, inoffizielle Schätzungen sprechen (inklusive der Illegalen) inzwischen von bis zu sieben Millionen. Viele dieser Muslime kommen aus ehemaligen französischen Kolonien. So war Frankreich Kolonialmacht in Algerien (1830–1962), in Marokko (1912–1956), in Tunesien (1881–1956), in Syrien (1920–1946) und im Libanon (1918–1946). Der Arbeitskräftemangel im Nachkriegsfrankreich führte dazu, dass französischsprachige Männer aus diesen ehemaligen Kolonien über viele Jahre willkommen geheißen und zur Einwanderung ermuntert wurden.

Die Muslimbruderschaft fand inmitten dieser Einwanderer ein interessiertes Betätigungsfeld. Überhaupt galt Frankreich radikalen Muslimen als idealer Zufluchtsort. Die Ideale von »Liberté, Égalité, Fraternité« schützten die Anhänger der Muslimbruderschaft und ihre radikalen Auffassungen. Über Jahrzehnte hin wollte man in Paris nicht wahrhaben, dass viele der muslimischen Einwanderer die Freiheitsrechte ausnutzten, um Hass zu säen und für die Errichtung von Religionsdiktaturen zu kämpfen. Der französischen Öffentlichkeit wurde diese Entwicklung wohl zum ersten Mal 1978/1979 bewusst, als Ajatollah Chomeini von seinem französischen Exil in Neauphle-le-Château aus den Schah in Teheran vom Pfauenthron stieß. Wie wir gesehen haben, gehörte auch Chomeini einer Bruderorganisation (Fedayeen-e Islam) der Muslimbruderschaft an.

Zwei Studenten, der Tunesier Abdallah ben Mansour und der Iraker Mahmoud Zuheir, gründeten 1983 die Union islamischer Organisationen in Frankreich (Union des Organisations Islamiques de France – UOIF). Rund zweieinhalb Jahrzehnte später umfasst dieser Dachverband 200 Einzelorganisationen, die in allen Bereichen des Alltagslebens der französischen Muslime verankert sind. Zur UOIF zählen etwa Jeunes Musulmans de France (JMF), Étudiants Musulmans de France (EMF) und Ligue Française de la Femme Musulmane (LFFM). Heute ist die UOIF die einflussreichste muslimische Organisation in Frankreich.

Die UOIF bestreitet Verbindungen zu terroristischen Gruppen und präsentiert sich in der Öffentlichkeit als moderater Ansprechpartner vor allem auch für die Politik. Mit ihrer »Basisarbeit« hat sie Zugang zu allen französischen Muslimen unabhängig von deren ursprünglicher Herkunft. So betreibt die UOIF Kleiderbörsen und Studentenzirkel, gibt Nachhilfe, unterhält Kindergärten, sammelt für Palästina und vermittelt muslimische Ärzte und Anwälte. Ihr Erfolg basiert auf der Nähe der Einzelorganisationen zum Alltag der Muslime. Deshalb hat die UOIF denn auch in dem vom damaligen Innenminister Nicolas Sarkozy 2003 gegründeten neuen französischen Muslimrat (Conseil Français du Culte Musulman – CFCM) großen Einfluss. Der Beirat wird von den Muslimen in Frankreich gewählt. An den ersten Wahlen 2003 beteiligten sich 85 Prozent der Muslime in Frankreich. Mit 13 von 41 Sitzen ist die Union islamischer Organisationen in Frankreich im CFCM stark vertreten.

Zu den Mitbegründern der UOIF gehörte einst auch der aus Tunesien stammende Dahou Meskine. Er sprach sich öffentlich für den interreligiösen Dialog von Christen, Juden und Muslimen aus. Er trat für den säkularen Staat ein. Er war offenkundig tolerant. Aus der UOIF trat Dahou Meskine aus, angeblich weil ihm die Nähe zur Muslimbruderschaft nicht behagte. So ein aufrechter Mann gefiel Nicolas Sarkozy. Dahou Meskine war einer seiner Berater in Islamfragen. Mitte Juni 2006 wurde Dahou Meskine von der französischen Polizei verhaftet und kurz darauf gegen Kaution auf freien Fuß gesetzt.

Der »äußerst moderate« französische Imam soll nach Auffassung französischer Sicherheitsbehörden heimlich den internationalen islamistischen Terrorismus mitfinanziert haben. Über diverse zum Netzwerk Meskines gehörende »Hilfsorganisationen« sollen mehrere Terrorgruppen Geld bekommen haben, unter ihnen die algerische GSPC (Groupe Salafiste pour la Prédication et le Combat/Salafisten-Gruppe für Predigt und Kampf), die mitgliederstärkste und aktivste Terrorgruppe in Algerien. Dahou Meskine ist ein hervorragendes Beispiel dafür, dass er das Strategiepapier der Muslimbruderschaft brillant verwirklicht und seine Meisterschaft im Belügen und Täuschen des Gegners – im »Tayyia« – bewiesen hat.

Immerhin ist Dahou Meskine auch Generalsekretär des Rates der französischen Imame. Mit saudischem Geld von der Al-Haramein-Stiftung gründete er die erste private muslimische Realschule (Mittelschule) in Frankreich. Auch bekam er Geld von der Islamischen Weltliga und war der offizielle Übersetzer ihres Generalsekretärs, Abdullah bin Abdul-Mohsin al-Turki, bei dessen Frankreichbesuch im Oktober 2002. Das Umfeld der UOIF wirft nicht erst seit der Verhaftung von Dahou Meskine viele Fragen auf.

Der spirituelle Führer der UOIF, Scheich Faisal Mawlawi, sitzt auch im Europäischen Fatwa-Rat. Die von Saudi-Arabien gesponserte World Assembly of Muslim Youth (WAMY) wählte ihn zum besten muslimischen Prediger. Als Vizepräsident des Europäischen Fatwa-Rates hat Mawlawi großen Einfluss auf die Entwicklung des Islam in Europa. Das baden-württembergische Landesamt für Verfassungsschutz zitiert auf seiner Homepage[42] Mawlawi mit den Worten, die in Europa lebenden Muslime müssten der Menschheit Wohltaten zukommen lassen. Es gelte, die Menschheit zu »kultivieren« und ein »konstruktives Rechtssystem aufzubauen«. Dass dieses zukünftige Rechtssystem in Europa nach dem Willen Mawlawis wohl kaum das europäische sein wird, umschreibt das Landesamt für Verfassungsschutz mit folgenden Worten: »Es bedarf kaum der weiteren Ausführung, dass die genannten Wohltaten und die Kultur auf den Fundamenten des Islam begründet werden sollen und dass die bestehenden europäischen Rechtssysteme angesichts des Vorhabens, ein konstruktives islamisches Rechtssystem aufbauen zu wollen, für Muslime kaum als relevant erachtet werden.«

Mehrere leitende Vertreter der UOIF haben in der Vergangenheit Führer der Terrororganisation Hamas wie etwa Scheich Yassin und Abdel Aziz Rantisi verteidigt. Ebenso soll die UOIF über die Organisation Comité de Bienfaisance et de Secours aux Palestiniens (Komitee für Wohltätigkeit und Hilfe für Palästinenser) der Hamas Spenden zukommen gelassen haben. Über eine Buchhandlung in Lyon und eine eigene Druckerei versorgen sie vor allem Jugendliche mit dem Gedankengut der Muslimbruderschaft. Viele Führer der UOIF bekunden im Gespräch: »Der Koran ist unsere Verfassung.« Sie verschweigen dabei, dass diese Äußerung auch ein Motto der Muslimbruderschaft ist.

Der Union islamischer Organisationen in Frankreich (UOIF) ist es etwa zu verdanken, dass in Lille das erste rein muslimische Gymnasium eröffnet wurde. Welche Entwicklung aber könnte Frankreich mit muslimischen Schulen nehmen? Ende 2004 wurde dem französischen Erziehungsministerium das Ergebnis des sogenannten Obin-Berichts vorgelegt. Jean-Pierre Obin, Generalinspektor des Pariser Erziehungsministeriums, ließ Mitglieder der staatlichen Schulaufsicht in 21 französischen Regierungsbezirken (Departements) Befragungen durchführen. Das Thema lautete: »Die Anzeichen und Äußerungen der religiösen Zugehörigkeit in den Schulen.« Die Ergebnisse sind erschreckend und wurden der Öffentlichkeit vorenthalten, allerdings kursierten einige kopierte Exemplare: Muslimische Kinder und Erwachsene forderten (und erhielten) getrennte Toiletten sowie Tische in der Schulkantine, weil sie sich nicht mit »Unreinen« mischen wollten; muslimische Schülerinnen und Schüler weigerten sich, Kirchen zu besichtigen oder auch nur die Zeit des Kathedralenbaus im Geschichtsunterricht durchzunehmen; sie weigerten sich zu singen, zu tanzen oder zu musizieren; muslimische Schüler weigerten sich, im Mathematikunterricht geometrische Formen zu zeichnen, die eine entfernte Ähnlichkeit mit dem Kreuz aufwiesen.

Offenkundig haben Dachverbände wie die UOIF großen Einfluss. Das französische Erziehungsministerium, Auftraggeber des Berichts, hat die Studie bis heute nicht in seine Online-Publikationsliste aufgenommen. Vielleicht sollte man in Deutschland nachfolgenden Ausschnitt des Obin-Berichtes allen Politikern zu lesen geben, die darauf vertrauen, dass Gruppen wie Milli Görüs sich mäßigen werden, wenn man nur intensiv genug den Dialog pflegt.

In Frankreich scheint dieser Dialog gescheitert zu sein, heißt es im Obin-Bericht doch beispielsweise: Das Ziel der Radikalen, die bestimmte früher gemäßigte Wohnbezirke und Vereinigungen kontrollierten, sei eine doppelte Absonderung. Zunächst die Trennung muslimischer Mädchen von den Jungen, aber dann die Trennung von Muslimen und Nichtmuslimen, die als unrein empfunden würden. Wenn der Druck der Fundamentalisten in den Schulen so stark sei, dann deshalb, heißt es in dem Bericht, weil diese den letzten Ort der Geschlechtermischung darstelle in den Bezirken, die schon größtenteils für den Staat verloren seien. Die

Schule sei der letzte Bereich, den die Islamisten zu ihren Gunsten zu verändern trachten.

Die UOIF will langfristig die Gesetze des Staates Frankreich im Sinne des Islam ändern und die laizistische in eine islamische Republik umwandeln. So berichteten französische Zeitungen wie etwa *Le Monde* und *France Soir* über die Jahresversammlung der UOIF im Frühjahr 2003, bei der Vertreter des muslimischen Dachverbandes öffentlich bekundet hatten, die französischen Gesetze im Sinne des Islam verändern zu wollen. Sie sollen hinzugefügt haben, vor dem Hintergrund der ungleichen demografischen Entwicklung werde irgendwann auf demokratischem Weg die Islamische Republik Frankreich ausgerufen werden können.

Die Franzosen werden sich daran gewöhnen müssen, neben der Trikolore immer öfter auch das grüne Banner Mohammeds zu sehen. Inzwischen gibt es viele Berichte, wonach fanatische Islamprediger in Frankreich keine Schwierigkeiten hätten, junge Franzosen muslimischen Glaubens zum Terroreinsatz im Irak zu rekrutieren. Hunderte französischer Staatsbürger sollen heute im Irak gegen westliche Truppen kämpfen. In den Jahren zuvor hatten Dutzende französischer Muslime über Koranschulen den Weg zur Terrorausbildung der Taliban in Afghanistan eingeschlagen; einige sollen auch Abstecher nach Tschetschenien unternommen haben.

Vereinigte Staaten

Die Vereinigten Staaten kämpfen an vorderster Front gegen den islamistischen Terror. Auf Schlachtfeldern fern ihrer Heimat unternehmen sie alles, um diesen zu bekämpfen. Doch an ihrer »Heimatfront« machen sie die gleichen Fehler wie die Europäer: Sie unterschätzen den Einfluss der Muslimbruderschaft bei der Radikalisierung junger Muslime in Nordamerika. Die Abwehr des Islamismus wird scheitern, solange selbst die größte Macht der Welt die hinter dem gewaltbereiten Islamismus stehenden Kräfte nicht im eigenen Land bekämpft. Washington sollte den Europäern somit keine Vorwürfe machen – wie dieses Kapitel zeigt.

Khalid Scheich Muhammad, einer der Architekten der Anschläge des 11. September 2001, wurde im Alter von 16 Jahren Mitglied der Muslimbruderschaft und in deren Militärlagern in der Wüste für den Dschihad gegen den Westen ausgebildet. Wo immer man in den Vereinigten Staaten dem Terror nachspürt, überall finden sich Bezüge zur Muslimbruderschaft. 2004 etwa bezichtigten amerikanische Behörden die in Texas ansässige Holy Land Foundation for Relief and Development (Stiftung für Hilfe und Entwicklung im Heiligen Land), 12,4 Millionen Dollar an eine Terrorgruppe weitergeleitet zu haben. In den Unterlagen[43] der amerikanischen Sicherheitsbehörden heißt es, die Holy Land Foundation sei »tief in das Netzwerk der Muslimbruderschaft« eingebunden. Die Stiftung bestreitet das – so wie alle Tarnorganisationen der Muslimbruderschaft beständig alle Vorwürfe bestreiten. Das Netzwerk der Bruderschaft habe den Terror »glorifiziert« und Gelder dafür gesammelt, behaupten amerikanische Ermittler. Doch »das Netzwerk« ist nicht zu greifen. Hunderte Unterstützer dieses Netzwerkes werden von amerikanischen Sicherheitsbehörden beobachtet.

Yusuf al-Qaradawi, der einflussreichste internationale Agitator der Muslimbruderschaft, hat öffentlich gelobt, die Vereinigten Staaten durch Missionstätigkeit für den Islam »erobern« zu wollen.[44] Mit dem Geld der Muslimbruderschaft wurden einflussreiche Organisationen gegründet, so etwa 1962 die Cultural Society und 1963 die Muslim Students Association (MSA). 1971 wurde aus dem Umfeld der Muslimbruderschaft der North American Islamic Trust (NAIT) gegründet, zehn Jahre später folgte die Islamic Society of North America (ISNA). Alle vorgenannten Gruppen bestreiten direkte Verbindungen zur Muslimbruderschaft. Die *Washington Post* vermerkte im September 2004 dazu: »Die Muslimbruderschaft ist jedoch ein Geheimbund, und es ist schwer, die genauen Verbindungslinien aufzuzeigen.«[45]

Die *Chicago Tribune* veröffentlichte am 19. September 2004 einen Bericht über die geheimen Aktivitäten der Muslimbruderschaft in den Vereinigten Staaten unter dem Titel »A rare look at Secretive Brotherhood in America« (Ein seltener Blick auf geheime Bruderschaft in Amerika). Darin beschreiben die Autoren, wie in den Sechzigerjahren immer mehr Studenten aus muslimischen Ländern in die Vereinigten Staaten kamen, unter ihnen auch Mitglieder der Muslimbruderschaft, die ihre Ziele auch im Ausland nicht aus den Augen verloren. Einer von ihnen war der Ägypter Ahmed El-Kadi. In den Siebzigerjahren ging El-Kadi nach Missouri und wurde dort der Schatzmeister der Muslimbruderschaft[46] in den Vereinigten Staaten. Seine Frau verwaltete die Bücher des Geheimbundes. Mitglieder zahlten drei Prozent ihres Jahreseinkommens an die Bruderschaft. El-Kadi, der Führer mehrerer Muslimverbände der Bruderschaft in Amerika war, entwickelte einen langfristigen Plan, um die Vereinigten Staaten zu islamisieren: erst einen Amerikaner zum Islam bekehren, dann dessen Familie, dann die Nachbarschaft und irgendwann die ganze Nation.[47]

Inzwischen agierte die Muslimbruderschaft offen in den Vereinigten Staaten. 1993 gründete sie in Illinois die Muslim American Society (MAS), die sich verhalten zu den Zielen der Muslimbruderschaft bekennt. Shaker El-Zayat, einer der Führer der MAS, hob im Gespräch mit der *Chicago Tribune*[48] hervor, den Idealen des Hassan al-Banna verpflichtet zu sein. Nach seinen Angaben gehörten 2004 etwa 45 Prozent der aktiven Mitglieder der MAS der Muslimbruderschaft an.

Das Chicagoer Zentrum der Muslim American Society verteilt Bücher an junge Muslime, in denen das Gedankengut der Muslimbruderschaft verbreitet wird. Auf der Homepage[49] wird ausdrücklich hervorgehoben, dass die Mitglieder dazu aufgerufen sind, aktiv bei der Errichtung islamischer Regierungen (»islamic governments«) zu helfen. Der westliche Säkularismus und Materialismus wird als »teuflisch« (»evil«) dargestellt.

Die Muslim American Society unterstützte im Herbst 2006 eine Initiative muslimischer Taxifahrer, Passagiere, die Alkohol bei sich hätten, nicht mehr befördern zu müssen. Am Flughafen von Minneapolis weigerten sich viele muslimische Taxifahrer schon seit Langem, Passagiere zu transportieren, die Alkohol aus dem zollfreien Verkauf mit sich führten. Allein der Anblick einer verschlossenen Weinflasche in einer Duty-free-Tüte reichte ihnen, um einen Fahrgast am Straßenrand stehen zu lassen. Die MAS unterstützt das Ansinnen dieser Taxifahrer, ein Zwei-Klassen-System der Taxen einzuführen: jene, die Passagiere mit Alkohol im Gepäck transportieren, und jene, die sich weigern.

Erkennen soll man die unterschiedlichen Taxen künftig an verschiedenen Farben oder einem zusätzlichen Licht auf dem Dach. Weil drei Viertel der Taxifahrer am Flughafen von Minneapolis aus Somalia stammende Muslime sind, sollte man es sich künftig genau überlegen, ob man im Duty-free-Shop vor dem Verlassen des Flughafens noch billigen Alkohol kauft – wenn dieses System tatsächlich eingeführt werden sollte. Denn dann könnte es schnell passieren, dass man ziemlich lange auf ein Taxi warten muss. Zunächst zeigte sich die Leitung des St.-Paul's-Flughafens wenig begeistert von den Vorschlägen der MAS für getrennte Taxen, doch verhandelt wurde weiter.

Am 11. Oktober 2006 berichtete die Zeitung *USA Today*, die treibende Kraft hinter dem Zwei-Klassen-System der Taxen sei die von der Muslimbruderschaft gegründete Muslim American Society. Hassan Mohamud, stellvertretender Leiter der MAS in Minneapolis, sagte der Zeitung, eine Weigerung des Flughafens, das neue System einzuführen, werde weder den muslimischen Taxifahrern noch den Fahrgästen helfen: »Mehr als die Hälfte der Taxifahrer sind Muslime. Ihre Sensibilität zu ignorieren ist nicht fair.« Ähnliche Pläne wurden zeitgleich von der Vereinigung der Taxifahrer in Melbourne/Australien erarbeitet.

Das Scharia-konforme »Zwei-Klassen-System der Taxen« könnte in den Vereinigten Staaten (wie auch in Europa, wo die Entwicklung ähnlich ist – jedoch nicht zur Kenntnis genommen wird) weitreichende Auswirkungen haben: Denn neben Blinden mit Blindenhunden und Passagieren mit Alkoholflaschen lehnten immer öfter muslimische Taxifahrer auch Frauen mit unverhüllten Armen oder Haaren, erkennbar homosexuelle oder unverheiratete Paare, Männer mit Kippas und Sikhs als Fahrgäste ab. Und das nicht nur in Taxen. Auch Busbetriebe berichteten dem Autor von solchen Fällen. Das dahinterstehende Ziel der Muslimbruderschaft ist klar und deutlich erkennbar: ein Zwei-Klassen-System für das öffentliche Transportwesen. Damit würde die Parallelgesellschaft aus den Wohngebieten herausgetragen. Und eben das ist eines der Ziele der Muslimbruderschaft.

Neben zahlreichen Jugendzentren hat die MAS auch die Islamic American University gegründet. Im Vorstand der Universität saß auch Yusuf al-Qaradawi, der inzwischen von den Vereinigten Staaten wegen seiner

Verbindungen zum islamistischen Terror zur Persona non grata erklärt wurde und nicht mehr in die Vereinigten Staaten einreisen darf. Besucht man die Internetseite des Chicagoer Zweigs der MAS, erhält man einen Eindruck von jenen Ideologen, die hinter der Gruppe stehen: Da werden die Bücher von Hassan al-Banna, Sayyid Qutb, Scheich Yusuf al-Qaradawi und Abul Ala Maududi angepriesen und stehen zum Download bereit.

Zum besseren Verständnis: Abdul Ala Maududi (1903–1979) ist der bekannteste Ideologe pakistanischer Islamisten und Gründer der Jamaat-e Islami. Ihr militärischer Arm, die Hizbul Mudschahedin, steht sowohl bei der Europäischen Union als auch in den Vereinigten Staaten auf der Terrorliste. Die Bücher von Maududi haben zahlreiche Terrorgruppen zum Kampf gegen die Ungläubigen inspiriert, und seine Ideen haben die Entstehung von Al Qaida mit geprägt.

Im freizügigen Amerika scheinen die Antiterrorstrategen das bislang übersehen zu haben. Sie führen vielmehr seit Jahren schon Geheimgespräche mit Vertretern der Muslimbruderschaft, im Nahen Osten wie auch in den Vereinigten Staaten. Die Tarnvereine der Muslimbruderschaft haben den Amerikanern (wie auch den Europäern) erfolgreich vorgegaukelt, den »moderaten« Islam zu repräsentieren. Die von den weltweiten Unterorganisationen der Muslimbruderschaften bei Demonstrationen immer wieder skandierten Schlagrufe »Tod Amerika! Tod Israel!« hat man offenkundig inzwischen verdrängt. Jene, die den Dschihad gegen den Westen und vor allem gegen die Vereinigten Staaten führen wollen, werden nun immer öfter als Gesprächspartner hofiert. Nach ihren schweren Niederlagen im Antiterrorkrieg auf den Schlachtfeldern in Afghanistan und im Irak hofft die amerikanische Regierung nun, über die Einbindung der Muslimbruderschaft in den »Dialog« dem islamistischen Terror ein Ende setzen zu können.

Eine führende Rolle in diesem »Dialog« der ungleichen Partner kommt dabei dem von Alastair Crooke gegründeten britisch-amerikanischen Conflicts Forum zu. Crooke, ehemals britischer Geheimdienstmitarbeiter und Diplomat der Europäischen Union, sucht mit Rückendeckung aus Washington und London den »Dialog« mit gewaltbereiten Islamisten. Crooke arbeitete lange Jahre in den Reihen des britischen

Auslandsgeheimdienstes MI6 und war später Sicherheitsberater von Javier Solana, dem Generalsekretär des Rates der Europäischen Union und Hohen Vertreter für die gemeinsame Außen- und Sicherheitspolitik. Crooke hält Vorträge mit dem Titel »Es ist selbstverständlich, dass man mit Terroristen verhandeln muss«.

Das Conflicts Forum sucht bei Dinnerabenden mit Riesengarnelen und Kirschtomaten den Dialog mit den radikalen Terroristen der Hamas ebenso wie mit der proiranischen Hizbullah. Wen wundert es da noch, dass das Conflicts Forum auf seiner Webseite www.conflictsforum.com/ einen direkten Link zur Homepage der Muslimbruderschaft setzt (www.ikhwanweb.com)? Immerhin sind die Muslimbrüder gern gesehene und geschätzte Gesprächspartner im Conflicts Forum. In dem Forum vertritt man die Auffassung, dass die Einbeziehung der Muslimbruderschaft in politische Gespräche dabei helfen könne, gewalttätige Islamisten zu isolieren.

Der Anspruch auf Weltherrschaft des Islam ist in den Vereinigten Staaten bekannt. In Europa wird er ignoriert. Omar M. Ahmady, einer der Gründer des Council on American-Islamic Relations (CAIR), wurde schon am 4. Juli 1998 von der Zeitung *San Raymon Valley Herald* und dem Schwesternblatt *Fremond Argus* mit den Worten zitiert: »Der Islam ist nicht in den Vereinigten Staaten, um mit irgendeiner anderen Religion gleichgestellt zu werden. Er muss vielmehr die Vorherrschaft erlangen. Der Koran muss die höchste Autorität in Amerika werden und der Islam die einzige Religion auf Erden.«[50] Jahrelang blieb dieses auch im Internet veröffentlichte Zitat unwidersprochen. Inzwischen behauptet Omar M. Ahmady, dieses Zitat sei eine reine Erfindung.[51] Einige führende Mitglieder des CAIR hatten seit 2003 von ihm gefordert, sich zum Wahrheitsgehalt dieses Zitates zu äußern. Die für die Zeitungen *San Raymon Valley Herald* und *Fremond Argus* arbeitende Lisa Gardiner und ihr damaliger Chefredakteur und Verleger Steve Waterhouse bleiben bei ihrer Darstellung.

Mehrere Führungsmitglieder des Council on American-Islamic Relations wurden in den vergangenen Jahren von amerikanischen Gerichten für schuldig befunden, Terrorgruppen wie etwa die Hamas finanziell unterstützt und auch der Muslimbruderschaft geholfen zu haben. Zu ihnen gehörte etwa auch Ghassan Elashi, ein Mitbegründer des CAIR, der inzwischen wegen Terrorfinanzierung zu mehr als sechs Jahren Haft verurteilt wurde.

Gruppen im Umfeld der Muslimbruderschaft

Einer der größten Fehler westlicher Sicherheitsbehörden ist es, bei der Aufklärung von Islamismus in den typisch westlichen Kategorien von Ordnern (»files«) und Akten zu denken. Wenn eine Organisation wie die Muslimbruderschaft Unter- und Tarnorganisationen gründet oder radikalen Gruppen verdeckt Unterstützung zukommen lässt, dann übersehen vor allem Behörden gern den größeren Zusammenhang. Es ist kein Wunder, dass Politiker und Medien dieses schiefe Bild übernehmen. Während nicht eben wenige der Terrororganisationen aus dem Umfeld der Muslimbruderschaft verboten werden, übersieht man die Aktivitäten der Mutterorganisation im Hintergrund. Vor diesem Hintergrund ist es wichtig, die aus dem Umfeld der Muslimbruderschaft entstandenen radikalen Gruppen zu kennen. Sie können von der sich nach außen hin friedfertig gebenden Mutterorganisation der Muslimbruderschaft jederzeit instrumentalisiert werden.

Die Muslimbruderschaft hat es in der Hand, mithilfe der palästinensischen Terrorgruppe Hamas die Eskalationsspirale der Gewalt im Nahen Osten jederzeit in die Höhe zu schrauben. Sie kann in Asien mithilfe von Terrorgruppen beliebig Anschläge planen lassen, Regierungen unter Druck setzen und sich einen Tag später davon distanzieren und als rettender Ansprechpartner für den Dialog den westlichen Staaten präsentieren. Genau das ist ihre Taktik. Das feine Zusammenspiel von der sich nach außen hin friedfertig gebenden Muslimbruderschaft und den einzelnen radikalen Ablegern bildet die größte Gefahr für die Sicherheitsarchitektur westlicher Staaten.

Meist tauchen die nachfolgend aufgezählten Gruppen in Europa nicht unter ihren wahren Namen auf. Migranten und ausländische Studenten haben die Aktivitäten dieser Gruppen nach Europa gebracht. Hier bilden sie ein kaum noch zu übersehendes Netzwerk, das auch in Europa an der Zerstörung der freiheitlich-demokratischen Grundordnung arbeitet. Es ist eben nicht so, dass zum Beispiel die palästinensische Terrorgruppe Hamas nur in Palästina aktiv ist. In Europa unterstützen Mitglieder der Hamas Aktivisten aus dem Umfeld von Al Qaida bei der Planung von Anschlägen. Ihnen steht somit in Europa das Reservoir eines gewaltigen Terrornetzwerkes zur Verfügung. Mit diesem kann man Terrorvorbereitungen verschleiern und Ermittler in die Irre führen.

Diese nämlich schauen auch mehr als sieben Jahre nach den Anschlägen des 11. September 2001 immer nur in Richtung Al Qaida. Auch die Medien und die Öffentlichkeit fragen nach jedem verhinderten Terroranschlag gleich nach den Verbindungen der mutmaßlichen Attentäter zu Al Qaida. Und wo das nicht weiterhilft, da spricht man von »homegrown terrorism« als einem angeblich neuen Phänomen – die Kinder der Einwanderer finden aus unerfindlichen Gründen zum Terror. Diese Verwirrung freut die Terrorplaner im Hintergrund. Sowohl die aus dem Libanon stammenden Kofferbomber, die im Sommer 2006 Sprengsätze in deutschen Regionalzügen zünden wollten, als auch jene Männer, die im August 2006 vom Londoner Flughafen Heathrow aus Flugzeuge in die Luft sprengen wollten, hatten eben nichts mit Al Qaida zu tun. Sie alle stammten aus dem Umfeld der nachfolgend genannten Gruppen.

Wer dieses Umfeld nicht kennt, wird den bislang unaufhaltsamen Erfolg des heiligen Krieges in Europa nicht verstehen können. Alle im Folgenden genannten Gruppen sind auch in Europa aktiv. Vereinsverbote scheren sie nicht. Im Gegenteil: Sie helfen sich untereinander, um sowohl in ihren Heimatländern als auch in Europa das ihnen allen gemeinsame Ziel zu erreichen – die Errichtung einer Religionsdiktatur, des Kalifats.

Hamas

Die 1987 gegründete Hamas ist ein radikaler palästinensischer Ableger der Muslimbruderschaft. Es ist eine Ironie des Schicksals, dass Israel bei der Gründung der Hamas behilflich war. Jene Organisation, die Israel heute wie kaum eine andere bedroht, wurde mit Billigung und Rückendeckung der israelischen Regierung wie auch der israelischen Geheimdienste ins Leben gerufen. Israel hoffte so, die säkular orientierte Fatah-Bewegung des Palästinenserführers Yassir Arafat mit einem neuen Herausforderer, den man als »kalkulierbar« einschätzte, schwächen oder zerstören zu können. Vor diesem Hintergrund wurde der politisch-karitative Arm der Hamas sogar von Israel anerkannt. Den gewaltbereiten militärischen Flügel der Hamas glaubte man in Schach halten zu können.

Doch schon in Artikel 2 der unverändert gültigen Charta der Hamas aus dem Jahre 1988 heißt es unmissverständlich: »Die Islamische Widerstandsbewegung ist ein Flügel der Muslimbrüder in Palästina. Die Muslimbruderschaft ist eine weltweite Organisation und die größte islamische Bewegung der Neuzeit.«

Der Name Hamas leitet sich ab aus »harakat al-muqawama al-islamiya« (islamische Widerstandsbewegung). Ihr Ziel ist die totale Zerstörung des Staates Israel und die Errichtung eines Kalifats an seiner Stelle. Zur Erreichung dieses Zieles bekennt sich die Hamas auch zu Terroranschlägen gegen israelische Zivilisten. Die Attentäter werden dabei als »Märtyrer« verehrt.

So wie die von Washington unterstützten Mudschahedin in Afghanistan ein unerwartetes Eigenleben entwickelten, so erkämpfte sich auch die Hamas ihren Platz in der Geschichte. Das für Israel Unfassbare geschah dann im Jahre 2006: Bei den Parlamentswahlen in Palästina gewann die Hamas die Wahl. Vor ihrem Wahlsieg und der Übernahme der Macht gab es in Palästina eine Entwicklung in vier Phasen, die von der Muslimbruderschaft geplant worden waren und die an deren gegenwärtige Aktivitäten in Europa erinnern: 1967 bis 1978 Aufbau der Muslimbruderschaft im Gazastreifen; 1976 bis 1981 Gründung von Universitäten und Wohltätigkeitseinrichtungen, um breiten Rückhalt in der

Bevölkerung zu finden; 1981 bis 1987 Streben nach politischem Einfluss; seit 1987 offenes Auftreten der Hamas als militärischer Arm der Muslimbruderschaft, der Terroranschläge in Palästina verübt und offen den »immerwährenden Dschihad« erklärt.

Scheich Ahmad Yassin, Muslimbruder und Gründer der Hamas, wurde am 22. März 2004 von einer ferngelenkten israelischen Rakete in seinem Rollstuhl getötet. Auch sein Stellvertreter und kurzzeitiger Nachfolger, der im April 2004 von den Israelis getötete Kinderarzt Abdel Aziz Rantisi sah – ebenso wie Yassin – Terroranschläge als »legitimes Mittel« der Hamas an. Allein zwischen September 2000 und Mai 2003 kamen mehr als 200 Israelis bei solchen Terroranschlägen der Hamas ums Leben, rund 1200 Israelis wurden dabei verletzt.

Wie alle Ableger der Muslimbruderschaft hat die Hamas einen politischen, einen terroristischen und einen »wohltätigen« Zweig. Dieser »wohltätige« Zweig unterhält Waisenhäuser, Schulen, Kindergärten. Er kümmert sich um die Speisung von Bedürftigen – und stellt somit auch die Versorgung der Familien getöteter Terroristen (»Märtyrer«) sicher. »Wohltätigkeitsorganisationen« der Hamas in Deutschland waren etwa der 2002 vom Bundesinnenministerium verbotene Aachener Spenden-Sammelverein »Al Aksa e.V.«. Die Hamas, die in Deutschland über rund tausend aktive Mitglieder und Zehntausende Sympathisanten verfügt, reagierte auf das Vereinsverbot durch die deutschen Behörden mit einem müden Lächeln. Sie eröffnete eine neue »Wohltätigkeitsorganisation« unter dem unverdächtigen Namen eines vermeintlichen Hilfswerkes in Bremen.

Die soziale und vorgeblich religiöse Ausrichtung dient der Hamas als Tarnung. Ebenso wie fast alle Mitglieder der weltweit operierenden Muslimbruderschaft leugnen Hamasführer heute selbst in offiziellen Gesprächen den Holocaust, betrachten die Vereinigten Staaten als einen »von den Juden korrumpierten Staat« und begrüßen die Terroranschläge auf Ziele in den Vereinigten Staaten wie die des 11. September 2001.

Schon in der Charta der Hamas offenbart sich deren Radikalität. In Artikel 7 etwa heißt es: »Die Stunde des Gerichtes wird nicht kommen, bevor Muslime nicht die Juden bekämpfen und töten, sodass sich die Juden hinter Bäumen und Steinen verstecken, und jeder Baum und Stein werden sagen: Oh, Muslim, oh, Diener Allahs, ein Jude ist hinter mir, komm und töte ihn!«

Die Juden werden in der Charta der Hamas als das grundsätzliche Übel der Welt dargestellt. Nicht nur die Französische Revolution und der Erste Weltkrieg, auch der Zweite Weltkrieg, die Ausbeutung der Dritten Welt durch den Imperialismus und der Drogenschmuggel sind nach Auffassung der Hamas allein den Juden zuzuschreiben. Vor diesem Hintergrund definiert sich die Hamas als »universelle« Bewegung und als »Speerspitze und Avantgarde« im Kampf gegen den »Weltzionismus«. Ihr gilt der Dschihad gegen Israel lediglich als erste Etappe eines weltweiten islamischen Kriegs, der alle Juden vernichten will, um die Welt zu retten. Und aus diesem Grund glaubt die Hamas, Attentate auf unschuldige Juden in voll besetzten Bussen, Cafés und an öffentlichen Plätzen »rechtfertigen« zu können.

Der Wahlsieg der Hamas in den Palästinensergebieten 2006 brachte die Europäische Union in Bedrängnis: Kann man mit Terroristen verhandeln, nur weil sie demokratisch gewählt wurden? Es gab freie, gleiche und geheime Wahlen, so wie die USA und die Europäer sie gefordert hatten. Das Ergebnis war das Gleiche wie bei allen freien, gleichen und geheimen Wahlen im Nahen Osten: Es gewinnen immer die Anhänger der Muslimbruderschaft. So war es Anfang der Neunzigerjahre auch in Algerien (siehe dazu Seite 193). Dass die Europäer und Amerikaner den Wahlerfolg der Hamas ablehnten, wurde von vielen Muslimen als Beleg dafür genommen, dass der Westen doppelzüngig sei. Wenn in freien, gleichen und geheimen Wahlen radikale Gruppen gewinnen, dann müsse dieses Ergebnis eines demokratischen Prozesses auch anerkannt werden, so die Auffassung vieler Muslime. Das stürzte Washington wie auch die Europäer in ein Dilemma.

Die Muslimbrüder wollten in Palästina durch ihre Arbeit in der Hamas zu einem bestimmenden Faktor innerhalb der palästinensischen Gesellschaft aufsteigen. 20 Jahre nach der Gründung dieser Terrororganisationen hat die Muslimbruderschaft dieses Ziel erreicht – und die Regierungsgewalt errungen. Das dürfte die Muslimbruderschaft dazu ermuntern, den gleichen Weg auch in anderen Staaten mit allen Mitteln fortzusetzen.

Am 16. Februar 2006 wurde Hamasführer Khalid Maschal, der für zahlreiche Terroranschläge verantwortlich ist, als Leiter einer Hamasdelegation in der Türkei empfangen. Eingeladen hatte die regierende konservativ-islamische Partei für Gerechtigkeit und Entwicklung (AKP) des türkischen Ministerpräsidenten Recep Tayyip Erdogan. Das Treffen zwischen AKP-Politikern und Hamasführern kommentierte die türkische Tageszeitung *Cumhuriyet* am 19. Februar 2006 mit den Worten: »Warum gab es eine Einladung an eine Organisation, die auf jeder Terrorliste in der Welt steht, vor dem Hintergrund von unglaublichen und unsinnigen Entschuldigungen? Weil es das Ziel der Hamas und das Ideal (Erdogans) ist, einen islamischen Staat zu errichten.«

Fast alle türkischen Zeitungen waren sich bei der Kommentierung des Treffens einig darin, dass die regierende AKP-Partei des Ministerpräsidenten Erdogan und die Hamas viele gemeinsame Ziele haben. Beide haben ihre Wurzeln zudem in der radikalen Muslimbruderschaft.

In Deutschland sind die Mitglieder der Hamas in dem vom Verfassungsschutz beobachteten »Islamischen Bund Palästina« (IBP) organisiert. Der IBP wurde 1981 in München gegründet. Er unterhält in Berlin ein islamisches Kultur- und Erziehungszentrum. Dieser palästinensische Zweig der Muslimbruderschaft hat in Deutschland etwa 250 Mitglieder und ruft regelmäßig zu antiisraelischen Demonstrationen auf. Er ist vorwiegend an deutschen Hochschulen aktiv.

Palästinensischer Islamischer Dschihad

Der Palästinensische Islamische Dschihad wurde 1979 von Mitgliedern der Muslimbruderschaft gegründet, denen die Bruderschaft zu wenig radikal gegenüber Israel auftrat. Oberstes Ziel ist der (militante) Kampf gegen das »zionistische Gebilde« Israel. Die Gruppe will das iranische Konzept der Islamischen Revolution auf die sunnitische Welt übertragen und nach eigenen Angaben ein islamisches Großreich errichten. Der

Palästinensische Islamische Dschihad war die erste Palästinensergruppe, die Selbstmordanschläge gegen israelische Zivilisten durchführte. Die Gruppe gibt in arabischer Sprache die Zeitung *Al Mudjahid* heraus, in der Bekennerschreiben zu Attentaten veröffentlicht werden. Sie unterhält Büros in Beirut, Damaskus, Teheran und Khartum und erhält finanzielle Unterstützung aus Iran und – in beschränktem Umfang – auch aus Syrien. Neben Israel hat sie die Vereinigten Staaten zu ihrem Hauptfeind erklärt und auch Washington mit Anschlägen gedroht.

Israelische Sicherheitskräfte behaupten, dass es enge Verbindungen des Palästinensischen Islamischen Dschihad zu Al Qaida, zur International Islamic Relief Organization, zur Al-Aksa-Stiftung und zu World Study Islam Enterprise gebe. Zudem wird die sunnitische Gruppe offenkundig auch unmittelbar von der schiitischen Hizbullah unterstützt.

Während die Zahl ihrer Anhänger von Fachleuten auf kaum mehr als fünf Prozent unter den Palästinensern geschätzt wird, ist ihr ideologischer Einfluss nicht zu übersehen. Vor allem die religiös-ideologische Rechtfertigung von Selbstmordattentaten haben viele andere Terrorgruppen aus den Reihen der Muslimbruderschaft vom Palästinensischen Islamischen Dschihad übernommen.

In Deutschland unterhält der Palästinensische Islamische Dschihad ein Schulungszentrum in Berlin, das nach außen als »Kulturverein« dargestellt wird. In diesem Schulungszentrum werden palästinensische Studenten vor allem in Rhetorikkursen ausgebildet. Ziel der Aktivitäten ist es, neben antiisraelischen Demonstrationen vor allem unter europäischen Intellektuellen auf Dauer eine antiisraelische Stimmung zu schüren und Palästinenser einseitig als »Opfer israelischer Aggression« darzustellen. Zudem dient Deutschland als Ruheraum für Aktivisten des Palästinensischen Islamischen Dschihad.

Gamaat al-Islamiya

Spiritueller Führer der ägyptischen Terrorgruppe Gamaat al-Islamiya (»Islamische Gruppe«) ist der blinde Scheich Omar Abdel-Rahman. Dieser verbüßt in den Vereinigten Staaten eine lebenslange Freiheitsstrafe wegen seiner Anstiftung zum Bombenanschlag auf das World Trade Center im Jahre 1993. Abdel-Rahman ist ein bekennendes Mitglied der Muslimbruderschaft. Ziel von Gamaat al-Islamiya ist der Sturz der als »unislamisch« erachteten ägyptischen Regierung und die Errichtung eines Kalifats.

Die in den Siebzigerjahren gegründete Organisation verübte zahlreiche Terroranschläge und gilt auch als Urheber des Attentates auf den früheren ägyptischen Staatspräsidenten Anwar al-Sadat im Jahr 1981. Häufig waren ihre Opfer auch westliche Touristen. So tötete die Gruppe am 17. November 1997 bei einem Massaker am Tempel der Hatschepsut in Luxor 58 Touristen. Immer wieder beschossen Mitglieder der Gruppe auch Kreuzfahrtschiffe auf dem Nil. Im Juni 1995 versuchte die Gruppe vergeblich, in der äthiopischen Hauptstadt Addis Abeba den ägyptischen Staatspräsidenten Hosni Mubarak zu ermorden. Mubarak regiert Ägypten seit 1981 im Ausnahmezustand und gilt vielen als Marionette der US-Regierung.

Neben Scheich Omar Abdel-Rahman zählt auch der ägyptische Arzt Ajman al-Zawahiri zu den spirituellen Führern von Gamaat al-Islamiya. Auch al-Zawahiri ist Mitglied des ägyptischen Zweigs der Muslimbruderschaft. Al-Zawahiri ist heute zugleich der Stellvertreter bin Ladens, die »Nummer zwei« im Netzwerk von Al Qaida. Er hat Gamaat al-Islamiya inzwischen mit Al Qaida verschmolzen. In Internetpublikationen al-Zawahiris hieß es, beide Organisationen bildeten nun eine Einheit.

Im Jahre 1999 hatte Gamaat al-Islamiya in Ägypten einen »Waffenstillstand« angekündigt und gelobt, keine Zivilisten mehr anzugreifen. Wie groß der Rückhalt dieser Gruppe innerhalb der ägyptischen Bevölkerung derzeit ist, ist unbekannt. Ihre Zentren sollen die ägyptischen Städte Qena, Assiut und El Minja sein. Im Ausland verfügt Gamaat al-Islamiya heute über große Anhängerzahlen in Großbritannien, Deutschland, Österreich, Jemen, Sudan, Afghanistan und in den Golfemiraten.

Vor allem unter den in Europa lebenden jungen Exilägyptern genießt Gamaat al-Islamiya heute wieder mehr und mehr Zuspruch. In den vergangenen Jahren hatten deutsche, britische und österreichische Sicherheitsbehörden Gamaat al-Islamiya kaum noch wahrgenommen, weil die Anhängerzahlen in den jeweiligen Ländern sehr gering schienen. Das aber hat sich seit Mitte 2005 augenfällig verändert. Die Propaganda von Al Qaida und anderen wesensverwandten Gruppen hat auch Gammat al-Islamiya in Europa neue Sympathisanten beschert.

Islamische Heilsfront

Die Islamische Heilsfront (Front Islamique du Salut – FIS) ist der algerische Flügel der Muslimbruderschaft. Im Dezember 1991 gewann die FIS, die ebenfalls einen islamischen Gottesstaat errichten will, die Parlamentswahlen in Algerien. Daraufhin setzte das algerische Militär einen für März 1992 geplanten zweiten Wahlgang ab und verbot die FIS. Viele ihrer Funktionäre wurden inhaftiert und gefoltert, andere gingen ins Ausland. Im nachfolgenden Bürgerkrieg kamen mehr als 100 000 Menschen ums Leben.

Der in Deutschland lebende Führer der FIS, Rabah Kebir, wurde im August 2002 entmachtet und durch den in Genf lebenden Algerier Mourad Dhina ersetzt. Wie auch die anderen Ableger der Muslimbruderschaft betrachtete auch die FIS Deutschland vor allem als Ruheraum, von dem aus die gewalttätigen Aktionen in ihren Heimatländern sowie Terroraktionen in anderen Staaten vorbereitet und Spenden für diese Aktivitäten gesammelt werden können.

Der bewaffnete Arm der FIS nennt sich »Groupe Islamique Armé« (GIA) und wurde 1992 gegründet. Die GIA spaltete sich 1994 von der Islamischen Heilsfront ab und zeigt deutliche Querverbindungen einerseits zur Organisierten Kriminalität und auf der anderen Seite zu gewaltbereiten militanten Islamisten wie etwa der Al Qaida. Die Grenzen zwischen Al Qaida und GIA lassen sich nicht klar ziehen, da Al Qaida Mitglieder aus den Reihen der GIA rekrutiert hat und manche Mitglieder auch zu beiden Gruppen gehören.

1997 spaltete sich die algerische Salafisten-Gruppe für Predigt und Kampf (GSPC – Groupe Salafiste pour la Prédication et le Combat) von der GIA ab. Ebenso wie die GIA hält sie direkten Kontakt zu Al Qaida und ist weithin für ihre Gewaltbereitschaft bekannt. Im Februar/März 2003 entführte die GSPC 32 Sahara-Touristen, unter ihnen 16 Deutsche. Alle Entführungsopfer kamen nach der Zahlung von Lösegeld frei. Ziel der Entführungen war es, Geld für den Erwerb neuer Waffen zu erpressen. Im September 2006 gab der stellvertretende Al-Qaida-Führer al-Zawahiri bekannt, dass die GSPC ab sofort mit Al Qaida zu einer Einheit »verschmelze« und in Al Qaida aufgehe. Nach Gamaat al-Islamiya war dies eine weitere ursprünglich aus den Reihen der Muslimbruderschaft gegründete radikal-islamistische Gruppe, die in Al Qaida aufging.

Die Islamische Heilsfront sammelt in Deutschland mit großem Erfolg »Spendengelder«, die in Algerien für den Kampf gegen die dortige Regierung benutzt werden, aber möglicherweise inzwischen auch an Al Qaida fließen. Da die inzwischen mit Al Qaida verschmolzene Islamische Heilsfront unmittelbar zum radikal-islamistischen Terrornetzwerk gehört, werden ihre Sympathisanten in Deutschland vom Verfassungsschutz überwacht. Der hessische Verfassungsschutz schreibt etwa über die Aktivitäten der Gruppe: »Sie sieht Deutschland als Ruheraum und logistische Basis an.«[52]

En Nahda – Wiedererwachen (Tunesien)

Die »Harakat En Nahda at-Tunisiya« (Islamische Wiedergeburt Tunesiens) ist der tunesische Zweig der Muslimbruderschaft. Sie will einen islamischen Gottesstaat und ein weltweites Kalifat errichten. In Tunesien seit 1991 verboten, wird sie von dem in seinem Heimatland zu lebenslanger Haft verurteilten und in Großbritannien im Exil lebenden Rachid Ghannouchi geleitet. Der derzeitige Führer der Muslimbruderschaft, Mohammed Mahdi Akef, sieht den tunesischen En-Nahda-Führer Ghannouchi nach eigenen Angaben als »Bruder«.

Ghannouchi gibt sich nach außen hin demokratisch und gemäßigt, vor seinen Anhängern jedoch militant und radikal. Ghannouchi selbst bestreitet Letzteres und stellt sich selbst als »Pazifist« dar. Wie »friedfertig« Ghannouchi in Wahrheit ist, veranschaulicht folgendes Interview mit ihm in Islam-Online, einem Internetportal der Muslimbruderschaft, vom 30. Januar 2006:

»Die Forderungen an die Hamas, Israel anzuerkennen, und das, was der Westen als Terror bezeichnet, zu verurteilen, sind zwei unbesonnene Forderungen, solange die palästinensischen Gebiete besetzt sind. (...) Europa begnügte sich nicht damit, diesen Körper (Israel) in das Herz der arabischen Welt zu pflanzen, sondern wacht darüber, dass es die einzige Macht bleibt, die es im Nahen Osten gibt.«[53]

Nach Angaben des bayerischen Landesamtes für Verfassungsschutz engagieren sich in Bayern lebende Mitglieder von En Nahda im Islamischen Zentrum München und in der Islamischen Gemeinschaft in Deutschland e.V.[54]

Tunesier der En-Nahda-Gruppe gelten heute als Rekrutierer, Schleuser und Koordinatoren von Terrorzellen in Europa. Einer von ihnen ist Essid Sami Ben K. Er gilt als »Bombenbauer« von Al Qaida, bildete Terrorzellen in Deutschland, Frankreich, Spanien, Belgien, Großbritannien und den Niederlanden aus. 1998 kam der Mann nach Mailand und eröffnete dort ein heimliches Rekrutierungsbüro für islamistische Kämpfer, eine Anlaufstelle für künftige Gotteskrieger. Im Jahre 2001 wurde er in Mailand festgenommen und die Mailänder Terrorzelle ausgehoben. In vielen anderen Staaten existieren ihre Ableger weiter.

En Nahda befürwortet die Einführung einer islamistischen Verfassung in Tunesien und verfügt auch über einen bewaffneten Arm. Etwa 90 Prozent der En-Nahda-Mitglieder haben in den vergangenen Jahren einen Asylantrag in Staaten der Europäischen Union gestellt. Die meisten von ihnen haben ihren Asylantrag mit der Mitgliedschaft in der in Tunesien verbotenen Organisation begründet.

Welche Schwierigkeiten europäische Sicherheitsbehörden im Umgang mit En-Nahda-Mitgliedern haben, zeigt nachfolgender Fall. Mouldi B. ist Mitglied von En Nahda und wird von den Sicherheitsbehörden verdächtigt, Geld gewaschen zu haben und Kontaktmann verschiedener gefährlicher terroristischer Islamistengruppen zu sein. In Regensburg kassierte der vierfache Vater als Asylbewerber monatlich 2700 Euro Sozialhilfe.

Mouldi B. wurde 1970 in Tunesien geboren und war zu unterschiedlichen Zeiten schon im Visier Schweizer, kanadischer, spanischer, britischer, italienischer, französischer, tunesischer und israelischer Geheimdienste. In Regensburg führte der Mann, der 1998 als Asylbewerber nach Deutschland gekommen war, jedoch ein geruhsames Leben.

Der Tunesier hatte schon 1998 für eine im spanischen Valencia ansässige islamistische Terrorgruppe Falschgeld in Umlauf bringen sollen. Zur gleichen Zeit wurde er vom Landeskriminalamt Stuttgart als mutmaßliches Mitglied des Heilbronner Ablegers der Islamistengruppe »Al Mouhadjidoun« (auch al Mudschahedin – die Mudschahedin genannt) beobachtet. Später war er Beschuldigter eines beim Bundeskriminalamt anhängigen Verfahrens wegen illegalen Handels mit Sprengstoffen aus dem ehemaligen Jugoslawien. Ferner galt er als Verdächtigter in verschiedenen Geldwäscheverfahren und wurde beiläufig als Sympathisant der terroristischen »Groupe Salafiste Tunisi« identifiziert. Der israelische Geheimdienst Mossad stufte ihn in einer geheimen Dokumentation der Sicherheitsbehörden als »sehr interessante Person in der internationalen Welt des Dschihad« ein.[55]

Doch in Regensburg betrieb er ungestört einen (inzwischen mit Gewinn verkauften) Dönerladen. In einem Ermittlungsbericht heißt es: »Observationstechnisch ist die Lage des Imbiss als äußerst ungünstig einzustufen.« In mehreren »Gefährderlisten« tauchte der umtriebige Mann seit dem Jahr 2000 ebenso auf wie auch in Terrordateien. Abschieben aber konnte man ihn nicht. Denn der Weg durch die deutschen Gerichtsinstanzen ist lang.

Der Mossad berichtete etwa am 5. März 2004 an die deutschen Sicherheitsdienste, Mouldi B. sei ein »Infrastrukturist bei der Organisation zur Planung und Durchführung terroristischer Anschläge gegen jüdische bzw. israelische Einrichtungen im Ausland«. Und der tunesische Nachrichtendienst DGSS hatte schon im Oktober 2003 die Außenstelle des Bundeskriminalamts in Meckenheim gewarnt, Mouldi B. halte auch Kontakte zu algerischen Extremisten der Groupe Islamique Armé (GIA) und zum Mailänder Terrornetz GICT, über das falsche Passdokumente beschafft und Finanzierungen für die Vorhaben von Islamisten gesteuert worden seien.

Ähnliche Erkenntnisse hatten mittlerweile auch die Deutschen: Am 13. September 2003 war ein Gespräch zwischen »Issa, dem Somalier«, und Mouldi B. belauscht worden, in dem die Beschaffung eines Passes »für eine dunkelhäutige Person« besprochen wurde, die »zu einer Ausbildung nach Afghanistan reisen« sollte.

Spätestens seit einer Präsentation des Bundesamtes für Verfassungsschutz vom 22. Juli 2003 zur Terrorgruppe »Ansar al-Islam« kann wohl keine deutsche Behörde mehr behaupten, von der Gefährlichkeit des Mouldi B. keine Kenntnis gehabt zu haben. In dem Bericht heißt es unter anderem: »(Mouldi B.) gilt als Kontaktmann des ideologischen Vordenkers der militant-islamistischen Strömung Al-Takfir wal Hijra, Omar Mahmoud Othman alias Abu Qatada. Er steht weiterhin mit anderen Personen in Verbindung, die dem Bereich der arabischen Mudschahedin zugerechnet werden.«

Abu Qatada gilt nach Auffassung aller europäischen Geheimdienste als Statthalter des Terroristenführers Usama bin Laden in Europa. Doch nicht einmal die engen Kontakte zu Abu Qatada, der seit Dezember 2005 in Großbritannien wegen seiner Terrorbeziehungen eine Gefängnisstrafe absitzt, konnten die Ausweisung des Mouldi B. aus Deutschland beschleunigen. Gegen ein Urteil des Verwaltungsgerichts Regensburg vom 19. November 2003, das die von bayerischen Behörden seit Langem angestrengte Ausweisung von Mouldi B. ablehnte, legte das Land Bayern Berufung ein.

Das terroristische Umfeld, in dem Mouldi B. sich bewegte, füllt ganze Aktenordner. Vom 11. bis 16. Mai 2002 etwa wurde Mouldi B. vom Bundesamt für Verfassungsschutz observiert, weil die Briten Hinweise darauf hatten, dass er sich in Süddeutschland mit mutmaßlichen Kontaktpersonen bin Ladens treffen würde.

Tatsächlich traf Mouldi B. am 11. Mai 2002 am Münchner Flughafen Jamil El-Banna, der sich später im Regensburger Ibis-Hotel auf dem Meldeschein als Jamil Abdul-Latif eintrug. Begleitet wurden die beiden von Wahab Al-Rawi. Jamil El-Banna soll nach übereinstimmender Auffassung aller europäischen Sicherheitskreise »ein enger Mitarbeiter« des bin-Laden-Gefolgsmannes Abu Qatada sein.

Das Bundesamt für Verfassungsschutz nennt El-Banna in einem Schreiben den »Moneymaker« Abu Qatadas. Bis November 2007 waren Jamil El-Banna und ein jüngerer Bruder von Wahab Al-Rawi unter dem Vorwurf, terroristische Aktivitäten zu unterstützen, im amerikanischen Internierungslager in Guantánamo Bay inhaftiert. Weil weder die Engländer noch die Deutschen die beiden inhaftieren oder ausliefern mochten, hatten US-Kräfte die Terrorverdächtigen bei einer »Geschäftsreise« im westafrikanischen Gambia entführt und über Afghanistan nach Guantánamo gebracht. Für die Freilassung der mutmaßlichen Terroristen setzte sich auch Amnesty International ein.

Mouldi B. versuchte unterdessen in Deutschland unter anderem, 300 000 bis 500 000 Gasmasken zu beschaffen. Der Grund dafür blieb den Geheimdiensten bislang verborgen.

Im Januar 2004 reiste der stets gut gelaunte Extremist Mouldi B. mit seinem Renault Nevada nach Antibes in Frankreich. Dort verkaufte er das Fahrzeug. Anschließend fuhr er mit dem Zug über Italien – wo er kurzfristig »wegen Unstimmigkeiten in seinem deutschen Reiseausweis für Flüchtlinge« festgenommen wurde – nach Deutschland zurück.

In einem Schreiben der Sicherheitsbehörden vom 17. Februar 2004 heißt es zu Mouldi B., er gelte »als Kopf einer insgesamt siebenköpfigen Gruppe äußerst gefährlicher Mitglieder der Al-Rahman-Moschee«. Immerhin werben zwei Personen seiner Gruppe damit, bin Laden persönlich zu kennen. Die gewaltbereite Gruppe um Mouldi B. hatte nach Erkenntnissen deutscher Sicherheitsbehörden auch »die Bombenanschläge in Istanbul befürwortet«. Am 3. März 2004 entschied der bayerische Verwaltungsgerichtshof, dass der Bescheid der Stadt Regensburg vom 28. Juli 2003 zur Ausweisung des Islamisten rechtmäßig sei.

Man darf gespannt sein, wie lange der von zahlreichen Geheimdiensten beobachtete Mouldi B. von Deutschland aus noch seine Aktivitäten entfalten kann. Immerhin gilt er inzwischen als »Mitglied oder Unterstützer« einer »Vereinigung nordafrikanischer Terroristen«, deren Aktivitäten er »im Sinne des § 129b StGB (Unterstützung einer kriminellen und terroristischen Vereinigung im Ausland) von Deutschland aus« fördert. Bislang, so berichten Verfassungsschützer, haben Observationen, Telefonüberwachung und Peilungen des Mannes die verschiedenen Geheimdienste wohl weit mehr als eine Million Euro gekostet.

Aufgefallen ist Mouldi B. den Sicherheitsbehörden auch in Zusammenhang mit einem anderen »Gefährder«, dem in Tunesien geborenen und 2005 in Deutschland arbeitenden Mohammed S. Der wird von argentinischen und französischen Nachrichtendiensten ebenfalls als »brandgefährlich« eingestuft und bezeichnet sich selbst als »fundamentalistischen Muslim«.

Mouldi B. und Mohammed S. sind beide leitende Mitglieder der tunesischen Islamistengruppe En Nahda. Sie fielen europäischen Sicherheitsbehörden regelmäßig auf, Ende November 2003 etwa den deutschen als »verdächtige Passagiere« am bayerischen Flughafen Hof. S. fragte zudem in jenen Tagen auf einem Flug von Frankfurt nach Hof in auffälliger Weise, wie man in das Cockpit der Lufthansa-Maschine kommen könne.

Mohammed S. gilt unbestritten als europaweite »Kontaktperson zu Gefährdern«. Doch innerhalb Europas scheint man mit Gefährdern höchst unterschiedlich umzugehen. Der gebürtige Tunesier Mohammed S. hat seinen Aufenthaltsort zwischenzeitlich nach Deutschland verlegt. Seine Anweisungen erhielt er per Fax von Verbindungsleuten aus Frankreich. In Deutschland ging er unbehelligt seinen Geschäften nach. Unter anderem sollte er »mit Personen in Verbindung stehen, die mit der Fälschung von Dollar zu tun haben«.

In Frankreich dagegen hat der Inhaber eines französischen Passes seit 2004 Einreiseverbot. In den Unterlagen zu seiner Person heißt es mit Datum 5. Februar 2004: »S. ist französischer Staatsangehöriger. (...) S. ist aktuell zur Fahndung im Schengenbestand durch Frankreich ausgeschrieben. Die SIS-Fahndung (SIS = Schengen Information System; Anm. d. Autors) bezieht sich auf eine Einreiseverweigerung nach Frankreich.«

Von Deutschland aus aber konnte S. ungehindert reisen. Bei der Lufthansa genoss er laut einem Schreiben der Sicherheitsbehörden sogar bevorzugte Behandlung: Der Mann, der sich auffällig für den Weg ins Cockpit interessierte, hatte sich einen Vielfliegerstatus erworben.

Auf den Fall angesprochen, hob die Lufthansa 2004 hervor, alle Passagiere gleich zu behandeln, und fügte hinzu: »Es sind uns bisher keine Fälle bekannt, bei denen behördlich gesuchte Personen versucht hätten, in das Cockpit von Lufthansa-Flugzeugen zu gelangen. Alle Passagiere, unabhängig von ihrem Status, müssen sich vor dem Abflug hohen Sicherheitsmaßnahmen, die vom Bundesgrenzschutz verantwortet werden, unterziehen (Personen- und Dokumentenkontrollen). Darüber hinaus hat Lufthansa durch weitere Maßnahmen (verstärkte Cockpittüren, Sky Marshals) die Sicherheit an Bord optimiert. Der Zutritt zum Cockpit wird jedem Gast konsequent verwehrt.«[56]

Anders als in den Vereinigten Staaten gibt es für deutsche Fluggesellschaften keine rechtliche Handhabe, Personen zurückzuweisen, weil sie von Geheimdiensten beobachtet werden und angeblich gefährlich sind. Mohammed S. konnte somit unbehelligt als Flugpassagier reisen.

Der Politik sind solche Fälle allenfalls lästig. Solange nichts passiert, belässt man die Verantwortung bei jenen Sicherheitskräften von Polizei und Landeskriminalämtern, die, wie sie klagen, mit immer weniger Personal und ständig neu gekürzten Finanzmitteln der Bevölkerung eine Sicherheit garantieren sollen, die in der Praxis längst zu einem Lotteriespiel geworden ist. Personen wie Mouldi B. und Mohammed S. sind in der Unterstützerszene des Terrors in der Bundesrepublik Deutschland nach Angaben aus Sicherheitskreisen jedenfalls keine Einzelfälle.

Was die Ermittler am meisten ärgert: Das Schlimmste, was »brandgefährliche« Islamisten derzeit in Deutschland zu fürchten haben, ist die Sozialhilfe. Ein ranghoher Vertreter eines Landeskriminalamtes sagte dazu Ende 2005: »Viele Monate nach Madrid müssen wir solche Beobachtungsvorgänge knicken, lochen und abheften. Das ist die Vorgabe der Politik. Bloß nicht vorschnell eingreifen, bloß kein Aufsehen, bloß nicht als ausländerfeindlich gelten. Zuschlagen erst, wenn sich einer den Sprengstoffgürtel umschnallt und den Auslöser in der Hand hält. Wie sollen wir Hunderte dieser Gefährder rund um die Uhr überwachen?

Woher soll denn das Personal kommen? Und wenn es knallt oder wir vorzeitig eingreifen, dann heißt es, wir hätten versagt. Und die Islamisten grinsen und spielen die Opferrolle.«

Immer mehr Islamisten gingen zwischenzeitlich juristisch in die Offensive. Metin Kaplan etwa, der selbst ernannte Kalif von Köln, beschwerte sich öffentlich über die »aufdringliche Observation« durch den Verfassungsschutz und klagte vor dem Bundesverwaltungsgericht gegen die ständigen staatlichen Begleiter: Er fühle sich in seiner verfassungsmäßig geschützten Freiheit bedrängt. Kaplan wurde im Oktober 2004 in die Türkei abgeschoben.

Mohammed S. und Mouldi B. kannten Metin Kaplan zwar nicht persönlich. Dessen Offensive gegen die Staatsgewalt schien ihnen jedoch zu imponieren: Sie erwogen ebenso wie andere islamistische Gefährder, über ihre Anwälte Klagen gegen den deutschen Bundesinnenminister und die deutschen Sicherheitsbehörden einzureichen. Diese sollten ihnen entweder Straftaten beweisen oder aber sie endlich in Ruhe lassen.

Nachdem der Autor die vorgenannten Islamisten im Frühjahr 2005 in einem Frankfurter Schnellimbiss getroffen und über sie berichtet hatte, verklagten ihn diese und forderten Schadenersatz. Zeitgleich beschäftigten sich bayerische Verwaltungsgerichte mit einem der beiden Männer. Was dann geschah, beschreibt der Verfassungsschutz des Bundeslandes Bayern (1. Halbjahr 2005) wie folgt:

»Der Bayerische Verwaltungsgerichtshof (VGH) bestätigte am 9. Mai die Ausweisungsverfügung der Stadt Regensburg gegen einen 35-jährigen Tunesier wegen Gefährdung der freiheitlichen demokratischen Grundordnung und der Sicherheit der Bundesrepublik Deutschland. Das Gericht befand, dass dieser zwar kein aktiver Kämpfer oder Aktivist einer terroristischen Organisation sei, doch genüge es, wenn in einer nicht ganz unerheblichen Art und Weise die Ziele solcher Gruppen gefördert würden. Die drohenden Gefahren seien so groß, dass an den Nachweis der Unterstützung nur geringe Anforderungen zu stellen seien. Dem Tunesier konnten bereits Kontakte u. a. zur tunesischen islamistischen Organisation En Nahda und der islamisch-fundamentalistischen Gruppierung al-Tauhid (al-Tawid) nachgewiesen werden. Seine Kontaktpersonen gehören zum Umfeld von Usama bin Laden. Der Tunesier hatte vor Gericht beteuert, bei seinen Kontakten zu Mitgliedern von Terrorgruppen sei es um rein geschäftliche Angelegenheiten gegangen. Nach Ansicht des VGH war er für ganz Europa Ansprechpartner für Personen aus dem Umfeld des Terrorismus, wenn es darum ging, Dinge zu besorgen und Kontakte herzustellen; dies rechtfertige die Ausweisung. Der VGH folgte damit der Argumentation der Sicherheitsbehörden.

Der Rechtsanwalt des Tunesiers kündigte Revision an, über die das Bundesverwaltungsgericht in Leipzig entscheiden wird. Die Stadt Regensburg schränkte den Handlungsspielraum des 35-Jährigen unter anderem dahingehend ein, dass er seinen Wohnsitz in einer niederbayerischen Gemeinschaftsunterkunft zu nehmen habe, und untersagte ihm die Nutzung von Handy, Internet und E-Mail-Verkehr. Einen Antrag des Tunesiers, die gegen ihn verhängte Überwachungsmaßnahme aufzuheben und ihm die Rückkehr nach Regensburg zu gestatten, wies das Verwaltungsgericht Regensburg am 7. Juni in einem Eilverfahren ab. In der Begründung des Verwaltungsgerichts heißt es, der Betroffene habe nicht glaubhaft machen können, dass er seine Aktivitäten zugunsten terroristischer Vereinigungen eingestellt habe. Die Geltungsdauer der Anordnung sei allein vom Antragsteller abhängig. Er habe entweder seiner seit 2003 bestehenden Ausreiseverpflichtung nachzukommen oder nachzuweisen, dass er seine Unterstützungskontakte zu terroristischen Organisationen eingestellt habe.

Seit dem 26. Juni ist der Aufenthaltsort des Tunesiers unbekannt. An diesem Tag meldete ein Bezirksklinikum, in dem sich der 35-Jährige zu einer stationären Behandlung befand, dass er sich dort nicht mehr aufhalte.«[57]

Seither war der Mann abgetaucht. Er wurde wenige Monate später in London als Terrorverdächtiger verhaftet. In England hatte er einen neuen Asylantrag gestellt. Inzwischen leben Mohammed S. und Mouldi B. unbehelligt als »Geschäftsleute« in Berlin.

Hizb ut-Tahrir – die Stimme der Gewalt

Auch Hizb ut-Tahrir al-Islami (»Islamische Befreiungspartei«) wurde aus den Reihen der Muslimbruderschaft gegründet. Der Palästinenser Taqi al-Din al-Nabhani schuf mit der Islamischen Befreiungspartei 1952 eine Organisation, die dem Ziel der Muslimbruderschaft folgt: Schaffung von islamischen Kalifaten überall auf der Welt. Taqi al-Din al-Nabhani war Mitglied sowohl der ägyptischen als auch der palästinensischen Muslimbruderschaft, trat aus dieser jedoch aus, nachdem die von ihm gegründete Organisation immer mehr Anhänger bekam. Den Zielen und Idealen der Muslimbruderschaft blieb Taqi al-Din al-Nabhani dennoch weiterhin treu ergeben. Auch wenn Hizb ut-Tahrir und die Muslimbruderschaft um Anhänger konkurrieren, verstehen sie sich nicht ausschließlich als Gegner, sondern arbeiten zusammen, wenn es um das gemeinsame Ziel geht: die Bekämpfung der »Ungläubigen« und Errichtung eines Kalifats. Die Unterschiede zur Muslimbruderschaft beziehen sich vor allem auf den Weg, mit dem dieses Ziel erreicht werden soll.

Das Weltbild der Gruppe Hizb ut-Tahrir ist geprägt vom angeblichen Gegensatz der »Welt des Islam« und der »Welt der Ungläubigen«, die es zu bekehren oder zu unterwerfen gilt. Der Begriff des »Dschihad« nimmt in der öffentlichen Rhetorik von Hizb ut-Tahrir – zum Beispiel in Internetforen – einen wichtigen Platz ein. Nach außen hin, zum Beispiel westlichen Journalisten gegenüber, lehnt Hizb ut-Tahrir Gewaltanwendung ab.

Doch zu den Standardwerken der Gruppe gehört ein Buch, in dem die »Unvermeidbarkeit des Kampfes der Kulturen – Kampf zwischen dem Islam und den Ungläubigen« beschrieben wird. Darin wird der »Kampf gegen die Ungläubigen« nicht als defensive Abwehr, sondern vielmehr als offensiver Dschihad beschrieben. Und in dem von britischen Mitgliedern der Hizb ut-Tahrir herausgegebenen Buch *The Method to Re-Establish the Khilafah and Resume the Islamic Way of Life* wird ausdrücklich die Ermordung all jener gerechtfertigt, die vom Islam zu einem anderen Glauben konvertieren.

Verfassungsschützer bescheinigen Hizb ut-Tahrir ein hohes Maß an »Konspiration« bei der Anwerbung neuer Mitglieder sowie der Planung von Aktivitäten. Ihre Mitglieder rekrutiert sie vor allem in Moscheen und Universitäten. Neben dem Kalifat soll ein panislamisches Reich über alle bestehenden nationalstaatlichen Grenzen hinweg geschaffen werden. In diesem soll umgehend die Scharia eingeführt werden. Dem Staat Israel spricht die radikale Gruppe das Existenzrecht ab. Sie ist klar antisemitisch, antiisraelisch und antiamerikanisch und teilt diese Auffassung mit deutschen Rechtsextremisten, zu denen die Gruppe enge Beziehungen unterhält. Seit 15. Januar 2003 ist Hizb ut-Tahrir in der Bundesrepublik verboten.

Die aus dem Libanon stammenden »Kofferbomber«, die im August 2006 in mehreren deutschen Vorortzügen Sprengsätze gelegt hatten, die nur wegen technischer Fehler nicht explodierten, sollen – laut Angaben aus Sicherheitskreisen – aus den Reihen von Hizb ut-Tahrir stammen.

Während Hizb ut-Tahrir in Deutschland verboten ist, operiert sie in vielen anderen europäischen Staaten offen weiter. In Spanien tritt sie seit zwei Jahren unter dem Namen »Partido de la Liberación« auf. Auf der Suche nach neuen Anhängern, etwa unter der muslimischen Bevölkerung in Barcelona, verteilen marokkanische Hizb-ut-Tahrir-Mitglieder Flugblätter. Auch in Großbritannien wird die Gruppe derzeit noch toleriert. Premierminister Tony Blair wollte Hizb ut-Tahrir 2005 verbieten, doch die Geheimdienste stimmten dagegen. Sie behaupteten, ohne ein Verbot könne man die Aktivisten besser beobachten.

Al Qaida und die Muslimbruderschaft

Offiziell haben sich die Wege von Al Qaida und der Muslimbruderschaft schon vor vielen Jahren getrennt. So hat der Stellvertreter bin Ladens, Ajman al-Zawahiri, stets verurteilt, dass sich die ägyptische Muslimbruderschaft an demokratischen Wahlen beteiligt und ins Kairoer Parlament eingezogen ist. Am 6. Januar 2006 strahlte der Fernsehsender al-Dschasira eine Botschaft von al-Zawahiri aus, in der dieser den Wahlerfolg der ägyptischen Muslimbruderschaft kommentierte: »Heute habt ihr 80 Sitze im Parlament gewonnen, und in fünf Jahren mögen es 100 sein. Wir aber können euch mehr bieten.«

Dabei eint Al Qaida und die Muslimbruderschaft die gleiche (religiöspolitische) Weltanschauung. Obwohl sich die Muslimbruderschaft seit Jahren schon in öffentlichen Disputen gemäßigt gibt, hat sie nie das auch von Al Qaida verfolgte Ziel der Errichtung eines Gottesstaates aufgegeben. Die Differenzen zwischen Al Qaida und der Muslimbruderschaft bestehen nicht bezüglich der langfristigen (gemeinsamen) Ziele, sondern ausschließlich wegen der strategischen Auswahl des Weges, mit dem dieses Ziel erreicht werden kann.

Trotz aller Unterschiede gibt es in den Reihen der ägyptischen Muslimbruderschaft jedoch auch offene Unterstützung für Al Qaida. So hat der ägyptische Abgeordnete Ragib Hilal Hamida, der Mitglied der Muslimbruderschaft ist, seine Unterstützung für Al Qaida damit begründet, dass Al-Qaida-Führer wie bin Laden, al-Zawahiri und al-Zarqawi ein »Stachel im Fleisch der Amerikaner und Zionisten« seien. Hassan al-Turabi, der langjährige Führer des sudanesischen Zweiges der Muslimbruderschaft, nahm bin Laden und dessen Gesinnungsgenossen Anfang der Neunzigerjahre mit offenen Armen als »Brüder« in der Hauptstadt Khartum auf. Der Autor hat Hassan al-Turabi in jenen Jahren dort getroffen. Und al-Turabi bestätigte in diesem Gespräch, mit der Aufnahme bin Ladens im Sinne und Interesse der Muslimbruderschaft gehandelt zu haben. Bevor bin Laden den Sudan in Richtung Afghanistan verließ, besprachen dieser und al-Turabi mehrfach ihre Strategie, den Sudan zu einem »Inkubator« für zahlreiche Terrorzellen zu machen, die in späteren Jahren den Westen herausfordern sollten.

Die Übergänge zwischen Al Qaida und Muslimbruderschaft beziehungsweise zwischen Al Qaida und den in diesem Buch beschriebenen Tarnorganisationen der Muslimbruderschaft sind fließend. In nicht wenigen Fällen gibt es Doppelmitgliedschaften, wobei man »Mitgliedschaft« nicht im herkömmlichen Sinne mit Mitgliedsausweis und -nummer et cetera verstehen sollte.

Am deutlichsten wird die Zusammenarbeit zwischen Al Qaida und der Muslimbruderschaft im Falle der palästinensischen Terrorgruppe

Hamas: Al Qaida unterhält in Palästina Seite an Seite mit der Hamas Lager und unterstützt die Hamas im militärischen Kampf gegen Israel. Die Beziehungen zwischen Al Qaida und Hamas reichen zurück bis in das Jahr 1991. Der damalige sudanesische Staatschef hatte im April des Jahres Hassan al-Turabi und Vertreter von Gruppen aus dem Umfeld der Muslimbruderschaft zu einer »Popular Arab and Islamic Conference« in die Hauptstadt Khartum eingeladen. Bei diesem Treffen lernten sich Usama bin Laden und Führer der Hamas kennen. Zwischen 1993 und 1995 unterhielten Al Qaida und Hamas gemeinsame Terrorausbildungslager im Sudan. In der Kriegserklärung gegen die Vereinigten Staaten vom 23. August 1996 verlangte Usama bin Laden den sofortigen Abzug der US-Truppen von der arabischen Halbinsel. Des Weiteren forderte er die Befreiung der »heiligen Stätten« und den Sturz der saudischen Machthaber. An alle fundamentalistischen Organisationen richtete er sich mit dem Aufruf, sich seinem Kampf anzuschließen. In dieser »Kriegserklärung« erwähnte bin Laden ausdrücklich auch den Hamasgründer Scheich Yassin, der ebenfalls Führungsmitglied der Muslimbruderschaft war. Al Qaida und Hamas unterstützen sich gegenseitig nicht nur militärisch und ideologisch, sondern auch bei der Finanzbeschaffung bilden beide Gruppen ein gemeinsames Netzwerk.

Abu Sayyaf

Der Name der Organisation Abu Sayyaf bedeutet »Vater des Schwertführers«. Sie ist benannt nach Abdul Rasul Sayyaf, einem Milizenführer und islamischen Religionsgelehrten, der in den Achtzigerjahren in Afghanistan gegen die sowjetischen Besatzer kämpfte. Abdul Rasul Sayyaf gehörte einem afghanischen Flügel der ägyptischen Muslimbruderschaft an, der 1969 vom pakistanischen Warlord Gulbuddin Hekmatyar gegründet wurde und der sich »akhwan-ul-muslimeen«[59] nannte. Sayyaf, der an der Kairoer Al-Azhar-Universität einst den Islam studiert hatte und dort auch erste Kontakte mit der Muslimbruderschaft knüpfte, ist Gründer der islamischen Universität Sawal al-Dschihad in Peschawar/Pakistan und einer der militantesten Kritiker des afghanischen Präsidenten Karsai und der Anwesenheit amerikanischer und anderer ausländischer Truppen auf afghanischem Boden.

Abdul Rasul Sayyaf, ein Weggefährte bin Ladens, lebt inzwischen wieder in Afghanistan. In den Achtziger- und Neunzigerjahren hatte er auch viele Mudschahedin von den Philippinen im militärischen Kampf gegen die sowjetischen Besatzer in Afghanistan ausgebildet.

Fälschlich wird Abu Sayyaf oftmals als Al-Qaida-Gruppe auf den Philippinen bezeichnet. Doch auch wenn es Verbindungen zur Gruppe bin Ladens gibt, ist die Entstehungsgeschichte der Abu Sayyaf eindeutig auf die Muslimbruderschaft zurückzuführen. Zwar hatte Mohammed Jamal Khalifa, ein Schwager bin Ladens, die Gründung der Terrorgruppe Abu Sayyaf auf den Philippinen finanziert, doch hatte die Muslimbruderschaft die Entstehung des neuen asiatischen Ablegers schon lange geplant, bevor bin Laden und Al Qaida zu internationaler Berühmtheit gelangen sollten. Abu Sayyaf ist damit ein ideologischer Ableger der Muslimbruderschaft auf den Philippinen, der seine Anschubfinanzierung aus dem Kreis um bin Laden erhielt.

Einer der militärischen Schüler des Milizenführers Abdul Rasal Sayyaf mit Namen Abdurajak Janjalani gründete 1991 auf den Philippinen die Gruppe »Abu Sayyaf«. Janjalani spaltete diese neue Gruppe damals aus den Reihen der philippinischen »Moro Befreiungsfront«[60] ab. Abu Sayyaf kämpft für ein islamisches Kalifat auf den Philippinen, tritt allerdings eher wegen ihrer kriminellen Raubzüge in Erscheinung. Die Gruppe rekrutiert sich größtenteils aus ehemaligen Afghanistan-Kämpfern (Mudschahedin) und finanziert sich mit saudischem Geld, verübt Bombenanschläge und Überfälle auf Christen, entführt aber auch Touristen. Einer der bekanntesten Entführungsfälle fand im April 2000 auf der philippinischen Insel Jolo statt, bei dem 22 Touristen und Hotelangestellte als Geiseln genommen wurden, unter ihnen die Göttinger Familie Wallert. Im August 2002 enthauptete die Gruppe zwei Zeugen Jehovas.

Weil die Moro Islamische Befreiungsfront und Abu Sayyaf engste Beziehungen zueinander unterhalten, lassen sich die Aktivitäten in

Europa kaum nur einer der beiden Gruppen zuordnen. Auf die in Deutschland lebenden muslimischen Philippinos übt vor allem die Moro Islamische Befreiungsfront eine große Anziehungskraft aus. Von den etwa 90 Millionen Einwohnern der Philippinen sind nur rund fünf Prozent Muslime. Der radikale Kampf von Moro Islamische Befreiungsfront und Abu Sayyaf gegen die Zivilregierung in Manila wird von ihnen als Fortsetzung des Kampfes gegen die christlichen Spanier angesehen, die 1521 auf den Philippinen ankamen und das Christentum einführten. Es gibt engste Kontakte dieser Gruppen in die europäischen Zentralen der Muslimbruderschaft, die nach Erkenntnissen europäischer Sicherheitsbehörden den bewaffneten antichristlichen Kampf dieser Gruppen auf den Philippinen auch mit in Europa gesammeltem Geld unterstützen.

Tabligh-i Jamaat – Rekrutierungsbasis für Islamisten

Die »Gemeinschaft für Verkündung und Mission« (Tabligh-i Jamaat) gehört nicht unmittelbar in das direkte Umfeld der Muslimbruderschaft. Doch unterhält sie zu dieser enge Kontakte und verfolgt die gleichen Ziele. Tabligh-i Jamaat und die Muslimbruderschaft unterstützen sich wechselseitig. Tabligh-i Jamaat zählt zu den größten Bewegungen im Islam. Sie entstand Mitte der Zwanzigerjahre des vergangenen Jahrhunderts in Indien. Ihr Gründer, der Religionsgelehrte Maulana Muhammad Ilyas, distanzierte sich von der englischen Kolonialmacht und auch von den in Indien lebenden Hindus. Er forderte die »Islamisierung der Gemeinschaft«, die Abgrenzung gegenüber Nichtmuslimen, die Trennung der Geschlechter und die strikte Einhaltung des muslimischen Familienrechts. Die Anhänger dieser Missionsbewegung nutzen weltweit Moscheen und Moscheevereine, um bei ihrer Reisetätigkeit für die »Wiedererweckung« von Muslimen zu werben.

Tabligh-i Jamaat hat ihr internationales Zentrum in Neu Delhi/Indien. In Deutschland leben mehr als 500 radikale Anhänger dieser nach außen hin friedfertig und nicht politisch auftretenden Gruppe.

Beim Deutschlandtreffen der Gruppe im April 2005 in Hamburg forderte ein Redner vor rund tausend Zuhörern, kein Mensch, kein Haus und keine Moschee dürfe »unerleuchtet« bleiben. Gemeint war damit, die Anhänger auf einen ursprünglichen Islam einzuschwören, wie er zu Lebzeiten Mohammeds vorherrschte. Mit Demokratie, freiheitlich-demokratischer Grundordnung und Menschenrechten nach europäischem Verständnis lassen sich die Ziele der Gruppe nicht vereinbaren.

Nach einer Analyse der deutschen Sicherheitsbehörden führen in fast allen Terrorverfahren Spuren zu dieser vermeintlich friedfertigen Bewegung. Sie bereitet den Boden dafür, dass Personen ins gewaltbereite terroristische Umfeld abgleiten können. Mit riesigen Stützpunkten etwa in Pakistan, Uganda, Südafrika, Argentinien, Indien, Somalia, Bangladesch, Myanmar, Malaysia, Thailand und Äthiopien ist die Gruppe international gut vernetzt. Ihr Hauptmissionsgebiet jedoch ist – Europa. Hier hat die Gruppe ihren europäischen Sitz im englischen Dewsbury und in London. Ihre »Missionare« rekrutieren bei ihren Streifzügen durch europäische Städte junge Muslime, die bereit sind, »Märtyrer« zu werden. Die sunnitisch-islamistische Gruppe radikalisiert auch in Deutschland junge Muslime. Sie gilt in Kreisen der Sicherheitsbehörden als »brandgefährlich«.

Innerhalb der ursprünglich unpolitischen Missionsbewegung ist in den vergangenen Jahren ein immer stärker werdender Flügel entstanden, der Terror befürwortet und auch enge Beziehungen zu einigen Geheimdiensten islamischer Staaten unterhält. So war Javed N., ein ehemaliger ranghoher Leiter des pakistanischen Geheimdienstes Inter Service Intelligence (ISI), ein Mitglied von Tabligh-i Jammat. Der pakistanische Geheimdienst ist zudem für seine engen Beziehungen zu Al Qaida bekannt.

Es ist auffällig, dass fast alle jungen pakistanischstämmigen Briten, die im August 2006 von London-Heathrow aus mehrere Passagierflugzeuge über dem Atlantik in die Luft sprengen wollten und zuvor in London gefasst wurden, Mitglieder von Tabligh-i Jamaat waren. Am 17. August 2006 berichtete die *Times* über die verhinderten Attentäter und ihre Verbindungen zu Tabligh-i Jamaat: »Islamic missionary group links alleged plotters«[61] (Islamische Missionsgruppe hat Verbindung zu mutmaßlichen Attentätern).

Wie zum Dank dafür erlaubt die britische Regierung der Gruppe Tabligh-i Jamaat nun, in London die größte europäische Moschee zu errichten. Sie soll zwischen 50 000 und 70 000 Muslimen Platz bieten für das Gebet (zum Vergleich: der Petersdom fasst 60 000 Menschen) – und nach derzeitigem Stand auch mit Geldern der Europäischen Union finanziert werden. Was wie ein Scherz klingt, ist bittere Realität: Im Londoner Stadtteil West Ham, unmittelbar neben dem Dorf, das für die Olympischen Spiele 2012 errichtet wird, will Tabligh-i Jamaat diese Moschee der Superlative errichten. Während der Olympischen Spiele soll das Gelände zum Quartier aller anreisenden Muslime werden – und danach das europäische Zentrum der umstrittenen Predigergruppe mit Terrorverbindungen.

In Deutschland kam das Verwaltungsgericht Bayreuth schon in einem Beschluss vom 24. November 2005 zu der Überzeugung, dass die Tabligh-i Jamaat den internationalen Terrorismus unterstützt. Und im österreichischen Verfassungsschutzbericht 2005 heißt es zu Tabligh-i Jamaat: »Hinsichtlich der Tabligh-i Jamaat ergeben sich immer wieder Verdachtsmomente, dass sie als Abdeckung für Rekrutierungen zum Terrorismus fungiert.« Es gebe »zahlreiche Querverbindungen zu den Taliban und zu Al Qaida«.

Vor diesem Hintergrund wird die Reisetätigkeit der »Missionare« dieser Gruppe in Deutschland vom Bundesamt für Verfassungsschutz beobachtet. Nach diesen Erkenntnissen reisten beispielsweise 45 jemenitische Mitglieder der Gruppe am 29. Dezember 2005 über den Flughafen Frankfurt in den Jemen aus. Das bestätigten westliche Sicherheitskreise in einem Gespräch.

Die offiziell zu »Missionszwecken« durch Europa gereiste Gruppe war bei ihrem Aufenthalt von mehreren westlichen Geheimdiensten observiert worden. Sie hatte sich mit Personen aus dem Umfeld der Muslimbruderschaft getroffen, die in Verdacht stehen, in Europa Geld zu sammeln für Terroranschläge, die gegen im Irak stationierte Amerikaner verübt werden sollen.

Über Tabligh-i Jamaat hatte auch der als »amerikanischer Taliban« bekannt gewordene John Walker Lindh zum radikalen Islam gefunden. Er wurde mittlerweile in den Vereinigten Staaten zu 20 Jahren Haft verurteilt. Der französische Terrorismusfachmann Oliver Roy, Forschungsdirektor am nationalen Forschungszentrum CNRS (Centre national de la recherche scientifique), veröffentlichte in der Zeitschrift *Le Monde Diplomatique* den Artikel »L'Islam mondialisée«, in dem es über die Gruppe heißt: »Denkbar wäre auch, dass Mitglieder anderer neofundamentalistischer, aber nicht dschihadistischer Bewegungen wie die Tablighi (...) sich zu Einzelaktionen unter dem Al-Qaida-Label entschließen.«

In Deutschland waren Personen aus dem Umfeld der Gruppe erstmals 2003 ins Visier der Behörden geraten. Damals soll es Hinweise darauf gegeben haben, dass Gelder, die von Tabligh-i Jamaat in Deutschland angeblich für die Pilgerfahrt nach Mekka gesammelt wurden, in Wahrheit dem antiamerikanischen Kampf im Irak zugeflossen seien.

Teil V: Der Kampf ums Geld

Der Wirtschaftskrieg und die »Güter der toten Hand«

Fromme Stiftungen spielen im Islam eine bedeutende Rolle. Sie sind ein geschicktes Instrument zur Unterwanderung nichtislamischer Staaten. Vor langer Zeit schon hat das auch die Muslimbruderschaft erkannt.

Während »Wohltätigkeitsorganisationen« auch in der westlichen Welt verbreitet sind, ist die Institution des Waqf (»fromme Stiftung«) in der nichtislamischen Welt in dieser Form unbekannt. Mit europäischen Rechtsnormen (etwa bezüglich des Erbrechts, Eigentumsrechts) ist Waqf unvereinbar. Denn Waqf bedeutet nichts anderes, als über den Tod hinaus für alle Zeiten bis zum jüngsten Tag Eigentum aufzugeben. Die *Islamische Zeitung* berichtete am 28. Oktober 2004 in einem Artikel über die islamischen Stiftungen: »Als islamische Institution ist der Waqf ein Grundbesitz, ein bestimmtes Vermögen usw., das dem Nutzen der Geschöpfe gewidmet ist, um dem Schöpfer zu gefallen. Das gestiftete Vermögen oder der Besitz wird auf alle Zeiten zu Allahs Eigentum erklärt, das heißt, der Stifter eines Waqf hat keinerlei Besitzrechte hinsichtlich dieses Vermögens oder Grundbesitzes.«[1]

Wird in einem nichtmuslimischen Land etwa eine Moschee gebaut, dann sind die Moschee und das zu ihr gehörende Land Waqf. Waqf-Eigentum darf (aus der Sicht des Islam) weder beschlagnahmt noch verkauft werden – schon gar nicht an Nichtmuslime. Das gilt – wie gesagt – für alle Zeiten. Selbst wenn aufgrund historischer Gegebenheiten zwischendurch für einige Jahre oder Jahrhunderte Nichtmuslime über Waqf-Eigentum herrschen, dann gehört dieses nach islamischer Auffassung doch für alle Zeiten Allah bzw. dem Islam. In dem von Ralf Elger herausgegebenen Buch *Kleines Islam-Lexikon* heißt es zu Waqf-Stiftungen: »Wichtigste rechtliche Kennzeichen sind die Unveräußerlichkeit und der ewige Charakter des Waqf.« Und die Scharia ist im Waqf-Bereich das einzig gültige Recht.

Wenn das Islamische Kulturzentrum in Berlin im Internet um Spenden wirbt, dann weist es dort offen auf Waqf hin: »Nehmen Sie teil an unserer Waqf-Aktion, und werden Sie damit ein Baustein im Waqf-Komplex in Berlin. Diese Aktion hat als Ziel die Bereitstellung der Mittel zur Sanierung einer ganzen Etage in unseren Waqf-Gebäuden.« Beim Verwendungszweck des angegebenen Spendenkontos vermerkt das Islamische Kulturzentrum Berlin ausdrücklich: »Spende für Waqf.«[2]

Um die Tragweite von Waqf-Eigentum zu begreifen, reicht ein Blick auf den arabisch-israelischen Konflikt: Religiöse Juden vertreten die Auffassung, dass Gott ihnen das Heilige Land gegeben habe. Vor diesem Hintergrund ist es aus ihrer Sicht Gotteslästerung, einem Nichtjuden etwas davon abzugeben. Als der Kalif Omar vor rund 1400 Jahren Palästina eroberte, erklärte er es zum Waqf. Ziel des Kalifen war es, die Aufteilung des Landes zu verhindern. Denn Waqf-Land ist »unantastbar«. Es gehört allein Allah. Muslimische Gläubige betrachten ganz Palästina bis in die Gegenwart (und für alle Zukunft) als Waqf. Es gehört Allah, es gehört dem Islam. Somit prallen in Palästina zwei religiös begründete Ansprüche auf das Land unversöhnlich aufeinander.

Die Hamas greift das in ihrer Charta auf und schreibt in Artikel 11: »Die islamische Widerstandsbewegung (›Hamas‹, Anm. d. Autors) glaubt, dass das Land Palästina islamischer Waqf (heiliger Besitz) ist, der den kommenden Generationen der Muslime bis zum Ende der Zeiten als Vermächtnis gegeben wurde. Es darf weder darauf verzichtet werden, noch darf etwas davon abgetrennt werden.« Auch aus dieser Perspektive heraus fordert die Hamas in ihrer Charta die totale Zerstörung und Vernichtung Israels. Weil Waqf letztlich Allah allein gehört, kann kein Palästinenser, kein Muslim, kein Mensch an diesem Zustand etwas ändern. Für einen gläubigen Muslim muss das, was wir heute Israel nennen, wieder unter islamische Hoheit fallen. Daran werden alle politischen Verhandlungen, alle Nahostkonferenzen und Dialogforen nie etwas ändern können.

Doch Israel ist nicht das einzige Land, das aus der Sicht gläubiger Muslime Waqf ist. Denn Waqf-Land kann nicht nur durch Stiftung, Schenkung und Widmung entstehen. Vielmehr ist Waqf gemäß der Scharia auch jegliches im Laufe des Dschihad eroberte Land, das somit für alle Zeiten Allah und dem Islam gehört. So wurden etwa die Ölfelder Aserbaidschans nach der Islamisierung der Regierung zu Waqf erklärt.

Nicht nur das ferne Aserbaidschan und Israel, auch weite Teile Europas sind nach islamischer Auffassung »heiliger Besitz« des Islam und gehören für alle Zeiten Allah. Aus der Sicht eines gläubigen Muslims sind Andalusien, Spanien, Sizilien, Bulgarien, Griechenland, Jugoslawien und Frankreich bis hinauf nach Poitiers und Österreich bis vor die Tore Wiens Waqf. Weil diese Gebiete einmal vom Islam erobert wurden, bleiben sie auf ewig Waqf. Werden sie von Nichtmuslimen erobert, so ist es eine religiöse Pflicht, dieses Land eines Tages mit allen Mitteln – friedfertigen wie auch gewaltsamen – wieder zurückzuerobern.

Die Autorin Gudrun Eussner schreibt zu Waqf: »Die Tücke des Waqf liegt darin, dass die Übergabe nicht mehr rückgängig gemacht werden kann. (...) Das vom Islam eroberte Gebiet verbleibt in seinem Besitz. Es gibt keine leihweise überlassenen Gebiete.«[3]

Das Vorgehen ist derzeit nirgendwo deutlicher erkennbar als auf dem Balkan, wo saudische und andere Stiftungen aus den Golfstaaten einerseits mit viel Geld den Bau neuer Moscheen finanzieren, andererseits aber auch Dschihadgruppen dazu ermuntern, diesen Teil Europas wieder mit Gewalt islamischer Herrschaft zu unterwerfen.

In Bulgarien hat die saudische Stiftung Al-Waqf al-Islami den Bau zahlreicher Moscheen finanziert. Wegen ihrer mutmaßlich engen Beziehungen zu Al Qaida ist diese Al-Waqf-Stiftung in Bulgarien jedoch auch unter Muslimen umstritten. Auf dem Gebiet der Tschechischen Republik wurde 1992 in Prag die erste neue Waqf-Stiftung gegründet. Inzwischen gibt es solche Waqf-Stiftungen in allen europäischen Ländern, in Eindhoven/Niederlande ebenso wie in London, Brüssel, Frankfurt und Rom.

Alle Waqf-Stiftungen (der Plural von Waqf ist im Arabischen Awaqf, auch »Güter der toten Hand« genannt) sind in der World Waqf Foundation (WWF) zusammengeschlossen. Die WWF wiederum ist eine Mitgliedsorganisation der Islamic Development Bank (IDB/Islamische Entwicklungsbank), dem Hauptmotor des wirtschaftlichen Dschihad islamischer Staaten gegen den Westen.

Die Muslimbruderschaft nutzt das Instrumentarium des Waqf, um – vor allem mit Geld aus Saudi-Arabien und den Golfstaaten – auch in den restlichen (noch nicht islamisierten) Teilen Europas Keimzellen für den zukünftigen Herrschaftsbereich des Islam zu bilden. So sollen als Waqf errichtete Moscheen in Europa die Speerspitze der (Re-)Islamisierung sein.

Die Al-Waqf-al-Islami-Stiftung im niederländischen Eindhoven ist nur eine von vielen Waqf-Einrichtungen in Europa, die von Ermittlern als »brandgefährlich« eingestuft wird. Viele der aus Deutschland stammenden Attentäter des 11. September 2001 hatten ebenso wie ihre Unterstützer diese Einrichtung im Rahmen eines »Seminars« besucht. In den Niederlanden werden die Waqf-Einrichtungen seither vom Geheimdienst beobachtet.

In Deutschland interessierte man sich bislang weniger dafür. Im Gegenteil: Der Bau von (Waqf-)Moscheen wird bundesweit mit öffentlichen Geldern gefördert. Ob die genehmigenden Behörden wissen, dass sie mit Waqf-Moscheen, »heiligem Eigentum«, Allah auf ewige Zeiten einen unabänderlichen Dienst erweisen? Wahrscheinlich wissen sie nicht einmal, dass Waqf verfassungsfeindlich und mit dem Grundgesetz nicht vereinbar ist, weil es gegen die freie Verfügung und Übertragung des Eigentums verstößt. Die Muslimbruderschaft wird das freuen.

Der Islam als Wirtschaftsmacht

Die *Islamische Zeitung* hat ihren deutschen Lesern schon 1995 das islamische Wirtschaftsmodell vorgestellt. In der ersten Ausgabe der Zeitung hieß es damals: »Die Wirtschaft, das heißt der Handel der Muslime, ist von jeher ein Instrument der Zivilisation und der natürlichen Verbreitung des Islam gewesen. Heute, angesichts von weltweiten Handelskriegen, Embargos, Monopolherrschaften und galoppierenden Staatsverschuldungen aller Länder der Erde, kann der Handel der Muslime erneut diese Rolle übernehmen.« Der Artikel erklärt anschaulich das islamische Währungssystem (Gold- und Silberwährung), den islamischen Markt und eine Wirtschaftsordnung, wie sie zu Lebzeiten Mohammeds und in den nachfolgenden Jahrhunderten für weite Teile der muslimischen Welt prägend waren. Die meisten Leser werden das bunte Treiben auf orientalischen Märkten kennen. Das islamische Wirtschaftssystem, obwohl überall auf dem Vormarsch, ist dagegen weithin unbekannt.

Neben der politischen Grundordnung ist auch die Wirtschafts- und Rechtsordnung ein prägender Bestandteil von Staaten. Doch was auf den ersten Blick kaum der Diskussion wert erscheint, birgt bei näherem Hinsehen ein gewaltiges Konfliktpotenzial beim Aufeinanderprallen der Religionen. Nach Auffassung europäischer Rechts- und Wirtschaftsordnungen gehört es etwa zum Erbrecht, dass alle Menschen frei über ihr Vermögen bestimmen und dieses auch frei vererben können. Das aber steht in eindeutigem Gegensatz zum Islam. Denn Muslime sind in ihrer Entscheidung, wem sie was vererben, nicht frei.

So berichtet der Zentralrat der Muslime in Deutschland auf seinen Internetseiten auf die Frage, ob ein Nichtmuslim einen Muslim beerben könne: »Ein Muslim kann weder seine Erben noch deren Erbanteile ganz willkürlich festlegen, nur über ein Drittel seines Vermögens kann er frei verfügen, die Verteilung der anderen beiden Drittel ist klar definiert. (...) Ein Muslim kann einen Nichtmuslim nicht als Erben einsetzen. (...) Wenn nun ein Muslim einem Nichtmuslim nach seinem Tod ein Vermögen zukommen lassen möchte, so hat er lediglich die Möglichkeit, ihm von diesem oben genannten Drittel etwas zukommen zu lassen, über das er frei verfügen kann.«[4]

Auf einer anderen Internetseite des Zentralrates der Muslime[5] wird auch die Frage beantwortet, ob ein Muslim Bankkredite aufnehmen oder ein Sparkonto eröffnen darf. Dort heißt es: »Grundsätzlich gilt im Islam das Zinsverbot. Aus diesem Grund sind die Kredite, die man in Banken aufnimmt, oder Geschäfte, in denen Zinsen eine Rolle spielen, verboten.« Eine Ausnahmeregelung sehen viele Gelehrte aber in Hinblick auf ein Gehaltskonto: »Da man in unserer Zeit sein gesamtes Geld nicht mit sich herumtragen kann, darf man ein Konto eröffnen, muss jedoch die Zinsen, die man erhält, für islamische Zwecke abgeben.« Diese Abgabe des Zinses sei nicht eine »freiwillige Spende«: »Vielmehr ist es eine Pflicht, sich von diesem Geld zu befreien.«

Der Islam lehnt sowohl das Zinswesen der kapitalistischen Weltwirtschaft als auch das westliche Wirtschaftssystem ab. Er hat ein eigenes Wirtschaftssystem. Das Islamische Zentrum München schreibt dazu im Internet: »*Warum Islam für die Wirtschaft?* Der Islam will Frieden bringen, die gegenwärtige Wirtschaftsweise kann das nicht. Sie erwirtschaftet sogar beträchtliches Vermögen durch Kriege über die Rüstungsindustrie. In all ihren Spielarten, von der sozialistischen Planwirtschaft über die soziale Marktwirtschaft bis hin zur freien kapitalistischen ›Laissez-faire‹-Wirtschaft ist ihr das Friedenmachen nicht gelungen. (...) Der Islam tritt stattdessen dafür ein, allen Menschen ein menschenwürdiges Dasein möglich zu machen, weil er die Menschen nicht als einer dem anderen – je nach wirtschaftlicher Macht – untergeordnet versteht, sondern alle Menschen als Geschöpfe Allahs ansieht, demgegenüber jeder Einzelne letztendlich verantwortlich ist. Die islamische Lebensweise setzt als das erstrebenswerteste Ideal im Leben nicht die Produktions- und Konsummaximierung, sondern das Erlangen der Zufriedenheit Allahs. Darum ordnet sie auch das wirtschaftliche Verhalten dem Willen Allahs unter.«[6]

Kernelement einer islamischen Wirtschaftsordnung ist das schon erwähnte Zinsverbot. Unter Berufung darauf ist in den vergangenen Jahrzehnten in der Welt ein islamisches Wirtschaftssystem entstanden, das auch in der westlichen kapitalistischen Welt von immer mehr Muslimen genutzt wird. Das Landesamt für Verfassungsschutz in Schleswig-Holstein zählt zu den islamistischen Zielen folgende Punkte: »Herstellung des Kalifats, Anwendung der Scharia, Errichtung einer islamischen Wirtschaftsordnung, Abwehr westlicher Einflüsse.«[7] Über die Bestrebungen zur Wiederherstellung des Kalifats haben wir in den vorausgegangenen Kapiteln ebenso berichtet wie über die Bemühungen zur Einführung der Scharia. Während sowohl die Scharia als auch das Kalifat von westlichen Politikern und der europäischen Bevölkerung ganz klar abgelehnt werden, wird die Errichtung einer islamischen Wirtschaftsordnung jedoch erstaunlicherweise in allen westlichen Staaten nicht nur geduldet, sondern sogar gefördert. Geldgier macht offenkundig blind.

Gottloses Geld – Angriff auf unser Wirtschaftssystem

Nur wenige westliche Wissenschaftler haben sich mit der Wirtschaftstheorie des Korans beschäftigt. Während westliche Volkswirte das Wohl einer Gesellschaft in wirtschaftlichen Wachstumsraten messen, sieht der Islam nicht Wachstum, sondern die Verteilung des vorhandenen Wohlstands und der Ressourcen als Problem. Das islamische Wirtschaftssystem ist ein auf den Erfahrungen des Religionsstifters und Kaufmanns Mohammed basierendes System, aus westlicher Sicht aber ganz bestimmt keine Wissenschaft. Der Islam differenziert nur zwischen dem Grundbedarf eines Menschen (Lebensmittel, Kleidung und Wohnung) und Luxus.

Die Ressourcen der Welt reichen in der Vorstellung des Islam unendlich weit, um allen Menschen die notwendige Grundversorgung zu gewährleisten. Hunger, Armut und wirtschaftliche Rückständigkeit sind aus dieser Perspektive das Ergebnis falscher Verteilungspolitik des Westens, die vielen Menschen das Lebensnotwendige vorenthält. Ziel des wirtschaftlichen Handelns muslimischer Vordenker der Gegenwart ist es, diese ungleiche Verteilung der Ressourcen zu verändern. Dem Westen, der in seiner angeblichen unendlichen Raffgier und Ungerechtigkeit die Rohstoffe ausbeutet, diese wieder zu entreißen, ist das Ziel. Im Kalifat, so etwa die Muslimbruderschaft, gehört das Erdöl allen Menschen und darf nicht nur von herrschenden Familien oder transnationalen Konzernen ausgebeutet werden.

Das Verhalten von Muslimen im Wirtschaftsleben unterscheidet sich deutlich von europäischen Auffassungen. Denn der Koran betrachtet Allah als alleinigen »Eigentümer« auch wirtschaftlicher Güter – irdischer Besitz ist dem Menschen insofern nur auf Zeit überlassen worden. Ein Muslim soll Besitz vor diesem Hintergrund als Auszeichnung empfinden und die soziale und ethische Verantwortung tragen.

Wer die Islamisierung westlicher Gesellschaften nur unter politischen und religiösen Gesichtspunkten betrachtet, vergisst somit einen anderen entscheidenden Kampfplatz: die Finanzmärkte und das westliche Wirtschaftssystem. Weltweit gehört »Islamic Banking« zu den Finanzmärkten mit den höchsten Zuwachsraten. Weil die Scharia Wucher und angeblich auch Zins verbietet, wurde ein eigenes islamisches Banken- und Finanzsystem entwickelt. Es waren führende Köpfe aus den Reihen der Muslimbruderschaft, die Islamic Banking in seiner gegenwärtigen Erscheinungsform als dritten Weg zwischen sozialistischem und kapitalistischem Wirtschaftssystem entwickelten. Wie alle »Erfindungen« der Muslimbruderschaft dient auch Islamic Banking einzig und allein dem langfristigen Ziel, das islamische »Königreich Allahs auf Erden« zu schaffen.

Doch verbietet der Koran wirklich den Zins (»Riba«), wie es viele Führer muslimischer Verbände behaupten? Vanessa Steinmayer hat in ihrer Dissertation über »Islamische Ökonomie in Südafrika« das wirtschaftliche Handeln von Muslimen in Südafrika – einem säkularen Staat – untersucht. Nach umfangreichem Quellenstudium kommt Vanessa Steinmayer zu dem Schluss, dass das Zinsverbot im Islam keinesfalls so eindeutig definiert ist, wie es Vertreter des Islamic Banking gern darstellen. Vielmehr gäbe es Möglichkeiten, auch im Rahmen der Scharia einen moderaten Bankzins zuzulassen. Zwar heißt es in Sure 3, Vers 130: »Ihr Gläubigen! Nehmt nicht Zins, in dem ihr in mehrfachen Beträgen wiedernehmt, was ihr ausgeliehen habt!« Danach sind Kredite, Kreditkarten wie auch Hedgefonds und Termingeschäfte nicht mit dem Islam vereinbar. Akzeptabel sind jedoch alle Erträge, die auf einem Handel oder einer Investition in ein bestimmtes Produkt basieren, etwa Handelsfinanzierungen und Leasing.

Islamic Banking ist im Grunde nichts anderes, als den eigentlich strikt verbotenen Zins dennoch durch die Hintertür zu erhalten. Zinserträge werden als »unerheblich« behandelt und »Gebühren« meist zur Haupteinnahmequelle erklärt. Auch islamische Banken und Islamic Banking leben somit vom Profit.

Will ein Kunde ein Fahrzeug finanzieren, dann erwirbt beim Islamic Banking nicht der Kunde das Auto, sondern die Bank. Diese kann es dann entweder an den Kunden mit einem Aufschlag weiterverkaufen oder sie leiht es ihm und kassiert eine Leasinggebühr, bis die letzte Rate bezahlt ist. Der Grundgedanke lautet somit: Gebühren anstelle von Zinsen. Dabei gibt es viele Formen der wirtschaftlichen Kooperation, etwa »Mudaraba«. Dabei überlässt der Kunde einem Anlagefachmann einer islamischen Bank einen Geldbetrag. Die Bank wirtschaftet mit dem Geld und berechnet dafür eine Gebühr. Die Gewinne werden aufgeteilt. Verluste muss der Kunde allein tragen, die Bank stellt ihm jedoch keine Gebühren für ihren Service in Rechnung. Bei »Murabaha« kauft die Bank eine Ware und verkauft sie mit einem vorher vereinbarten Aufschlag an ihren Kunden weiter. Der Kunde zahlt dann den Preis in Raten zurück.

Islamische Finanzinstitutionen entstanden in ihrer modernen Form erst in den Siebzigerjahren, parallel zum Aufstieg der Muslimbruderschaft und ihrer Tochterorganisationen. Inzwischen gibt es Islamic Banking in mehr als 75 Staaten. Und mit der Globalisierung der Finanzströme erlebt Islamic Banking einen ungeahnten Aufschwung. Wo aber liegen die Wurzeln des Islamic Banking?

Mit der militärischen Niederlage der arabischen Staaten im arabisch-israelischen Sechstagekrieg 1967 fand in der arabischen Welt eine Rückbesinnung auf die Wurzeln des Korans statt. Die säkular ausgerichtete panarabische Politik des ägyptischen Präsidenten Nasser war am Ende. Statt Panarabismus lautete das Motto fortan Panislamismus. Überall in der arabischen Welt besann man sich auf die Schriften jener, die den vermeintlichen Weg in eine glorreiche Zukunft des Islam kannten: vor allem Sayyid Qutb und Abdul Ala Maududi. Sie beide lehnten die Integration von Muslimen in andere Gesellschaften ab. Und dazu gehört auch die Trennung von muslimischem (reinem) und nichtmuslimischem Geld.

Vor diesem Hintergrund wurden schon in den Siebzigerjahren in Pakistan, Ägypten und Saudi-Arabien Vorschläge erarbeitet, wie man langfristig vermeintlich »reine« und »unreine« Geldströme voneinander trennen kann. Der Grundstein für ein neues, weltweit islamisch geprägtes Bankensystem wurde 1974 mit der Gründung der Islamic Development Bank (Islamische Entwicklungsbank) mit Sitz im saudischen Dschidda gelegt. Ein Jahr später nahm die Dubai Islamic Bank den Geschäftsbetrieb auf. So entstand in den folgenden Jahren allmählich ein internationaler Verband islamischer Banken. Pakistan stellte 1979 sein gesamtes Bankenwesen unter die Vorschriften des Islam, Iran und Sudan folgten. Es waren Banken, die nicht nur gemäß der Scharia Geld verwalteten, sondern auch Stiftungen und Wohlfahrtsorganisationen gründeten, Organisationen, die in späteren Jahren den islamistischen Terror finanzieren würden.

Die Geschäfte der neu gegründeten islamischen Banken waren keinesfalls so »sauber«, wie es auf den ersten Blick erschien. Die später zusammengebrochene Bank of Credit and Commerce International (BCCI) war verwickelt in Geldwäsche, Rauschgift- und Waffenschmuggel und finanzierte auch international tätige Terrorgruppen. Und die von der Muslimbruderschaft 1988 in der Schweiz gegründete Al-Taqwa-Bank geriet nach den Terroranschlägen des 11. September 2001 in das Visier der amerikanischen Fahnder. Sie verfügte über Ableger auf den Bahamas, in Algerien, Italien, Malta, Panama und Liechtenstein. Sie finanzierte und wusch Gelder für die Terrorgruppe Hamas. Sie leitete Gelder für die algerische Terrorgruppe GIA (Groupe Islamique Armé) weiter. Sie half dem tunesischen Zweig der Muslimbruderschaft En Nahda. Sie war angeblich an der Finanzierung des Islamischen Zentrums München und auch des Islamischen Zentrums in Aachen beteiligt.[8] Und die Al-Taqwa-Bank war der Hauptfinanzier von Al Qaida, bevor sie geschlossen und die Konten eingefroren wurden.

Auch Scheich Yusuf al-Qaradawi war davon betroffen. Kritiker fragten sich damals, ob er seine Fatwen, mit denen er etwa auch die Tötung amerikanischer Soldaten im Irak gutheißt, vor dem Hintergrund dieses finanziellen Verlustes verkündete. Im Juni 2005 wurde das Verfahren gegen die Al-Taqwa-Bank eingestellt, allerdings blieben einige Konten weiterhin blockiert.

Ahmad Salam, Leiter Islamic Finance der Investment Banking Division der Credit Suisse in London, sagte zum wachsenden Interesse von Muslimen an Islamic Banking: »Das neu erwachte Interesse an islamischen Finanzprodukten in islamischen Ländern beruht auf dem Unterschied zwischen westlicher und islamischer Kultur nach den Ereignissen vom 11. September. Damals fühlten sich viele Muslime veranlasst, sich dem Islamstudium zuzuwenden. Dazu gehört auch die Problematik von Islamic Finance. Zudem haben wir es mit einer neuen Generation islamischer Investoren und Unternehmer zu tun, die wissen, dass es alternative Möglichkeiten gibt, Geschäfte zu machen. Wenn die jüngere Generation die Führung in den Unternehmen übernimmt, versucht sie, beim Tagesgeschäft islamischen Vorschriften mehr Geltung zu verschaffen.«[9]

Auf die Frage, ob der Trend abebben könne, antwortete der Fachmann: »Privatkunden – der Mann auf der Straße – sind die treibende Kraft bei der Nachfrage nach Produkten, die der Scharia entsprechen. Sie wollen mehr und mehr islamische Lösungen, da sie alle ihre Geschäfte dem Koran entsprechend geregelt sehen wollen.« Die Nachfrage sei schon jetzt »ziemlich stark, und je mehr Produkte wir anzubieten haben, desto stärker wird sie werden«. Das alles sei »keine Modeerscheinung, sondern ein Trend, der Bestand haben wird«.

Dabei ist »islamisches Wirtschaften« inzwischen auf dem Weltmarkt zu einem Milliardengeschäft geworden. Die stetig steigende Zahl der Muslime in der Welt verlangt nach »halal« (»reinen«) Produkten. Wenn Yusuf al-Qaradawi in seinen Fatwen wie auch in seinem Bestseller *Erlaubtes und Verbotenes im Islam*[10] beschreibt, was »halal« und was nicht »halal« ist, dann stehen dahinter auch wirtschaftliche Interessen: 80 Prozent der neuseeländischen Lammfleischexporte sind als »halal« deklariert. In Kapstadt in Südafrika kann man kaum noch Hühnerfleisch kaufen, das nicht als »halal« deklariert wurde. Bei Kentucky Fried Chicken in Malaysia ist das Fleisch ebenso »halal« wie bei Church's Chicken, einer Kette, die weltweit 1500 Läden betreibt.

Church's Chicken gehört der Arcapita Bank, die früher First Islamic Investment Bank hieß. Im Scharia-Beratergremium der First Islamic Bank saß früher Yusuf al-Qaradawi. Als das bekannt wurde und öffentliche Proteste hervorrief, trennte sich die First Islamic Investment Bank im Juli 2002 von al-Qaradawi. Im Februar 2005 änderte die First Islamic Investment Bank mit Stammsitz in Bahrain ihren Namen in Arcapita. Sie ist ein Beispiel dafür, wie weit der Einfluss des Islamic Banking inzwischen in das westliche Wirtschaftssystem reicht. So gehört Arcapita zu mehr als 80 Prozent die zweitgrößte amerikanische Kaffeekette Caribou Coffee. Die meisten Amerikaner dürften wohl kaum wissen, dass Caribou Coffee und Arcapita nach den strengen Prinzipien der Scharia bewirtschaftet werden.

Bis etwa zum Jahre 2012 wollen islamische Banken mindestens 40 – eher 50 – Prozent des Vermögens aller Muslime weltweit verwalten. Darüber berichtet Tariq al-Rifai in seiner 2003 veröffentlichten Studie *An Overview of Islamic Finance and the Growth of Islamic Funds*. Sollte das Ziel auch nur halbwegs erreicht werden, dann ist Islamic Banking ein mächtiges Instrument zur friedlichen mittelfristigen Islamisierung der westlichen Welt. Denn mit der (häufig verdeckten) Übernahme etwa von Wirtschaftsunternehmen wird auch Einfluss auf deren Ausrichtung erlangt.

Die Vorboten dessen sind an den großen Finanzplätzen der Welt zu beobachten. Dort, wo islamisches Geld etwa in westliche Banken fließt, werden wie selbstverständlich Scharia-Gremien gegründet, in denen einflussreiche muslimische Gelehrte den Ton angeben. Wie lange wird es wohl dauern, bis diese muslimischen Gelehrten darauf bestehen werden, dass »ihre« westlichen Geldhäuser keine Geschäfte mehr mit Israel machen? In ihrer an Naivität kaum zu überbietenden Geschäftstüchtigkeit freuen sich westliche Großbanken über jeden neuen »Scharia-gerechten« Fonds und dessen Absegnung durch das Scharia-Beratergremium. Glauben sie wirklich, dass mit dem allseits beklatschten finanziellen Anwachsen dieser Fonds nicht auch die Begehrlichkeiten der muslimischen Gelehrten steigen werden? Man muss kein Prophet sein, um die Tage am Horizont heraufziehen zu sehen, an denen diese westlichen Banken einfach erpresst werden.

Um die künftigen Auswirkungen des islamischen Finanz- und Wirtschaftssystems einordnen zu können, muss man sich immer seine Zielrichtung vor Augen halten: Die weltweiten ökonomischen Ressourcen (etwa Finanzmittel) möglichst vieler Muslime der Welt sollen zusammengebracht werden, um die Kontrolle eines Großteils der Finanzströme wie auch der Ressourcen durch eine nichtgewählte religiös-diktatorische Leitung (Scharia-Berater) auf der Basis des Korans zu erreichen. Mit dieser wirtschaftlichen Rückendeckung sollen die »Gegner« des Islam (etwa Israel und Amerika) vernichtet, »Ungläubige« zum Islam bekehrt und das Kalifat wiedererrichtet werden.

Aus der Sicht eines westlich denkenden Ökonomen oder Intellektuellen klingt das nach einer abstrusen Verschwörungstheorie. Man kommt jedoch kaum an der Tatsache vorbei, dass mittlerweile in mehr als 70 Ländern mehr als 250 »islamische Banken« an ebenjenem vorgenannten Ziel arbeiten. Denn sobald die verwalteten Gelder gemäß der Scharia und streng am Islam orientiert verwaltet werden, müssen die oben genannten Ziele unterstützt werden. Wer das verschweigt, betrügt die nachfolgende Generation jener, die im freien Wirtschaftssystem des Westens eine Zukunft sehen.

Diese Verdrängung der Realität führt mitunter zu merkwürdigen Konstellationen. So hat die amerikanische Küstenwache (United States Coast Guard) ihr Hauptquartier in Washington am Ufer des Anacostia. Das siebenstöckige Gebäude wurde 2005 für rund 90 Millionen Dollar an einen nach der Scharia ausgerichteten kuwaitischen Investor verkauft. Die Investoren haben nun nicht nur das Recht, die Räumung des Gebäudes zu verlangen. Sie könnten auch darauf bestehen, dass auf dem Gelände zukünftig keine Schusswaffen mehr getragen werden. Wahrscheinlich ist es in Washington wirklich niemandem aufgefallen, dass selbst die Küstenwache inzwischen einen Vermieter hat, der von einem Scharia-Board kontrolliert wird.

Nach Schätzungen westlicher Finanzexperten wurden 2006 zwischen 200 und 500 Milliarden Dollar in Scharia-konformen Anlagen verwaltet. Von der Citibank über die Deutsche Bank, die Finanzinstitute UBS und Hongkong and Shanghai Banking Corporation wollen alle teilhaben an dem wachsenden Geschäft. Im November 2002 sagte der frühere

Ministerpräsident von Malaysia, Mohammed Mahatir, anlässlich einer Konferenz islamischer Banken in Kuala Lumpur: »Ein weltweites islamisches Bankensystem ist Teil des Dschihad.« Am 21. September 2001 rief auch Usama bin Laden alle Muslime der Welt zum Boykott westlicher Produkte und zum »wirtschaftlichen Dschihad« auf. Viele mögen darüber geschmunzelt haben. Doch die Entwicklung schreitet unaufhaltsam voran.

Das hat natürlich Folgen. Das neue islamische Wirtschaftssystem, die »islamische Marktwirtschaft«, wird als überlegen angepriesen. Auf der Homepage des Islamischen Zentrums in Graz heißt es: »Die islamische Wirtschaftsordnung präsentiert sich als ein schlüssiges System. Herausragende Beispiele und Schlüsselelemente der islamischen Wirtschaftsverfassung sind Aussagen zum Schutz des Eigentums, zur Funktionserhaltung des Marktes, Aussagen zur Geldwirtschaft, zur Zinsfrage, zur Zakat (islamische Sozialabgabe) und zum islamischen Gesellschaftsrecht. Sie ist demnach weder liberalistisch noch sozialistisch und sollte als islamische Marktwirtschaft bezeichnet werden.«[11]

Offenkundig türkischstämmige Muslime haben im Internet unter www.enfal.de die Vorzüge des islamischen Wirtschaftssystems zusammengetragen. Am Ende der Abhandlung heißt es: »Deswegen ist es notwendig, einen Staat zu errichten, in dem dieses System Anwendung finden kann. Die Menschen sollten die Möglichkeit erhalten, sich selbst von der Gerechtigkeit und der Umsetzbarkeit dieses Systems zu überzeugen. Viele Beispiele aus der Geschichte zeugen vom Erfolg dieses Systems und könnten auch heute wieder zum Tragen kommen, wenn sich die Muslime wieder darauf besinnen, dass der Islam eine umfassende Lebensordnung ist, die alle Bereiche des Lebens umfasst. Denn die Muslime finden dann erst wieder aus dieser Misere heraus, wenn sie sich wieder bewusst werden, dass der Islam vollkommen ist (...).«[12]

Vor allem im ökonomischen Bild linker Politiker findet islamische Wirtschaftspolitik durchaus Anklang. Abu Bakr Rieger, Herausgeber der *Islamischen Zeitung*, berichtete dazu am 30. August 2006 unter der Überschrift »Ist der Islam globalisierungskritisch?«: »Natürlich gibt es wichtige Schnittmengen mit linker Globalisierungskritik. Einer der Wortführer der neuen Linken, Oskar Lafontaine, hat es sich geleistet, den Islam einmal nicht aus der potenziellen politischen Gegnerschaft heraus zu beleuchten, sondern aus möglichen Gemeinsamkeiten heraus.« So habe der frühere Finanzminister in einem Gespräch mit dem *Neuen Deutschland* gesagt: »Es gibt Schnittmengen zwischen linker Politik und islamischer Religion: Der Islam setzt auf die Gemeinschaft, damit steht er im Widerspruch zum übersteigerten Individualismus, dessen Konzeption im Westen zu scheitern droht. Der zweite Berührungspunkt ist, dass der gläubige Muslim verpflichtet ist zu teilen.«

Über einen der wichtigsten Bedeutungszusammenhänge zwischen Islam, Offenbarung und der modernen Ökonomie berichtet Abu Bakr Rieger: »Im Islam spielt das Zinsverbot noch eine Rolle, wie früher auch im Christentum. In einer Zeit, in der ganze Volkswirtschaften in die Krise stürzen, weil die Renditevorstellungen völlig absurd geworden sind, gibt es Grund für einen von der Linken zu führenden Dialog mit der islamisch geprägten Welt.«[13]

Im September 2006 kündigte die Versicherung Münchener Rück an, in das Geschäft mit Rückversicherungen nach islamischem Recht einzusteigen, die sich an der Scharia orientieren sollen. In einer Pressemeldung, die über *dpa* verbreitet wurde, hieß es dazu: »Die Münchener Rück erwartet in dem Segment hohe Wachstumsraten, ausgehend von einem derzeit noch niedrigen Niveau.« Da der Islam in Wirtschaft und Gesellschaft zunehmend an Bedeutung gewinne, würden auch entsprechende Versicherungen immer wichtiger, habe eine Sprecherin der Münchener Rück mitgeteilt.

Seit Februar 1999 schon hat der Dow Jones auch einen Dow Jones Islamic Market Index. Einige Araber haben inzwischen ungeheuren Reichtum angehäuft, der fünftreichste Mann der Welt etwa, der saudische Prinz Alwaleed. Disney, Apple Computers, die Four-Seasons-Hotelkette und die Citigroup sind nur einige Unternehmen, die untrennbar mit seinem Namen verknüpft sind. Prinz Alwaleed, der rund 24 Milliarden Dollar sein Eigen nennt, schenkte der Stadt New York nach den Anschlägen des 11. September 2001 immerhin zehn Millionen Dollar. Zugleich forderte er die amerikanische Regierung auf, gegenüber den Palästinensern eine »ausgewogenere Politik« zu betreiben. New Yorks Bürgermeister Rudolph Giuliani wies den Scheck des Milliardärs daraufhin zurück und warf dem saudischen Prinzen vor, die Terroranschläge zu rechtfertigen.

Die Citi Islamic Investment Bank, ein Ableger von Alwaleeds Citigroup, bietet natürlich auch Islamic Banking an.

Die Popularität des Islamic Banking ist abhängig von der Popularität des Islam. Solange der Westen aus muslimischer Sicht eine »antiislamische« Politik betreibt, wird auch Islamic Banking immer populärer. Hält der Trend an, so dürften es traditionelle Banken schon in wenigen Jahren schwer haben, mit Muslimen Geschäfte zu machen.

Wollen sich westliche Unternehmen an Großprojekten in der muslimischen Welt beteiligen, so ist es mittlerweile – etwa in der Golfregion – Voraussetzung, dass die Finanzierung islamischen Kriterien entspricht und Scharia-konform ist. Das gilt vor allem, wenn die Islamic Development Bank (Islamische Entwicklungsbank) beteiligt ist.

Weil Islamic Banking in den letzten Jahren Zuwachsraten im zweistelligen Bereich verzeichnet, die dem westlichen Wirtschaftskreislauf Geld entziehen, gibt es inzwischen Fachzeitschriften, die sich ganz dem Thema widmen, *Islamic Banking and Finance* etwa. Dort wird immer wieder auf die Vorreiterrolle der Islamic Development Bank bei der Entwicklung des Milliardenmarktes Islamic Banking hingewiesen. Die Islamic Development Bank hat über 55 Mitgliedsländer und ist Hauptmotor des wirtschaftlichen Dschihad. Neben der wirtschaftlichen Entwicklung rückständiger muslimischer Staaten verfolgt sie ein weiteres langfristiges Ziel: die Einführung und Etablierung einer rein gold- und silbergestützten islamischen Währung. Der Golddinar und der silberne Dirham sollen westlichen Währungen den Kampf ansagen.

Der Golddinar –
Dschihad gegen den freien Markt

Wenn Abu Bakr Rieger mehr Macht hätte, dann wäre das Ende des westlichen Wirtschaftssystems schon bald besiegelt. Der Herausgeber der *Islamischen Zeitung* – ein im Hauptberuf als Rechtsanwalt tätiger deutscher Konvertit – zählt zu jenen Muslimen, die Demokratie und Marktwirtschaft dem Untergang geweiht sehen. All jene, die Menschen wie Rieger heute noch belächeln, könnten sich in einigen Jahren vielleicht verwundert die Augen reiben. Denn von Malaysia bis Marokko begeistern sich immer mehr Menschen für eine neue Handelswährung, die im Westen – noch – niemand so recht zur Kenntnis nehmen mag: den Golddinar. Statt dem Papiergeld der »Ungläubigen« zu vertrauen, setzen sie wie zu Zeiten Mohammeds auf neu eingeführte islamische Goldmünzen – und wollen so mittelfristig den Westen herausfordern.

Im Herbst 2001 hatte der spanische Konvertit Umar Ibrahim Vadillo mit Unterstützung Berliner Muslime eine 24-Karat-Goldmünze prägen lassen und diesen »islamischen Golddinar« in Dubai Abdul Razzaq Al Abdullah, dem damaligen Leiter der Dubai Islamic Bank, vorgestellt. Endlich, so Abdullah, gebe es eine islamische »Gegenwährung gegen Dollar und Euro«. Seither reisen Vadillo und seine Gesinnungsgenossen erfolgreich um die Welt und verkünden, wer aus dem westlichen Papiergeld aussteige und in den Golddinar investiere, trage dazu bei, die westlichen Volkswirtschaften zusammenbrechen zu lassen. »Dschihad gegen die Marktwirtschaft« nennt Vadillo seine Aktion, die vor dem Hintergrund des Irakkrieges inzwischen in fast allen muslimischen Ländern auf Sympathie stößt.

Was in Europa noch unter »Spinnerei« eingeordnet wird, ist in Malaysia längst Wirklichkeit geworden. In der königlichen Münzprägeanstalt werden dort seit 2002 tatsächlich islamische Golddinare geprägt. Damals schon sagte der frühere Präsident des Landes, Mohammed Mahatir: »Natürlich kann der Golddinar eine Handelswährung in allen muslimischen Ländern werden und auch in nichtmuslimischen Staaten.« In wachsendem Maße fällt seither jene Propaganda auf fruchtbaren Boden, die letztlich den Abzug muslimischer Investitionen aus dem westlichen Geldkreislauf anstrebt.

Vom türkischen Ministerpräsidenten Erdogan bis zu den Herrschern der Golfstaaten reicht inzwischen die Schar der Sympathisanten für die neue muslimische Handelswährung auf höchster Ebene. In Bandar Seri Begawan, der Hauptstadt Bruneis, fand vom 22. bis 24. April 2005 in der Gadong-Mall mit staatlicher Unterstützung die erste Roadshow des ölreichen Landes zugunsten des Golddinars statt. Auch die Homepage der Zentralbank von Bosnien und Herzegowina wirbt inzwischen für das neue islamische Geld. In Deutschland stellte die *Islamische Zeitung* den Golddinar vor.

Und von Dubai bis Saudi-Arabien bilden sich Unterstützerzirkel, die lieber heute als morgen den Rückzug ihrer Regierungen aus Investitionen in Dollar und Euro sähen und für den Umtausch von Werten in den Golddinar und den silbernen Dirham werben. Ihre Argumente zugunsten der neuen Handelswährung erscheinen vielen Muslimen einleuchtend. So heißt es auf einer sudanesischen Internetseite: »Zu Zeiten des Propheten hat ein Huhn einen silbernen Dirham gekostet. Und heute – 1400 Jahre später – kriegt man für einen silbernen Dirham immer noch ein Huhn. Bei dieser Währung gibt es somit keine Inflation. Kann man das Gleiche auch vom Dollar behaupten?«

Boudewijn Wegerif, ehemaliger Leiter des schwedischen Monetary Studies Programme, schrieb vor seinem Tod 2004 über den neuen Golddinar, dieser gleiche einer »Atombombe« – mit dem Unterschied, dass ihr Einsatz an den Finanzmärkten einfach (noch) nicht zur Kenntnis genommen werde. Immerhin könne der Golddinar langfristig die bestehenden Finanzsysteme noch stärker als eine Atombombe treffen. Mittlerweile wird der Golddinar in 22 – fast ausschließlich islamischen – Ländern angeboten.

Das goldbasierte islamische Währungssystem ist inzwischen auch als virtuelle Währung im Internet erhältlich. Über die Seite www.dinar.com kann man das virtuelle islamische Geld auch auf andere Golddinarkonten transferieren. Wer sich die Goldpreisentwicklung der letzten Jahre anschaut, muss zur Kenntnis nehmen: Der Goldpreis steigt und steigt. Einen erheblichen Anteil an dieser Entwicklung haben Muslime, die ihr

Geld aus dem westlichen Wirtschaftskreislauf abziehen und beispielsweise in den Golddinar investieren.

Während muslimische Gelehrte der Muslimbruderschaft in Fatwen die Gläubigen dazu aufrufen, das als »unrein« bezeichnete »unislamische« westliche Papiergeld zugunsten des Golddinars einzutauschen, sehen westliche Banker das Geschehen als offene Rebellion gegen den Internationalen Währungsfonds. Ein Frankfurter Währungsfachmann, der ungenannt bleiben möchte, sagte dazu: »Wenn die Aufrufe mittelfristig tatsächlich Erfolg haben sollten und irgendwann mehr als eine Milliarde Muslime Leitwährungen wie dem Dollar den Rücken kehren würden, dann hätte das natürlich kaum vorstellbare Folgen für die Vereinigten Staaten.«

Im spanischen Granada haben muslimische Ladeninhaber unterdessen mit einem Pilotprojekt begonnen. Sie akzeptieren von Muslimen anstelle des Euro auch den Golddinar – als Edelmetallmünze oder virtuell über e-Dinarkonten, die durch Goldeinlagerungen in Dubai gedeckt sind. Während Finanzfachleute die Entwicklung schlicht ignorieren, sind Sicherheitskreise besorgt. Immerhin kann man mit virtuellen e-Dinarkonten nebenher auch noch die westlichen Geldwäschegesetze umgehen. Eine Zusammenarbeit mit »ungläubigen« Ermittlern ist in der Zentrale in Dubai jedenfalls (bislang) nicht vorgesehen.

Der amerikanische Goldfachmann Craig R. Smith, Vorstandsvorsitzender des angesehenen und in Phoenix (Arizona) ansässigen amerikanischen Investmenthauses Swissamerica, antwortete dem Autor auf die Frage nach der Zukunft des Golddinars: »Die Organisation Islamischer Staaten (OIC) hat das Konzept des Golddinars ausdrücklich begrüßt.« Nun müsse man abwarten, ob die Islamische Entwicklungsbank (IDB) die neue Handelswährung stützen werde. Smith hob hervor: »Was aber würde im Westen passieren, wenn tatsächlich immer mehr Muslime den Golddinar kaufen? Und welche Auswirkungen wird das dann auf den Greenback haben, wenn Milliarden Petrodollar statt in Dollar dann in den Golddinar investiert werden? Ich versichere Ihnen, positiv werden die Auswirkungen ganz sicher nicht. Der Kurs des Dollars wird wohl sinken.«

Das Vertrauen vieler Muslime in das westliche Papiergeld scheint jedenfalls nachhaltig erschüttert zu sein. Auf der Homepage des Islamischen Zentrums Graz heißt es: »Können Muslime dem Dollar vertrauen? Das Ergebnis ist verheerend, die Banken verdienen am Verlust der einfachen Leute durch Inflation. Eigentlich geben sie uns Stücke von Papier mit Nummern aufgedeckt, und wir geben ihnen unsere Waren, Arbeit oder Zeit.«[14]

Der spanische Konvertit Umar Ibrahim Vadillo und auch Abu Bakr Rieger werden solche Prognosen mit Freude zur Kenntnis nehmen. Doch nicht sie, sondern anderthalb Milliarden Muslime werden darüber entscheiden, ob der Dschihad gegen die Marktwirtschaft von Erfolg gekrönt sein oder aber als obskure Idee in die Geschichte eingehen wird. Immerhin hatte Abu Bakr Rieger, der öffentlich schon als »Emir von Deutschland« auftrat und das Kalifat wiedererrichten will, schon früher mit einer merkwürdigen Idee für Aufsehen gesorgt: 1995 erließ Scheich Abdalqadir al-Murabit in Weimar eine Fatwa, in der Goethe wegen seines großen Interesses am Islam posthum zum Muslim erklärt wurde. Abu Bakr Rieger fand diese Entscheidung offenkundig gut. Auf seiner Homepage schreibt er: »Der Dichterfürst aus Weimar lehnte das Christentum ab und überraschte gleichzeitig mit seinen Aussagen zum Islam. (...) Goethe bezeugte die Einheit und das Prophetentum Muhammads – Friede sei mit ihm.«[15]

Unterdessen wollen immer mehr Muslime gemäß den Vorgaben der Scharia ihr Erspartes in Scharia-konformen Investmentmöglichkeiten anlegen. Die in Europa lebenden Muslime suchen nach religiös korrekten Immobilien. Und auch Investoren aus islamischen Ländern wollen Milliarden in Europa investieren. Nach einer Studie der Royal Institution of Chartered Surveyors (RICS) wollen Investmentfonds aus muslimischen Staaten bis 2015 Jahr für Jahr rund 16 Milliarden Euro in Immobilien anlegen. Ganz oben auf der Einkaufsliste in Europa steht dabei Deutschland.

Vor diesem Hintergrund setzt etwa die Deutsche Bank verstärkt auf muslimische Klientel und will im Bereich Islamic Finance zweistellig wachsen. Die Deutsche Bank hat zusammen mit Islamwissenschaftlern der Universität Oxford das Dar-al-Isthitmar-Institut gegründet. In diesem kommen religiöse muslimische Autoritäten zusammen und genehmigen die Produkte der Bank als Scharia-konform. Jedes Produkt muss von den Korangelehrten des Scharia-Instituts mit einer Fatwa, einem religiösen Rechtsgutachten, abgesegnet werden. Es sind Kredite mit Allahs Segen. Die meisten Bundesbürger dürften kaum wissen, dass der Deutschen Bank über ein Joint Venture ein hauseigenes Scharia-Komitee zur Verfügung steht.

Islamic Banking verdankt seinen Boom nicht nur den sprudelnden Ölmilliarden des Nahen Ostens. Vor allem auch das wachsende religiöse Bewusstsein der in Europa lebenden Muslime lässt immer mehr von ihnen mit dieser Art der Geldanlage zugleich ein politisches Statement abgeben: Der Trend zum Fundamentalismus ist eben auch bei der Geldanlage deutlich sichtbar. Islamic Banking versteht sich im Kern als wesentlicher Teil eines dem Kapitalismus überlegenen islamischen Wirtschaftssystems.

Für die – aus muslimischer Sicht – glorreichen Zeiten des Kalifats vom siebten bis zum frühen 20. Jahrhundert hatte der Islam mit dem Dinar das am weitesten entwickelte damals bekannte Geld- und Finanzsystem entwickelt. Nicht nur Islamisten dürfte es freuen, dass London sich zum internationalen Zentrum von »Islamic Banking« entwickeln möchte, ein Prozess, der kaum im Interesse traditioneller westlicher Unternehmen sein dürfte. Loretta Napoleoni hat in ihrem Bestseller *Die Ökonomie des Terrors* anschaulich dargestellt, wie Islamic Banking, Fundamentalismus und Terrorfinanzierung Hand in Hand gehen. Die Muslimbruderschaft schürt diese Entwicklung im Hintergrund.

Terrorfinanzierung

Der Schock nach den Flugzeugattacken auf New York und Washington saß noch tief, da markierte George W. Bush bereits das scheinbar entscheidende Ziel für den Gegenangriff: »Geld ist das Lebenselixier für terroristische Operationen«, analysierte der amerikanische Präsident am 24. September 2001 und appellierte: »Wir fordern die Welt auf, die Finanzquellen auszutrocknen.«

Doch selbst wenn seither rund um den Globus Hunderte von Konferenzen, Programmen und Gesetzen folgten: Die Erfolge sind bescheiden. Das beweisen nicht zuletzt die verheerenden Bombenanschläge in Madrid 2004 und London 2005. Mit ausgeklügelten Systemen und tückischen Tricks füllen die islamistischen Terroristen aus dem Umfeld der Muslimbruderschaft ihre Kriegskasse – auch mitten in Deutschland.

Die Geldwege sind verschlungen, das geheime Finanznetz ist getarnt. Drehscheiben sind vermeintliche Wohltätigkeitsorganisationen und islamische Zentren. Zumeist fromme Muslime spenden dort mit gutem Gewissen und für einen guten Zweck die Zakat-Abgabe, die fest im muslimischen Glauben verankert ist. Natürlich geben alle Wohltätigkeitsorganisationen aus dem Netzwerk der Muslimbruderschaft vor, das Geld für Waisenhäuser, Schulen und gewaltfreie Mission zu sammeln. Die meisten halten sich auch daran – aber eben längst nicht alle.

Für Außenstehende ist kaum erkennbar, ob Spenden aus den in Moscheen aufgestellten Sammelbüchsen seriösen Zwecken oder dem Terror dienen. Nur selten werden deshalb von den Sicherheitsbehörden Vereine in Deutschland verboten wie etwa der Aachener Verein Al Aksa e.V. Er hatte nach Auffassung des Bundesinnenministeriums Gelder für die palästinensische Hamas beschafft. Das Verbot wurde in der Öffentlichkeit als Sieg gegen die Terrorfinanzierung gefeiert. Man verschwieg jedoch, dass zeitgleich in Bremen unter anderem Namen ein neuer Verein ins Leben gerufen worden war.

Oft sind unverdächtige und angesehene Mitbürger die Helfershelfer des Bösen – zum Beispiel der nette Verkäufer von nebenan: Autohändler aus dem Bundesgebiet, die insgeheim mit den Hintermännern des Terrors sympathisieren, ebnen Imamen extremistischer Koranschulen aus dem Nahen Osten den Weg nach Deutschland. Sie verschicken Einladungsschreiben, in denen sie Geschäftsbeziehungen zwischen den Islamisten und dem eigenen Autohaus bescheinigen. So kommen die Extremisten an ein Visum für einen Deutschlandbesuch. Nach der Einreise holen die Imame bei den vermeintlichen islamischen Wohltätigkeitsorganisationen der Muslimbruderschaft das gesammelte Geld ab. Sie kaufen damit Autos ein, die sie in ihre Heimat exportieren – und dort wieder verkaufen. Das für gute Zwecke gespendete Geld fließt so in die

Taschen der Muslimbruderschaft, die es an ihre terroristischen Gruppierungen weiterleitet, ohne dass sich dabei auch nur einer der Beteiligten strafbar macht.

Mehr als hundert solcher Autohändler sind deutschen Sicherheitsbehörden namentlich bekannt. Der arabische Inhaber eines Autohauses in der Mainzer Landstraße in Frankfurt sagte dem Autor, er kenne »die Praxis solcher Spendengeld-Transfers«, könne aber die »Finanztransaktionen seiner Kunden leider nicht beeinflussen«.

Die Behörden stehen dem Treiben ohnmächtig gegenüber: Sollen sie etwa die Ausfuhr von Gebrauchtfahrzeugen untersagen? Oder gar jedem exportierten Fahrzeug einen Ermittler an die Seite stellen, der über Wochen hinweg beobachtet, was aus dem Verkaufserlös wird?

Dabei benötigen die Extremisten mittlerweile viel weniger Geld für ihr mörderisches Handwerk, als der amerikanische Präsident Bush bei seiner Brandrede nach den Anschlägen vom 11. September 2001 vermutete.

Eine der wichtigsten Erkenntnisse der vergangenen vier Jahre lautet: Terroristen brauchen für Attentate keine Reichtümer. Die Auffassung, wonach sie dafür Millionen, ja gar Milliarden um die Welt transferieren, ist ein Mythos. Überdies nehmen die Kosten für Vorbereitung und Ausführung von Attentaten seit Jahren ab. »Wenn ich sehe, wie billig es heute ist, einen Anschlag zu planen und auch durchzuführen, dann sehe ich keine Chance, das schnell einzudämmen«, sagt Terrorexperte Rolf Tophoven.[16]

Kosteten die Anschläge auf das World Trade Center 2001 noch bis zu 500 000 Dollar, so wurden für die nachfolgenden Anschläge von Bali über Istanbul bis nach Madrid stets weitaus geringere Summen aufgewendet. Die Attentate von Madrid, bei denen mehr als 200 Menschen starben, haben nachweislich weniger als 10 000 Euro gekostet. Und für den Anschlag in London vom 7. Juli 2005, der mehr als 50 Menschen tötete, sollen sogar nur wenige Hundert Euro nötig gewesen sein. Geld, das aus dem lokalen Rauschgifthandel stammte. Experte Tophoven fragt lakonisch: »Was will man dagegen machen?«[17]

Lediglich die Ausbildung von Terroristen in geheimen Trainingslagern und die Verbreitung der dahinterstehenden unheilvollen Ideologie bleiben teuer. Auf diesem Gebiet werden nach wie vor hohe Summen benötigt und verschoben – allerdings nicht in den Kreisläufen des westlichen Finanzsystems.

Wer im Internet nach Möglichkeiten sucht, Finanzen auf neuen Wegen zu transferieren, wird schnell fündig. Portale wie e-dinar oder PayPal offerieren virtuellen Geldtransfer in Echtzeit. Niemand kann den wahren Grund solcher Überweisungen verlässlich nachvollziehen. Der Bonner Politikwissenschaftler und Kriminalhauptkommissar Peter El-Samalouti hebt hervor: »Die Veränderungsprozesse im Bereich von Finanztransaktionen sind so schnell und gewaltig, dass man da kaum mitkommt.«[18]

Zwar gibt es Maßnahmen etwa gegen Geldwäsche. Doch greifen diese nach seiner Auffassung nicht, wenn die Terroristen die herkömmlichen Finanztransaktionswege schlicht ignorieren. »Das Hawala-Banking«, sagt El-Samalouti, »ist beispielsweise nicht reguliert.«[19] Eine Hawala-Überweisung erfolgt mit minimalem Papieraufwand und wird garantiert nirgendwo elektronisch gespeichert. In diesem System werden Geldströme per Handschlag über private Treuhänder nur mit einem Codewort um die Welt geleitet. Wer aus Berlin einfach und ohne Spuren Geld nach Islamabad transferieren will, der hat die Auswahl unter mehr als zehn einschlägig bekannten Hawala-Stuben – die offiziell Trödelhändler, Imbissstände oder Juweliere sind. Man gibt das Geld ab, es verschwindet in einem Tresor. Der Kunde erhält lediglich einen Zettel mit einer Buchstaben- oder Ziffernfolge. Diese wird per Fax oder Telefon an einen Hawala-Partner in Islamabad übermittelt. Wer dort die betreffenden kryptischen Zeichen kennt, erhält ohne viel Aufhebens das Geld. Auch Usama bin Laden verwendet diese Art der diskreten Geldüberweisung – oder er benutzt persönliche Kuriere, die das Geld von Land zu Land verschieben und überhaupt keine elektronischen Spuren hinterlassen.

Was den Sicherheitsbehörden das Leben zusätzlich schwer macht: Nicht jeder Muslim steht den Ermittlungen positiv gegenüber. Wer als Selbstmordattentäter Menschen in die Luft sprengt, ist aus Sicht des westlichen Kulturkreises ohne Zweifel ein Terrorist. Für viele Muslime gelten aber jene Palästinenser aus den Reihen der Hamas, die bei Selbstmordanschlägen in Israel ums Leben kommen, als Märtyrer. Ebenso haben muslimische Gelehrte auch in Europa »Märtyreraktionen« gegen amerikanische Soldaten im Irak gerechtfertigt. Wer Geld für solche Attentäter sammelt, ist aus deutscher Sicht ein Finanzier des Terrors, aus der Sicht mancher Muslime jedoch ein »Wohltäter«.

Mitte Februar 2006 trafen sich in Doha, der Hauptstadt des Golfemirats Katar, die Vertreter muslimischer Wohltätigkeitsvereine, um über den Spendenfluss an die Hamas zu beraten. Von Ali al-Swaidi, dem Vorsitzenden des Spendensammelvereins Eid, bis zum Vorsitzenden der saudischen Mekka-Stiftung, Mohammad al-Dhubian, waren sich die Vertreter einig darin, dass man der Hamas helfen wolle, sofern die arabischen Regierungen, etwa Saudi-Arabien, das nicht untersagen. Mohammad Ghaith Solh, ein Direktor der »Hilfsorganisation Kind Hearts«, die von Washington als mutmaßlicher Unterstützer der Hamas gebrandmarkt wurde, kündigte zugleich an, nach neuen Wegen des Finanztransfers suchen zu wollen.

Den Spendenfluss durch den Staat regulieren oder gar kontrollieren zu wollen erscheint beinahe aussichtslos – auch in Deutschland. Mitunter bezahlt der Staat die Terrorfinanzierung hierzulande sogar mit: Muhammad A. aus Frankfurt kassierte im Sommer 2004 Sozialhilfe, ließ sich vom Staat monatlich 470 Euro für seine Miete und 122 Euro Unterhaltsvorschuss für seine Frau bezahlen. Trotzdem überwies A. am 7. Juni des gleichen Jahres von einem Konto bei der Dresdner Bank 3100 Dollar an Wafa M. in Dalton/Georgia. Als Verwendungszweck trug der Jordanier ein: »Geschenk«. Am 7. Juli folgte ein weiteres Geschenk in Höhe von 2000 Dollar, am 27. Juli noch einmal die gleiche Summe. Niemand fragte, woher das Geld stammte. Und niemand fragte nach der tatsächlichen Verwendung.

Bis zum Herbst 2005. Da sondierte ein als Journalist auftretender US-amerikanischer Ermittler diskret das Umfeld von Muhammad A. Dessen Kontaktmann Wafa M. war bei den amerikanischen Behörden inzwischen in Verdacht geraten, Geld für Terroristen gesammelt zu haben. Der verdeckte Ermittler verfügte über Kopien der Überweisungsbelege von Muhammad A. an Wafa M., Meldungen nach Paragraph 59 ff. der Außenwirtschaftsverordnung, Kontoauszüge der Dresdner Bank, der Postbank und der Frankfurter Sparkasse. Woher er die Belege hat, verrät er nicht.

Dagegen beantwortet er die Frage, warum die deutschen Behörden dem Treiben nicht längst auf die Schliche gekommen sind, vielsagend: »Wir in den USA nehmen die Terrorfinanzierung ernst: no money, no terror, okay?«[20]

Zwar müssen auch die USA mit dem Problem kämpfen, dass Behörden langsam arbeiten und Verbrecher schnell. Trotzdem verläuft die Terrorabwehr jenseits des Atlantiks etwas erfolgreicher als hier: »Spektakuläre Anschläge in den Vereinigten Staaten hat es seit dem 11. September ja nicht mehr gegeben«, sagt der angesehene amerikanische Militärfachmann John Pike, der die offiziellen und vertraulichen Abwehrmaßnahmen der amerikanischen Regierung kennt. »Ein Grund dafür ist ganz gewiss, dass man die Geldströme des Terrors heute besser kontrolliert.« Doch selbst in den Vereinigten Staaten ist Vorsicht geboten: »Ob das alles nur temporär hilft oder uns dauerhaft schützen kann, bleibt abzuwarten«, erklärt Pike im Gespräch mit dem Autor.

Das Trockenlegen der Finanzquellen ist an sich schon sehr schwer – doch in Europa verschärfen Reibungsverluste zwischen den Staaten und Behörden das Problem zusätzlich. Das Vorgehen ist auch mehr als acht Jahre nach den Flugzeuganschlägen in den Vereinigten Staaten alles andere als einheitlich. »So gibt es weiterhin keine verlässliche Typologie der Verdachtskriterien für Transaktionen von Terrorgeldern«, sagte mir ein in Brüssel zuständiger Ermittler, der anonym bleiben möchte. »Wie soll eine Bank denn erkennen, welches Ziel mit einer Überweisung verfolgt wird? Niemand kann ernstlich daran denken, jede Überweisung von einem arabisch klingenden Kontoinhaber gleich als verdächtig einzustufen.«

Im Juni 2004 erstellte die EU-Kommission zusammen mit mehreren Bankenorganisationen eine Liste, in der alle Informationen über mutmaßliche terroristische Gruppierungen zusammenflossen, gegen die die Europäische Union Finanzsanktionen verhängt hatte. Chris Patten, der damalige EU-Kommissar für Außenbeziehungen, sagte: »Diese Liste ist ein wichtiges neues Instrument im Kampf gegen den Terror, in dem die Europäische Kommission stark engagiert ist.« Ein Instrument mit großen Lücken: So war zwar die Gruppe des (inzwischen von den Amerikanern getöteten) Terroristen al-Zarqawi aufgeführt. Die meisten der zu al-Zarqawi gehörenden Brigaden und Kommandogruppen aber fehlten – obwohl sie den Sicherheitsbehörden in den Vereinigten Staaten längst bekannt waren. Bitteres Zeugnis dafür, dass die EU-Liste nur wenig Wirkung zeigte: Ein Jahr später schlugen die Attentäter von London zu.

Aber nicht nur die Europäische Union spielt im Kampf gegen den Terror eine unglückliche Rolle: »Eine der vielen Schwachstellen ist die Schweiz mit ihren anonymen Konten. Ich vermute, dass es dort schlafende Depots mit Terrorgeldern gibt«, sagt Terrorexperte Rolf Tophoven im Gespräch mit dem Autor.

Verschlimmernd wirkt sich der schleppende Informationsaustausch der Sicherheitsbehörden innerhalb Europas aus. So scheint Scotland Yard dem Bundeskriminalamt (BKA) oftmals einen Schritt voraus zu sein: Während die Sonderermittler Ihrer Majestät etwa in britischen Großstädten viele Betreiber kleiner Callshops schon seit Frühjahr 2003 in Zusammenhang mit der verdeckten Terrorfinanzierung beobachteten, waren Callshops beim BKA zum Jahresbeginn 2006 immer noch nicht im Visier.

Dabei werden von Spanien über Belgien bis hin nach Großbritannien viele jener Callshops, die in heruntergekommenen Läden unschlagbar günstige Telefonkarten verkaufen, in Zusammenhang mit einem organisierten Netz gesehen, das terroristische Gruppen wie Hamas, Hizbullah oder Al Qaida finanziert. Im Hintergrund koordiniert auch die Muslimbruderschaft die Geldflüsse dieser Callshops. Seit Jahren schon hatte sich ein jetzt in Spanien lebender Deutscher dem Bundeskriminalamt wie auch der Staatsanwaltschaft Frankfurt bezüglich der Callshops und Terrorfinanzierung als Kronzeuge angeboten. Sein Ansinnen sei aber abgelehnt worden, beklagt der Mann mir gegenüber.

Regelmäßig unterrichtete auch der in Frankfurt ansässige Sicherheitsbevollmächtigte eines weltweit operierenden Telekommunikationsanbieters deutsche Sicherheitsbehörden über die brisanten Vorgänge in deutschen Callshops – und bot den Ermittlern sogar Belege an. Aber erst als im Februar 2006 die Zeitschrift *Park Avenue*[21] einen Bericht über Callshops und verdeckte Terrorfinanzierung veröffentlichte, wurden die Sicherheitsbehörden endlich wach: Sie durchsuchten allerdings nicht etwa die verdächtigen Callshops – sondern das Büro jenes Sicherheitsbevollmächtigten, der die Behörden mit Tipps versorgt hatte.

Unter Sicherheitsbevollmächtigten hat sich das, wen wundert es, schnell herumgesprochen. Von ihnen wird künftig keiner mehr vertrauliche Hinweise auf mögliche Quellen der Terrorfinanzierung in Deutschland geben. Dabei lohnt es sich, den Bereich der Callshops einmal genauer zu betrachten. Denn sie sind inzwischen in Europa zu einer Haupteinnahmequelle für viele militante Gruppen aus den Reihen der Muslimbruderschaft geworden.

Telefonieren für den Terror

Der Autor hat das Bundeskriminalamt (BKA) mehrfach nach den Zusammenhängen zwischen Muslimbruderschaft, Terrorgruppen und Callshops befragt. Die Antwort war stets die gleiche: Ein solcher Zusammenhang sei im BKA nicht bekannt. Es bedurfte erst der missglückten Kofferbombenanschläge vom 31. Juli 2006, um auch im BKA die Aufmerksamkeit auf den Beitrag der Callshopszene zum Terrornetzwerk zu lenken. Heute weiß man, dass die aus dem Libanon stammenden Attentäter zusammen mit ihren Hintermännern ein geheimes Netzwerk über Hamburger und Kieler Callshops bildeten. Wie auch bei den Anschlägen von Madrid 2004 und London 2005 wurden die Sicherheitsbehörden erst nach den Anschlägen auf die obskure Szene aufmerksam.

Sie sind bestimmt auch schon einmal an einem dieser unscheinbaren Läden vorbeigegangen, an dessen Fenstern Ihnen versprochen wird, »bis zu 70 Prozent billiger telefonieren« zu können. In Europa gibt es Zehntausende dieser Läden, vor allem in jenen Vierteln der Großstädte, in denen Migranten leben. Nicht alle sind unseriös. Und nicht alle unterstützen den Terror. Doch die nachfolgend beschriebenen Läden richten Schäden in Milliardenhöhe an. Schäden, die Politiker um keinen Preis veröffentlicht sehen möchten. Keine Versicherung kommt dafür auf.

Denn es sind Schäden, die auch *Sie* mitbezahlen müssen. Es sind Milliarden, die da überall in Europa auf eine wahrlich intelligente Weise still und leise der Organisierten Kriminalität zufließen – und der Muslimbruderschaft. Jahr für Jahr. Vier große Syndikate kassieren ab. Und ein Teil der Profite geht an Terrororganisationen wie Al Qaida, die proiranische Hizbullah, die palästinensische Hamas oder gleich direkt an die Muslimbruderschaft. Den Geheimdiensten ist das durchaus nicht unbekannt. Und auch manche Hintermänner sind ihnen längst bekannt: Ägypter und Pakistaner, die mithilfe von Telefonkarten und Call- oder Phoneshops genannten Läden unermessliche Schäden anrichten, Schäden, die auch die Behörden und Unternehmen der Öffentlichkeit am liebsten verschweigen würden.

Warum nur blocken Sicherheitsbehörden ab, wenn man offiziell auf den Milliardenbetrug mit Telefonkarten («»Callingcards«) und auf Callshops zu sprechen kommt? Was passiert überhaupt in diesen Callshops, dass dort – ohne Wissen der Sicherheitsbehörden – große Geldbeträge generiert werden können?

Immerhin gibt es viele verschiedene Methoden der Syndikate – und noch mehr Geschädigte, etwa beim massenhaften Insolvenzbetrug der Callshops. Die großen Netzbetreiber stellen den Syndikaten bzw. deren Mittelsmännern gutgläubig Telefonleitungen zur Verfügung. Doch in vielen Fällen bleiben die Netzbetreiber anschließend auf ihren Rechnungen sitzen. Und über andere Strohmänner machen die Syndikate wenige Tage später neue Firmen auf. Das Spiel beginnt von vorne. Viele Maschen, viele Tricks – und einige wenige Hintermänner, die ganz groß abkassieren, was wir im Folgenden noch genauer beschreiben werden.

Die Betrüger können darauf zählen, dass die Geschädigten schweigen – wie im Falle der Deutschen Bundesbank. Rund fünf Jahre hatte die Deutsche Bundesbank geschwiegen. Man hoffte wohl, den peinlichen Vorfall aus dem Sommer 2002 geheim halten zu können – peinlich, weil die Bundesbank ihren Ruf als Hort der Sicherheit verlieren könnte; peinlich, weil man es den Ganoven so leicht gemacht hatte. Und dann musste ein Sprecher der Bundesbank in Frankfurt auf Nachfrage des Autors 2007 bestätigen, dass man die einfachsten Sicherheitsmaßnahmen vergessen hatte: »Ja, der Fall ist uns bekannt.« Der Schaden: rund 100 000 Euro.

Telefonieren für den Terror 241

Bald schon wollte ein Herr Robert J. vom Bundeskriminalamt wissen, woher der Autor die Informationen über den »Vorfall« bei der Bundesbank bekommen habe. Weil sein Informationsbegehren reichlich einseitig war, verschwieg der Autor ihm die Antwort.

Nicht nur die Bundesbank fiel auf einen simplen Trick herein, auch das Frankfurter Kreditkartenunternehmen American Express (mehrere 100 000 Euro Schaden), Continental Airways in Neu-Isenburg, Fünf-Sterne-Hotelketten, ein Anbieter von Software für Lastschriftverfahren, eine renommierte Leasingbank, eine große griechische Fluggesellschaft in Athen und europaweit Tausende weiterer Firmen und Behörden wurden geschädigt. Und alle schweigen aus Angst vor einem Imageschaden. Das Kartell des Schweigens kommt den Ganoven nicht ungelegen. Bis ihre Masche bekannt wird, können sie in aller Ruhe weiter abkassieren, Jahr für Jahr.

Der Trick der Ganoven ist ebenso einfach wie genial: Über Tage hin schalten sie sich unbemerkt auf die Telefonanlagen von Unternehmen auf. Manche halten den Schaden in überschaubaren Grenzen, weil sie nur private Gespräche führen. Andere aber lassen Telefonkarten, die sie millionenfach in ganz Europa in ihren Callshops verkaufen, über die Anlagen laufen. Wenn die werkseitigen Sicherheitscodes der Anlagen nicht geändert werden, bedarf es nur geringer Fachkenntnisse, um im großen Stil Auslandsgespräche zu führen – bis die horrenden Telefongebühren endlich auffallen und die Sicherheitscodes geändert werden. Eine Mitarbeiterin bei einer amerikanischen Fluggesellschaft sagte dem Autor: »In der Tat. Wir hatten da schon Probleme, die hohen Telefonkosten zu erklären.«

Im Falle der Bundesbank ermittelten Frankfurter Dienststellen und das BKA, für die amerikanische Fluggesellschaft war die Polizei in Offenbach zuständig. Weil es auf dem Gebiet des Telekommunikationsbetruges weder eine Schwerpunktstaatsanwaltschaft noch zentrale Ermittlungen gibt, kommen die Täter oftmals ohne Strafe davon. Ein Referent für Qualität und Sicherheit bei einem Berliner Telekommunikationsanbieter hob im Gespräch mit dem Autor hervor: »Für unsere Strafverfolgungsbehörden ist das alles schwer nachzuvollziehen. Bei einem Einbruch sehe ich wenigstens zersplittertes Glas und kann Spuren sichern, aber beim Eindringen in eine Telekommunikationsanlage? Da sehe ich als Ermittler doch einfach nichts.«

Warum bestätigten Sicherheitsbeauftragte der geschädigten renommierten Unternehmen zwar die beeindruckenden Fakten, baten im gleichen Atemzug aber fast schon flehentlich darum, nur ja nicht die Firmennamen publik zu machen? Nun ja, die Aktienkurse könnten fallen. Nicht einer dieser zahlreichen Fälle war bislang in der Öffentlichkeit bekannt. Der Autor hat sich auf die Suche nach jenen kriminellen Organisationen aus dem Umfeld der Muslimbruderschaft begeben, die hinter diesem großangelegten Betrug stehen und den Staatsanwaltschaften lächelnd eine lange Nase zeigen – und in Europa weiterhin gewissenlos Milliarden abkassieren.

Die Londoner Metropolitan Police lehnte eine Stellungnahme »aus Gründen der nationalen Sicherheit« ab. Das Bundeskriminalamt verschanzte sich hinter Datenschutz und »laufenden Ermittlungen«. In Brüssel warnten Sicherheitskreise den Autor unterdessen eindringlich vor der Gefährlichkeit der Hintermänner der betroffenen Syndikate. In Barcelona aber trafen wir einen, der sein Schweigen brechen wollte.

»Es ist so verdammt einfach, in diesem Geschäft schnell Millionen zu machen.« Man kann Christoph W. mit allen möglichen Begriffen charakterisieren, nur eines ist er ganz sicher nicht: entspannt. Er hat ein Magenproblem, Kopfschmerzen und raucht Mentholzigaretten. Es fröstelte ihn, weil er uns bei zehn Grad Außentemperatur ohne Socken in blauen Nike-Turnschuhen und nur mit einem dünnen Pulli bekleidet vom Flughafen Barcelona abholte. Fünfmal hatte er in den letzten Monaten seinen Wohnort gewechselt. Damals lebte er in Spanien. Christoph W. hatte Angst. Denn der 41 Jahre alte schmächtige Mann in der ausgewaschenen Jeanshose war nach eigenen Angaben ein »Strohmann« der Organisierten Kriminalität.

Der Schwabe war beeindruckt von ägyptischen und pakistanischen Telefonkartenhändlern in Frankfurt, die Millionen Euro im Tresor aufbewahrten. Immerhin brauchten sie eine Geldzählmaschine, um sich auch nur einen ungefähren Überblick über ihren Wohlstand zu verschaffen. Über Jahre lebte Christoph W. in ständiger Furcht vor den Hintermännern eines Syndikats, das mit Telefonkarten- und Insolvenzbetrug weiterhin kaum vorstellbare Summen verdient und einen Teil des Profits offenkundig auch an islamistische Terrorgruppen weiterleitet.

Zwischen dem gotischen Viertel Barrio Gotico und dem Stadtteil Raval deutete Christoph W. auf die Fenster ägyptischer und pakistanischer Geschäfte, an deren Glasscheiben bunte Plakate wahre Schnäppchen offerierten: beispielsweise für nur fünf Euro 1700 Minuten (also mehr als 28 Stunden) aus dem Festnetz nach Argentinien telefonieren. Das klingt verlockend. Geiz ist geil. Und man ist ja nicht blöd. Es gibt Hunderte dieser Plakate in Barcelona. Und man findet sie in allen europäischen Metropolen. In solchen Geschäften werden Callingcards verkauft. Millionen Migranten in Europa telefonieren gutgläubig mit diesen Karten und unterstützen dabei in vielen Fällen unwissentlich die Organisierte Kriminalität, die Muslimbruderschaft und den Terrorismus. Wie wir später sehen werden, nutzen auch immer mehr deutsche Beamte, die ihre Diensttelefone nicht für Privatgespräche nutzen dürfen, die vermeintlichen Vorteile solcher Telefonkarten.

Neue Callshops schießen überall in Europa wie Pilze aus dem Boden. Allein in Belgien stieg ihre Zahl von 100 (1997) auf mindestens 2000 im Jahr 2007. 600 von ihnen hat eine »Tam-Tam« genannte belgische Spezialtruppe seit 2004 kontrolliert. 150 Läden wurden sofort geschlossen. »Ich will nur mal ein typisches Beispiel nennen«, sagte ein belgischer Ermittler dem Autor, »einer der Läden hat beispielsweise 1,6 Millionen Euro mit Telefonkarten eingenommen, aber nur 10 000 Euro beim Finanzamt an Umsatz angegeben.«

Wenige Tage zuvor hatte ich im Rhein-Main-Gebiet den Sicherheitschef eines großen europäischen Telefonunternehmens getroffen und lange über seine zentrale Aussage nachgedacht: »Man investiert 20 000 Euro und macht dann in einem halben Jahr garantiert 20 Millionen steuerfrei und bar in die Tasche.« In den vergangenen Jahren, so der Mann, habe die Organisierte Kriminalität und die Muslimbruderschaft allein in Deutschland auf diese Weise Jahr für Jahr mindestens eine Milliarde Euro damit verdient. In Deutschland gab es 2007 etwa 16 000 Callshops, die nicht von den großen bekannten – und vor allem seriösen – Netzbetreibern geführt werden. Hinzu kamen noch einmal etwa 20 000 »Vertriebspartner«, die im Auftrag der Telefonkartenmafia Callingcards veräußern. Und nicht eben wenige arbeiteten unmittelbar für die Syndikate im Hintergrund. Vor einer »Tam-Tam-Eingreiftruppe« brauchten sie sich in Deutschland bislang nicht zu fürchten.

Zwischen einer Tapasbar und einem Café zündet sich Herr W. auf dem Bürgersteig die nächste Mentholzigarette an und fragt: »Fällt denn eigentlich niemandem auf, dass da etwas nicht stimmt? In Europa gibt es Zehntausende solcher obskuren Läden.« Wie aber funktioniert das stille und leise Geschäft der kriminellen Syndikate im Hintergrund?

Christoph W. hat es hautnah mitbekommen. Nach ersten Gehversuchen im Immobilienhandel stieg der Mann in den Handel mit den auch Prepaidkarten genannten Telefonkarten ein. Im August 2002 lernte er dann in einem unscheinbaren Laden in der Münchner Straße im Frankfurter Bahnhofsviertel den Pakistani Mohammed A. kennen. »Der hatte einen Mördertresor im Hinterzimmer«, sagt Herr W. rückblickend, »und der machte mit zwei Mann so zwischen 700 000 und einer Million Euro netto im Monat. Ja, ja, der brauchte eine Geldzählmaschine.« Herr W. wusste damals noch nicht, dass der Laden in der Münchner Straße nur einer von vielen in Deutschland war, der für das Syndikat arbeitete. Damals wurde er »angeworben«.

Das Geschäftsmodell ist einfach. Man gründet eine Firma, kauft bei europäischen Telekommunikationsunternehmen Gesprächszeiten und veräußert diese mithilfe vermeintlich günstiger Telefonkarten auf eigene Rechnung an Endverbraucher. Diese können sich dann mit einer auf die Karte aufgedruckten Geheimzahl über eine 0800er-Nummer in die Netze einwählen. Natürlich gibt es auch seriöse Anbieter in diesem Geschäft. Die kriminellen aber beherrschen die Branche: Sie melden sich bald insolvent, lassen die Netzbetreiber auf hohen Rechnungen sitzen und betrügen nebenbei auch noch die Finanzämter um die Umsatzsteuer. Denn eine Buchführung über die Zahl der tatsächlich verkauften Karten gibt es bei den Syndikaten nicht. Die Verlierer sind die Finanzbehörden und die großen Telefongesellschaften in Europa. Denn bei ihnen kaufen die Syndikate über ständig neu gegründete – zunächst unverdächtig erscheinende – Strohfirmen Gesprächsminuten.

Im Dezember 2005 traf der Autor in der konspirativen Atmosphäre des Brüsseler Weihnachtsmarktes zwischen Glühweinbuden und Sauerkrautverkäufern einen Mann mit Lodenmantel, der sich seit fünf Jahren der Jagd auf die Syndikate verschrieben hat. Er ließ mich einen aktuellen Ermittlungsbericht einsehen, den ein von den Syndikaten schwer geschädigtes britisches Unternehmen bei seiner Consultingfirma anfertigen ließ. Der Mann mit dem Lodenmantel wollte nicht, dass sein Name oder gar seine Adresse bekannt werden. Viele haben ihn gewarnt, dass seine Ermittlungen die Syndikate »zu Maßnahmen veranlassen« könnten.

Die von ihm gezeigten Dokumente beleuchten anhand eines aktuellen Beispiels nüchtern das jüngste Vorgehen der kriminellen Branche in Deutschland: Danach hatte eine im Frankfurter Handelsregister eingetragene Telekommunikationsfirma Ende Juli/Anfang August 2005 viele seriöse europäische Netzbetreiber binnen weniger Tage um mehrere Millionen Euro geschädigt. Geschäftsführer Mohammed A. ließ die betroffenen Unternehmen auf Rechnungen in Millionenhöhe sitzen. Der Gesamtschaden in diesem einen Fall belief sich auf rund 1,5 Millionen Euro. Nimmt man weitere in dem kurzen Zeitraum von der Firma S. geschädigte Unternehmen hinzu, so kommt man schnell auf mehr als vier Millionen Euro Schaden. Dabei ist Herr A., der Geschäftsführer der insolventen Firma S., nur einer von vielen, der die Klaviatur der Insolvenz im Callingcardgeschäft meisterhaft beherrscht.

Am 1. September 2005 verschickte Herr A. um 16.23 Uhr eine E-Mail, in der er die Geschäftsbeziehungen kündigte. Er behauptete, sein Unternehmen habe »Insolvenz beantragt«, und führte aus: »Die näheren Daten (Insolvenzverwalter etc.) teilen wir Ihnen später mit.« Rechnungen und Mahnungen, die an die Adressen des Firmensitzes in Frankfurt geschickt wurden, kamen bis Jahresende 2005 mit dem Vermerk »Empfänger unbekannt« zurück. Bald waren die Unterlagen auf dem Weg zur Frankfurter Staatsanwaltschaft. Diese ließ einen der mutmaßlichen Hintermänner des Syndikates 2005 schon einmal inhaftieren. Doch der Pakistaner kam nach wenigen Tagen wieder frei: Er verfügte über einen nigerianischen Diplomatenpass. Fast alle Bosse der Syndikate haben Diplomatenpässe: vor allem aus Pakistan und schwarzafrikanischen Staaten.

In einem dem Autor in Brüssel gezeigten privaten Untersuchungsbericht heißt es: »Bei der Firma S. handelt es sich nach unserer auf Erfahrung aufgebauten Überzeugung um eine weitere Strohfirma, die aufgemacht wurde, um das bekannte Verfahren (...) fortzuführen: Dabei wird von einem noch nicht negativ aufgefallenen Pakistaner eine Firma gegründet oder übernommen, die dann Leitungen bei Telekommunikationsunternehmen anmietet oder Leistungen von Telekommunikationsunternehmen in Anspruch nimmt.« Innerhalb kürzester Zeit werde das Volumen, das über die angemieteten Leitungen abgewickelt wird, »deutlich erhöht. Die hohen Rechnungen werden in der Folge auch nach Mahnung nicht bezahlt.« Wenn die Telekommunikationsunternehmen die Leitungen dann abschalten, »wird die Firma in die Insolvenz geführt und der Unternehmensgründer setzt sich ins Ausland ab.«

Weiter heißt es: »Bei dem vorliegenden Betrugsfall handelt es sich um das Standardvorgehen einer Gruppe um den Pakistaner« Shouket P., wie es »seit Jahren immer wieder zum Schaden der Telekommunikationsunternehmen in Deutschland durchgeführt wird. (...) Nach Lage der Dinge muss man von einem sehr lukrativen Zweig der internationalen Organisierten Kriminalität ausgehen. Die hohen generierten Summen werden unauffällig und bar ins Ausland verschafft, wobei die angesprochene Beziehung zu Al Qaida eine zusätzliche politische Brisanz ins Spiel bringt.«

Der Hinweis auf Al Qaida scheint kein Zufall zu sein, denn längst ist den Behörden intern bekannt, dass Terror, Organisierte Kriminalität und Telekommunikationsbetrug oft eng beieinanderliegen. Nach Angaben der Organisation zur Missbrauchskontrolle in der Telekommunikation, »Communications Fraud Control Association« (CFCA), vom März 2003 nutzen auch Terroristen vermehrt den kriminellen Telekommunikationsbetrug, um Gelder für Terroranschläge zu beschaffen.[22]

Es gibt viele Hinweise auf das Zusammenspiel von Organisierter Kriminalität, Terrorismus und Telekommunikationsbetrug. So ist bekannt, dass die Handys, die als Zeitzünder bei den Anschlägen des 11. März 2004 in Madrid benutzt wurden, mit Telefonkarten bestückt waren, die aus dem Callshop des Terroristen Jamal Zougam stammten. 1999 hatte Jamal Zougam den Job im Früchteladen seiner Mutter in Madrid aufgegeben und ein paar Häuser weiter den Laden »El Nuevo Siglo« eröffnet. Neben allerlei Telefonzubehör hatte er auch billige Ferngespräche in alle Welt und Telefonkarten im Angebot. Das Geschäft florierte. Die Kundschaft war meist nordafrikanisch und kam oft von weit her. »Es herrschte derart viel Betrieb«, berichtet Felix Cuesta vom Gemischtwarenladen gegenüber, »dass die Nachbarschaft überzeugt war, Zougam gehe krummen Geschäften nach.« Heute weiß man, dass Zougam eine Schnittstelle zwischen Telefonkartenmafia und Terrorismus war. Heute weiß man auch, dass er engste Beziehungen zur Muslimbruderschaft unterhielt.

Im außereuropäischen Ausland bietet sich das gleiche Bild: Im Sommer 2002 berichtete die *Detroit Free Press* über die Festnahme einer aus vier Personen bestehenden »Schläferzelle«, die Anschläge vorbereitet haben soll. Ein fünfter »Schläfer«, Abdallah, ein Fachmann für den Missbrauch von Callingcards, entkam den Fahndern.[23] In Brasilien wurde 2002 Mohammed Hassan Attwi festgenommen. Er hatte Gelder aus dem Telefonkartenbetrug an Assad Ahmad Barakat übergeben. Barakat war bis zu seiner Festnahme im Juni 2002 in Brasilien der Militärchef der proiranischen Terrorgruppe Hizbullah im Dreiländereck Brasilien–Paraguay–Argentinien. Mehr als 50 Millionen Dollar hatte er aus seiner Residenz in Ciudad del Este an die Hizbullah transferiert.[24] Ein Großteil des Geldes stammte aus dem Telefonkartenbetrug. Barakat wurde 2004 »wegen Steuervergehen« zu sechseinhalb Jahren Haft verurteilt.[25]

Am Morgen des 5. Oktober 2004 rieben sich belgische Zeitungsleser verwundert die Augen. »Terroristen verdienen Geld per Telefon«, titelte *De Standaard*. Wim De Preter, einer der renommiertesten Journalisten des Landes, berichtete, in Belgien verdienten terroristische Organisationen Geld mit »Telefonbetrug«. Dabei arbeiteten die Täter in Belgien nach dem gleichen Schema wie in Deutschland: In großem Stil werden Telefonkarten verkauft, die Rechnungen jedoch nicht bezahlt.[26]

Nach Unterlagen, die dem Autor vorliegen, werden die Profite, die durch Telekommunikationsbetrug in Europa erwirtschaftet werden, auch zur Finanzierung von Al Qaida und der Hamas verwendet. Von London bis Berlin ist diese Vorgehensweise intern bei den Sicherheitsbehörden bekannt. In einem vertraulichen Schreiben an den britischen National Criminal Intelligence Service (NCIS) vom 1. November 2004 heißt es etwa: »Während des Treffens übergab ich den Ermittlern einen

Bericht mit den Details der Aktivitäten des Herrn Saifullah P. und seinen Bemühungen, den Telekommunikationssektor zu durchdringen. Ich habe den Hinweis bekommen, dass dieses Individuum und sein Sohn nun beide als Al-Qaida-Verdächtige in amerikanischem Militärgewahrsam sind.«

Saifullah P., der den Telekommunikationssektor durchdringen wollte, wurde in Guantánamo inhaftiert. Er wurde am 5. Juli 2003 aus Pakistan kommend bei der Einreise nach Thailand verhaftet. Die Amerikaner brachten ihn zunächst auf die Baghram Air Base in Afghanistan und später nach Guantánamo. Nach amerikanischen Zeitungsberichten hat er inzwischen eingestanden, mehrfach Usama bin Laden getroffen und auch den Planer der Terroranschläge des 11. September 2001, Khalid Scheich Muhammad, in Pakistan zu seinen Gästen gezählt zu haben. All das bestreitet inzwischen nicht einmal mehr seine Familie. Saifullahs Sohn, der 25 Jahre alte Uzair P., wurde 2003 in den Vereinigten Staaten verhaftet und Ende November 2005 von einem amerikanischen Gericht schuldig gesprochen, Al Qaida bei der Vorbereitung eines Terroranschlags geholfen zu haben. Über diese Großfamilie P. schrieb die pakistanische Zeitung *Daily Times* am 21. Oktober 2003, sie sei als »finanzieller Unterstützer von Al Qaida« bekannt. Teile der Großfamilie leben in Europa – und tauchen auf den Ermittler-Charts[27] der Telekommunikationsbetrüger auf.

Wie schnell man im Callingcardgeschäft schmutziges Geld verdienen kann, zeigt der Fall der im Rheinland operierenden Firma M. des Mohammed A. Diese verkaufte 2001 in ganz Europa Millionen Callingcards und meldete dann Insolvenz an. Allein in Deutschland betrug der Schaden 50 Millionen D-Mark. Die auf ihren Rechnungen sitzengebliebenen Telekommunikationsunternehmen heuerten Detekteien an. In firmeninternen Mails, die dem Autor vorliegen, heißt es dazu etwa am 11. Mai 2001 über den angeblich insolventen Herrn A.: »Wie Sie bereits wissen, haben wir herausgefunden, dass dieser Bastard in Kairo ein Bankkonto mit annähernd 46 Millionen US-Dollar hat. Wir haben jetzt herausgefunden, dass er fast jeden Tag 8000 US-Dollar an seinen Bruder Dr. Awad A. in London überweist.« Von Herrn A. in den Vereinigten Staaten geschädigte Firmen stellten in Kairo auf einem anderen Konto 138 Millionen

Dollar sicher. Das Geld war nach Auffassung amerikanischer Ermittler für die Muslimbruderschaft bestimmt.

Mit vielen dieser Karten verdienen kriminelle Syndikate mehr, als sich ein deutscher Finanzbeamter vorstellen kann. Das bestätigen im vertraulichen Gespräch auch die Sicherheitsbeauftragten der größten europäischen Telekommunikationsanbieter. Ein Vorstandsmitglied des vor sieben Jahren gegründeten Deutschen Fraud Forums, in dem sich betroffene Firmen gegenseitig über drohende Risiken unterrichten, äußert dazu gegenüber dem Autor: »Viele solcher Callshops, in denen Callingcards verkauft werden, arbeiten wie Hehler – mit dem Unterschied, dass ich ihnen Hehlerei nicht nachweisen kann.« Immerhin können die Verkäufer bis zum Beweis des Gegenteils behaupten, die Callingcards gutgläubig verkauft und von dem dahinterstehenden Betrug nichts gewusst zu haben. Das Vorstandsmitglied fährt fort: »Wir werden richtig abgezockt. Und niemand kümmert sich in Deutschland auf Behördenseite zentral um diese Schäden. Da kriege ich graue Haare.«

Der Unterweltadel von Berlin

Neben der religiösen Indoktrination ist die Kriminalität ein Hauptbetätigungsfeld der Muslimbruderschaft. In der Bundeshauptstadt Berlin sind die in diesem Milieu tätigen Männer aus dem Umfeld der Muslimbruderschaft den Behörden seit Langem bekannt. In den meisten Fällen jedoch geschieht – nichts. Das liegt nicht etwa an den Leitern der Sicherheitsbehörden. Haupthinderungsgründe der Strafverfolgung sind vielmehr fehlendes Fachpersonal, knappe Finanzen und Polizeipräsidenten, die nach ihrem Parteibuch ausgewählt werden. Wie in allen anderen europäischen Staaten auch traut man sich an die kriminellen Hintermänner aus den Reihen der Muslimbruderschaft nicht heran. Immerhin könnte ein hartes Durchgreifen von vielen Muslimen als »Beleidigung des Islam« oder als »Generalverdacht« missinterpretiert werden. Von daher schaut man dem Treiben unauffällig zu, solange es irgend geht.

In Berlin-Kreuzberg hat der Autor 2006 in einer Teestube in der Katzbachstraße morgens gegen zwei Uhr einen der scheinbar »Unberührbaren« getroffen. Der Mann nannte sich N.

N. musste nicht viel sagen, um sich Respekt zu verschaffen. Seine Oberarme haben einen beeindruckenden Umfang; sein Blick ist bohrend und nüchtern. »Wir haben nichts zur Berliner Unterwelt zu sagen. Tut uns wirklich leid.« Ein Kontaktmann aus den Reihen der Berliner Polizei hatte das Treffen arrangiert. Orientalische Wasserpfeifen, ein Backgammon-Spielbrett und der würzige Duft von gesüßtem Tee boten ein auf den ersten Blick heimeliges Ambiente. Doch die unscheinbare Teestube barg ein Geheimnis: Hier trafen sich regelmäßig auch die ganz Großen aus der Berliner Unterwelt.

Als N., der das pechschwarze Haar zu einem Zopf geflochten auf dem Rücken trug, höflich, aber bestimmt zum Gehen aufforderte, trat A. heran. Der vielleicht 22 Jahre alte Libanese hatte dem kurzen Gespräch zugehört und flüsterte: »Einen Esel besteigt man nicht. Das ist ein arabisches Sprichwort.« Der Staat, dozierte A., sei wie ein Esel. Der Staat sei dumm, und es nutze nichts, sich mit ihm anzulegen. Man gebe ihm, was er zum Leben brauche, und lasse ihn bis auf wenige Ausnahmen in Ruhe. »Dann hat man selbst auch keine Probleme mit ihm.« Die versammelten Mitglieder arabisch-libanesischer Großfamilien nickten zustimmend.

Nach wenigen Minuten änderte N. seine Meinung und erklärte sich nun doch zu einem Gespräch bereit. Was er zu sagen hatte, ist erschütternd, nüchtern und brutal. N. ist nicht nur einer der größten Rauschgiftpaten im Umkreis der Bundeshauptstadt. Er ist auch einer der Hintermänner des Rotlichtmilieus. N. beliefert Bordelle mit dem, was viele Männer aus westlichen Kulturkreisen gern heimlich »konsumieren«: blutjunge, willige Mädchen. Die meisten der Mädchen kommen aus einem christlichen Elternhaus. N. richtet sie ab und lässt sie für sich arbeiten. N. spricht über diese Mädchen wie über Konsumgüter. Das alles kennt man auch von anderen Zuhältern. Doch N. und die Oberhäupter der in dieser Teestube versammelten Großfamilien geben vor, im religiösen Auftrag zu handeln. Das von ihnen »erwirtschaftete« Geld, so bekundeten sie einhellig, diene nicht der Mehrung persönlichen Reichtums. Es würde für wohltätige Zwecke »gespendet«. Die Empfänger: die Terrorgruppen Hamas und Al Qaida. Zum Abschied sagte A.: »Die Familie ist das Wichtigste. Für meine Brüder würde ich mein Leben geben.«

Ein verdeckter Ermittler der Berliner Polizei gab dem Autor später einen Überblick über die Geschäfte der ehrenwerten Besucher der Teestube: »Einmal quer durchs Strafgesetzbuch. Raub, Erpressung, Diebstahl, Rauschgift, Waffen, Menschenhandel. Da kriegen Sie eigentlich alles.« Nach seiner Auffassung kontrollieren diese Großfamilien die Bezirke Kreuzberg, Wedding und Neukölln. »Sie machen rücksichtslos von der Waffe Gebrauch«, sagte der Ermittler. »Und wir kommen kaum an sie ran, denn sie haben ihre eigenen Gesetze. Selbst geheiratet wird nur innerhalb der Großfamilien.« Der Ermittler hat mitbekommen, dass die Großfamilien bekundeten, Geld für Terrorgruppen aus den Reihen der Muslimbruderschaft zu spenden. Was den Autor entsetzte, war für den Ermittler nicht neu. »Klar ist das bekannt«, sagte er. »Und meist schauen wir weg.«

Zwei Mal durchsuchte die Berliner Polizei bislang die Teestube. Wie es scheint ohne Erfolg. Denn nach längerer Zeit hat der Autor die Männer noch einmal besucht. Unter einem Bild der Jerusalemer Al-Aksa-Moschee saßen sie friedlich beisammen und rauchten eine Wasserpfeife.

»Wenn Sie hier in Berlin nicht Arabisch oder Türkisch sprechen, dann sind Sie unter Ganoven inzwischen eine Nullnummer.« Der das sagte, muss es wissen. Steffen Jacob ist eine schillernde Figur des Berliner Nachtlebens. Der »Rotlichtprinz« der Bundeshauptstadt verkehrt seit Jahrzehnten in der Unterwelt. »Und wenn du heute noch so dicke Oberarme hast, das bedeutet einfach nichts mehr. Da kommt so ein kleiner schmächtiger Junge mit einem Messer. Und der hat 20 Brüder und 500 Cousins. Glaub mir, wir Deutschen sind als ehrliche Ganoven auf dem absteigenden Ast.«

Steffen Jacob hat im Rotlichtmilieu der Unterwelt auf dem Berliner Kiez Millionen verdient. Doch er ist bescheiden geblieben. Beim Türken »Adnan«, der es in Berlin vom Tellerwäscher zum Szenegastronom gebracht hat, kehrte Herr Jacob ein, weil es nirgendwo sonst in Berlin für zehn Euro ein üppigeres und besseres Mittagsmenü gab. Während der Rotlichtprinz mit dem silbergrauen luxuriösen Geländewagen vorfuhr, nahm seine Frau für zwei Euro den Stadtbus. Die Zeiten seien eben schlecht. Steffen Jacob störte das respektlose Verhalten vieler Muslime im Rotlichtgewerbe: »Das ganze Leben besteht aus Respekt. Wenn mir jemand keinen Respekt entgegenbringt, dann habe auch ich keinen Respekt. Das habe ich in dem Gewerbe gelernt. Aber heute gelten die alten Regeln ja nichts mehr.«

Der Autor hat im Winter 2005/06 über Wochen hinweg in Berlin Waffenhändler, Autoschieber, Menschenhändler und Rauschgiftbosse besucht. Die meisten von ihnen waren Muslime. Und die meisten haben im Gespräch ganz offen bekundet, den »verdarbten Westen« mit seinen eigenen Mitteln zu bekämpfen. »Der Islam ist die Lösung« oder »Der Islam wird siegen«. Diese Worte hörte der Autor bei den Gesprächen immer wieder. Er ist sich seither nicht sicher, ob die betreffenden Männer ihre kriminellen Betätigungen nur durch die Religion »legitimieren« wollen oder ob sie wirklich davon überzeugt sind, mit dem Geld, das sie durch Kriminalität erwirtschaften, dem Kampf für den Islam helfen zu können.

Teil VI: Die Zeitbombe tickt

Der Westen muss endlich aufwachen

Die in diesem Buch dargestellten Gruppierungen aus dem Umfeld der Muslimbruderschaft haben dem Westen den Krieg erklärt. Man mag darüber streiten, ob wir uns noch in der Phase der psychologischen Kriegführung – also der Kriegsvorbereitung – befinden oder ob der Krieg auch schon offen ausgebrochen ist. Während einige dieser islamistischen Gruppen sich nur auf den Kampf gegen Israel und/oder die Vereinigten Staaten konzentrieren, gilt für andere pauschal »der Westen« als Feind. Sie kämpfen jedoch nicht nur für »religiöse« Rechte. Denn wie in diesem Buch dargelegt, kennt der Islam keine Trennung von Staat und Religion. Und die Religion beansprucht, alle Bereiche des Lebens zu regeln und zu reglementieren. Damit haben Islamisten den westlichen Demokratien auch politisch, wirtschaftlich und kulturell den Kampf angesagt.

Die Muslimbruderschaft ist in mehr als 70 Staaten der Welt aktiv. In etwa 50 dieser Staaten ist der von ihren Untergruppen erklärte »Krieg« inzwischen längst Realität. Wir Europäer nehmen ihn nur in kleinen Ausschnitten wahr; dann, wenn Bomben inmitten »unserer« Gesellschaften explodieren. Was etwa auf den Philippinen, im Süden Thailands oder in Afrika geschieht, bekommen wir hier nur am Rande mit. Wenn es also einen von Islamisten erklärten Krieg gegen »den Westen«

gibt, dann sprechen viele Gründe dafür, dass »der Westen« auf dem besten Wege ist, ihn zu verlieren.

Denn die Staaten Europas sind zutiefst gespalten über die Frage, ob es überhaupt einen »Kriegszustand« gibt. Und sie sind sich nicht einig, wie man auf diese Situation reagieren soll. Die Zerrissenheit des westlichen »Lagers«, seine Unentschlossenheit und Wankelmütigkeit, spielt Islamisten aus den Reihen der Muslimbruderschaft in die Hände.

Die Spaltung und Unentschiedenheit haben historische Ursachen und sind auch in den unterschiedlichen Entwicklungen der einzelnen europäischen Staaten begründet. Als im Nachkriegsdeutschland der Fünfzigerjahre ein immer stärkerer Mangel an Arbeitskräften herrschte, da wurden zunächst Italiener und Griechen angeworben, ein Jahrzehnt später Spanier und Portugiesen. Und schließlich kamen mit marokkanischen und tunesischen »Gastarbeitern« zum ersten Mal auch Muslime in größerer Zahl nach Deutschland, denen dann von 1970 an auch Türken folgten. Kaum jemand machte sich damals Gedanken darüber, dass diese »Gastarbeiter« sich in Deutschland häuslich einrichten und viele von ihnen auf Dauer bleiben würden. Mit einem Anwerbestopp versuchte die Bundesregierung von November 1973 an, die Zahl der in Deutschland lebenden Ausländer zu begrenzen. Doch zu diesem Zeitpunkt lebten schon mehr als 900 000 Türken in der Bundesrepublik.

Fünf Jahre später – 1978 – wurde unter der sozial-liberalen Regierung des Bundeskanzlers Helmut Schmidt zum ersten Mal das Amt eines »Integrationsbeauftragten« geschaffen. Man hatte erkennen müssen, dass die unter Adenauer begonnene Entwicklung vom Gastarbeiter zum Einwanderer nicht rückgängig zu machen war. Die Förderung der Rückkehrbereitschaft durch finanzielle Anreize schlug ins Leere. Doch Deutschland wollte sich immer noch nicht als Einwanderungsland verstehen, weshalb die Zuwanderung auch politisch nicht gesteuert wurde. Die Folgen dieser falschen Politik sind bis heute virulent.

Kein Politiker hatte sich damals mit dem Islam befasst, niemand ernsthaft darüber nachgedacht, wie man die Kulturen der Deutschen und der Arbeitsmigranten dauerhaft miteinander verbinden könnte. In der Ratlosigkeit wurde der Wunschtraum einer multikulturellen Gesellschaft als alles richtendes Heilmittel geboren.

Im Gegensatz zu Deutschland haben andere europäische Staaten, die ehemaligen Kolonialmächte wie etwa Großbritannien, Frankreich, Belgien und die Niederlande, schon Jahrzehnte zuvor muslimische Einwanderer aus ihren Kolonien bei sich aufgenommen, die schnell auch die jeweiligen Staatsangehörigkeiten ihrer ehemaligen »Mutterländer« erhielten. Lange hielt man diese Einwanderer für integriert und glaubte, auf dem Weg in eine multikulturelle Gesellschaft zu sein, bis es in Folge der Anschläge vom 11. September 2001 ein böses Erwachen gab. Man musste feststellen, dass sich Parallelgesellschaften gebildet hatten, die sich inzwischen immer stärker von den Traditionen und der Kultur der alteingesessenen Bevölkerung abgrenzen und – wie in diesem Buch ausführlich beschrieben – ihr Leben nach den Gesetzen eines fundamentalistischen Islam ausrichten. Das beinhaltet beispielsweise den Wunsch, die Scharia einzuführen und die staatliche Gesetzgebung außen vor zu lassen.

Auch wenn die Voraussetzungen für die Immigration in den einzelnen europäischen Staaten unterschiedlich waren, gleichen sich doch inzwischen die Erfahrungen: Überall wächst in der alteingesessenen Bevölkerung die Ablehnung gegenüber »den Muslimen«, die vor dem Hintergrund gescheiterter Integrationsbemühungen immer mehr als Bedrohung empfunden werden. Der Islam wird aufgrund seiner gewaltsamen Ausbreitung und der mit ihm in Verbindung gebrachten Terroranschläge als immer gefährlicher erlebt.

Dabei vergessen viele Europäer, dass auch das christliche Abendland seine Werte einst mit Feuer und Schwert verbreitete. Von den Kreuzzügen bis zu den Hexenverbrennungen des Mittelalters könnte man viele Beispiele dafür auflisten. Und auch Abweichler vom wahren Glauben der »allein seligmachenden« Kirche, sogenannte Ketzer, wurden gnadenlos verfolgt und vernichtet. Doch mit der Reformation, in deren Folge es schließlich zur Trennung von Staat und Kirche kam und sich das Grundrecht auf Glaubensfreiheit etabliert hat, mit der Aufklärung und der Französischen Revolution machte Europa eine bedeutende Veränderung durch. Die christlichen Kirchen sind heute der Toleranz auch gegenüber anderen Religionen verpflichtet. Vorbei sind die Zeiten, in denen ein Fürst nach dem Motto »cuius regio, eius religio« (wessen Land, dessen die Religion: Wem das Land gehört, der bestimmt auch über die Religion) über den Glauben seiner Untertanen bestimmen konnte. Es war ein jahrhundertelanger Prozess, bis Werte wie etwa Religionsfreiheit, Meinungsfreiheit, Berufsfreiheit, Gleichberechtigung von Männern und Frauen, Recht auf Bildung, Schutz vor staatlicher Willkür ihre derzeitige Ausprägung erreichten.

Islamische Staaten, aus denen die Arbeitsmigranten stammen, haben diese Entwicklung bis heute nicht durchgemacht. Viele dieser Staaten standen bis Mitte des letzten Jahrhunderts unter der Herrschaft westlicher Kolonialstaaten. Es gab keine Auseinandersetzung mit der eigenen Geschichte. Es gab keine Bildungschancen, es gab keine Religionsfreiheit. Und auch die Auseinandersetzung mit der gewalttätigen Geschichte des Islam steht der islamischen Welt erst noch bevor. So fühlte sich der Islamwissenschaftler Tilman Nagel im November 2006 an eine 30 Jahre zurückliegende hitzige Diskussion muslimischer Würdenträger über die Frage erinnert, »hat Allah den muslimischen Belagerern durch eine List das Eindringen in Tripolis erleichtert? Oder war es nicht so, dass er ihnen die Stadt erst nach einem blutigen Kampf in die Hände gab, (...) als ich die in einem offenen Brief formulierte Antwort von 38 muslimischen Würdenträgern auf den Regensburger Vortrag des Papstes las: Dass der Islam weitgehend mit dem Schwert verbreitet worden sei, halte einer Überprüfung nicht stand.«[1] Dabei füllen Bände über die Feldzüge Mohammeds und die Eroberungen der ersten Kalifen ganze Regale.

Zu dieser Leugnung wissenschaftlicher Erkenntnisse passt, was der Orientalist Stefan Wild in seinem Beitrag »Drei Tage in Medina« in der *Frankfurter Allgemeinen Zeitung* vom 30. November 2006 über eine Tagung berichtete, die zu dem Thema »Der edle Koran und die orientalistischen Studien« vom »König-Fahd-Zentrum für den Druck des edlen Korans« ausgerichtet wurde und zu der er als einziger Nichtmuslim eingeladen war. »Methodisch ist das Haupthindernis, dass für die muslimischen Teilnehmer der Glaube an den unmittelbar göttlichen Ursprung des Korans verbietet, nach ›Quellen‹ des Korans oder nach einer historischen Entwicklung des Textes zu suchen. Eine Formulierung wie ›Der Koran beansprucht, das Wort Gottes zu sein‹ wird bereits als feindselig und ›unwissenschaftlich‹ wahrgenommen. Ein Professor aus dem marokkanischen Fes kritisiert, die Orientalisten sprächen vom Koran und nicht, wie Muslime, vom ›edlen Koran‹; sie erforschten ehrfurchtslos den Koran wie ein beliebiges Kleidungsstück und nicht als das vom Himmel herabgesandte Buch Gottes«, schrieb Stefan Wild und fuhr fort: »Als ein muslimischer Diskutant die Meinung vertritt, die Umwelt der koranischen Offenbarung im Mekka des siebten Jahrhunderts sei zum besseren Verständnis des Korans zu berücksichtigen, rückt der Vorsitzende dies in die Nähe der Häresie.«[2]

Nicht teilgenommen an dieser Tagung hat Muhammad Mustafa al-Azami, seines Zeichens Professor an der König-Saud-Universität in Riad und Träger des König-Faisal-Preises. Diese weithin bekannte Persönlichkeit hatte in seinem 2003 erschienenen Buch über die Geschichte des koranischen Textes[3] über »alle nichtmuslimischen Forscher« geschrieben: »Wenn sie nicht darauf aus wären, Muhammeds Unehrlichkeit oder die Unechtheit des Korans zu beweisen, was würde sie hindern, sich zum Islam zu bekehren?« Kritik am Islam und dessen wissenschaftliche Erforschung sind somit generell ausgeschlossen, ketzerisch und dienen der Verunglimpfung des Islam.

Auch viele Menschen in Europa tun sich schwer mit einer Kritik am Islam bzw. Islamismus und setzen dies schnell mit »Ausländerfeindlichkeit«, »Rassismus« oder »Islamophobie« gleich. Insbesondere Gruppierungen, die dem linken Spektrum zuzuordnen sind, schauen vielerorts in Europa schweigend zu, wenn die – auch von ihnen erkämpften – demokratischen Rechte mit Füßen getreten werden. Die »Andersartigkeit« von Muslimen bedingt offenkundig ein Wegschauen bei der Unterdrückung von Frauen ebenso wie bei der mangelnden Integration.

Die aus Somalia stammende niederländische Islamkritikerin Hirsi Ali äußerte gegenüber der österreichischen Zeitung *Die Presse*[4]: »Die Linke hat in meinen Augen die Idee des Individuums verraten, die Emanzipation der Frau und die Emanzipation von der Religion. Früher brachten Sozialdemokraten die Menschen in Europa dazu, sich ihrer Rechte bewusst zu werden, den Absolutheitsanspruch der Kirche hinter sich zu lassen. Heute aber wagen sie es nicht, den Islam zu kritisieren, wenn ich es tue, beschuldigen sie mich, zu polarisieren.«

Es ist eine nicht zu leugnende Tatsache, dass die Muslimbruderschaft die Beschneidung junger Mädchen aktiv unterstützt. In den Vereinigten Staaten wurde im November 2006 ein aus Äthiopien stammender Mann zu zehn Jahren Haft verurteilt, weil er seiner zwei Jahre alten Tochter mit einer Rasierklinge die Klitoris entfernt hatte. Das sind nicht etwa Einzelfälle. Aus falsch verstandener Scham sprechen wir nur nicht darüber. Natürlich gibt es diese Fälle auch in Europa. In Deutschland wird ein bundesweit bekannter Führer der Muslimbruderschaft von den Sicherheitsbehörden verdächtigt, systematisch Hilfestellung bei der »Beschneidung« muslimischer Mädchen zu geben. Die Vorwürfe wiegen schwer. Der Mann bestreitet, sowohl der Muslimbruderschaft anzugehören als auch die Beschneidung von Mädchen in Deutschland zu fördern. Solange ihn die Eltern verstümmelter Mädchen nicht anzeigen, fehlen die Beweise. Es ist unverständlich, warum westliche Politiker mit »Dialogpartnern« aus den Reihen der Muslimbruderschaft konferieren, die sowohl das Schlagen von Frauen als auch deren gewaltsame Genitalverstümmelung tolerieren.

Vielleicht wird ja auch die Genitalverstümmelung von Mädchen von deutschen Gerichten – ausnahmsweise – erlaubt werden, wenn islamische Geistliche begründen, dass dies zu den zwingend notwendigen Ritualen der islamischen Religionsausübung gehört. So wie einem muslimischen Metzger ja auch das Schächten von Rindern und Schafen, das das Tierschutzgesetz eigentlich verbietet, vom Bundesverwaltungsgericht gemäß Urteil vom 23. November 2006 – ausnahmsweise – aus religiösen Gründen gestattet wird.[5]

Als der oberste Führer der australischen Muslime, Scheich Taj al-Din al-Hilali, zum Ende des Fastenmonats Ramadan im Oktober 2006 unverschleierte Frauen mit »rohem Fleisch« verglich, gab es in der westlichen Welt keine massenhaften Demonstrationen. Der aus Ägypten stammende Scheich Taj al-Din al-Hilali rechtfertigte die Vergewaltigung unverschleierter Frauen in westlichen Ländern mit den Worten: »Wenn man Fleisch draußen auf die Straße, in den Garten oder den Park stellt, ohne es zuzudecken, dann kommen die Katzen und fressen es. Wer ist nun Schuld – die Katzen oder das unverhüllte Fleisch? Das unverhüllte Fleisch ist das Problem«, sagte er auf Arabisch. Frauen, die zu Hause blieben und den Schleier anlegten, seien jedoch vor sexuellen Übergriffen sicher, hob der oberste australische Mufti hervor.[6]

Scheich Taj al-Din al-Hilali trat nach Angaben der australischen Zeitung *The Age*[7] schon in frühester Jugend der ägyptischen Muslimbruderschaft bei. Er hetzt in Australien gegen Juden, rechtfertigt Selbstmordattentate und nannte die Attentate des 11. September 2001 »Allahs Werk gegen die Unterdrücker«. Es ist selten, dass sich Mitglieder der Muslimbruderschaft öffentlich zu solch eindeutigen Äußerungen hinreißen lassen.

Auch in Europa haben Führer der Muslimbruderschaft unverschleierte Frauen schon mit »rohem Fleisch« verglichen. Merkwürdigerweise hat das – mit Ausnahme von Alice Schwarzer – niemanden interessiert. Am 29. Oktober 2006 berichtete der australische *Sunday Telegraph*, Scheich Taj al-Din al-Hilali habe seit mehr als zwei Jahrzehnten Verbindungen zu islamistischen Terrorgruppen.[8] Schon bei seiner Ankunft in Australien im Jahre 1982 hätten ihn die Sicherheitsbehörden des Landes in Verbindung gebracht mit der zur Muslimbruderschaft gehörenden Gruppe »Soldaten Allahs«, die auch an der Ermordung des früheren ägyptischen Präsidenten Anwar al-Sadat beteiligt gewesen sein soll. Wie viel Toleranz kann sich eine westliche Demokratie gegenüber der Muslimbruderschaft und ihren Tarnorganisationen leisten, ohne sich selbst dem Untergang zu weihen?

Lange Zeit träumte man in den westlichen Staaten den Traum von einer bunten multikulturellen Gesellschaft, in der die Kulturen gleichberechtigt nebeneinander existieren und sich gegenseitig bereichern. Mit der Gründung der Partei der Grünen im Jahr 1980 war die »multikulturelle Gesellschaft« in Deutschland erstmals in ein parteipolitisches Programm gegossen worden. Doch alle Versuche, den Nichteuropäern integrative Leistungen abzuverlangen, wurden aus den Reihen der Grünen als Assimilierungsversuche beschimpft und sogleich in die rechte Ecke gestellt.

So konnten in Deutschland Millionen Muslime ein Patriarchat praktizieren, das mit westlichen Vorstellungen von der Gleichberechtigung der Frau nicht vereinbar ist. Man verschloss die Augen vor »einer Machokultur«, »der viele muslimische Mädchen und Frauen, teils unter Lebensgefahr, zu entrinnen suchten«.⁹ Gerade gegenüber Mädchen und Frauen nutzen Islamisten Einschüchterung, Drohungen und Gewalt, um diese unter anderem zum Tragen des Hijab zu nötigen. Olivier Guitta schrieb im *Weekly Standard* vom 4. Dezember 2006: »Was Islamisten am meisten anwenden, ist Einschüchterung. Eine Umfrage, die im Mai 2003 in Frankreich durchgeführt wurde, ergab, dass 77 Prozent der Mädchen den Hijab tragen, weil sie von islamistischen Gruppen physisch bedroht wurden. Eine Artikelserie in der Zeitung *Libération* 2003 dokumentierte, wie muslimische Frauen und Mädchen, die sich weigern, den Schleier zu tragen, von muslimischen Männern beleidigt, zurückgestoßen und oft durch Gewalt bedroht wurden. Eines dieser Mädchen im Teenageralter sagte: ›Jeden Tag kamen bärtige Männer zu mir und haben mir strengstens befohlen, den Schleier zu tragen. Es ist ein Krieg. Bis jetzt gibt es noch keine Toten, aber es gibt Blicke und Wörter, die töten.‹«¹⁰

Nach Angaben von Cheryl Benard von RAND (»Research and Development«/Forschung und Entwicklung) »werden jedes Jahr allein in Pakistan und Afghanistan Hunderte Frauen getötet, bekommen Säure ins Gesicht geschüttet oder werden auf andere Weise von männlichen Fanatikern misshandelt«.¹¹ Und auch in Frankreich haben muslimische Mädchen berichtet, Opfer von Bandenvergewaltigungen junger muslimischer Männer geworden zu sein, wenn sie sich weigerten, den Schleier zu tragen. In Frankreich wurde im Jahr 2003 die Gruppe »Ni putains, ni soumises« (Weder Huren noch Unterworfene) gegründet, die diese Übergriffe öffentlich macht und sich dagegen zur Wehr setzt. Inzwischen gibt es über 60 lokale Büros der Gruppe. Ein hoffnungsvoller Anfang von Gegenwehr, die breite Unterstützung finden sollte.

Auch in Deutschland berichteten Mitarbeiter verschiedener Polizeipräsidien 2006 mehrfach über Bandenvergewaltigungen junger muslimischer Männer. Übereinstimmend weisen sie darauf hin, dass es ihnen aus politischen Gründen untersagt worden sei, den ethnischen Hintergrund der Täter in der Öffentlichkeit zu nennen. Im Ruhrgebiet gibt es mittlerweile Städte, in denen nach diesen Angaben etwa ein Drittel der angezeigten Bandenvergewaltigungen auf das Konto junger Muslime geht.

Währenddessen treiben Islamisten im vermeintlichen Namen der Religionsfreiheit weiterhin ihr übles Spiel. Sie lassen ihre Gesprächspartner aus Politik, Kirche und Kultur in der politischen Debatte über »den Islam« in Europa in dem Glauben, dass der »Dialog« auf gleicher Augenhöhe stattfindet. Doch die Auffassung, wonach der Austausch der Argumente auf allen Seiten vom Willen zum Konsens begleitet wird, hält einer näheren Überprüfung nicht stand. »Dialog« – das Wort gilt auf Seiten der Nichtmuslime als ein Allheilmittel.

Seit Langem schon warnt der aus Syrien stammende und lange Jahre in Göttingen lehrende Politikprofessor Bassam Tibi europäische Politiker ebenso wie die Vertreter der Kirchen vor einem Trugschluss. Er hebt hervor, »besonders die protestantische Kirche« habe oft »Islamisten für Vertreter des Islam gehalten, sie anerkannt und ihnen so jahrelang Deckung geboten«.[12] Radikale Muslime hätten lange Zeit »das deutsche Gutmenschentum ausgenutzt, um für sich Freiräume aufzubauen«.

Der von Bassam Tibi geschaffene Begriff des »Euro-Islam« ist ein Hilfskonstrukt, das die Lücke zwischen den Werten der westlichen Welt und der in Europa lebenden Muslime schließen will. Der Euro-Islam soll einerseits Demokratie und Menschenrechte vorbehaltlos akzeptieren und andererseits die traditionellen islamischen Konzepte von Dawaa (Missionierung) sowie den Anspruch auf Vorherrschaft des Islam in allen Lebensbereichen aufgeben. Er versucht somit, islamische Konzepte an die Realität in Europa anzupassen. Die Politik jedoch hat Vordenkern wie Tibi über Jahrzehnte die kalte Schulter gezeigt und das Feld zugleich Männern aus dem Umfeld der Muslimbruderschaft vom Schlage eines Tariq Ramadan überlassen. Sie bestimmen heute, wohin die Richtung geht. Der tolerante, friedfertige Islam ist gegenwärtig jedenfalls ein reines Wunschdenken.

Bassam Tibi zog nach 32 Jahren Lehrtätigkeit Ende 2006 seine Konsequenz aus der scheinbar unaufhaltsamen Entwicklung in Deutschland. Der gebürtige Syrer, der Hunderte Male im deutschen Fernsehen aufgetreten ist, verließ Deutschland und wanderte in die Vereinigten Staaten aus. Bassam Tibi, der die deutsche Staatsangehörigkeit besitzt, zeichnet sich durch seine kritische Haltung gegenüber dem Islam und dessen Vereinbarkeit mit der Demokratie aus. Er vertritt die Auffassung, der Westen müsse von seinen muslimischen Minderheiten ein klareres Bekenntnis gegen Terror und Fundamentalismus verlangen. 1995 bekam er dafür das Bundesverdienstkreuz. Alles in allem zieht er eine vernichtende Bilanz der deutschen Integrationspolitik gegenüber Muslimen. Die Europäer müssten endlich lernen, zu ihren Werten zu stehen.

Tibi verkündete seinen Weggang aus Deutschland zu einem brisanten Zeitpunkt. Denn zeitgleich mit seiner Ankündigung fand auf Initiative von Bundesinnenminister Wolfgang Schäuble im Herbst 2006 in Berlin die erste »Deutsche Islam-Konferenz« statt. Sie sollte ein wichtiger Schritt in Sachen Integrationspolitik sein. Tibi, der auch die Begriffe »Parallelgesellschaft« und »europäische Leitkultur« prägte, war nicht zu dieser Konferenz eingeladen worden. Er und seine Thesen waren offenkundig zu unbequem. »Die Funktionäre der Islamgemeinde in Deutschland wollen keine Integration im Sinne von Wertorientierung«, erklärte Tibi.[13] Stattdessen wolle der Islam die christlichen Vertreter zum Islam bekehren, ihre Religion erkenne er nicht als vollwertig an. »Unsere Politiker möchten das aber nicht wahrhaben, denn es verursacht Probleme«, sagte Tibi.[14]

Es sollte uns zu denken geben, dass renommierte Islamkritiker Europa verlassen. Neben Bassam Tibi ging auch die in den Niederlanden lebende Hirsi Ali, die es ebenso wie Salman Rushdie in die Vereinigten Staaten zog. Die wenigen wirklichen »Euro-Muslime« verlassen Europa. In den Vereinigten Staaten finden sie für ihre Kritik am Islam mehr Verständnis, während man ihnen in Europa vorwirft, Muslime zu »provozieren«. Analysten werden so zu Akteuren des Schreckens degradiert, die Opfer werden zu Tätern. Sie gelten als »Ketzer« und »Ruhestörer«. Diese Auffassung hat die Muslimbruderschaft geschürt.

Auch Hans-Peter Raddatz, der mit seinen Büchern *Von Gott zu Allah?* und *Von Allah zum Terror?* ein öffentliches Bewusstsein für den unkritischen Umgang mit dem radikalen Islam in Deutschland zu schaffen versucht hatte, wollte Deutschland den Rücken kehren. Raddatz erwog zwischenzeitlich, in die Schweiz auszuwandern, und hat ebenfalls von der deutschen »Integrationspolitik« und der wachsenden Toleranz gegenüber den Vorkämpfern des radikalen Islam die Nase voll.

Im Dezember 2004 forderte die Grünen-Politikerin Renate Künast die flächendeckende Einführung von Islamunterricht an deutschen Schulen. »Warum soll man nur die Inhalte der Bibel, nicht aber des Korans vermitteln?«, sagte Frau Künast im Gespräch mit der *Berliner Zeitung*[15]. Immerhin biete »islamischer Religionsunterricht (...) uns die Chance, einen aufgeklärten europäischen Islam zu entwickeln, der kein Problem damit hat, sich in eine libertäre und offene Gesellschaft einzufügen«.

Erst fünf Jahre nach den Anschlägen des 11. September 2001, nach Terroranschlägen in Bali, Dscherba, Madrid, Istanbul, Casablanca und London überdachten Grüne und Sozialdemokraten ihre Haltung gegenüber den demokratiefeindlichen Tendenzen des Islam. Aus den Reihen der SPD hieß es etwa im Sommer 2006, die Teilnahme türkischstämmiger Kinder an Biologie- oder Sportunterricht müsse ebenso obligatorisch sein wie ein deutschsprachiger Islamunterricht. Und die Grünen machten unter dem Motto »Fördern und Fordern« eine erste vorsichtige Kehrtwende, die Renate Künast so erklärt: »Niemand ist fehlerlos.«[16] Bis dahin hatten sich die Grünen vorbehaltlos den Kampf gegen Diskriminierung und Rassismus auf ihre Fahnen geheftet. Nun fordern auch sie die Pflicht zur Integration. Dabei schwebt ihnen ein »Integrationsvertrag« vor, der Rechte und Pflichten festlegt.

Zugleich forderten die Grünen die rechtliche Gleichstellung des Islam mit anderen Religionsgemeinschaften in Deutschland, vor allem mit den Kirchen. Das sei nötig, um die Integration der Muslime zu fördern und auf gleicher Augenhöhe kommunizieren zu können, sagte der parlamentarische Geschäftsführer der Bundestagsfraktion von Bündnis 90/Die Grünen, Volker Beck, in Berlin. Übersehen wird dabei, dass der Islam keine »Kirche« ist und in Europa auch keine zentralen Organisationsstrukturen hat, um für alle oder aber zumindest die Mehrheit der Muslime zu sprechen. Der Islam ist und bleibt Einheit von Politik und Religion. Er kennt kein Priesteramt und keinen obersten Führer – mit Ausnahme des Kalifen.

Angebliche Ansprechpartner, wie etwa der umstrittene Zentralrat der Muslime in Deutschland (ZMD), repräsentieren kaum mehr als einige wenige Zehntausend von mehr als 3,5 Millionen in Deutschland lebenden Muslimen. Wer also soll bei der angestrebten Gleichstellung mit den Kirchen für »den« Islam als Ansprechpartner gelten? Hier werden sich vor allem jene hervortun und anbiedern, die der Muslimbruderschaft nahestehen und in Politik, Wirtschaft, Verbänden wie auch innerhalb der muslimischen Gemeinden bestens vernetzt sind.

In einem auf der Homepage der Grünen Bundestagsfraktion veröffentlichten Gespräch zum Thema politische und rechtliche Gleichstellung des Islam mit dem Christentum sagt Mounir Azzaoui, Pressesprecher des Zentralrates der Muslime in Deutschland: »Eine gemeinsame Repräsentanz für die rund 2200 Moscheegemeinden in Deutschland wäre ein großer Fortschritt. So könnten die vielen verschiedenen Organisationen besser zusammenarbeiten und sich wirksamer in die Integrationsdebatte einbringen. Aber Vorsicht: Wenn die Grünen eine Repräsentanz von Muslimen herbeiwünschen, die 100 Prozent der Muslime – also die über die Herkunft ermittelten 3,5 Millionen – vertritt, sind sie auf dem Holzweg. Zwängen Sie bitte den Islam nicht in ein ›Kirchenkorsett‹, das ihm fremd ist. Glauben Sie nicht, dass sich alle Muslime von Moscheegemeinden repräsentieren lassen oder sich in die Kategorie ›Islam‹ hineinpressen lassen wollen. Viele, die hier schon lange leben, definieren sich doch gar nicht mehr als Muslime. Gerade bei den Grünen überrascht mich so eine Haltung. Sie machen sich doch sonst dafür stark, dass man sich seine Identität selbst aussuchen kann.«[17]

Im Februar 2006 unterbreiteten die Grünen den Vorschlag, parallel zur Fernsehsendung »Das Wort zum Sonntag« auch für Muslime ein »Wort zum Freitag« in das öffentlich-rechtliche Fernsehprogramm aufzunehmen. Im September 2006 griffen türkische Muslime diesen Vorschlag auf und nannten ihn »positiv«. Zugleich lehnten sie die Forderung ab, solche Sendungen in deutscher Sprache auszustrahlen. Das sei »verfassungswidrig«, da eine Regierung nicht zu bestimmen habe, in welcher Sprache »die Religionsausübung stattfindet«.

Über alle vorgenannten Punkte mag man im Einzelfall diskutieren. Dabei vergessen wir aber, dass wir den Siegeszug des radikalen Islam Tag für Tag aus unseren Kassen finanzieren. Gemeint ist hier nicht die platte Propaganda der Rechtsextremisten, die in Not geratenen Muslimen in Europa am liebsten auch die Sozialhilfe streichen würden. Gemeint ist vielmehr unsere Abhängigkeit von Ölimporten aus muslimischen Staaten. Öl ist das Lebenselixier unserer Industriegesellschaft. Und Öl beschert den Golfmonarchien unvorstellbaren Reichtum. Wenn die zahlreichen Organisationen aus dem Umfeld der Muslimbruderschaften neue Moscheen in Europa bauen, hasserfüllte Broschüren verteilen und Jugendliche zur Kampfausbildung nach Tschetschenien, Pakistan oder Mali schicken – dann wird all das mit dem Geld bezahlt, das wir für unser Lebenselixier an demokratiefeindliche Staaten wie Saudi-Arabien überweisen.

Robert Baer, ehemaliger Operationsleiter der CIA im Nahen Osten, wird nicht müde, diesen Zusammenhang hervorzuheben. Er hat Recht. Doch niemand mag auf ihn hören. Wir sind blind und besessen bei unserer Gier nach billigem Öl, für Mobilität, für billige Produkte, für ein bequemes Leben. Wir werden einen hohen Preis dafür zahlen – auch dann noch, wenn die Ölquellen längst versiegt sein werden.

Perspektiven

Wenige Wochen nach den Terroranschlägen des 11. September 2001 sagte der langjährige saudische Innenminister Prinz Nayif ibn Abd al-Aziz: »All unsere Probleme kommen aus den Reihen der Muslimbruderschaft. Wir haben die Muslimbruderschaft in der Vergangenheit zu sehr unterstützt.«[18] Dem damaligen saudischen Innenminister war die von der Muslimbruderschaft ausgehende Gefahr durchaus bekannt. In Europa jedoch ist die Muslimbruderschaft den meisten Politikern bis heute ein Buch mit sieben Siegeln.

Im Zentrum der Ideologie der Muslimbruderschaft steht weltweit die ausdrückliche Bejahung eines politischen Anspruchs der islamischen Religion. Diese hat – so die Auffassung der Muslimbruderschaft – auf alle Fragen des Lebens eine Antwort. Der Islam ist nach dieser Auffassung nicht nur eine untrennbare Einheit von Politik und Religion; er stellt mit der Scharia auch das angeblich beste und einzig vorstellbare Rechtssystem der Welt. Im Idealzustand wären alle Muslime der Welt in einem Staat – dem Kalifat – vereint. Um diesen Idealzustand zu erreichen, gilt es, den Feind (außerhalb der islamischen Welt ist das der angeblich aggressive und dekadente Westen) zu bekämpfen.

Diesem Ziel dient die Bildung und Ausbildung der kommenden Generation. Mithilfe der Kontrolle über ein rein muslimisches Erziehungs- und Bildungssystem erhofft man sich in absehbarer Zeit die weitgehend vollständige Islamisierung der europäischen Gesellschaft. Mit dem westlichen Demokratieverständnis sind die Ideale der Muslimbruderschaft nicht in Einklang zu bringen. Wenn Yusuf al-Qaradawi, der Vordenker der Muslimbruderschaft, befindet, wer vom Islam abfalle oder konvertiere, der könne getrost getötet werden, dann bedarf diese Auffassung keiner weiteren Diskussion. Dennoch werden die zahlreichen Vertreter der Muslimbruderschaft in Europa von ihren Gesprächspartnern als willkommene »Dialogpartner« geschätzt. Eine der wichtigsten Aufgaben ist es daher, den Führern der Tarnorganisationen der Muslimbruderschaft die Maske vom Gesicht zu reißen – sie zu enttarnen. Dies können weder private Gruppen noch engagierte Bürger oder gar Journalisten leisten, sondern muss staatlich erfolgen und koordiniert werden.

Es war ein Meilenstein in der Geschichte der westlichen Welt, als Europa Staaten mit demokratischen Strukturen hervorbrachte, und es war ein weiterer Meilenstein, Nationalstaaten und nationalstaatliches Denken zu überwinden und größere demokratische Gebilde zu erschaffen wie die Europäische Union. Die Jüngeren können es sich kaum noch vorstellen, wie viele kriegerische Auseinandersetzungen es vor dem Ende des Zweiten Weltkriegs zwischen den einstigen »Erzfeinden« Frankreich und Deutschland gab, wie viele zwischen England und Frankreich. Die Aufzählung ließe sich endlos fortsetzen. Europa darf jetzt nicht auf halbem Weg stehen bleiben und muss seine in Jahrhunderten erkämpften Freiheiten und seine demokratische Kultur auch gegenüber dem Islamismus behaupten.

Ulrike Ackermann schreibt in *Der Welt* vom 25. November 2006: »Heute ist der Westen genötigt, die Freiheit und die daraus folgenden Lebensstile, die aus dem mühseligen und schmerzhaften Emanzipationsprozess seit der Aufklärung resultieren, offensiv gegen seine fundamentalistischen Feinde zu verteidigen.«[19]

Wenn in demokratischen Staaten immer wieder betont wird, dass Religion Privatsache sei, dann sollte man auch eine radikale Trennung von Staat und Religion befürworten. Und jede Religion muss auf dem Boden der freiheitlich-demokratischen Grundordnung, des Grundgesetzes, stehen und sich für die Durchsetzung bzw. Einhaltung der Menschenrechte einsetzen. Daran könnte man sie dann messen und bei Verletzung dieser ganz grundsätzlichen Übereinkunft entsprechend sanktionieren.

Wenn wir das Recht auf Bildung hochhalten, muss das in europäischen Staaten heißen, dass der Unterricht in den einzelnen Fächern dem anerkannten wissenschaftlichen Standard entspricht, »state of the art« ist. Konkret heißt das, dass weder Kreationisten in staatlichen Schulen Raum bekommen, die Evolutionstheorie zu leugnen und eine biblische Schöpfungsgeschichte zur Erklärung der Weltentstehung zu lehren, noch darf die Schule Islamisten Raum geben, die Unterdrückung und Ungleichbehandlung von Mädchen – etwa im Hinblick auf Biologie-, Sexualkunde- und Sportunterricht – aktiv zu fördern.

Insofern sollte Religionsfreiheit tatsächlich dort eingeschränkt werden, wo einzelne Religionen den gemeinsamen demokratischen Konsens verlassen bzw. ihm gar nicht erst zustimmen. Eine Religion, die Genitalverstümmelung von Mädchen aus »religiösen Gründen« notwendig fordert, steht dem Recht auf körperliche Unversehrtheit entgegen und sollte gezwungen werden, von diesen Praktiken Abstand zu nehmen. Kreationisten oder fundamentalistische Christen, die ihre Kinder nicht in staatliche Schulen schicken – unter anderem wegen des Sexualkundeunterrichts –, verwehren ihren Kindern das Recht auf Bildung und sollten ebenfalls gezwungen werden, den Schulbesuch ihrer Kinder zu akzeptieren.

Den Konsens verlassen Religionen auch, wenn sie Gewalt verherrlichen, wie es beispielsweise Islamisten tun, wenn sie Selbstmordattentate befürworten, wenn sie historisch bewiesene Tatsachen wie den Holocaust oder den Völkermord an den Armeniern leugnen. In solchen Fällen sollte es auch möglich sein, die Staatsbürgerschaft zu entziehen.

Viel wird also davon abhängen, ob die europäischen Staaten sich auf eine gemeinsame Strategie gegenüber Islamisten einigen können. Und leider sieht es nicht danach aus, denn – wie in diesem Buch dargestellt – die wichtigsten Berater der Europäischen Union für Islamfragen sind längst Mitglieder der Muslimbruderschaft. Und die lehnt beispielsweise die universale Gültigkeit der Menschenrechte ab. Für sie stehen die Menschenrechte unter dem Vorbehalt der Scharia. Doch wenn die Scharia den Menschenrechten übergeordnet ist, dann gibt es keine Menschenrechte.

Problematisch ist in diesem Kontext, dass manche westliche Staaten aus Opportunitätsgründen etwa in bestimmten Situationen die Menschenrechte selbst nicht einhalten und dadurch unglaubwürdig werden. In solchen Fällen müssen die westlichen Staaten selbstkritisch mit der eigenen Doppelmoral umgehen. Solange es Folter und geheime Gefängnisse gibt, solange Guantánamo existiert, ist nicht zu erwarten, dass islamische Gläubige den Westen schätzen und ihm abnehmen, dass es ihm um Freiheit und Menschenrechte geht.

Dass die Muslimbruderschaft im »Dialog« mit ihren christlichen oder jüdischen Gesprächspartnern nicht aufrichtig ist, kann man an einem einfachen Beispiel festmachen: Jedes Mitglied, jeder Sprecher der Muslimbruderschaft behauptet ständig, das Wort »Islam« bedeute »Friede«. Wer der arabischen Sprache nicht mächtig ist, mag das glauben. In der Realität jedoch lautet das arabische Wort für »Frieden« eben »Salam« und nicht »Islam«. »Salam a laikum« bedeutet »Friede sei mit dir« und nicht etwa »Islam a laikum«. Das arabische Wort »Islam« war und ist vielmehr »Unterwerfung« (unter Allah) oder »Hingabe« (an Allah). Jede andere Interpretation ist Augenwischerei.

Nicht anders ist es mit dem Wort »Toleranz«. Toleranz aus der Sicht der Muslimbruderschaft bedeutet Duldung der Unterworfenen als Gedemütigte und Erniedrigte, also als Bürger zweiter Klasse – »Dhimmis«. »Dhimmitude« ist der französische Begriff für den Status der Nichtmuslime unter muslimischer Herrschaft. »Dhimmitude« ist ein nicht nur von der Muslimbruderschaft offen verkündetes Ziel des Dschihad. Viele Muslime leugnen die »Dhimmitude«. Doch sie ist fester Bestandteil der Scharia.

Der nordrhein-westfälische Verfassungsschutz hat in einer Broschüre über die Muslimbruderschaft geschrieben: »Die von der Muslimbruderschaft angestrebte Ordnung weist deutliche Züge eines diktatorischen beziehungsweise totalitären Herrschaftssystems auf, das die Selbstbestimmung des Volkes ablehnt sowie die Prinzipien von Freiheit und Gleichheit der Menschen infrage stellt.«[20] Nur wenige europäische Politiker wissen, wer ihnen als »Dialogpartner« beim ersehnten Gespräch mit Führern muslimischer Gruppen tatsächlich gegenübersteht.

Keine andere Gruppe hat es in den zurückliegenden Jahrzehnten so gut wie die Muslimbruderschaft verstanden, ein legales und auch ein illegales Netzwerk von Geldzuflüssen zu schaffen. Mit schier unerschöpflichen Finanzmitteln ausgestattet, hat es die Organisation von Südafrika bis zum Nordkap und von den Vereinigten Staaten über Russland bis nach Asien geschafft, die Deutungshoheit über den Islam zu erlangen. Es sind ihre Vordenker, die Fatwen erlassen. Es sind ihre Vordenker, die überall in Europa unter mehr als hundert verschiedenen Namen muslimischer Organisationen auftreten. Es sind ihre Vordenker, die Politikern entweder Frieden versprechen oder auch zu Großdemonstrationen aufrufen können.

Wenn muslimische Führer westliche Politiker treffen, dann steht der »Dialog« im Vordergrund. Scheich Abd al-Halim Mahmud, ein früherer Rektor der Kairoer Al-Azhar-Universität, galt als geschätzter Gesprächspartner westlicher Politiker. Doch es gab Äußerungen von ihm, die aufhorchen lassen sollten: »Christen sind wie eine bösartige und ansteckende Krankheit. Muslime müssen sie ungerecht behandeln, verachten, hart anfassen und boykottieren, um sie zur Annahme des Islam zu zwingen.« Wenn der Rektor der angesehensten Bildungsinstitution der arabischen Welt ungestraft solche Äußerungen von sich geben darf, was ist dann vom freundlichen »Dialog« mit nichtmuslimischen Gesprächspartnern zu halten? Scheich Abd al-Halim Mahmud ist kein Einzelfall. Man könnte ein eigenes Buch mit solchen obskuren Personen und ihren doppelzüngigen Reden füllen. Die Mitglieder der Muslimbruderschaft und ihrer Tochterorganisationen haben die dahinterstehende Kunst des Täuschens, Tricksens und Lügens zur Perfektion vervollkommnet.

Die Finanzspritzen aus Saudi-Arabien und anderen Golfstaaten haben gewiss dazu beigetragen, der Muslimbruderschaft den Weg zum Erfolg zu ebnen. Doch ohne die Akzeptanz der politischen, wirtschaftlichen, religiösen, kulturellen und medialen europäischen Eliten wäre der Vormarsch und Aufstieg der Muslimbruderschaft in Europa kaum denkbar gewesen. Die Wölfe der Muslimbruderschaft haben früh schon erkannt, dass sie mit Vorwürfen von angeblichem »Rassismus« oder »Islamophobie« jeden Kritiker zum Schweigen bringen können. Wer es wagte, die Forderungen der Muslimbruderschaft – vom Kopftuch bis zur Einführung islamischer Feiertage – infrage zu stellen, wurde nicht nur kritisiert, er wurde geächtet und nicht selten auch strafrechtlich verfolgt. Damit zermürbten sie Journalisten und zähmten die Medien in ihrer genuinen Aufgabe, Entwicklungen genau zu beobachten, wahrheitsgemäß zu berichten und immer wieder kritische Fragen zu stellen.

Wen wundert es da, wenn Leute wie der in Deutschland lebende Ibrahim El-Zayat im Europäischen Parlament gern gesehene Gäste waren? Der Multifunktionär hatte in vielen Organisationen, die von Verfassungsschutzbehörden dem Umfeld der Muslimbruderschaft zugerechnet werden, ranghohe Stellungen inne: von der Islamischen Gemeinschaft in Deutschland (IGD; siehe Seite 166) bis hin zur Föderation islamischer Organisationen in Europa (FIOE; siehe Seite 157). In Fernsehsendungen wie »Sabine Christiansen« war der Mann ebenso präsent wie er von Mitgliedern des Europäischen Parlaments geschätzt wurde. Doch einige Politiker wie die Wiesbadener CDU-Abgeordnete Christina Köhler und der innenpolitische Sprecher der CDU, Wolfgang Bosbach, sind inzwischen auf Distanz zu Männern vom Schlage eines Ibrahim El-Zayat gegangen.

Doch wer glaubt, damit dem Netzwerk der Muslimbruderschaft entrinnen zu können, hat die Tricks und Täuschungsmanöver der Organisation nicht verstanden: Die Muslimbruderschaft suggeriert über die vielen Vereine und Verbände, die sie gegründet hat und die nach außen hin autonom und unabhängig erscheinen, deutschen Politikern, Kirchenvertretern, Journalisten und Medienvertretern ein vermeintlich breites Spektrum von Meinungen und Ansprechpartnern, das es in Wirklichkeit gar nicht gibt. Vom Zentralrat der Muslime in Deutschland (ZMD) bis zur Islamischen Gemeinschaft in Deutschland e.V. (IGD) genügt ein Blick in die Verfassungsschutzberichte, um die fehlende Distanz dieser Organisationen zur Muslimbruderschaft zu erkennen. Weil wir händeringend nach Ansprechpartnern suchen, ignorieren wir das.

Im baden-württembergischen Verfassungsschutzbericht heißt es zur Muslimbruderschaft in Deutschland: »Neben ihren zahlreichen nationalen Zweigen in der islamischen Welt haben mittlerweile deutsche und europaweite Strukturen Gestalt angenommen. Eine dieser Ländervertretungen ist die ›Islamische Gemeinschaft in Deutschland e.V.‹ (IGD) mit Hauptsitz in München.«[21] In der Broschüre »Islamismus – Instrumentalisierung der Religion für politische Zwecke«, herausgegeben vom Verfassungsschutz NRW (Stand Mai 2005), heißt es auf Seite 78: »Der ZMD ging 1994 aus dem ›Islamischen Arbeitskreis Deutschland‹ hervor. Größter Mitgliedsverband war der ›Verein Islamischer Kulturzentren‹ (VIKZ), der allerdings im September 2000 aus dem ZMD ausschied. Neben anderen islamischen Organisationen gehört dem ZMD auch die islamische multinationale ›Muslimbruderschaft‹ an, die zurzeit auch den Sprecher des ZMD stellt.«[22]

Und in einer offen einsehbaren Mitteilung des baden-württembergischen Landesamtes für Verfassungsschutz vom Dezember 2005 zum Thema »Arabische Islamisten« kann man zum Zentralrat der Muslime lesen: »Auch darf eine solche Organisation ihre Ausgestaltungsbefugnis des Islamunterrichts an staatlichen Schulen nicht dazu missbrauchen, einen Graben zwischen Muslimen und Nichtmuslimen ideologisch zu zementieren und die Entstehung von Parallelgesellschaften zu fördern. Ein derartiges Verhalten des ZMD ist allerdings aufgrund seiner Nähe zu den ›Muslimbrüdern‹ und Saudi-Arabien nahestehenden extremistischen Organisationen zu befürchten.«[23]

Der in diesem Buch beschriebene Generalplan der Muslimbruderschaft zur Islamisierung Europas aus dem Jahre 1982 (siehe Seite 144 ff.) hat in einem Vierteljahrhundert gewaltige Veränderungen in Europa geschaffen. Sollte dieser Plan auch in den kommenden Jahren ungehindert umgesetzt werden können, so ist die Entwicklung einer zunehmenden Islamisierung Europas wohl nicht mehr aufzuhalten.

In dem lesenswerten Beitrag »Der Vormarsch der Muslimbruderschaft«[24] schreibt Hildegard Becker: »Und die Muslimbruderschaft ist ein Problem. Warum? Sie hat großen Einfluss auf politisch aktive Muslimgruppierungen in den europäischen Schlüsselländern wie Großbritannien, Frankreich und Deutschland. Sie ist auch ein Problem, weil der erste Blick täuscht. MB-inspirierte Leute sind gut gekleidet und gut ausgebildet. Sie sprechen unsere Sprache, sie verstehen unser politisches System. (...) Kurz: Sie sind perfekte muslimische Führungspersonen: smart, eloquent, engagiert.«

Im »Dialog« mit westlichen Gesprächspartnern herrscht aus der Sicht der Muslimbrüder »Hudna« (»Windstille«). Dieser Waffenstillstand aus taktischen Gründen gilt jedoch nur so lange, wie Muslime im jeweiligen Staatsgebiet die Minderheit sind. Stellen sie die Mehrheit, wird die »Windstille« beendet und die Scharia eingeführt. Auch das wollen wir nicht wahrhaben.

Stattdessen beziehen europäische wie auch amerikanische Regierungen zunehmend die Muslimbruderschaft ganz offen in ihre Gespräche mit ein. Von der Beteiligung auf dem politischen Parkett erhofft man sich, dass die Führer dieser Gruppen potenzielle Terroristen in ihren Reihen isolieren. Dabei verkennt man, dass die Muslimbruderschaft mit einer Doppelstrategie arbeitet: auf der einen Seite die »friedfertigen« Dialog- und Ansprechpartner und auf der anderen Seite radikale Wölfe, von denen man sich im Notfall öffentlich distanzieren kann. Beide Gruppen sind jedoch untrennbarer Bestandteil einer einheitlichen Strategie.

Die Muslimbruderschaft ist ein Trojanisches Pferd. Sie gibt sich in ihren öffentlichen Verlautbarungen wenig militant und behauptet, den Terrorkrieg nicht zu unterstützen. Das klingt gut – ist jedoch nachweislich nicht die Wahrheit. Westliche Medien haben oftmals über die Terrorausbildungslager von Al Qaida in den Neunzigerjahren in Afghanistan berichtet. Niemand bestreitet heute mehr, dass es solche Lager vor dem Sturz der Taliban Ende 2001 gegeben hat. Weithin unbekannt ist jedoch die Tatsache, dass auch die Muslimbruderschaft in den Neunzigerjahren in Afghanistan Terrorausbildungszentren unterhielt. In diesen übten Kämpfer gemeinsam mit Kaschmir-Terrorgruppen.[25] Mit ihren militanten Kämpfern wollte die Muslimbruderschaft von Afghanistan aus die Kriege am Kaspischen Meer zu ihren Gunsten beeinflussen. Viele ihrer Terrorkämpfer aus afghanischen Lagern haben jedoch heute in Europa Zuflucht gefunden. Mohammed Mahdi Akef, der Führer der Muslimbruderschaft, hat eine neue Strategie ausgegeben: Es gelte, alle Staaten der Welt zu islamisieren, mit allen Mitteln, jederzeit. In Europa scheint diese Strategie aufzugehen.[26]

Hassan al-Banna, Gründer der Muslimbruderschaft, bekundete stets: »Wir brauchen drei Generationen, um unsere Pläne verwirklichen zu können: eine Generation zum Zuhören, eine Generation zum Kämpfen und eine Generation zum Siegen.« Wie es aussieht, sind die ersten zwei Generationen sehr erfolgreich gewesen. Und die dritte Generation der Feinde unserer Demokratie schließen wir gerade ganz fest in die Arme und lesen ihnen alle Wünsche von den Lippen ab. Aus der Sicht der Muslimbruderschaft ist die »multikulturelle« Gesellschaft die offene Einladung, eine schwächelnde und im Niedergang begriffene Gesellschaft zu übernehmen.

Die schleichende Islamisierung Europas ist ja nicht in aller Stille geschehen. Wenn in der Schweiz muslimische Schüler an islamischen Feiertagen schon lange nicht mehr zum Unterricht erscheinen müssen, dann ist das für sich genommen unbedeutend. Auch in Deutschland handhaben das immer mehr Schulen inzwischen so. An hessischen Schulen wurde die Religionsfreiheit etwa im Jahre 2003 gestärkt. Damals hieß es: »Das Kultusministerium will künftig stärker darauf achten, dass an hohen islamischen Feiertagen keine landesweiten Vergleichsarbeiten oder Schulwettbewerbe mehr angesetzt werden. Das sicherte Kultusministerin Karin Wolff (CDU) in der Antwort auf eine parlamentarische Anfrage der FDP-Abgeordneten Dorothea Henzler zu.«[27]

Auf europäischer Ebene ist der Zuwachs an Muslimen in Europa längst ebenso akzeptiert wie die schleichende Islamisierung, mehr noch: gewünscht. Wenn EU-Kommissionspräsident José Manuel Barroso am 30. Mai 2006 behauptete, Europa sei groß genug, um auch den Islam aufzunehmen, dann sollten seine folgenden Worte nachdenklich stimmen: »Menschen islamischen Glaubens dürfen nicht vor die Wahl gestellt werden zwischen ihrem Glauben und den europäischen Werten.«[28]

Alle politischen Parteien der westlichen Demokratien stimmen inzwischen weitgehend darin überein, dass sie Migranten in ihre Gesellschaften integrieren wollen. Merkwürdigerweise klaffen zwischen dem Wunsch und der Realität jedoch immer größere Welten – mit Rückendeckung der Politik. Statt Integration fördern wir die Bildung von Parallelgesellschaften – von der Schule bis zum Altenheim. Neben Krankenhäusern nur für Muslime (Hannover) gibt es Altenheime nur für Muslime, in denen diese auf keinen Fall mit »Ungläubigen« in Berührung kommen.

Der nordrhein-westfälische Verfassungsschutz weist auf seinen Internetseiten deutlich auf die langfristige Strategie der Muslimbruderschaft hin: »Die Bildung und Ausbildung der kommenden Generationen steht im Mittelpunkt der Strategie der Bewegung. Mittels des Erziehungs- und Bildungssystems soll die vollständige Islamisierung der Gesellschaft erreicht werden.«[29] Das aber ist nur ein winziger Ausschnitt des langfristig angelegten Plans der Muslimbruderschaft.

Tawfik Hamid war Mitglied der Muslimbruderschaft. Über diese kam er an der Universität Kairo in Kontakt mit der radikalen ägyptischen Terrorgruppe Gamaat al-Islamiya. Er war bereit, Selbstmordattentate zu verüben. Inzwischen lebt er in Kanada. Von der Muslimbruderschaft und dem Terror hat er sich losgesagt. Sein Appell ist eindrucksvoll und sollte all jenen zu denken geben, die die Tarnorganisationen der Muslimbruderschaft durch ständiges Nachgeben beschwichtigen wollen: »Hört auf, euch zu fragen, was ihr falsch gemacht habt. Hört damit auf! Sie schlachten euch wie die Schafe ab, und ihr übt euch in Selbstkritik. Ihr kritisiert eure Geschichte, eure Institutionen, eure Kirchen. Warum könnt ihr nicht erkennen, dass dies alles nichts mit dem, was ihr getan habt, zu tun hat, sondern nur mit dem, was sie erreichen wollen?«[30]

In einem Gespräch mit der kanadischen Zeitung *National Post*[31] fügt er hinzu: »Die bewusste und systematische Ausweitung des militanten Islam und dessen Versuche, nicht nur in der islamischen Welt, sondern auch in Europa und Nordamerika zu triumphieren, ist reine Ideologie. Muslimische Terroristen schlachten keine Menschen ab wegen schlechter Erfahrungen, sondern einzig wegen ihres Glaubens. (...) Ich kam aus einer Mittelklassefamilie, und meine Eltern waren nicht religiös. Kaum jemand in der Bewegung hatte einen anderen Hintergrund. Ich hatte diesen Schwachsinn über Armut immer wieder in westlichen Entschuldigungen für den Islam gehört, meistens von Nichtmoslems. Es gibt Millionen passiver, armer Unterstützer des Terrors, aber die meisten derjenigen, die morden, sind wohlhabend, privilegiert, ausgebildet und frei.«

Entgegen den vielen Selbstbezichtigungen der Europäer bei der Erforschung der Gründe für das Anwachsen des radikalen Islam ist es falsch, diese in sozialen Ursachen zu sehen. Es ist vielmehr ein ideologischer Kampf – der »Kampf der Kulturen« –, den viele nicht wahrhaben und verdrängen wollen. Die Muslimbruderschaft führt ihn mit allen Mitteln, mit friedlichen wie auch mit gewaltsamen.

Die zunehmende Zahl von Terroranschlägen muslimischer Extremisten lässt viele Bürger fragen, wie man denn diese Entwicklung noch bekämpfen kann, wenn sich der Terror selbst schon unmittelbar vor unseren Haustüren eingenistet hat. Henryk M. Broder hat in wenigen Sätzen formuliert, was wir falsch gemacht haben: »Wir haben die Realität verkannt. Die eine Seite hat gebrüllt: Wir sind kein Einwanderungsland, was idiotisch war. Die andere Seite hat die hübschen Bilder von Multikulturalität gepflegt, ohne mehr zu kennen als den Dönerhändler an der Ecke. Wir dachten, dass die Kraft der Demokratie alles von allein regeln wird. Aber manchmal muss man Leute auch zur Integration zwingen. Integration – nicht Assimilation.«[32]

Der Islam ist in Europa genauso vielgestaltig wie die Ursprungsländer der Gläubigen. Doch wenn Europa dabei versagt, die muslimischen Einwanderer zu integrieren, dann wird die Religion die Ausgestoßenen als Identitätsstifter verbinden. Und deshalb sollten wir alles unternehmen, um friedfertige, unsere demokratischen Werte befürwortende Muslime zu integrieren, jegliche Radikalität oder gar hasserfüllten Islamismus aber mit allen zur Verfügung stehenden Mitteln bekämpfen.

Alain Chouet, der frühere Chef des französischen Auslandsgeheimdienstes DGSE (Direction Générale de la Sécurité Extérieure) weist seit Jahren schon öffentlich auf die von der Muslimbruderschaft in Europa ausgehende Gefahr hin. Und er geht sogar noch weiter und trennt sorgfältig zwischen dieser und dem Islam: »Die Muslimbruderschaft hat nicht mehr mit dem Islam gemeinsam als die verschiedenen faschistischen Bewegungen des 20. Jahrhunderts mit europäischen Werten oder dem Christentum gemein hatten. Sie hat die Religion schlicht als Geisel genommen. Der größte Fehler für Muslime wie auch für Westeuropäer ist es, ihr Spiel zu spielen und sie als legitime Repräsentanten des Islam, als politische oder soziale Vermittler zu behandeln. Wie alle Faschisten existiert auch die Muslimbruderschaft nur, um den Appetit und die Fantasien ihrer Führer zu stillen.«[33]

Eine der wichtigsten Voraussetzungen beim Kampf gegen den Vormarsch der Muslimbruderschaft in westlichen Demokratien ist es, ein öffentliches Bewusstsein für die heraufziehende Gefahr zu schaffen. Ohne dieses Bewusstsein ist jeglicher Abwehrversuch gegen die durch die Muslimbruderschaft vorangetriebene Islamisierung Europas zum Scheitern verurteilt. Wer die Augen öffnet, kommt auch nicht an den in den Achtzigerjahren verfassten Geheimpapieren und der in ihnen enthaltenen langfristigen Strategie zur Unterwanderung Europas vorbei. Wir dürfen deshalb nicht länger mit Verbeugungen und vorauseilendem Gehorsam auf unsere Feinde aus den Reihen der islamofaschistischen Muslimbruderschaft reagieren.

Für Islamisten sind Religions- und Meinungsfreiheit inzwischen zu einem Totschlagargument geworden. Der italienische Philosoph Paolo Flores d'Arcais führt in einem Beitrag für *Le Monde* aus, dass sich die Grenzen der Meinungsfreiheit nicht durch die religiösen Gefühle einer sich als verletzt bekennenden gesellschaftlichen Gruppe definieren lassen: »Wenn man es zum Prinzip macht, dass kein religiöser Glaube verletzt werden darf, dann werden die Schlüssel dieser Freiheit in die Hände des Gläubigen und seiner Empfindlichkeit gelegt. Mit der offensichtlichen und paradoxen Folge, dass die Grenzen der Meinungsfreiheit umso enger werden, je stärker sich diese Empfindlichkeit – die bis zum Fanatismus gehen kann – äußert. Und mit einer noch fataleren, da ansteckenden psychologischen Folge: Wenn die Empfindlichkeit gegenüber Beleidigungen zum Kriterium würde, um die Meinungsfreiheit zu begrenzen, dann wäre jedermann ermutigt, seine Allmachtsfantasien auszuleben und sein natürliches Unbehagen an Kritik zum Ressentiment, zur Wut und schließlich zum Fanatismus zu steigern.«[34]

Mit »Was nun, ferner Bärtiger« überschreibt Sonia Mikich ihren »Weckruf«, den sie im Februar 2006 in der *taz* veröffentlicht hat. Darin heißt es: »Dass Fundamentalisten aller Couleur frei von jeglicher Fähigkeit zur Selbstreflexion, Selbstkritik oder gar Selbstironie sind, wäre weiter nicht erwähnenswert, wenn sie ihre Herzensangelegenheiten nicht mir und meiner Welt aufdrücken würden. Sie setzen voraus, dass unsereins einen Kotau veranstaltet, weil einer von ihnen bekennt: ›Achtung! Religiöse Gefühle! Wir verlassen die Privatsphäre!‹ Gefühle werden zunehmend in der selbstreferentiellen Welt der Gottes-, Allah- oder Jahwekrieger zur Waffe und zur letzten Instanz geadelt.«[35]

Demokratie muss wehrhaft sein, wenn sie für die kommenden Generationen erhalten werden soll. Wir alle sind aufgerufen, die Werte, die uns wichtig sind, die Freiheit und unsere demokratische Kultur offensiv gegen ihre Feinde zu verteidigen.

Anmerkungen

Einleitung

1. www.oe24.at/zeitung/oesterreich/wien/article75934.ece
2. http://www.akademie-rs.de/fileadmin/user_upload/pdf_archive/20060208_1551_0_2006_02_Ss_88ff_Gespraechsleitfaden.pdf
3. http://www.cbsnews.com/stories/2006/08/14/opinion/main1893879.shtml
4. Zitiert nach FAZ.net, Gespräch mit Alice Schwarzer, veröffentlicht am 4. Juli 2006
   http://www.faz.net/s/RubCF3AEB154CE64960822FA5429A182360/Doc~EF681 6D734A5C42A8A352CBB10367B7FA~ATpl~Ecommon~Scontent.html

Teil I

1. *Die Welt*, 19. April 2006, »Europa wird islamisch«, ein Gespräch von Wolfgang G. Schwanitz mit Bernard Lewis
2. Ebd.
3. *Die Welt*, 28. Juli 2004, »Europa wird am Ende des Jahrhunderts islamisch sein«
4. http://www.weltbevoelkerung.de/presse/presseinformationen27.shtml?navanchor=1010032
5. http://www.hss.de/downloads/060522_Islam-Europa_Transkript.pdf
6. Zitiert nach Hanspeter Born, »Abendland unter«, in: *Weltwoche*, Nr. 6, Februar 2006
7. Universität Tübingen, *Islam in Deutschland 2030*, Tübingen 2006, Seite 9 ff.
8. *Brussels Journal*, Oktober 2006
9. *Die Zeit*, 24.11.2005
10. *Frankfurter Rundschau* vom 24.11.2006, Seite 2
11. Ebd.
12. http://www.rp-online.de/public/article/aktuelles/332601
13. http://www.nu.nl/news/847467/30/Vakbond_wil_paasdag_ruilen_voor_Suikerfeest.html
14. www.telegraph.co.uk/news/main.jhtml?xml=/news/2006/02/19/nsharia19.xml&sSheet=/portal/2006/02/19/ixportaltop.html
15. *Mirror*, 16. August 2006
16. Interview mit dem portugiesischen Magazin *Publica* vom 20. April 2004
17. www.thesun.co.uk/article/0,,2-2006250446,00.html
18. Ebd.
19. *Daily Mail*, 21. November 2006, http://www.dailymail.co.uk/pages/live/articles/news/news.html?in_article_id=417595&in_page_id=1770&ico=Homepage&icl=TabModule&icc=NEWS&ct=5
20. *Daily Mail*, 17. Oktober 2006, »School bans Christian chastity ring«;

www.dailymail.co.uk/pages/live/articles/news/news.html?in_article_id=410959&in_page_id=1770
21 http://news.bbc.co.uk/1/hi/england/manchester/6073162.stm
22 www.dailymail.co.uk/pages/live/articles/news/news.html?in_article_id=407795&in_page_id=1770&in_a_source=)
23 Ebd.
24 http://education.guardian.co.uk/higher/research/story/0,,1926567,00.html
25 www.economist.com/world/britain/displaystory.cfm?story_id=8057928
26 www.news.com.au/heraldsun/story/0,,20544559-661,00.html
27 http://www.timesonline.co.uk/article/0,,22989-2254764,00.html
28 www.icmresearch.co.uk/
29 *Zeit*-online vom 9. Oktober 2006, »Schmuseland ist abgebrannt«
30 www.brusselsjournal.com/node/1360
31 www.brusselsjournal.com/node/936
32 http://people-press.org/
33 http://pewglobal.org/reports/display.php?ReportID=253
34 *Telegraph*, 5. Oktober 2006;
www.telegraph.co.uk/news/main.jhtml?xml=/news/2006/10/05/wmuslims05.xml
35 *Le Figaro*, 19. September 2006, »Face aux intimidations islamistes, que doit faire le monde libre?« (Was soll die freie Welt angesichts der islamistischen Einschüchterungsversuche tun?)
36 www.aftenposten.no/english/local/article1514123.ece
37 Ausgabe 2/2002, Seite 14
38 www.tagesschau.de/aktuell/meldungen/0,1185,OID3706964_REF2,00.html
39 http://www.tagesschau.de/aktuell/meldungen/0,1185,OID3706964_REF2,00.html
40 http://islam.de/1231.php
41 http://www.islamonline.net/English/News/2006-03/23/article02.shtml
42 http://zionism-israel.com/israel_news/2006/11/anti-war-movements-strange-allies-hard.html
43 Az.: 2 AZR 472/01; bestätigt vom Bundesverfassungsgericht, 1 BvR 792/03
44 Urteil des Ersten Senats vom 21. Dezember 1977
45 BVerwGE vom 25. August 1993, Az: 6 C 8/91
46 http://www.jurblog.de/2006/11/06/muslimischer-schuelerin-wird-baden-in-halle-verboten/
47 BVerfG, 1 BvR 1783/99
48 Zitiert nach BverGE 104, 337, im Internet unter
http://www.oefre.unibe.ch/law/dfr/bv104337.html
49 *Frankfurter Allgemeine Zeitung*, 24. November 2006, Seite 4
50 *Spiegel*-online vom 14. September 2006; www.spiegel.de/politik/deutschland/0,1518,436828,00.html
51 www.spiegel.de/politik/deutschland/0,1518,436828,00.html
52 *Associated Press*, 22. Oktober 2002, Houellebecq darf Islam als »dümmste Religion« bezeichnen, siehe auch
www.faz.net/s/RubCC21B04EE95145B3AC877C874FB1B611/Doc~E66CF3347E14C4833A48010FF23A3C61B~ATpl~Ecommon~Scontent.html
53 Zitiert nach Dr. Rachel Ehrenfeld, »Europe's last chance«, 16. Februar 2006, in: http://www.frontpagemag.com/Articles/ReadArticle.asp?ID=21323
54 Ebd.

55 CRA Terrorism Center: www.cra-usa.net/2006DB/20060627.htm
56 Michael Taarnby Jensen, Jihad in Danmark – An Overview and Analysis of Jihadi Activity in Denmark 1990-2006, November 2006, Seite 71; DIIS Working Paper No 2006/35; im Internet unter http://cryptome.org/jihad-dk.pdf
57 *Spiegel*-Interview: http://service.spiegel.de/digas/servlet/find/ON=spiegel-400019
58 *Die Zeit*, 16. Februar 2006; siehe auch www.presseportal.de/story.htx?nr=786288
59 *Die Welt*, 19. April 2006, Bernard Lewis, »Europa wird islamisch«
60 www.spiegel.de/kultur/gesellschaft/0,1518,400647,00.html
61 www.spiegel.de/politik/ausland/0,1518,437201,00.html
62 www.faz.net/s/Rub28FC768942F34C5B8297CC6E16FFC8B4/Doc-E128628988B514DEC9EB56459FBE8A7BC-ATpl-Ecommon-Scontent.html
63 www.faz.net/s/Rub117C535CDF414415BB243B181B8B60AE/Doc-E00D27A72909F4973AFE2D8446F995F66-ATpl-Ecommon-Scontent.html
64 ORF, zitiert unter http://religion.orf.at/projekt03/news/0609/ne060915_islam.htm
65 http://www.welt.de/data/2006/09/15/1037631.html
66 *Süddeutsche Zeitung*, 15. September 2006, www.sueddeutsche.de/ausland/artikel/111/86025/
67 *Spiegel*-online vom 15. September 2006
68 *Die Welt*, 15. September 2006, www.welt.de/data/2006/09/15/1037717.html
69 Internetseite der Muslimbruderschaft: http://ikhwanweb.com/
70 Ebd.
71 *Spiegel*-online, 17. September 2006
72 Deutschlandradio, 28. September 2006, http://deutschlandradio.blogspot.com/search/label/Papst
73 Ebd.
74 Ebd.
75 http://f25.parsimony.net/cgi-bin/topic-flat.cgi?Nummer=63498&Phase=Phase1&ThreadNummer=45925
76 *Christian Solidarity International;* http://www.csi.or.at/?inh=1&sub=8
77 *Die Welt*, 25. September 2006, www.welt.de/data/2006/09/25/1050327.html
78 *Spiegel*-online vom 26. September 2006, www.spiegel.de/kultur/gesellschaft/0,1518,439212,00.html
79 SWR-Sendungsmanuskript, im Internet unter http://db.swr.de/upload/manuskriptdienst/wissen/wio420021369.rtf
80 www.bmi.bund.de/Internet/Content/Common/Anlagen/Broschueren/2003/Islamismus__Id__25235__de,templateId=raw,property=publicationFile.pdf/Islamismus_Id_25235_de.pdf
81 *Die Welt*, 29. September 2006, www.welt.de/data/2006/06/29/936919.html
82 *New York Times*, 16. Oktober 2005, www.nytimes.com/2005/10/16/opinion/16porter.html?ex=1287115200&en=864db4ca1f47440f&ei=5088&partner=rssnyt&emc=rss
83 Siehe dazu Eckhard Nickig, »Der Krieg in unseren Städten«, http://www.litart.ch/islamkritik.htm
84 MEMRI vom 24. August 2006, http://memri.org/bin/articles.cgi?Page=archives&Area=sd&ID=SP126206

Teil II

1. http://demo.ebiz-today.de/die_bedohung_europas/die_bedohung_europas,218, Die_Gewalt_der_Legenden,news.htm
2. Innenministerium NRW, www.im.nrw.de/sch/593.htm

Teil III

1. Wer sich näher für die Ursprünge und die historische Entwicklung der Muslimbruderschaft interessiert, dem sei das schon 1969 erschienene Standardwerk des amerikanischen Autors Richard P. Mitchell empfohlen:
   The Society of the Muslim Brothers, London 1969.
2. Siehe dazu
   http://ikhwanweb.com/Home.asp?zPage=Systems&System=PressR&Press=Show&Lang=E&ID=5189
3. Richard P. Mitchell, *The Society of the Muslim Brothers,* London 1969, Seite 1
4. www.fsmitha.com/h2/ch28arab.html
5. Richard P. Mitchell, *The Society of the Muslim Brothers,* London 1969, Seite 19 ff.
6. Sayyid Qutb, *Wegzeichen,* Ausgabe von 1964, Kapitel 4, Seite 59
7. Die meisten sagen 1961, der Verfassungsschutz sagt 1958. Bundesamt für Verfassungsschutz, März 2006, Broschüre, Islamismus, Entstehung und aktuelle Erscheiungsformen, Seite 14, http://www.verfassungsschutz.de/download/SHOW/broschuere_0306_islamismus.pdf
8. Ebd.
9. Verfassungsschutz NRW: http://www.im.nrw.de/sch/580.htm: »Zunächst als ›Moscheebau-Kommission e.V.‹ am 9. März 1960 gegründet, wurde die IGD am 3. Februar 1962 in ›Islamische Gemeinschaft in Süddeutschland e.V‹ und am 4. Dezember 1982 schließlich in ›Islamische Gemeinschaft in Deutschland e.V.‹ (IGD) umbenannt.«
10. Das gibt zumindest die IGD auf ihrer Homepage an, auch wenn die Organisation erst 1960 gegründet wurde: http://72.14.221.104/search?q=cache:_z9_ZQ-sInxAJ:www.i-g-d.com/alles/uber%2520unss2.htm+igd+homepage+said+ramadan&hl=de&gl=de&ct=clnk&cd=6
11. ARD, Sendung Weltspiegel vom 1. Dezember 2002, http://149.219.195.51/tv/weltspiegel/20021201_belgien.html
12. www.arabeuropean.org/newsdetail.php?ID=98
13. *Saar-Echo,* 18. Juli 2005, im Internet unter www.saar-echo.de/de/art.php?a=24804
14. http://groups.yahoo.com/group/islaminst/message/3643?source=1; http://www.eussner.net/artikel_2005-11-15_23-54-57.html
15. http://eussner.net/artikel_2005-11-19_05-29-16.html

16 http://www.eussner.net/artikel_2004-12-13_19-50-56.html
17 www.livenet.ch/www/index.php/D/article/191/16269/
18 www.onlinereports.ch/2002/GenfRamadan.htm
19 www.frontpagemag.com/

Teil IV

1. Nahdhat Misr, 21. Januar 2004, im Internet unter www.memri.org/bin/articles.cgi?Area=jihad&ID=SP65504#_edn11
2. *Al-Watan*, 25. Januar 2004, www.memri.org/bin/articles.cgi?Area=jihad&ID=SP65504#_edn3
3. www.ikhwanonline.com/Procedure.asp
4. www.islamonline.net/servlet/Satellite?cid=1123996016204&pagename=IslamOnline-English-AAbout_Islam/AskAboutIslamE/AskAboutIslamE
5. M. Ali Kettani, *Muslim Communities in Non-Muslim States*, Kapitel 4: »The Problems of Muslim Minorities and their Solutions«, London: Islamic Council of Europe, 1980, Seite 96 ff.
6. Stanford University, http://cgi.stanford.edu/group/wais/cgi-bin/index.php?p=3674
7. www.sicherheit-heute.de/gesellschaft/gesellschaft,195,Der_Vormarsch_der_Muslimbruderschaft,news.htm
8. *Die Welt*, 21. Dezember 2005, »Islamischer Funktionär darf Muslimbruder genannt werden«
9. http://www.e-cfr.org/eng/article.php?sid=39
10. www.e-cfr.org/
11. www.verfassungsschutz-bw.de/kgi/files/kgi_islam_brd_2006-09_1.htm
12. Ebd.
13. www.qaradawi.net/site/topics/article.asp?cu_no=2&item_no=1461&version=1&template_id=130&parent_id=17
14. www.honestthinking.org/de/pub/VL.2005.01.17.JTA.DE.Terrortheologie.html
15. Eschienen im Verlag Dar Al Taqwa Ltd., September 1999
16. Siehe dazu www.honestthinking.org/de/pub/HT.2005.01.JTA.DE.Faktenbox.html
17. Artikel von Hildegard Becker vom 9. Oktober 2004 über Yusuf al-Qaradawi, »Gefährlicher Aktivist mit religiösem Anspruch«, im Internet unter www.sicherheit-heute.de/gesellschaft/personen,118,Gefaehrlicher_Aktivist_mit_religioesem_Anspruch,news.htm sowie der Artikel über al-Qaradawi bei Wikipedia unter http://de.wikipedia.org/wiki/Yusuf_al-Qaradawi
18. Zitiert nach Johannes Grundmann, *Islamische Internationalisten*, Wiesbaden 2005, S. 78 f.
19. Ebd.
20. Ebd.
21. Dabei handelt es sich um ein antisemitisches Pamphlet, das eine angebliche »jüdische Weltverschwörung« behauptet.

22 Der Islamrat für die Bundesrepublik Deutschland wurde im Jahre 1986 in Berlin gegründet und ist Rechtsnachfolger des am 31. Oktober 1932 in Berlin gegründeten Vereins Islamischer Weltkongress, Zweigstelle Berlin e.V. Das baden-württembergische Landesamt für Verfassungsschutz berichtet im Internet über die enge Zusammenarbeit zwischen der vom Verfassungsschutz beobachteten Gruppe Milli Görüs (IGMG) und dem Islamrat: »Bei der Verwirklichung ihrer Ziele nutzt die IGMG gezielt andere, unbelastete Organisationen, um über sie Einfluss auszuüben. Bewusst werden vorhandene Verbindungen verheimlicht, um zu vertuschen, dass hinter einer scheinbar renommierten Einrichtung eigentlich die IGMG steht. So unterliegt beispielsweise der Islamrat für die Bundesrepublik Deutschland (altpreußischer Tradition) e.V. ebenso dem Einfluss der IGMG wie das mit dem Islamrat eng zusammenarbeitende Zentralinstitut Islamarchiv Deutschland im nordrhein-westfälischen Soest.« (www.verfassungsschutz-bw.de/kgi/islam_orgs_igmg.htm)

23 Seite 73, im Internet unter http://www.berlin.de/imperia/md/content/seninn/verfassungsschutz/stand2005/im_fokus_islamismus.pdf

24 Ebd.

25 Die Murabitun sind eine in den Siebzigerjahren gegründete Sufi-Sekte; Sufismus = eine asketisch-mystische Richtung im Islam.

26 Zitiert nach Johannes Kandel, *Organisierter Islam in Deutschland*, Friedrich-Ebert-Stiftung, September 2004, Seite 12, im Internet unter www.fes-online-akademie.de/send_file.php/download/pdf/Kandel_Organisierter_Islam.PDF

27 www.im.nrw.de/sch/580.htm

28 www.verfassungsschutz.niedersachsen.de/master/C806292_N808071_L20_Do_I541.html

29 www.innenministerium.bayern.de/imperia/md/content/stmi/sicherheit/verfassungsschutz/broschueren/heft07_islam_extr.pdf

30 www.verfassungsschutz.thueringen.de/vsberichte/2005/auslaenderextremismus.htm

31 www.verfassungsschutz-bw.de/kgi/islam_dtl_org_islam.htm#oben2

32 Im Internet unter www.im.nrw.de/sch/doks/vs/Muslimbruderschaft.pdf

33 Im Internet unter http://www.bmi.bund.de/nn_122688/Internet/Content/Nachrichten/Pressemitteilungen/2006/Einzelseiten/Verfassungsschutzbericht2005__Kurzzusammenfassung.html#doc925140bodyText4

34 *The Scotsman* vom 11. August 2005, http://news.scotsman.com/index.cfm?id=1760442005

35 www.timesonline.co.uk/article/0,,2087-2350563,00.html

36 *New Statesman*, 18. April 2005, http://www.newstatesman.com/200504180017

37 www.zeit.de/online/2006/41/Islam-Grossbritannien; *Zeit*-online vom 9. Oktober 2006, Jürgen Krönig, »Schmuseland ist abgebrannt«

38 Ebd.

39 www.muslimparliament.org.uk/MuslimManifesto.pdf; siehe dazu auch www.islamicthought.org/ks-bio-p4.html

40 www.telegraph.co.uk/core/Content/displayPrintable.jhtml;jsessionid=ZZGWRNCJYFSFXQFIQMFCFF4AVCBQYIV0?xml=/news/2006/11/29/nsharia29.xml&site=5&page=0

41 Patrick Sookhdeo, *Islam in Britain*, Isaac Publishing, August 2005

42 www.verfassungsschutz-bw.de/kgi/files/kgi_islam_brd_2006-09_1.htm

43 US Office of Foreign Assets Control http://www.ustreas.gov/offices/enforcement/ofac/sdn/t11sdn.pdf und *Washington Post* vom 11. September 2004, http://www.washingtonpost.com/ac2/wp-dyn/A12823-2004Sep10?language=printer
44 http://littlegreenfootballs.com/weblog/?entry=10101&only; www.jihadwatch.org/archives/003993.php; www.cbn.com/CBNNews/News/041116a.aspx
45 http://www.washingtonpost.com/ac2/wp-dyn/A12823-2004Sep10?language=printer
46 www.chicagotribune.com/news/specials/chi-0409190261sep19,1,3910166.story?coll=chi-newsspecials-hed&ctrack=1&cset=true
47 Ebd.
48 www.chicagotribune.com/news/specials/chi-0409190261sep19,1,3910166.story?page=6&ctrack=1&cset=true&coll=chi-newsspecials-hed
49 www.masnet.org/
50 http://www.danielpipes.org/394.pdf
51 *World Net Daily* vom 11. Dezember 2006, http://www.wnd.com/news/article.asp?ARTICLE_ID=53303
52 www.verfassungsschutz-hessen.de/seiten/dokumente/islam.html
53 Landesamt für Verfassungsschutz Baden-Württemberg, März 2006, im Internet unter www.verfassungsschutz-bw.de/kgi/files/kgi_allg_2006-03.htm
54 Bayerisches Staatsministerium des Innern, Verfassungsschutzbericht 2005, Seite 50, im Internet unter www.stmi.bayern.de/imperia/md/content/stmi/sicherheit/verfassungsschutz/verfassungsschutzberichte/verfsch_2005.pdf
55 www.netzeitung.de/deutschland/303746.html
56 *Netzeitung* vom 6. September 2004, http://www.netzeitung.de/deutschland/303746.html
57 Zitiert nach Verfassungsschutzinformationen Bayern, Bayerisches Staatsministerium des Innern, 1. Halbjahr 2005
58 So der *Tagesspiegel*, vom 3. September 2006, im Bericht »In Allahs Grauzone«, http://www.tagesspiegel.de/dritte-seite/archiv/03.09.2006/2750690.asp
59 Hierbei handelt es sich um eine andere Transkription von *ikhwan muslimoun* – also »Muslimbruder« oder »Bruder der Muslime«
60 Die Moro Islamische Befreiungsfront (MIFL) ist eine extrem gewaltbereite islamistische »Befreiungsbewegung« im Süden der Philippinen. Die Gruppe will rund ein Drittel der Philippinen zu einer islamischen Religionsdiktatur (Kalifat) machen, und zwar die Gebiete Mindanao, Sulu-Archipel, Palawan, Basilan und die Nachbarinseln. Die Gruppe hat der Regierung in Manila den »Dschihad« erklärt und verübt regelmäßig schwere Terroranschläge.
61 www.timesonline.co.uk/article/0,,2-2316667.html

Teil V

1. www.islamische-zeitung.de/?id=5102
2. www.ikc-berlin.de/deutsch/html/wakffenster.html
3. www.eussner.net/artikel_2006-05-23_17-55-47.html
4. www.zentralrat.de/1641_print.php
5. http://zentralrat.de/1641.php#finanz/konto01.html
6. www.enfal.de/isla-wio.htm
7. http://landesregierung.schleswig-holstein.de/coremedia/generator/Aktueller_20Bestand/IM/Information/Verfassungsschutz/Islam_20und_20Islamismus.html
8. Johannes Grundmann, *Islamische Internationalisten*, Wiesbaden 2005, Seite 69
9. http://emagazine.credit-suisse.com/app/article/index.cfm?fuseaction=OpenArticle&aoid=159246&coid=128&lang=DE
10. Yusuf al-Qaradawi, *Erlaubtes und Verbotenes im Islam*, deutsche Übersetzung 1989
11. http://members.aon.at/islamisches-zentrum-graz/manar3.doc
12. www.enfal.de/grund56.htm
13. www.islamische-zeitung.de/?id=7660
14. Vgl. dazu: http://www.enfal.de/n21.htm
15. www.abubakrrieger.de/page.cgi?key=6
16. www.das-parlament.de/2006/36/Thema/034.html
17. Ebd.
18. Ebd.
19. Ebd.
20. Gespräch mit dem Autor
21. *Park Avenue*, Februar 2006, Udo Ulfkotte, »Telefonieren für den Terror«
22. www.cfca.org/pressrelease/FraudLoss%20%20press%20release%203-03.doc und www.thedigest.com/more/150/150-033.html
23. www.phoneplusmag.com/articles/471soap.html
24. www.phoneplusmag.com/articles/471soap.html und www.intelligence.org.il/eng/bu/hizbullah/pb/app14.htm
25. www.tkb.org/MorePatterns.jsp?countryCd=PA&year=2004
26. http://errwpc.umdl.umich.edu/public/a/s/j/asj4751.2004.034.txt
27. Schaubilder, die das Beziehungsgeflecht zwischen mutmaßlichen Straftätern aufzeigen

Teil VI

1. Tilman Nagel, »Kämpfen bis zum endgültigen Triumph. Über Gewalt im Islam«, *Neue Zürcher Zeitung*, 25. November 2006
2. Stefan Wild, »Drei Tage in Medina. Als Ungläubiger unter Korangelehrten«, *Frankfurter Allgemeine Zeitung*, 30. November 2006, Seite 33

3 Muhammad Mustafa al-Azami, *The History of the Qur'anic Text*, UK Islamic Academy, 2003
4 www.duesseldorf-blog.de/2006/10/31/ayaan-hirsi-ali-die-linke-hat-die-idee-des-individuums-verraten-das-ist-traurig/
5 *Frankfurter Allgemeine Zeitung*, 24.11.2006
6 *The Australian*, 26. Oktober 2006, im Internet unter www.theaustralian.news.com.au/story/0,20867,20646437-601,00.html
7 www.theage.com.au/articles/2006/10/27/1161749315238.html?from=top5
8 www.news.com.au/story/0,23599,20661909-2,00.html
9 Ulrike Ackermann, »Auf was es uns wirklich ankommt«, *Die Welt*, 25. November 2006
10 Olivier Guitta, »The Veil Controversy. Islamism and liberalism face off«, *Weekly Standard*, 4. Dezember 2006
11 Ebd.
12 *Der Spiegel*, Heft 51/2001, 17. Dezember 2001, im Internet unter www.moschee-schluechtern.de/christen/dialog_spiegel0151.htm
13 *Spiegel*-online, 26. September 2006, im Internet unter www.spiegel.de/politik/deutschland/0,1518,439308,00.html
14 Ebd.
15 www.berlinonline.de/berliner-zeitung/archiv/.bin/dump.fcgi/2004/1203/politik/0019/index.html
16 www.taz.de/pt/2006/06/01/a0068.1/text
17 www.gruene-bundestag.de/cms/zuwanderung/dok/144/144811.htm
18 www.memri.org/bin/articles.cgi?Area=sd&ID=SP44602
19 Ulrike Ackermann, »Auf was es uns wirklich ankommt«, *Die Welt*, 25. November 2006
20 www.im.nrw.de/sch/doks/vs/Muslimbruderschaft.pdf
21 www.verfassungsschutz-bw.de/kgi/islam_orgs_start.htm
22 www.im.nrw.de/sch/doks/vs/neuauflage_islamismus.pdf
23 www.verfassungsschutz-bw.de/kgi/files/kgi_arab_2005-12.htm
24 www.sicherheit-heute.de/gesellschaft,195,Der_Vormarsch_der_Muslimbruderschaft.htm
25 Britische Geheimdienstdokumente, zitiert in Roland Jacquard, *In the Name of Osama Bin Laden*, Durham: Duke University Press, 2002, Seiten 263–267
26 Lorenzo Vidino, »The Truth about the Muslim Brotherhood«, im Internet unter www.aina.org/news/20060616105850.htm
27 www.nadeshda.org/foren/cl.soziales.bildung/p55s72a20.html
28 http://dmk-karlsruhe.de/dmk/index.php?option=com_content&task=view&id=29&Itemid=2
29 www.im.nrw.de/sch/579.htm
30 http://myblog.de/politicallyincorrect/cat/23271/0/Terrorismus
31 Ebd.
32 www.bz-berlin.de/aktuell/news/061019/broder.html
33 www.freemuslims.org/document.php?id=83
34 Zitiert nach www.perlentaucher.de/artikel/2886.html
35 Ein Weckruf von Sonia Mikich, »Was nun, ferner Bärtiger?«, *taz*, 6. Februar 2006

Literatur

Allen, Charles: *God's Terrorists – The Wahhabi Cult and the Hidden Roots of Modern Jihad*, London 2006

Armstrong, Karen: *Kleine Geschichte des Islam*, Berlin 2001

Bawer, Bruce: *While Europe slept – How radical Islam is destroying the West from within*, London 2006

Berman, Paul: *Terror und Liberalismus*, Hamburg 2004

Broder, Henryk M.: *Hurra, wir kapitulieren! Von der Lust am Einknicken*, Berlin 2006

Creveld, Martin van: *Die Zukunft des Krieges*, München 1991

Djavann, Chahdortt: *Was denkt Allah über Europa? Gegen die islamistische Bedrohung*, Ullstein Verlag 2005

Elger, Ralf (Hrsg.): *Kleines Islam-Lexikon*, München 2001

Elsässer, Jürgen: *Wie der Dschihad nach Europa kam*, Wien 2005

Emerson, Steven: *American Jihad – The Terrorists living among us*, New York 2002

Fallaci, Oriana: *Die Wut und der Stolz*, Mailand 2002

Gellner, Ernest: *Leben im Islam*, Stuttgart 1985

Gibbon, Edward: *Der Sieg des Islam*, Frankfurt 2003

Grundmann, Johannes: *Islamische Internationalisten, Strukturen und Aktivitäten der Muslimbruderschaft und der Islamischen Weltliga*, Wiesbaden 2005

Haarmann, Maria: *Der Islam – Ein Lesebuch*, München 2002

Hartinger, Werner: *Das betäubungslose Schächten der Tiere im 20. Jahrhundert*, München 1996

Hunke, Sigrid: *Allahs Sonne über dem Abendland*, Stuttgart 1987

Jacquard, Roland: *In the Name of Osama Bin Laden*, Durham, Duke University Press 2002

Mertensacker, Adelgunde: *Muslime erobern Deutschland*, Lippstadt o. J.

Karsh, Efraim: *Islamic Imperialism*, London 2006

Kepel, Gilles: *Die neuen Kreuzzüge*, München 2005

Küntzel, Matthias: *Djihad und Judenhaß*, Freiburg 2003

Lachmann, Günther: *Tödliche Toleranz – Die Muslime und unsere offene Gesellschaft*, München 2004

Lemmen, Thomas: *Basiswissen Islam*, Gütersloh 2000
Lewis, Bernard: *Die Wut der arabischen Welt*, Frankfurt 2004
Lewis, Bernard: *Die Welt der Ungläubigen*, Frankfurt 1983
Lewis, Bernard: *Die Juden in der islamischen Welt*, München 1987
Luft, Stefan: *Abschied von Multikulti. Wege aus der Integrationskrise*, Resch, Gräfelfing 2006
Luft, Stefan: *Ausländerpolitik in Deutschland – Mechanismen, Manipulation, Missbrauch*, Resch, Gräfelfing 2003
Lutherisches Kirchenamt (Hrsg.): *Was jeder vom Islam wissen muss*, Gütersloh 2001
Metzger, Albrecht: *Islamismus*, Hamburg 2005
Mitchell, Richard P.: *The Society of the Muslim Brothers*, New York 1993
Musallam, Adnan A.: *From Secularism to Jihad – Sayyid Qutb and the Foundation of Radical Islamism*, London 2005
Napoleoni, Loretta, *Die Ökonomie des Terrors*, München 2004
Phillips, Melanie: *Londonistan – How Britain is creating a Terror State within*, London 2006
Raddatz, Hans-Peter: *Von Gott zu Allah?*, München 2001
Raddatz, Hans-Peter: *Von Allah zum Terror?*, München 2002
Riesebrodt, Martin: *Die Rückkehr der Religionen*, München 2000
Scheuer, Michael: *Imperial Hybris*, Washington 2005
Schirrmacher, Christine: *Frauen und die Scharia*, München 2004
Schleichert, Hubert: *Wie man mit Fundamentalisten diskutiert, ohne den Verstand zu verlieren*, München 2004
Schreiber, Hermann: *Halbmond über Granada*, München 1995
Schröter, Hiltrud: *Ahmadiyya-Bewegung des Islam*, Frankfurt 2002
Schwarzer, Alice (Hrsg.): *Die Gotteskrieger und die falsche Toleranz*, Köln 2002
Sen, Faruk: *Islam in Deutschland*, München 2002
Spuler-Stegemann, Ursula: *Feindbild Christentum im Islam*, Freiburg 2004
Spuler-Stegemann, Ursula: *Muslime in Deutschland*, Freiburg 2002
Steinmayer, Vanessa: *Islamische Ökonomie in Südafrika*, Dissertation 2004
Steyn, Mark, *America Alone: The End of the World as We Know It*, Washington 2006

Stolz, Rolf: *Kommt der Islam? Die Fundamentalisten vor den Toren Europas*, München 2001
Tartsch, Thomas: *Islamischer Fundamentalismus und Jihadismus – Bedrohung der inneren Sicherheit?*, Bochum 2005
Tibi, Bassam: *Der neue Totalitarismus*, Darmstadt 2004
Tibi, Bassam: *Die fundamentalistische Herausforderung*, München 2003
Tibi, Bassam: *Im Schatten Allahs*, München 2003
Tibi, Bassam: *The Challenge of Fundamentalism. Political Islam and the New World Disonter*, University of California Press, Berkeley 2002
Trimondi, Victor und Victoria: *Krieg der Religionen*, München 2006
Yeor, Bat: *Eurabia – The Euro-Arab Axis*, Cranbury 2005
Yeor, Bat: *Der Niedergang des orientalischen Christentums unter dem Islam*, Gräfelfing 2003

Internet-Links

Aktuelle Informationen über die in diesem Buch behandelten Themen erhalten Sie auf den fast täglich aktualisierten Webseiten und Blogs:

http://www.akte-islam.de
http://politicallyincorrect.de
http://islamineurope.blogspot.com
http://antidhimmi321.blogspot.com
http://www.eussner.net
http://counterterrorismblog.org
http://jcb.blogs.com
http://wakeupnews.de
http://europenews.blogg.de/index.php?cat=Islamismus+in+Deutschland
http://www.3sign.de/home/spengler
http://matthiaskuentzel.de
http://www.achgut.de

Dank

Der Autor dankt den Islamwissenschaftlern Ursula Spuler-Stegemann, Hans-Peter Raddatz und dem Islamologen Bassam Tibi für die vielen anregenden Gespräche in der Vergangenheit sowie Henryk M. Broder für seine Hilfe. Peter Scholl-Latour gilt mein Dank dafür, dass er mir schon vor vielen Jahren im Nahen Osten die Augen für die sich abzeichnenden Schlachtfelder der Zukunft öffnete.

Mein Dank gilt ferner Wolfgang Baake und Andreas Dippel vom christlichen Medienmagazin *Pro*, Birgit Kelle von *Vers1*, Robert Burdy vom *MDR*, dem früheren Richter am Bundesgerichtshof Hanns Engelhardt, dem Finnen Tomas Sandell von der »European Coalition for Israel« im EU-Parlament sowie den Autoren Ulrich Sahm und Thomas Tartsch.

Beate Klein und Stefan Herre von »Politically Incorrect« bin ich dankbar für ihre Unterstützung und für die Hinweise, die ich über ihre Internetseiten bekommen habe (http://politicallyincorrect.de).

Ich danke dem Eichborn Verlag, der mich stets in dem Ansinnen unterstützt hat, dieses Buch zu veröffentlichen.

Ein besonderer Dank aber gilt meiner Frau. Sie hat mir über Monate hin den Rücken freigehalten und mich stets dazu ermuntert, weiterzumachen. Ohne sie wäre dieses Buch nie entstanden.

Sie finden die Internetseiten des Autors über www.ulfkotte.de oder über www.akte-islam.de

Personen, Organisationen, Abkürzungen

A-Saarir, Fahmi   83
Abdel-Rahman, Omar   192
Abdullah, Salim   26
Abu Laban, Ahmed   73 ff.
Abu Dahdah (Edin Barakat Yarkas)   139
Abu Sayyaf   206 f.
Ackermann, Ulrike   268
Adenauer, Konrad   256
AEL (Arabisch-Europäische Liga)   134
Ahmady, Omar M.   184
AIVD (Algemeene Inlichtigen- en Veiligheitsdienst, niederl. Geheimdienst)   34
Akef, Mohammed Mahdi   85, 149-154, 160, 195, 274
Akgün, Lale   75
Akhwan-ul-muslimeen   207
AKP (Partei für Gerechtigkeit und Entwicklung, türk. Partei)   83, 190
Al-Aksa-Stiftung   191
Al-Assad, Baschar   137
Al-Assad, Hafiz   137
Al-Azami, Muhammad Mustafa   259
Al-Aziz, Nayif ibn Abd   267
Al-Banna, Hassan   12, 74, 120-127, 129 ff., 140 f., 149, 181, 183, 275
Al-Banna al-Saati, Ahmed Abd al-Rahman   120
Al-Barazi, Mouhammed Fouad   74
Al-Biruni, Abu Raihan Muhammad   109
Al-Chatiq, Ibn   110
Al-Dhubian, Mohammad   237
Al-Din al-Nabhani, Taqi   203
Al-Haramein-Stiftung   177
Al-Helbawy, Kemal   169 f.
Al-Hilali, Scheich Taj al-Din   260 f.
Al-Hodeibi, Maamon   149
Al-Husseini, Mohammed Admin   123 ff.
Al-Maktoum-Stiftung   158
Al-Masari, Mohammed   169
Al-Murabit, Abdalqadir   232
Al-Nuqrashi, Mahmud Fahmi   126
Al-Qaradawi, Scheich Yusuf   73, 88, 141, 158-162, 170, 180, 182 f., 222 ff., 268
Al-Rashid, Abdel Rahman   97
Al-Rawi, Wahab   198
Al-Rawy, Ahmed   157
Al-Rifai, Tariq   224
Al-Sadat, Anwar   192, 261
Al-Shehi, Marwan   136
Al-Swaidi, Ali   237
Al-Takfir wal Hijra   197
Al-Tashkiri, Mohammed Ali   165
Al-Tauhid   201
Al-Turabi, Hassan   205
Al-Turki, Abdullah bin Abdul-Mohsin   177
Al-Wahhab, Muhammad ibn Abd   112
Al-Waqf al-Islami   215 f.
Al-Zarqawi, Abu Musab   205, 238 f.
Al-Zawahiri, Ajman   155, 192, 194, 204 f.
Al Abdullah, Abdul Razzaq   229
Al Aksa e. V.   188, 234
Al Mouhadjidoun   196
Al Qaida   13, 19, 24, 28, 87, 99, 129, 136-139, 150, 183, 186, 191-194, 204 ff., 209 ff., 222, 239, 241, 247 ff., 252, 274
Al Tabibi, Azzam   160
Aldebe, Mahmoud   30
Aldeeb, Sami   63
Ali, Azad   95
Ali, Mockbul   49
Ali, Syed Mumtaz   57
Alwaleed, bin Talal bin Abdulaziz al-Saud   227
Amayra, Issam   72

Ansar al-Islam   29, 197
Ansar al-Sunna   87
AP (Associated Press)   73
Arab Medical Union   151
Arafat, Yassir   123, 187
Arbi, Abdelkader   54 f.
Aristegui, Gustavo   66 f.
Ashcroft, John   31
Atta, Mohammed   22, 34, 122, 127, 136 f.
ATTAC   142
Attwi, Mohammed Hassan   248
Avenarius, Thomas   84
Aziz Pasha, Syed   36 f.
Azzam, Abdullah   129
Azzam, Salem   155
Azzaoui, Mounir   266

Badawi, Abdullah Ahmad   85
Baer, Robert   267
Bahaji, Said   136
Bakri, Omar   38, 48
Balkenende, Jan Peter   142
Barakat, Assad Ahmad   248
Bardakoglu, Ali   81, 85
Bari, Mohammed Abdul   171
Barroso, José Manuel   275
Beck, Volker   85, 139, 265
Becker, Hildegard   273
Bellmer, Hans   92
Ben Mansour, Abdallah   175
Benard, Cheryl   262
Benedikt XVI.   78-86, 88 f.
Bin al-Shibh, Ramzi   136
Bin Laden, Usama   98, 127, 129, 137 f., 155, 163, 171, 192, 197 f., 201, 204-207, 226, 236, 249
Bitschnau, Manuel   42
Blair, Tony   47 f., 142, 204
Bosbach, Wolfgang   272
Boubakeur, Dalil   83
Boumedienne, Houari   20
Boutih, Malek   143
Bouyeri, Mohammed   34
Broder, Henryk M.   91, 277

Brown, Gordon   233
Bündnis 90/Die Grünen   261, 265 f.
Buramia, Daifallah   86
Bush, George W.   88, 111, 114, 233, 235

CAIR (Council on American-Islamic Relations)   98, 184 f.
Carrell, Rudi   70
CBM (Council of British Muslims)   172
CDA (Christlich Demokratischer Appell, niederl. Partei)   33
CDU (Christlich Demokratische Union)   26, 272
CFCA (Communications Fraud Control Association)   247
CFCM (Conseil Français du Culte Musulman, franz. Islamrat)   83, 176
Chamenei, Ali   64
Chatami, Ahmed   83
Chomeini, Ajatollah   70 f., 87, 130, 172, 175
Chouet, Alain   277
CIA (Central Intelligence Agency)   24, 137, 267
Clarke, Charles   171
CNRS (Centre National de la Recherche Scientifique)   211
CNV (Christelijk Nationaal Vakverbond, niederl. Gewerkschaft)   33
Comité de Bienfaisance et de Secours aux Palestiniens (Komitee für Wohltätigkeit und Hilfe für Palästinenser)   177
Conflicts Forum   183 f.
COOR (belg. Zentrum gegen Rassismus)   51
CPT (Confederation of Passenger Transport, brit. Gewerkschaft)   47
Crooke, Alstair   183
Cuesta, Felix   248
Cullen, Martin   45
Cultural Society   180

d'Arcais, Paolo Flores 278
Dante Alighieri 76
Darkanzali, Mamoun 138 f.
Deghayes, Abubaker 47
Delanoë, Bertrand 69
Deligöz, Ekin 67
Delorme, Christian 143
Demarq, Gérard 53
Derkaouis, Alballah 69
DGSE (Direction Générale de la Sécurité Extérieure, franz. Auslandsgeheimdienst) 277
DGSS (tunes. Geheimdienst) 197
Dhina, Mourad 193
Diamond, Paul 41
DIIS (Danish Institute for International Studies) 74
Donner, Piet Hein 32 f.
dpa (Deutsche Presseagentur) 68
Dschaisch al-Mudschahidin 87
Dschihada Salafiyya Islam 88
DSW (Deutsche Stiftung Weltbevölkerung) 20

ECFR (European Council for Fatwa and Research, Europäischer Fatwa-Rat) 158 f., 161 f., 170, 177
Egyptian Medical Syndicate 151
El-Banna, Jamil 198
El-Erian, Essam 150 f.
El-Hage, Wadih 138
El-Helbawy, Kemal 169
El-Kadi, Ahmed 181
El-Motassadeq, Mounir 136
El-Nasser, Gamal Abd 126
El-Samalouti, Peter 236
El-Zayat, Ibrahim 157, 167 f., 272
El-Zayat, Shaker 181
Elashi, Ghassan 185
Elgaziari, Zainab 38
Elger, Ralf 214
Elyas, Nadeem 165 f., 168
EMF (Étudiants Musulmans des France) 175

En Nahda (Islamische Wiedergeburt Tunesiens) 169, 194 ff., 199, 201, 222
Engbers, Bar 32
EPD (Evangelischer Pressedienst) 98
Erbakan, Mehmet Sabri 168
Erdogan, Recep Tayyip 81, 83, 92 ff., 190, 230
Erweida, Nadia 41
Eussner, Gudrun 142, 215

Facius, Gernot 166
Fallaci, Oriana 4, 71
Faruk I. 123
Fatah 83, 187
Fazazin, Mohammed 22
Fedayeen-e Islam 130, 175
FIOE (Federation of Organization in Europe, Föderation der islamischen Organisationen in Europa) 56, 157 ff., 272
FIS (Front Islamique du Salut/Islamische Heilsfront) 193
FNV (Federatie Nederlandse Vakbeweging, niederl. Gewerkschaft) 33
Fostock, Omar (Omar Bakri Mohammed) 169
Fourest, Caroline 143
Frank, Anne 134
Friedrich-Ebert-Stiftung 164

Gamaat al-Islamiya 74, 192 f., 276
Gannouchi, Rashid 169
Gardiner, Lisa 184
Genequand, Charles 142
Gensicke, Klaus 125
Ghaith Solh, Mohammad 237
Ghannouchi, Rachid 195
GIA (Groupe Islamique Armé) 193 f., 197, 222
Giuliani, Rudolph 228
Goebbels, Joseph 92
Goethe, Johann Wolfgang von 232
Gogh, Theo van 31, 34 f., 65 f., 77

Grimm, Fatima 165
Groupe Salafiste Tunisi 196
GSPC (Groupe Salafiste pour la Prédication et le Combat/Salafistengruppe für Predigt und Kampf) 176, 194
Guitta, Olivier 73, 262

Habib, Mohammed 86 f.
Haddaoui, Ghofrane 53
Hamas 13, 130, 134, 152 f., 177, 184, 186-190, 195, 206 f., 214, 222, 237, 239, 241, 248, 252
Hamid, Tawfik 276
Hamida, Ragib Hilal 205
Hamza, Abu 49
Hanif, Mohammed 86
Hanija, Ismail 84
Hans-Seidel-Stiftung 21
Hansen, Bjarne Håkon 29
Harms, Kirsten 90 f.
Hartinger, Werner 62
Haykel, Bernard 142
Heinsohn, Gunnar 22
Hekmatyar, Gulbuddin 206
Henzler, Dorothea 275
Hilfsorganisation Kind Hearts 237
Himmler, Heinrich 124
Hirsi Ali, Ayaan 12, 66, 259, 264
Hitler, Adolf 18, 83, 92, 123, 125, 134
Hizb ut-Tahrir 72, 169, 171, 203 f.
Hizbullah 130, 134, 150, 184, 191, 239, 241, 248
Hizbullah Mudschahedin 183
Holy Land Foundation for Relief and Development (Stiftung für Hilfe und Entwicklung im Heiligen Land) 180
Houellebecq, Michel 71
Human Relief Agency 151
Human Rights Commission 60

IBP (Islamischer Bund Palästina) 190
IESH (Institut Européen des Sciences Humaines) 158

IGD (Islamische Gemeinschaft in Deutschland) 58, 132, 149, 157, 166 ff., 195, 272 f.
IGMG/EMUG (Islamische Gemeinschaft Milli Görüs/Europäische Moscheebau- und Unterstützungsgemeinschaft) 166
IIRO (International Islamic Relief Organisation) 163, 191
Ilyas, Maulana Muhammad 208
Institut des Études Islamiques de Paris 158
IOK (Internationales Olympisches Komitee) 60
ISESCO (International Islamic Educational Scientific ad Cultural Organisation) 165
ISI (Inter Service Intelligence, pakistan. Geheimdienst) 209
Iskandos, Paulos 89 f.
Islamic American University 182
Islamic Council of Europe 155 f.
Islamic Human Rights Commission 40
Islamische Arbeitspartei (Ägypten) 83
Islamische Gemeinschaft in Süddeutschland e. V. 132
Islamische Heilsfront 194
Islamische Weltliga (Rabita al-Alam al-Islami) 131, 162-166, 177
Islamischer Dschihad 75
Islamisches Institut für zivile Gerichtsbarkeit (Kanada) 57
Islamisches Zentrum Aachen 153, 222
Islamisches Zentrum Graz 232
ISNA (Islamic Society of North America) 180
IZM (Islamisches Zentrum München) 149, 152 f., 167, 195, 218, 222

Jacob, Karen 45
Jacob, Steffen 252 f.
Jah Jah, Abu 134

Jamaat-e Islami 130, 183
Janjalani, Abdurajak 207
JMF (Jeunes Musulmans des France) 175
Johannes Paul II. 84
Johnson, Ian 157

Kalif Omar 214
Kalscheur, Ralf 25
Kandel, Johannes 164 f.
Kaplan, Metin (Kalif von Köln) 114, 201
Karsai, Hamid 207
Kaschmir-Terrorgruppe 274
Kaya, Yücel 78
Kebir, Rabah 193
Kemal, Mustafa (Atatürk) 115, 121
Kettani, M. Ali 155 f.
Khader, Naser 74
Khalifa, Mohammed Jamal 207
Khamene'i, Ayatullah-ul-Udhma Seyyid Ali 64
Khan, Israr 44
Khan, Zakariyya 45
Khoury, Theodore 79 f.
Kizilkaya, Ali 91
Koch, Roland 165
Köhler, Christina 272
König-Fahd-Zentrum (Medina) 258
Kopernikus 109
Krekar, Mullah 29 f.
Kröhnert, Steffen 21
Krönig, Jürgen 39, 49
Künast, Renate 264 f.
Küng, Hans 165
Küntzel, Matthias 122, 125

Lafontaine, Oskar 227
Laun, Andreas 22
Lewis, Bernard 19, 21 f., 67, 76
Lexner, Bent 70
LFFM (League Française de la Femme Musulmane) 176
Ligue des Musulmans de Suisse 157
Lindh, John Walker 211

Livingstone, Ken 170
Lombardi, Federico 84
Lommaert, Sven 51

MAB (Muslim Association of Britain) 157, 169 f.
Mahatir, Mohammed 226, 229
Mahmud, Scheich Abd al-Halim 271
Malik, Shahik 37
Manuel II. Palaeologos 79 ff.
Martell, Karl 104
MAS (Muslim American Society) 181 ff.
Maschal, Khalid 190
Maududi, Abdul Ala 164, 183, 222
Mawlawi, Faisal 177
MCB (Muslim Council of Britain) 85, 171 f.
MCC (Muslimisch-Kanadischer Kongress) 58
McCormack, Sean 141
Mekka-Stiftung 237
Melloni, Alberto 87
Meskine, Dahou 176 f.
Meyer, Stuart 97
Mikich, Sonia 278
Milli Görüs 134, 158, 162, 166, 168, 178
Mohammed (Prophet) 13 f., 16, 31, 71-74, 76 ff., 80-83, 88, 90 f., 94, 102, 105, 112 ff., 120, 134, 179, 209, 217, 219, 229, 232, 259
Mohamud, Hassan 182
Moro Islamische Befreiungsfront 207 f.
Moscheebau-Kommission e.V. 132
Mossad (israel. Geheimdienst) 196
Mostafa, Mohammed Kamel 49
Mozart, Wolfgang Amadeus 90 ff.
MSA (Muslim Students Association) 180
MSF (Muslim Safety Forum, Großbritannien) 95
Mubarak, Hosni 192
Mudschahedin 136, 187, 207 f.

Muhammad, Scheich Khalid 180, 249
Müller, Herbert Landolin 65
Muslim Public Affairs Committee 49
Mussolini, Benito 83

Nada, Yusuf 144 f., 147
Nagel, Tilman 258
Nagib, Ali Muhammad 126
NAIT (North America Islamic Trust) 180
Napoleon Bonaparte 111
Napoleoni, Loretta 233
Nasser, Gamal Abdel 149
NCIS (National Criminal Intelligence Service, Großbritannien) 248
Neumann, Bernd 91
»Ni putains, ni soumises« (Weder Huren noch Unterworfene) 262
NUJ (National Union of Journalists) 77

Obin, Jean-Pierre 178
Özoguz, Yavuz 64 f.
OIC (Organisation der Islamischen Konferenz) 82

Palästinensischer Islamischer Dschihad 190 f.
Palazzi, Abdul Hadi 142
Partido de la Liberación (Spanien) 205
Pascha, Ismail 119
Patten, Chris 238
PEW (The Pew Research Center) 52
Pike, John 238
Preter, Wim de 248

Qassem, Talaat Fouad 74
Qatada, Abu (Omar Mahmoud Othman) 197 f.
Qutb, Muhammad 129
Qutb, Sayyid 126-130, 183, 222

Rabita *siehe* Islamische Weltliga
Raddatz, Hans-Peter 64 f., 264

Ramadan, Hani 132, 143 ff.
Ramadan, Said 131 f., 141, 155, 164
Ramadan, Tariq 140-145, 263
RAND (Research and Development) 262
Rantisi, Abdel Aziz 177, 188
Rat der französischen Imame 177
Raza, Sohail 58
Redeker, Robert 54
RICS (Royal Institution of Chartered Surveyors) 232
Rieger, Abu Bakr 165, 226 f., 229, 232
Robinson, Nicholas 45
Rodinson, Maxine 125
Rommel, Erwin 123
Roth, Claudia 63 f.
Roy, Oliver 211
Rushdie, Salman 39, 50, 65, 71, 77, 87, 172, 264

Safawi, Nawab 130
Sakranie, Iqbane 172
Salam, Ahmad 223
Salim, Mamduh Mohammed 139
Saqer, Abu 88 f.
Sarkozy, Nicolas 53, 176
Saud, Muhammad ibn 112 f.
Sayeedi, Delwaar Hossein 49
Sayyaf, Abdul Rasul 207 f.
Schäuble, Wolfgang 26, 264
Schatzmann, Urs 62
Schmidt, Helmut 256
Scholl-Latour, Peter 165
Schwanitz, Wolfgang 76
Schwarzer, Alice 17 f., 97, 261
Scotland Yard 174
Sentamu, John 41
Shadjareh, Massoud 60
Shah, Prakash 174
Sharawi, Huda 121
Shawkat, Khaled 99
Shenouda III. 86
Shomrat, Miryam 29
Siddiqi, Faizul Aqtab 174
Siddiqui, Kalim 172

Smith, Craig R. 231
Sögaard, Runnar 31
Solana, Javier 184
Sookhdeo, Patrick 156, 174
SOS Racisme 143
SPD (Sozialdemokratische Partei Deutschlands) 265
Splunder, Rienk van 33
Steinbach, Udo 87, 165
Steinmayer, Vanessa 220
Steyn, Mark 23 f.
Stolz, Roth 64
Storhaug, Hege 28 f.
Stott, Codie 43
Straw, Jack 49
Sveriges Muslimska Förbund (Schweden) 30
SWP (Socialist Workers Party, Großbritannien) 170

Tabligh-i Jamaat (Gemeinschaft für Verkündung und Mission) 208-211
Taliban 85, 104, 179, 210 f., 274
Thamm, Berndt Georg 114
Thierse, Wolfgang 91
Thoomis, Michel 52 f.
Tibi, Bassam 263 f.
Tophoven, Rolf 87, 235, 239

Uhlig, Karl-Heinz 96
Umar, Ibrahim 89
Unesco 162
Union of Muslim Organisations of the UK and Ireland 36

UOIF (Union des Organisations Islamiques de France) 157, 175, 177 ff.

Vadillo, Umar Ibrahim 229, 232
Vater Samuel 51
Verhagen, Maxime 33
VIKZ (Verein Islamischer Kulturzentren) 273

WAFD 119
Wallert, Familie 208
WAMY (World Assembly of Muslim Youth) 131, 163, 177
Warriach, Zafar Ibqal 29
Waterhouse, Steve 184
Wegerif, Boudewijn 230
Wild, Stefan 258 f.
Wolff, Karin 275
World Study Islam Enterprise 191
WWF (World Waqf Foundation) 216

Yassin, Achmed 152, 177, 188, 206
Yilmaz, Mehmet 85

Zaglul, Sad 119
Zalm, Gerrit 33
Zammar, Mohammed Haydar 136-139
ZMD (Zentralrat der Muslime in Deutschland) 165 f., 168, 217 f., 265 f., 272 f.
Zougam, Jamal 247 f.
Zuheir, Mahmoud 175

»Auch deutsche Politiker stehen auf unserer Gehaltsliste.« Capo, Pate der Mafia

Jürgen Roth
Mafialand Deutschland
320 Seiten · geb./SU
€ 19,95 (D) · sFr 34,90 · € 20,60 (A)
ISBN 978-3-8218-5632-2

Seit den Morden von Duisburg ist die kalabresische 'Ndrangheta in Deutschland in der Öffentlichkeit bekannt. Was als Fehde verfeindeter Clans dargestellt wird, ist in Wahrheit nur ein »Betriebsunfall« bei der Unterwanderung Deutschlands durch Mafiaorganisationen – egal ob durch italienische oder russische Clans.

Seit vielen Jahren recherchiert der renommierte Journalist Jürgen Roth über die Strukturen der organisierten Kriminalität in Deutschland. Er hat italienische Mafiaermittler befragt, mit Finanzfachleuten geredet und Einsicht in aktuellste Erkenntnisse von Ermittlern in Sachen Wirtschaftskriminalität und organisierte Kriminalität bekommen. Sein Fazit: Die Mafia ist bei uns angekommen. Ganz oben.

Eichborn

Kaiserstraße 66
60329 Frankfurt/Main
Tel. 069/25 60 03-0
Fax 069/25 60 03-30
www.eichborn.de